法鼓山年鑑

2016

◆方丈和尚對 2016 年的祝福

心·光明遠大

　　阿彌陀佛，果東向各位拜年，祝福大家新的一年，從個人至家庭、社會、國家及全世界，平安吉祥，光明遠大。

沉悶時代，光明契機

　　過去一年，臺灣社會及國際環境有好有壞，從各大媒體公布的 2015 年大事記，以重大災難事件居多。包括：恐怖攻擊、空難、區域衝突、難民船海難、伊波拉疫情、熱浪、強震、爆炸等。儘管這些事件多發生於某一區域，其效應，卻牽動著全人類緊繃的思緒；而每個人對於事件的反應，也都直接或間接地改變我們的世界。

　　從佛法來講，環境的好與壞，一部分來自全人類共同創造，另一方面，每個人所感受的世界，則是完全不同。因此，佛法非常重視環境與心的交互影響；環境可能觸發我們內心的種種感受，同樣地，平靜、安定的心，亦可轉變大環境的未來。

　　法鼓山創辦人聖嚴師父曾說，在沉悶的時代，也是展望未來前途和希望前景的最好時機。因此，2016 年法鼓山仍以「光明遠大」為年度主題，希望與社會大眾共勉，開發人人心中的光明，守護心靈、禮儀、生活及自然環保的遠大前程。為了讓大家了解，我們另外提出兩句話，做為實踐、體驗的方法，便是「念念清淨，遍照光明；步步踏實，前程遠大。」

　　所謂念念清淨，有不受誘惑、汙染、打擊的意涵，清楚認知哪些事能做、該做，哪些事不能做、不應該做，即一般常講：「有所為，有所不為」。從護念清淨，帶動言語及行為

法鼓山 2016 年以「光明遠大」做為對社會的祝福，方丈和尚與大眾共勉：「念念清淨，遍照光明；步步踏實，前程遠大」。

的淨化，自安安人，就是在利人利己，促使我們的社會安定祥和，遍照光明。

至於步步踏實，則是面對人生各種順逆因緣，學習把握當下、珍惜擁有。順境成功固然是好的收穫，逆境失敗也是好的體驗。心態務實、腳步踏實，前程自然無限遠大。

己所不欲，勿施於人

佛教的創始者釋迦牟尼佛，曾經分享一種體驗身心與環境的方法，稱為「己所不欲，勿勸他人」，也就是「己所不欲，勿施於人」。我們不希望發生在自己身上的事，相信別人也和我們一樣，不希望發生。因此，應當同理心去感受、去實踐。

譬如：我們愛惜自己的生命，相信別人也一樣，所以不應殺害他人。我們珍惜自己的財務與家人，相信別人也一樣，因此不應掠奪他人財產，也不傷害他人家庭。

我們希望聽到真誠語、懇切語，所以不說狂妄語、自大語。我們期望與人和諧相處，所以不講離間語、挑撥語。我們期盼受到溫暖的關懷與對待，因此不講瞋恨語、惡毒語。我們重視、珍惜自己的起心動念、言行舉止及人際互動，所以不起貪欲、瞋恨、愚癡邪見。

佛陀提醒我們，保護自己與他人，乃至於安定大環境的出發點，就從「己所不欲，勿施於人」開始。

你、我、他，都是安定力量

新的一年，請讓我們共勉：保護自己的心，積極向善、向上，沒有悲觀、失望及放棄的心態。己所不欲，勿施於人，請以尊重、體諒、關懷、寬容，開創家庭、生活、校園、自然、職場及族群和睦的大好希望。

雨後便是天晴；天黑之後，黎明即將到來；眼前的黑暗，只要有慈悲心與智慧心，一定能帶來希望和溫暖的光明。祈願你、我、他，都是社會安定的力量。再次祝福大家光明遠大，阿彌陀佛。

編輯體例

一、本年鑑輯錄法鼓山西元 2016 年 1 月至 12 月間之記事。

二、正文分為三部，第一部為綜觀篇，含括法鼓山方丈和尚（果東法師）、法鼓山僧團、法鼓山體系組織概述，俾使讀者對 2016 年的法鼓山體系運作有立即性、全面性且宏觀的認識。第二部為實踐篇，即法鼓山理念的具體實現，以三大教育架構，放眼國際，分為大普化、大關懷、大學院、國際弘化。各單元首先以總論宏觀論述這一年來主要事件之象徵意義及影響，再依事件發生時序以「記事報導」呈現內容，對於特別重大的事件則另闢篇幅做深入「特別報導」。第三部為全年度「大事記」，依事件發生時間順序記錄，便於查詢。

三、同一類型的活動若於不同時間舉辦多場時，於「記事報導」處合併敘述，並依第一場時間排列報導順序。但於「大事記」中則不合併，依各場舉辦日期時間分別記載。

四、內文中年、月、日一律以阿拉伯數字書寫，如：2016 年 5 月 8 日。其餘人數、金額等數值皆以國字書寫。

五、人物稱呼：聖嚴法師皆稱聖嚴師父。其他法師若為監院或監院以上職務，則一律先職銜後法名，如方丈和尚果東法師、僧團副住持果品法師。一般人員敘述，若有職銜則省略先生、小姐，如法鼓山社會大學校長曾濟群。

六、法鼓山各事業體單位名稱，部分因名稱過長，只在全書第一次出現時以全名稱呼，其餘以簡稱代替，詳如下：

法鼓山世界佛教教育園區簡稱「法鼓山園區」、「法鼓山總本山」

中華佛教文化館簡稱「文化館」

法鼓山社會福利慈善事業基金會（法鼓山慈善基金會）簡稱「慈基會」

法鼓文理學院簡稱「文理學院」

中華佛學研究所簡稱「中華佛研所」

法鼓山僧伽大學簡稱「僧大」

法鼓山社會大學簡稱「法鼓山社大」

法鼓山人文社會基金會簡稱「人基會」

聖嚴教育基金會簡稱「聖基會」

護法會北投辦事處簡稱「北投辦事處」

七、檢索方法：本年鑑使用方法主要有四種：

其一：了解法鼓山弘化運作的整體概況。請進入綜觀篇。

自〈法鼓山方丈和尚〉、〈僧團〉、〈法鼓山體系組織〉各篇專文，深入法鼓山弘化事業的精神理念、指導核心，及整體組織概況。

其二：依事件分類，檢索相關報導。

請進入實踐篇。事件分為四類，包括大普化教育、大關懷教育、大學院教育，及國際弘化，可於各類之首〈總論〉一文，了解該類事件的全年整體意義說明；並於「記事報導」依事件發生時間，檢索相關報導。

各事件的分類原則大致如下：

．大普化教育：

凡運用佛教修行與現代文化，所舉辦的相關修行弘化、教育成長活動。

例如：禪坐、念佛、法會、朝山、誦戒、讀經等修行弘化，佛學課程、演講、講座、讀書會、成長營、禪修營、教師營、兒童營、人才培育等佛法普及、教育成長，對談、展覽、音樂會、文化出版與推廣等相關活動，以及僧團禮祖、剃度，心六倫運動，法鼓山在臺灣所舉辦的國際性普化、青年活動等。

．大關懷教育：

凡對於社會大眾、信眾之間的相互關懷，急難救助以及心靈環保、禮儀環保、自然環保、生活環保等相關活動。

例如：關懷感恩分享會、悅眾成長營、正副會團長與轄召、召委聯席會議等信眾關懷教育，佛化祝壽、佛化婚禮、佛化奠祭、助念關懷、心靈環保博覽會等社會關懷教育，以及海內外慈善救助、災難救援關懷，國際關懷生命獎等。

．大學院教育：

凡為造就高層次的研究、教學、弘法及專業服務人才之教育單位，所舉辦的相關活動。

例如：中華佛學研究所、法鼓文理學院、法鼓山僧伽大學等所舉辦的活動，包括國際學術研討會、成長營、禪修，以及聖嚴教育基金會主辦的「聖嚴思想國際學術研討會」等。

．國際弘化：

凡由法鼓山海外分院道場、據點等，所主辦的相關弘化活動、所參與的國際性活動；以及法鼓山於海外所舉辦的弘化活動等。

例如：美國紐約東初禪寺、象岡道場、加州洛杉磯道場，加拿大溫哥華道場，

以及海外弘化據點,包括各國護法會,以及各聯絡處及聯絡點等。各地所舉辦、參與的各項活動,包括各項禪修、念佛、法會及演講、慰訪關懷等。

另有聖嚴教育基金會與美國哥倫比亞大學共同設立的「聖嚴漢傳佛學講座教授」,海外人士至法鼓山拜訪,海外學術單位至法鼓山園區參學等。

其三:依事件發生時間順序,檢索事件內容綱要。請進入大事記。

其四:檢索法會、禪修、讀書會等相關資料統計或圖表。

請進入附錄,依事件類別查詢所需資料。

例如:大普化教育單位所舉辦的法會、禪修、佛學課程之場次統計,主要出版品概況等。國際會議參與情形以及聖嚴師父相關主要學術研究論文一覽等。

※ 使用範例:

範例 1:查詢事件「第十屆大悲心水陸法會」

　　　　方法 1:進入實踐篇→大普化教育→於 11 月 26 日→可查得該事件相關報導

　　　　方法 2:進入大事記→於 11 月 26 日→可查得該事件內容綱要

範例 2:查詢單位「法鼓文理學院」

　　　　進入綜觀篇→〈法鼓山體系組織〉一文→於教育體系中,可查得該單位 2016 年的整體運作概況

範例 3:查詢「法鼓山 2016 年各地主要法會統計」

　　　　進入附錄→法鼓山 2016 年各地主要法會統計

目錄

㊽ 實踐篇

綜觀

法鼓山方丈和尚——2016年的果東法師

悲智和敬　光明遠大

　　華麗的煙火、此起彼落的炮竹聲，照亮了新年子夜的天際，這是大眾熟悉的跨年姿態。在同一天空下，有一群人，選擇將全副身心安住於當下的聲聲佛號，以虔敬的心念，感恩過去，許諾未來，願自己成為一股安定力量，祝願眾生和平，則是法鼓山北投農禪寺近年舉行跨年念佛的不同風景。

　　每年均到場與眾共修的方丈和尚果東法師，2016年的第一場談話，音聲顯得壯闊無比。「跨年放煙火、燃炮竹並非不好，自然也有相應的人群。而我們選擇念佛迎新，其實也有『火』——點燃內心的智慧火；以智慧火，點亮自心光明，照亮人間。」

　　理解民心所向，而從分享的角度，提出另一種回歸內心的思惟取向，使人們更親近平安、快樂的本質，向來是方丈和尚闡述法鼓山理念的初衷。在法鼓山續以「光明遠大」作為年度主題的2016年，方丈和尚對內、對外的種種關懷，實可見到其對佛法價值觀的殷重分享。以下試從教團內部成長、對青年的勉勵、社會關懷及海外行腳，簡述方丈和尚年度關懷。

以心靈的淨化，建設人間淨土

　　身心與環境，常是交互影響的。如何透過「心靈環保」，幫助自己心不隨境轉，乃至得以練心轉境？方丈和尚針對內部僧眾、專職與護法體系悅眾菩薩的四場精神講話，可讀到前後響應的菩薩行脈絡。

　　首先於1月的精神講話，方丈和尚勉勵大眾「放下得失利害心，提起自在平常心」，學習奉獻利他。4月的精神講話，方丈和尚指出，法鼓山屬於非營利事業組織，團體成員皆是團體的經營者，共同為理念、為佛法、為大眾奉獻服務，「奉獻服務，是消融自我中心執著最好的方法。」7月，期勉大眾為護法信眾及社會大眾提供品質穩定且一致性的服務，達到法鼓山理念所蘊含的教育及與關懷功能。10月，援引現場播放的法鼓山創辦人聖嚴師父開示影片：「佛法與科學」，方丈和尚說明學佛當重信解行證，親身實踐，才能深入法義，更有能力去幫助別人，成就慈悲智慧。

　　由此可見方丈和尚強調的學佛次第，首要在於消融自我中心的執著，奉獻服務則為轉化頑強自我中心的方便利行；至於個人與團體，每每提醒「求同存異」，當尊重多元、體諒包容，最終則將照顧自他的學佛心行，收束於福慧雙修、悲智雙運的菩薩行。

　　這便是方丈和尚常以「開發佛性，提起覺性。轉化個性，淡化習性。淨化心性，回歸自性」與眾共勉的初發心。例如8月出席護法體系的法行會例會，即以「法鼓悅眾光明行」為旨，引用聖嚴師父的叮嚀法語：「在紅塵中修菩薩行──與人方便，多結善緣。在煩惱中修菩薩行──常省己過，慚愧懺悔。在困苦中修菩薩行──深信因果，感恩發願。在幸福中修菩薩行──知福惜福，培福種福。」指出身在紅塵中、煩惱中、困惑中、幸福中的你我，並非難以修行，反而是修正身、語、意三業偏差行為的著力處。以凡夫身修福修慧，建設人間淨土，正是法鼓山存在的價值。

掌握自己的心，才能充滿希望

　　除了對僧俗四眾闡述以菩薩行建設淨土，是為法鼓山存在的價值，方丈和尚給予青年學子的建言，則轉化演繹的視角，期許正面解讀、逆向思考，從心態與觀念突破困境，發揮生命的潛能與活力。

　　4月受邀前往大葉大學，以「對自己的人生負責」為題，方丈和尚與該校榮譽講座教授卓伯源，向在場學生分享佛法的智慧。指出現代人強調自由與尊嚴，但若只想到自我的自由不容侵犯，或是期待他人給予我們尊敬、禮遇，其實僅是一廂情願。從佛法思維，即使被他人冒犯，或受批評、侮辱，不妨視為成就我們觀照起心動念的契機。「能夠掌握自己的心，不受外在順逆境緣影響，還能尊重他人，才是真正的自由與尊嚴。」

　　6月，法鼓文理學院及法鼓山僧伽大學舉行畢結業典禮，方丈和尚期許畢結業生以感恩心珍視在學期間的善法因緣，並勉勵以「四攝六度菩薩行，光明遠大圓滿行」，開創福慧雙修的人生新頁。

　　月底，臺灣大學晨曦社及國防醫學院曉鐘社、輔仁大學大千社等大專社團青年，來訪法鼓山世界佛教教育園區，另以「佛法在生活上的實踐與修持」，勉勵青年出離心與菩提心的重要：「出離心，能使我們不受誘惑、汙染、打擊；菩提心，即自覺覺他、利人利己的菩薩行。」寄語胸懷遠大夢想的青年學子：「人難免有期望，但要節制欲望。千萬不要奢望，未來要有展望。永遠不要失望，堅定永抱願望，才能充滿希望。」

有著力點，卻不執著

　　身為法鼓山團體行政體系主要負責人，方丈和尚常被各界喻為法鼓山「大家長」，對此，方丈和尚自有詮解：「所謂大家長，就是我們大家一起成長福德智慧。」因此，即便是從事社會關懷，仍常提醒四眾弟子，菩薩行的著眼點，不是我們奉獻了什麼，而是

感恩有機會與各界攜手，共同淨化人心、淨化社會。

如此與大眾共勉的承諾，包括2008年中國大陸四川強震後，由法鼓山慈善基金會協助援建的天全縣多功小學竣工典禮，以及安縣秀水鎮民興中學圖書館落成暨乒乓球館動土典禮，皆於本年度1月舉行。方丈和尚出席並致詞表示，地震雖帶來危機，卻也是轉機——以健康的心態面對、處理問題，除了能使災難的危害程度減至最低，並促使人們正視與環境共榮共生的自然倫理。

而2月6日凌晨的一場強震，致使臺南市維冠大樓倒塌，造成嚴峻災情，社會大眾不分彼此，支援救災。方丈和尚除了在第一時間表達關懷，並感恩現場救援人員與前往協助的法師及義工，「儘管除夕夜無法回家團圓，實則與慈悲、智慧團圓。」2月14日下午，由法鼓山僧團於臺南永大路舉辦的「震災祈福平安法會」，由方丈和尚親自主法，共有一千多人前往受災地區灑淨。

「有了佛法的祝福，曾經受災的地區，已成為啟發慈悲、智慧的淨土。」方丈和尚指出，現實世界不可能無災無難，但我們心中，時常要為全世界祝福無災無難。發生天災地變，要以平常心面對，冷靜、沉著處理。心安才能平安，安己才能安人、安樂眾生。

激勵人心的談話，餘韻傳響。4月底及5月初，新竹縣消防局即邀請方丈和尚為經常參與救援工作的消防人員，舉行二場專題講座。「『消防』是消除煩惱火，遍灑慈悲智慧的甘露。」方丈和尚巧妙將災害的預防與除滅，導向自心苦厄，期許消防人員正面解讀、逆向思考，持續奉獻行大願。

微妙的解讀，同樣見於12月交通部觀光局邀請的「抱願不抱怨」講座，指出「觀光局」也可釋意為隨時觀照自心，是否具有光明的智慧、溫馨的慈悲。期許主管們掌握緣起法則，有著力點，卻不執著，練習心不隨境轉，還能以心轉境，學習奉獻。

有佛法的地方，即是如來家

自2006年承擔法鼓山第二任方丈迄今，為感念各地護法信眾學法、護法的熱忱，方丈和尚每年均安排海外行腳，至2016年，正好圓滿第十個年度。本年度海外行腳，方丈和尚於5月中旬來到了美國、加拿大地區，首先出席北美護法會新澤西州分會落成啟用典禮。除了感恩護法信眾凝聚一心，成滿大願，同時提醒：「有佛法的地方，就是如來家。」直指硬體建設僅是成就大眾共修共學的場所，真正的如來家業，還在自己的一言一行中。

接著，前往波士頓，於普賢講堂關懷參與浴佛法會的民眾，期勉大眾從自己做起，學佛、護法、弘法。5月底，法鼓山僧團首度於溫哥華傳授第一屆在家菩薩戒，近三百人參加。正授圓滿日，方丈和尚恭喜所有受戒者「生日快樂」，期勉新戒菩薩，無論是在紅塵中、煩惱中、困苦中，或在幸福中，在在都是精進修學的菩提道場。6月初，轉往

於9月「看見人間寶藏」座談會上，方丈和尚果東法師期勉大眾，只要開發人人心中本具的慈悲與智慧，就能看見人間的寶藏。右起依序為座談會主持人葉樹姍、與談人作家吳念真、方丈和尚、臺灣好基金會執行長李應平、實踐大學社會工作學系副教授楊蓓。

西雅圖關懷，強調幸福不是被動等待，而是主動付出。

10月，方丈和尚再度行腳美國，來到洛杉磯、舊金山及紐約，率先出席洛杉磯道場於當地太平洋棕櫚度假中心舉辦的「活出生命的力量──成功三部曲」跨界對談，與滾石文化董事長段鍾沂、洛城廣播人謝德莎共同與談，分享生命的成功密碼。方丈和尚籲請正視：人生的目的在於受報與還願，將肉體生命當成修行道器，面對無常人生，無怨無悔，更要積極行願。

10月下旬抵達北美護法會加州舊金山分會，則勉勵義工菩薩們：「安心即是成就，奉獻即是修行。」月底於新澤西州分會舉辦的「活出生命的價值」專題演講中，方丈和尚指出，能有因果因緣的正確知見，便能勝不驕、敗不餒，還要把握因緣、創造因緣，始能隨順因緣。月底出席美國紐約東初禪寺於法拉盛牡丹亭（Mudan Banquet Hall）舉行的「願願相續，建設人間淨土」心靈饗宴，方丈和尚祝福每位僧俗四眾都能得到佛法的利益，闡述知福、幸福、培福、種福的基石，重在感恩心與奉獻心。

結語

綜觀方丈和尚年度關懷行腳，儘管面對的群眾有別，然而闡述的佛法價值觀不離福慧菩薩行。至於菩薩行的核心精神為何？年中，方丈和尚接受媒體訪問時如此說道：「菩薩行的精神，就在於悲智和敬：以慈悲關懷人，以智慧處理事，以和樂同生活，以尊敬相對待。」並給了肯定結語：「這就是法鼓山的道風。」

法鼓山僧團

尋根續願　前瞻佛教未來

　　聖嚴師父曾指出：「眼光高遠能創千年萬世之生機，心胸廣大包容太虛空界之眾生。」面對全球化的挑戰，以及在環境劇烈變遷、數位科技日新月異、國際情勢瞬息萬變下，法鼓山做為漢傳佛教組織，在因應之餘，如何創千年萬世之生機，讓佛法的悲智無遠弗屆地利益眾生，是僧團於2016年最深層的反思與期許。

　　本年，僧團與聖基會共同主辦第六屆「聖嚴思想國際學術研討會」及第四屆「法鼓山信眾論壇」，藉由反芻聖嚴師父的思想精神、法鼓山的核心宗旨，以及海內外四眾弟子弘揚漢傳禪法的現況分享，啟發傳承師願的願心；展開佛陀聖跡巡禮，啟發緬懷嚮往之情，進而奮勉自勵，凝聚僧團向心力；《人生》雜誌四百期，規畫「世界佛教村」專題，以及普化中心海外參學，實地走訪體驗北美西岸八個道場，包括漢傳、藏傳、南傳三大系統，進行交流對談。種種繼往觀今，皆在前瞻漢傳佛教及法鼓山僧團的未來。

　　現以法務推廣、僧眾培育、道場建設、國際參與等四個面向，介紹僧團2016年重要的弘法踐履與開展。

法務推廣

　　法務推廣主要有佛學教育、禪修、法會共修、社會關懷等面向，皆有僧眾共同投入，期能契合社會人心需要，協助大眾開展光明遠大的前程。

　　在佛學教育上，包括從入門的快樂學佛人、法鼓長青班，至聖嚴書院福田班、佛學班、禪學班等進階課程。其中，法鼓長青班全球共有三千多名學員，本年度海外的香港道場並首度開辦；快樂學佛人則有近兩千人，不分老少，一起成為學佛新鮮人；福田班召集了近一千三百人，共同實踐福慧人生；佛學班、禪學班則有超過五千名學員，更深入學習佛法與禪學。

　　禪修方面，禪修中心持續舉辦各項入門、基礎、初階、中階及高階的層次化禪修活動，除了續辦備受好評的自我超越禪修營、教師禪七、青年卓越禪修營，以及社工禪修營、醫護禪修營之外，青年院本年首度舉辦「社青禪修營」，以佛法、禪法為在職的社

會青年儲值心靈能量；5月，結合母親節與浴佛節的「心靈環保Stop‧Relax‧Enjoy」活動，有上百位法師參與，帶領數千民眾共同體驗「禪修心樂園」，感受禪修的安定與法喜。

法會共修方面，2月於全球展開聖嚴師父圓寂七週年傳燈法會，方丈和尚果東法師與全體僧眾，及五千多位信眾共同緬懷師父教澤；3月，第二十一屆傳授在家菩薩戒會分兩梯次舉行，近百位僧眾共同護持一千一百餘位戒子圓滿受戒；10月，為紀念東初老人一百一十歲冥誕暨圓寂四十週年，僧團於北投農禪寺舉辦「慈悲三昧水懺法會」，實踐師父對弟子飲水思源、懷恩報恩之叮嚀；11月，「大悲心水陸法會」啟建，全球共三十二處據點，接引當地信眾同霑法喜。2016年，水陸法會適逢十週年，在傳承中有創新，實踐佛陀平等普施的本懷，契合當代需求，成就為漢傳佛教具代表性的殊勝法會，不只是社會共有的珍貴文化資產，並頗受國際關注，受邀至中國大陸、韓國與越南分享理念、數位化及落實關懷等作法。

社會關懷方面，2月春節前夕的臺南震災，僧團於第一時間前往關懷，提供各項關懷服務及援助，並舉辦「震災祈福平安法會」，由方丈和尚果東法師帶領僧眾祈福，期以佛法力量安定人心。7月，強烈颱風造成臺東縣市嚴重災情，僧團法師與五百餘位義工前往協助。同時，全年度的關懷活動，如歲末關懷、百年樹人獎學金頒發、佛化聯合祝壽等，皆有僧團法師出席關懷，期望為社會帶來安心的力量。

僧眾培育

2016年，三學院舉辦「讀書會帶領人培訓」、「僧大畢結業生領執培訓」、「初級禪訓班師資培訓」等課程，以提昇僧眾的執事、弘化、禪修帶領能力。

一年一度的僧團結夏安居，由於參與僧眾人數眾多，首次於法鼓山園區大殿舉行，共分為三梯次，每梯次皆有上百位僧眾參與，為歷年之最。第一梯次為拜懺法門；第二梯次以精進禪七方式進行，繼程法師為主七和尚；第三梯次為禪十四，共學聖嚴師父於1998年夏安居期間的開示，內容從僧倫內涵，到法鼓山人間淨土的思想脈絡、法鼓山的理念與道統，以及朝向世界佛教的方向等，僧眾在領略師父博大精深的佛學思想之餘，更從師父的叮嚀中，堅定僧命方向與菩提心。

解夏之後，僧眾隨即投入參與第六屆「聖嚴思想國際學術研討會」及第四屆「法鼓山信眾論壇」，透過面向多元的論文發表，一窺佛教學術研究現況，以及漢傳禪法在全球弘揚的情形。

本年度剃度大典於8月底舉行，共有七位求度行者披剃，同時有十一位行者求受行同沙彌（尼）戒，加入僧團，共同學習成為具有弘化能力及道心的宗教師，投入對大眾的服務與奉獻。

佛陀聖跡巡禮專案於9月起分四梯次展開，參與僧眾全程聆聽聖嚴師父於1989年印度朝聖之旅的開示，正如師父所言：「做為一個佛教徒，能夠朝禮佛菩薩的聖地，在宗教的信仰和修持上，有其崇高的意義和價值。」親身踏訪佛陀出生、成道、說法、入滅的各處聖地，彷彿跨越時空與佛陀團圓，僧眾都無比感動與充滿法喜，更堅定續佛慧命的願心。

道場建設

聖嚴師父曾表示：「有法鼓山理念推行的地方，就是法鼓山的所在地。」2016年，海內外增加三處推行法鼓山理念的分支道場，令佛法的悲智更加廣傳。

國內方面，蘭陽精舍於7月落成啟用後，舉辦各項共修活動及課程，為蘭陽地區民眾，開啟一扇學佛修行的門窗；而這座位於噶瑪蘭平原上的般若船，也成為宜蘭、羅東信眾們心靈的家。

國外方面，美國麻薩諸塞州波士頓普賢講堂於5月成為法鼓山海外道場之一，隨即舉行浴佛法會，方丈和尚果東法師親往主法、關懷；新澤西州分會新會所，則在歷經超過四年多的覓地籌建後，於5月落成啟用，同時進行皈依典禮、浴佛慶典及園遊會；原北美護法會加州舊金山分會也於12月正式成為法鼓山舊金山道場，並舉辦一系列禪修活動，在西方社會推廣漢傳禪佛教，接引灣區民眾親近佛法。

國際參與

2016年，僧團持續透過三大教育的具體實踐與國際接軌，在分享法鼓山理念，以及向國際社會提供漢傳佛教的慈悲與智慧上，有著積極的腳步，不僅與世界智慧對話，也推動世界永久和平的光明與希望。

首先，方丈和尚果東法師接續聖嚴師父步履，每年固定兩次的北美關懷行，本年已圓滿第十年，不間斷地於各地進行對談、佛法弘講、主持皈依典禮等，勉勵叮嚀護法信

僧團於9月起展開佛陀聖跡巡禮，跨越時空與佛陀團圓，也堅定續佛慧命的願心。

眾，踏實學佛修行、積極為人奉獻，凝聚信眾的道心及信願。

海外各分支道場除法會、禪修活動、佛學課程等蓬勃推展開辦之外，也積極走入家庭和社區，接引當地民眾認識佛法。5月，繼美國之後，僧團於加拿大溫哥華首傳第一屆在家菩薩戒，接引三百位北美佛子走上止惡、修善、利益眾生的菩薩道。8月，普化中心副都監果毅法師等六位法師進行北美參學觀摩，並對佛教在地化、僧俗合作、多元社會中如何把握佛教核心等議題，多所探討，對僧團未來的推廣弘化，相當具有啟發意義及參考價值。

此外，在國際交流上，9月及11月，方丈和尚果東法師受邀至中國大陸，出席海絲佛教論壇及漢傳佛教祖庭文化研討會，並分別發表「一缽千家飯」、「漢傳佛教祖庭與國際交流」專題演說；10月，常華法師參加加拿大多倫多大學伊曼紐學院（Emmanuel College）首次舉辦的「應用佛學發展計畫論壇」，分享法鼓山大學院、大普化、大關懷及國際弘化四大面向的發展現況，並觀察到佛教在西方逐漸融入心理學及科學的趨勢；12月，弘化發展專案召集人果慨法師、常智法師受邀前往韓國，在「第九屆佛教儀禮文化國際論壇」中，分享大悲心水陸法會的創革。

在國際禪修推廣上，僧團副住持果元法師帶領僧大學生，前往加拿大、印尼、新加坡、墨西哥、美國等地，展開為期兩個月的禪修弘法行程；8月，應波蘭禪宗協會（The Chan Buddhist Union of Poland）之邀，於當地舉辦禪二十一，由繼程法師主七，並由常啟法師、常襄法師擔任總護。9月，加拿大溫哥華道場監院常悟法師則前往英國倫敦帶領初級禪訓班和禪三，並應英國佛教會（Buddhist Society）之邀，前往演講。僧團法師、聖嚴師父法子接續師父在國際間弘傳漢傳禪法的願行，應時應地，積極展開，讓漢傳禪法的種子，跨地域播散成長。

結語

2016年，是農禪寺梁皇寶懺二十週年、大悲心水陸法會十週年、《人生》雜誌邁入四百期，也是東初老人一百一十歲冥誕暨圓寂四十週年。僧團展現了對於掌握及實踐聖嚴師父理念的自覺及共識，每位僧眾莫不在各自的崗位上致力推動弘化工作，正如聖嚴師父在〈開山〉一文中所言，「只要一天有人出生，就有人心中的山要開」，在師父長期奠定的厚實基礎下，全體僧眾承師教法，秉持理念與度眾悲願，讓佛法普潤人心，也讓社會大眾得到佛法的清涼與祝福。

僧團在聖跡巡禮中體驗佛菩薩、祖師們的內心世界；在聖嚴師父的教法中持續深入體會師父的悲願；在各個面向的法務推廣中自利利人、自化化他；藉由課程、研討會與實修，確立知見，並深化修行；藉由國際參與，讓法音廣為宣流，潤澤世界人心。種種踐履，皆在延續師父的悲願，期能心懷太虛空界之眾生，創佛法千年萬世之生機。

法鼓山體系組織概況

2016年，法鼓山體系組織持續透過漢傳禪佛教的弘揚，同時以心靈環保為核心、心六倫為軌範、心五四為方法，落實為心靈環保的修行型組織。對外，洞悉世界局勢、社會脈動，提出利益大眾、安定人心、易於實踐的方法；對內，秉承師願，以大悲心起為動力，利他、菩提心為上首，僧俗四眾同心同願，共同成長。

以下就組織轄下運作、發展、教育、支援四大體系，於2016年的主要工作及活動內容，進行重點概述。

一、運作體系

運作體系包括全球寺院、護法總會兩部分，透過於全球弘傳漢傳禪佛教，推動生活化佛法，實踐提昇人的品質，建設人間淨土的理念。

（一）全球寺院

法鼓山於海內外的弘化據點，依地域分有：國內各分寺院、歐美區、亞太區、大中華區，其中歐美區、亞太區、大中華區皆包含當地寺院及護法會。

國內各分寺院部分，除總本山法鼓山園區，另有十二處分寺院：北投中華佛教文化館、農禪寺、雲來寺、臺北安和分院、三峽天南寺、桃園齋明寺、臺中分院、南投德華寺、臺南分院、臺南雲集寺、高雄紫雲寺、臺東信行寺；兩處別苑：桃園齋明別苑、臺中寶雲別苑；四處精舍：臺北中山精舍、基隆精舍、高雄三民精舍、蘭陽精舍。其中，蘭陽精舍於7月落成啟用，提供宜蘭地區大眾更寬敞的修行空間，也將心靈環保的理念普傳蘭陽。

歐美區，在北美部分有五處道場：美國紐約東初禪寺、象岡道場，加州洛杉磯道場、舊金山道場，及加拿大溫哥華道場；八個分會：美國紐約州、新澤西州、伊利諾州芝加哥、加州洛杉磯、加州舊金山、華盛頓州西雅圖，與加拿大溫哥華、安省多倫多；一處精舍：美國麻薩諸塞州波士頓普賢講堂；另設有十五個聯絡處、十個聯絡點。歐洲則有盧森堡、英國倫敦聯絡處，以及里茲聯絡點。

　　亞太區除了亞洲的馬來西亞道場，另有新加坡、泰國護法會與澳洲雪梨、墨爾本分會；大中華區則有香港道場專案。

1.國內各分寺院

　　在總本山園區，修行、弘化及教育、關懷等工作，全年不輟，定期舉辦的大型活動，如2月除夕撞鐘及新春系列活動、傳燈法會，3月在家菩薩戒會、5月朝山浴佛禮觀音、9月禪修月、11月大悲心水陸法會等皆有逾千至上萬民眾共同參與，體驗佛法安定人心的力量。2016年適逢法華鐘落成屆滿十週年，特舉辦「法華梵鐘‧聲傳萬里」特展，一覽法華鐘鳴十年的歷史起訖與意涵。

　　自開山以來，園區禪悅境教的特色，在社會、國際間備受肯定，本年來自海內外各宗教、學術、文化、政府等機關團體，有逾十萬人次參訪者藉由靜坐、法鼓八式動禪、經行、觀身受法、鈔經等，體驗禪法安頓身心的力量。

　　其他分院道場的法務推展，聚焦在法會、禪修、教育成長等面向，以積極入世的態度，將佛法融攝於各項活動中，接引大眾在學佛路上歡喜同行。法會方面，包含新春普佛、元宵燃燈供佛、清明報恩、梁皇寶懺、浴佛、中元地藏法會等，另有例行舉辦的大悲懺、藥師、菩薩戒誦戒會及每週的念佛共修等，其中4、8月分別於臺中分院、農禪寺啟建的梁皇寶懺法會，各有逾八千、四萬人次參加。

　　此外，2016年各地分院亦廣開經典共修課程，包括紫雲寺、齋明別苑、三民精舍開

水陸法會是法鼓山規模最大的法會共修。圖為首度設在文理學院中的地藏壇。

設《金剛經》，農禪寺、天南寺、紫雲寺《普賢菩薩行願讚》；《無量壽經》共修課程，則於7至11月在農禪寺舉行。共修活動包括靜坐與誦經，並於誦經之後，聆聽聖嚴師父的影音開示，引導大眾於日常生活中，活用經典的智慧。

在禪修教育推廣上，除了例行的禪坐共修，也廣開初級禪訓班、禪一、禪二、

臺南分院「親子快樂讀經班」中，親子一同學佛讀經。

戶外禪等活動，配合快節奏的現代都會步調，多處分院並開辦初級、中級禪訓密集班，契機契理接引忙碌的上班族群學習禪修的安定與放鬆。獲內政部遴選「宗教樂活體驗行程」的臺東信行寺禪悅四日營，於2、4、7與10月，展開四梯次，結合休閒與修行課程，學員感受人與大自然的連結，體會沉澱與內省的法喜。

此外，涵融佛法、禪法、生活、文化、藝術、教育於一體的多元教育成長活動，2016年也於各分支道場展開。佛學課程方面，包括安和分院《梁皇寶懺》、《大般涅槃經》、《大般若經》、《法句經》、《法華經》等，天南寺、齋明寺、紫雲寺，分別有《六祖壇經》、《金剛經》、《普門品》等，期許學員深入經藏，踏實修行。

教育成長活動上，安和分院「富足人生」系列講座，邀請專業人士傳遞人生富足的幸福之道，齋明別苑「心光講堂」、紫雲寺「法鼓青年開講」的生命分享，則啟發青年提起正向能量，實踐生命的價值。雲來寺、寶雲寺的「兒童故事花園」，寶雲寺、雲集寺的「兒童讀經班」，以及臺南分院「親子快樂讀經班」、中山精舍「童話·心視野」，藉由趣味課程，讓菩提種子向下扎根與萌芽；安和分院、中山精舍另為長者開辦樂齡課程，鼓勵並陪伴長者在快樂學習中，樂活心靈。

因應臺灣南部於2月發生強震，造成一百一十七人罹難，臺南分院及雲集寺除全力投入關懷、援助行列，3至5月更舉辦六場「安頓身心，轉化生命」系列課程，邀請相關專業人士從不同層面，引導救難人員和民眾調適壓力，從「心」出發，開啟生命契機。

2016年，包括佛基會、農禪寺、雲來寺及中華佛教文化館等四單位，授頒內政部「105年度績優宗教團體」殊榮，表徵大眾對法鼓山推動心靈改革及社會教化事業的肯定。

2.歐美區

海外道場方面，於北美東岸，5月，法鼓山承接位於美國麻薩諸塞州波士頓的「普賢

講堂」（Massachusetts Buddhist Association），成為海外道場之一。北美西岸，加州洛杉磯南方的橙縣（Orange County）於4月正式成立聯絡處，將法鼓山理念與漢傳禪佛教，深入推廣至南加州；12月，加州舊金山道場正式成立，派任法師駐錫，深化弘化法務。

2016年，接續聖嚴師父西方弘化願心，方丈和尚北美關懷的步履十年不輟，5、10月，於北美各地進行對談、佛法弘講、主持菩薩戒、皈依典禮，叮嚀信眾踏實學佛修行，凝聚護法信願；東初禪寺監院常華法師也受邀出席加拿大多倫多大學（University of Toronto）舉辦的首屆「應用佛學發展計畫論壇」（Conference on Applied Buddhism: Past and Present），分享法鼓山大學院、大普化、大關懷及國際弘化四大面向的發展現況，並與各國學者、宗教師交流漢傳佛教西方發展方向。

（1）道場部分

東初禪寺例行共修，包括念佛、禪坐，及週日法會與講經、中英文禪訓班、一日禪、電影禪等活動。大型的節慶法會，包括2月新春普佛、4月清明報恩、5月浴佛法會，皆由住持果醒法師主持，各有逾百人參加。2月「法鼓傳燈日」活動，由果醒法師帶領禪一，並開示聖嚴師父默照、話頭禪法，同時也舉辦「《聖嚴法師年譜》分享會」，由資深悅眾分享和師父在東初禪寺相遇的生命足跡。

行之有年的週日佛學講座，2016年安排多位法師講授經典，如果醒法師講《楞嚴經》、《教觀綱宗》，果乘法師講《普門品》，常諦法師講《法華經》、《阿彌陀經》，常震法師講「十牛圖」及「世親菩薩淨土論」，引導大眾領略經典要義。

禪修活動方面，每月的英文禪一，除由常住法師帶領，並邀請聖嚴師父西方弟子李祺・阿謝爾（Rikki Asher）、哈利・米勒（Harry Miller）、南茜・波那迪（Nancy Bonardi）等帶領。本年並舉辦多場進階禪修，如9月止觀禪五、11月話頭禪七、12月念佛禪七，接引禪眾以相應的法門，精進修行。

同處紐約的象岡道場，以推廣禪修為主，2016全年的禪修活動，包括八場禪一、一場禪二、三場禪三、一場禪五、一場禪七、四場禪十，以及兩場三日禪修營，多由常住法師帶領，亦邀請多位聖嚴師父法子指導，包括賽門・查爾德（Simon Child）帶領5月的默照禪十與10月的禪五，繼程法師主持7月及9月的禪十，查可・安德列塞維克（Žarko Andričević）主持6月的話頭禪十，領眾體驗棒喝逼拶的話頭禪修。

另一方面，2月北美護法會首次悅眾成長營、5月第七屆在家菩薩戒戒會於象岡道場舉行，信眾堅定學佛、護法的信念，8月舉辦親子禪修營，八十位親子帶著禪心共學專注與放鬆。

美國西岸加州洛杉磯道場於2016年的法務推廣上，除例行念佛、禪坐共修之外，也不定期舉辦初級、中級禪訓班、禪一、戶外禪等，接引初機；3月、9月分別舉辦禪三、禪七，禪眾領略精進的禪悅法喜。

佛學講座方面，週日的《華嚴經》講座，由監院果見法師講說經典的修行要旨；8月，兩場專題講座，分別由果見法師講《地藏十輪經》、普化中心副都監果毅法師講「從大普化教育看法鼓山的宗風與家風」，期勉大眾以佛法薰陶，惡業不造、善因不斷，展現法鼓宗風。

10月下旬，方丈和尚果東法師於洛杉磯弘法，並出席「活出生命的力量──成功三部曲」跨界對談，與滾石文化董事長段鍾沂、洛城廣播人謝德莎分享生命的成功密碼。

而於12月正式成立的美國加州舊金山道場，全年弘化工作不斷，1至2月間，僧團果徹法師前往關懷，除舉行「觀音妙智」佛學講座，並帶領「法鼓傳燈日」活動，包括半日禪、大悲懺法會、傳燈發願等，也主持「止觀法門」講座，講說法義、帶領止觀禪一。3月舉辦「讀書會帶領人基礎培訓課程」，常華法師解說有效閱讀四層次；「《聖嚴法師年譜》分享會」則由文化中心副都監果賢法師帶領，啟發青年悅眾承續聖嚴師父弘法的悲心大願。

5月的浴佛法會由常齋法師帶領，同時舉辦園遊會，包括禪修體驗、禪藝作品展示、感恩奉茶等；7月，象岡道場監院常惺法師、弘化發展專案召集人果慨法師分別前來弘法，常惺法師主持茶禪、導讀《雜阿含經》，果慨法師帶領《法華三昧懺儀》研習營、主講「梵唄與修行」及「《梁皇寶懺總說》」。

8月，果醒法師分享生活禪；10月，方丈和尚果東法師出席義工聯誼會及榮譽董事感恩聯誼會，期勉大眾在奉獻中，利人利己、成就修行。

加拿大溫哥華道場2016年的定期共修活動，包括每週安排念佛、禪坐、法器練習、合唱團練唱、鼓藝練習等，每月也舉行大悲懺法會、菩薩戒誦戒會、法青活動等。9月起隔週週六的「《金剛經》共修」，則是海外首度舉辦的經典共修課程，近百位學員共學《金剛經》的生活智慧。

本年兩場精進禪修，於4月及10月舉行，分別由禪修中心副都監果元法師、查可·安德列塞維克帶領話頭、默照禪七；6月的「安那般那數息觀禪三」，則由僧團副住持果暉法師帶領，引導學員掌握觀念與方法，讓修行更得力。

5月，道場於加拿大英屬

溫哥華道場4月舉辦話頭禪七，由果元法師（第二排右三）帶領。

哥倫比亞大學（University of British Columbia）首辦第一屆在家菩薩戒，由方丈和尚果東法師、果醒法師、僧團副住持果品法師擔任傳戒三師，共有兩百九十二人圓滿受戒，迎接生命的新開始。9月，第二屆聖嚴書院佛學班正式開學，是海外第一個續開第二屆佛學班的道場，包括五十餘位新戒菩薩，共有一百三十六位學員在有次第的課程中，成長戒、定、慧三學。

於新澤西州分會進行的梁皇寶懺法會，果醒法師帶領大眾虔誠禮懺，祈願東初禪寺擴建工程順利。

8月暑期期間，溫哥華道場亦舉行青年英文禪修營、親子禪修體驗營，透過輕鬆學習的方式，讓禪法扎根於不同年齡層；10至11月，每週二於溫哥華大學城Old Barn社區中心舉辦初級禪訓班，由監院常悟法師帶領，落實社區的弘化交流。

創設於1987年的普賢講堂，於2016年5月由法鼓山承接法務，隨即舉辦浴佛法會，方丈和尚果東法師親往關懷；下半年起，以定期的念佛、禪坐共修，以及不定期的初級禪訓班、禪一、佛一與佛學課程等，廣泛接引波士頓地區東、西方大眾。

位於美國紐約的法鼓出版社，2016年持續每季定期出版英文《禪雜誌》（*Chan Magazine*），期能接引西方大眾修學漢傳禪法。

（2）各分會

因應各地文化背景及信眾需求，各據點皆安排有禪坐、念佛、讀書會、佛學課程等定期共修課程，僧團法師也不定期前往弘法關懷，帶領法會、禪修或是佛學講座，與海外信眾分享普潤人心的法益。共同的法會活動有2月展開的新春祈福、緬懷聖嚴師父恩澤與教誨的傳燈法會，3月的清明報恩、5月浴佛、8月中元地藏法會等。

北美護法會方面，新澤西州分會於5月舉辦新會所落成啟用典禮，方丈和尚果東法師、果醒法師、護法總會副總會長黃楚琪等共同揭幔，同時進行皈依典禮、浴佛、園遊會等多項活動，邀請大眾同霑法喜。9月，東初禪寺於新州分會啟建中元梁皇寶懺法會，祈願擴遷工程順利。

下半年，分會舉辦多場專題講座，7月弘化發展專案召集人果慨法師講「從觀音道場走入聖嚴師父的內心世界」、果醒法師導讀《天台心鑰》；9月繼程法師講「默照禪」；10月方丈和尚果東法師在講座中，分享活出生命價值，期勉大眾護持佛法更精

進;12月的「慈心觀」講座,由常護法師分享慈心觀的修行。

伊利諾州芝加哥分會2016年的禪修活動,以禪一及半日禪、Fun鬆一日禪為主,7月並舉辦禪修營,包括禪坐、經行、法鼓八式動禪等,學員練習放鬆身心、體驗動禪。5、7月的專題研習由常震法師講「觀音法門」、「地藏法門」,並帶領觀音、地藏法會,解行並重;9月舉行專題講座及禪二,邀請美國佛羅里達州立大學(Florida State University)宗教學系副教授俞永峯主講「禪的起源」,介紹禪的傳承與發展。

華盛頓州西雅圖分會於1月由果徹法師講「止觀法門」、「觀音妙智」,並帶領止觀禪一;3月,果醒法師弘法關懷,包括四場講座、生活禪一及話頭禪五,提點禪修的生活運用;4月的「念佛法門」講座,常盛法師講說念佛法門的緣起與殊勝。

7月,果慨法師於分會指導禪坐共修,並帶領戶外禪、讀書會帶領人培訓課程;9、10月,分別由常玄法師講「四聖諦」、常悟法師講「八正道、六度、四攝」,以生活化的譬喻解說佛學名相;11月,舉辦成立十五週年慶祝活動,以念佛禪一、佛法講座等,分享法喜。

加拿大安省多倫多分會2016年的活動,由元旦新年念佛共修開始,四十多位信眾互相關懷,許下遍照光明的心願;2月的「法鼓傳燈日」暨新春活動,內容包括觀看《2015年法鼓山大事記》影片、悅眾分享學佛歷程與親近法鼓山的因緣,以及《金剛經》讀書會等;3、4月的「基礎佛學與修行法門專題研習」,分別由常諦法師、常齋法師帶領法華法門、禪修數息,充實修行的資糧。

6、7月的系列弘法活動,分別由果醒法師、果慨法師帶領體驗漢傳佛教的活潑實用和盎然生趣。10月,於多倫多大學西德尼・史密斯講堂(Sidney Smith Lecture Hall)舉辦禪修講座,邀請聖嚴師父西方法子吉伯・古帝亞茲(Gilbert Gutierrez)主講「從古代禪師淺介禪佛教」,接引西方眾認識漢傳禪師與禪法。12月,首度舉辦佛二暨八關戒齋,由果啟法師帶領,三十餘位學員把握受戒因緣,精進共修。

歐洲方面,盧森堡連絡處於7月首度舉辦禪修活動,共有二十二位來自比利時、德國、盧森堡等地禪眾參加;倫敦聯絡處9月舉行弘法活動,由加拿大溫哥華道場監院常悟法師主持,內容包括弘講《金剛經》、帶領初級禪訓班和禪三等。繼程法師則於8月,在波蘭帶領禪二十一,接續聖嚴師父於歐洲弘化的足跡。

3.亞太區

(1)馬來西亞道場

馬來西亞道場於2016年展開的定期共修活動包括念佛、中英文禪坐、讀書會、合唱團練唱等。法會方面,除節慶以及大悲懺、觀音法會外,8月舉行的慈悲三昧水懺法會為最大型法會,每日均有兩百多人虔誠拜懺,攝受水懺深意。

2016年多場禪修活動,包括舒活禪、禪一與禪七;其中10月舉行的心靈環保禪修

營，由監院常藻法師帶領近六十位管理及專業人士禪坐練習，並觀看聖嚴師父的開示影片，完整學習禪的觀念和方法，也邀請繼程法師開示放鬆心法，以放鬆身心來安定身心。10月亦首辦中級1禪訓密集班，由傳燈院監院常願法師帶領學習體驗進階禪法課程，建立對禪修的正知見。

馬來西亞道場心靈環保工作坊中，學員以吸管頂小圓球，學習攝心與放鬆。

專題講座上，包括8月三場佛教史講座，邀請臺灣屏東大學副教授林其賢深入講析漢傳佛教的起源與開展，勉勵海內外弟子齊心努力，續寫弘揚漢傳佛教的歷史。三場心靈環保工作坊，分別由法鼓文理學院助理教授辜琮瑜、常藻法師帶領，藉由分組討論、互動遊戲課程，學習以佛法照顧身心。

此外，為在東南亞地區推廣漢傳佛教，2016年道場並與其他佛教團體與大學合作，2月應當地沙亞南佛教會之邀，指導該會禪修課程；3月與思特雅大學（University College Sedaya International, UCSI）合辦「禪思與禪行」講座，繼程法師分享禪法在修心、修行上的應用。

常藻法師本年亦參與多場對談或座談，如2月與馬來西亞佛教青年總會總會長吳青松、前副總會長黃俊達對談「正信與非正信佛教」；3月於佛教青年總會主辦的「佛教寫作營」中，講授「文字般若Me」，鼓勵學員以文字協助大眾遠離煩惱；5月於太平佛教會舉辦的全國教師佛學研修班中，講授《普門品》，闡述如何學習觀世音菩薩的大悲精神。11月出席「2016年佛教當代關懷研討會」，擔任主講人，分享禪修的社會實踐。

（2）各地護法會

亞洲地區護法會共有新加坡、泰國兩處，7月關懷院監院常綽法師於弘法關懷行程中，分別於兩地護法會主持「圓滿生命的無限延伸──生死兩相安」課程，內容包括法鼓山禮儀環保理念、大事關懷作法與細則、助念梵唄法器教學等，期於東南亞地區建立正向的生死觀念。

新加坡護法會全年念佛、禪修、講座活動密集。7月，禪修中心副都監果元法師的亞、美兩洲弘法行程中，於新加坡除帶領中、英文禪一各一場，也主講「音聲洄瀾」，分享音聲對身心的影響。8月，「《聖嚴法師年譜》分享會」，則邀請編著者林

其賢分享聖嚴師父南洋弘法因緣與歷程;「生命關懷」講座中,臺灣屏北社區大學生死學講師郭惠芯分享生病與探病的藝術。

12月的兒童心靈環保體驗營,由悅眾帶領,以四種環保為主軸,引導學童培養良善的生活習慣、愛護自然環境,成長心靈。

大洋洲的澳洲雪梨、墨爾本分會皆於2月舉辦「法鼓傳燈日」活動,其中,雪梨分會由護法總會副都監常續法師帶領,法師勉眾學做觀音,就是報答師恩最好的方式;4至5月,果啟法師與常先法師於兩地分會指導法器練習與禪修活動,帶領體驗念佛與禪悅的法喜。

4.大中華區

大中華區主要是香港道場專案,設有九龍、港島兩會址,定期共修包括念佛、禪坐、大悲懺法會、菩薩戒誦戒會,以及讀書會等;年度的新春普佛暨祈福法會、清明報恩佛一、浴佛法會、中元《地藏經》共修等大型活動,每場皆有數百人參加。

在禪修活動上,全年舉辦多場初級禪訓班與禪一,活絡當地習禪風氣。7月並於中文大學舉辦「青年五日禪修營」,青年學員學習以禪修轉念;11月於基督教女青年會梁紹榮度假村舉辦禪五,由常展法師等帶領,為方便禪眾作息,禪期分為兩梯次的禪二及一日的Fun鬆一日禪,共有二十八位禪眾圓滿禪五。

2016年的佛學課程,主要包括果元法師主持〈默照銘〉講座、主講「達摩祖師《略辨大乘入道》」,果謙法師詳釋《地藏經》的經義與意涵。另一方面,果賢法師於「《聖嚴法師年譜》分享會」中,介紹聖嚴師父的生命歷程;果慨法師講「從觀音道場走入聖嚴法師的內心世界」,帶領大眾深入認識師父推廣文化、教育、弘法及修行的學思與悲願。

香港道場「一人曰神」茶禪活動中,茶主人淨心奉茶,接引大眾由茶入手,體驗禪的放鬆與安定。

三場大型禪藝活動與講座,5月「約咗(了)佛陀喫茶去」,以浴佛、茶禪、鈔經、講座,慶祝佛誕;10月「游藝戲禪」座談會,繼程法師、舞蹈家梅卓燕與設計師黃炳培,分享以禪心優游於藝術領域的體會;11月「一人曰神」茶禪活動,則由果元法師帶領以茶接眾,體驗禪法在生活中的運用。

（二）護法總會

法鼓山護法體系由僧俗四眾參與護持而組成，聖嚴師父期勉護法會眾，通過各種層面的聯誼、共修、讀書、關懷等活動及研習營、成長營等方式，彼此支持、互相學習、共同成長，以佛法自利利人。護法總會其下分有會團本部、護法會團、各地辦事處及共修處、關懷院，及信眾服務處、專案祕書室等。

義工團跨組成長營，打散勤務組別的分組方式，透過各種活潑的學習活動，讓悅眾加深彼此的了解與默契。

1. 會團本部

護法總會年度大型活動，1月與各地分院合辦的「邁向2016光明遠大 —— 歲末感恩分享會」，共七千多位信眾互勉學觀音、做觀音，菩薩道上共願同行。10月，「新進勸募會員授證典禮」於寶雲寺舉行，共有一百六十三位鼓手加入建設人間淨土行列。

此外，3、9月於天南寺分別舉辦禪二、禪修營，由常哲法師帶領，悅眾學習運用禪修方法做好關懷，接引大眾學佛、護法。

2. 護法會團

護法會團主要由在家居士組成，包括法緣會、法行會、禪坐會、念佛會、法青會、教師聯誼會、榮譽董事會、社會菁英禪修營共修會、助念團、義工團、合唱團等。

2016年各會團均舉辦多元成長活動，提昇會眾智能，精進成長。法行會全年舉辦十一次例會，並由僧團法師講演佛法與安心之道。榮譽董事會本年首度舉辦全球悅眾成長營、禪悅營，藉由禪修及多元課程，堅定奉獻的願心；3至10月於海內外共舉辦八場關懷聯誼會，榮董們闔家分享護法因緣；12月的全球聯席會議，悅眾交流推廣學佛經驗，凝聚護法願心。

助念團於6月在農禪寺舉辦北區悅眾聯誼座談，交流推動地區大事關懷及共修現況；義工團於8月在天南寺首度舉辦跨組悅眾成長營，由常遠法師、常應法師等授課，共有一百多位悅眾在課程、禪修、出坡、角色扮演等活動中，提昇跨組交流與合作默契。合唱團年度大事，首推5至8月間展開的地區巡迴關懷，由輔導法師常獻法師、團長許美智偕同團本部悅眾，與各地區合唱團悅眾交流演唱技巧，互勉以音聲快樂學佛。

以各級學校教師為主要成員的教聯會，2016年展開兩場禪七、一場心靈環保自我成長營，並舉行三場心靈環保一日營，廣邀教師透過禪修安定身心，找回對教育的初心和熱忱。而為提昇學子品格教育，教聯會教案編輯小組以聖基會「心靈環保兒童生活教育

動畫」為本，自4月起，每月研發發布一則「心五四教案」，提供教師下載運用，期在校園推廣心靈環保，落實生命教育。

法青會各地分會定期開辦禪味鈔經、梵唄、禪坐等課程，接引青年學子學習各種修行方法。在成長課程，3至6月「活著・祝福・告別」生命關懷系列，引導學員透過生命教育，體會生命的意義；6月「轉變我們的世界 —— 世界公民領導力工作坊」，啟發青年將關懷視野深入國際，善盡世界公民的責任；7月「覺情工作坊」，學習覺情的智慧人生；10至11月的「佛教徒的生死觀工作坊」，果慨法師講授《金剛經》、《阿彌陀經》、《地藏經》、《心經》與《法華經》等經典的生命實相，並帶領體驗「光影之中觀生死」，學習在人生過程體悟生命的真實況味。

3.各地辦事處及共修處

2016年，全臺共有四十一處辦事處及十九處共修處，各地辦事處及共修處主要提供各地區行政辦公及信眾共修、聯誼之用，共修內容包括禪坐、念佛、佛學課程、法器練習、讀書會、勸募分享等相關活動。另一方面，也提供人力支援，共同成就頒發獎助學金、聯合祝壽、歲末關懷等工作。

其中，文山辦事處於1月舉辦悅眾成長營，包括溝通技巧、勸募心法、小組分享等，以凝聚共識，強化團隊運作；豐原辦事處4至7月舉辦「歡喜唱佛曲班」，信眾體驗演唱佛曲的清涼與法喜。

花蓮辦事處5月舉辦「佛教徒的生死觀講座」，由果慨法師主講；7至9月，常慧法師講授「學佛五講」，建立學佛正知見；桃園辦事處則於11月的勸募聯誼活動中，前往懷德風箏緣地育幼院，展開關懷學習之旅。

4.關懷院

關懷院著力於推動以心靈環保為核心的生命教育、臨終關懷、佛化奠祭、環保自然葬等，普遍而平等的圓滿每個人生命各個階段的需求，3至7月，分別在中山精舍、寶雲寺、紫雲寺開辦大事關懷課程，內容包括認識法鼓山大關懷教育、佛事的意義、梵唄與法器練習等，為大眾解開生死迷思與恐懼，進一步以感恩心、歡喜心面對死亡。

3月，於農禪寺舉辦北區「2016大事關懷成長營」，由監院常綽法師、常持法師授課，共有四百多名悅眾交流關懷經驗與原則，持續精進。

7月，常綽法師至東南亞弘法關懷，於馬來西亞道場、新加坡及泰國護法會帶領「圓滿生命的無限延伸 —— 生死兩相安」課程，分享莊嚴佛事的觀念，獲得廣大的回響。

二、發展體系

發展體系包括普化中心、禪修中心、文化中心及相關基金會（慈基會、人基會、聖基會）等，致力於全球社會推動法鼓山弘法、修行、教育、文化、關懷等事業。

（一）普化中心

普化中心其下有信眾教育院、青年發展院、弘化發展專案，整合並研發推廣各項適應社會局勢、結合科技與潮流的課程或活動，創新多元的弘法面貌，提供現代人具體可行安頓身心的觀念與方法。

1.信眾教育院

信眾教育院主要負責規畫、研發、推廣各式佛學課程，及培訓讀書會帶領人等工作，2016年持續整合豐碩的學習資源，普及對信眾的佛法教育。

在聖嚴書院普化教育的推廣上，包括佛學班、禪學班及福田班，系統介紹佛法知見、漢傳佛教內涵，以及法鼓山的理念。解門、行門課程並重的福田班，2016年新開九個班次，帶領近一千三百位義工開展自利利人的服務奉獻生涯；佛學班本年共新開十五班，總計八十一班，逾五千位學員參加；禪學班共兩班。5、7月並分別於寶雲寺、農禪寺舉辦佛學班聯合結業典禮，有近九百位學員完成三年學習。

另一方面，接引大眾掌握學佛入門和次第的「快樂學佛人」系列課程，2016年於全臺及海外馬來西亞、香港道場，共進行二十一梯次，近兩千人參加。而專為六十歲以上長者開辦的「法鼓長青班」系列課程，本年共計展開三十個班次，三千多位長者參加；11月並於農禪寺舉辦北區大會師，一千四百多位學員齊聚互勉。

「法鼓講堂」佛學課程，持續每週三在農禪寺開辦，同時在「法鼓山心靈環保學習網」進行線上直播，提供全球學員上網聽講，並參與課程討論，2016年課程包括《地藏經》、《法華經》、《金剛經》等三部經典，及「次第禪觀」、「朝暮課誦」與「話說淨土」、「佛教徒的生死觀」等主題，帶領學員認識經藏、禪法義理，學習佛法的慈悲與智慧。

心靈環保讀書會方面，2016年海內外共有一百二十九處，其中於國內有一百二十一處；而為培育心靈環保讀書會帶領人，10月於農禪寺舉行心靈環保讀書會帶領人基礎培訓課程，內容包括《法鼓全集》導讀、心靈環保讀書會的理念、有效提問四層次等，有近一百四十位學員參加，為帶領人注入新能量。

「法鼓長青班」大會師，長者展現旺盛的學習活力。

青年學員於卓越禪修營中，學習開拓更寬闊的人生視野。

此外，因應行動裝置的普及，普化中心研發「福慧鈔經App」，內容有經文、經名，以及佛號等，供使用者對應各自需求，鈔寫完成後，則可透過E-mail給祝福的對象，簡單、專屬行動網路設計的介面，便利大眾隨時隨地皆可鈔經。

2.青年發展院

青年發展院致力接引青年熏習佛法、修行禪法，相關課程及活動設計，活潑多元。本年舉辦兩梯次「禪門第一課」課程，透過練習法鼓八式動禪、瑜伽、打坐，以及聖嚴師父著作導讀與討論，認識禪修；也首度舉辦社青禪修營，由常義法師帶領以禪修練習放鬆身心、清楚覺察，學習對治妄念，為心靈富足的人生儲值。

1、8月，於天南寺、法鼓文理學院舉辦2016年冬季、夏季青年卓越禪修營，分別由常義法師、常炬法師擔任總護，共有三百多位學員藉由禪修體驗，學習超越自我的視界，開拓更寬闊的人生視野；4月「臺南法青二日營」、「悟吧！二日營」，則以農事體驗、新潮講堂等課程，啟發學員發揮生命價值。

5月於農禪寺進行的全臺法青聯誼，地區法青交流推廣佛法的創意與特色；10月的「法青悅眾成長營」在寶雲別苑舉行，營隊以「傳承與悲願」為主軸，透過課程認識聖嚴師父發願行願、奉獻利他的人生歷程。

11月於高雄甲仙地區展開的社區活動，藉由彩繪社區、清掃整理環境、與當地青年交流互動，培養彼此尊重、包容的心量，串起關懷暖流。

3.弘化發展專案

弘化發展專案包括了水陸推廣研究、梵唄統一、傳戒等專案，落實聖嚴師父清淨、簡約、環保的指示，引領新世紀弘法風潮。1月，因應智慧行動裝置普及，於總本山舉辦App製作說明會，各弘化單位自製專屬App，為大眾傳遞最即時的學佛訊息；「第二十一屆在家菩薩戒」，於3月分兩梯次在園區舉行，共有一千一百五十八位戒子圓滿正授，共行菩薩道。

11月，「第十屆大悲心水陸法會」於園區啟建，共有十二個壇場，每日均有三、四千人現場參與，藉由線上直播，全球共三十二處據點同步精進共修，雲端祈福牌位累計

超過一百五十多萬筆；2016年，水陸法會立下十年的里程碑，始終不離佛陀平等普施的本懷，契合當代社會需求，發揮關懷教育功能，融合佛教藝術、文化、科技的水陸法會，無疑已是當代漢傳佛教的文化資產。

年底，弘化發展專案召集人果慨法師、常智法師受邀前往韓國，參加於首爾曹溪寺韓國佛教歷史文化紀念館舉辦的「第九屆佛教儀禮文化國際論壇」，分享大悲心水陸法會的傳承與創新。

（二）禪修中心

禪修中心其下設有禪堂、傳燈院，除舉辦各項禪修活動，並研發系統化、層次化的課程，推廣生活化的漢傳禪法，協助現代人透過禪修放鬆身心，找回自心輕安。

1. 禪堂

禪堂統籌舉辦各項精進禪修活動，2016年共舉辦二十七場，包含中、英、粵語初階禪七，與念佛、默照、話頭等進階法門，內容如下：

類別	新春禪五	青年禪七	粵語禪七	念佛禪七	初階禪七	英文禪七	中階禪七	精進禪七	默照禪七	話頭禪七	念佛禪九	禪堂助理監香培訓
場次	1	2	1	1	10	1	1	1	4	3	1	1

2月的新春禪五，由常興法師帶領一百五十多位禪眾於年節期間精進修行；3月，首度舉辦粵語初階禪七，由香港道場監院常展法師擔任總護，禪堂堂主果元法師指導，共有一百三十一人參加，其中一百二十多人來自香港，禪期內外護由臺灣與香港兩地義工共同成就；7月，英文禪七由果元法師帶領，推動漢傳禪法國際化。

全年十場初階禪七，分別於三峽天南寺、臺東信行寺與三義DIY心靈環保教育中心進行，逾千人次參加；高階禪修活動方面，包括話頭禪七與默照禪七，分別有三場與四場，藉由默照放捨與話頭疑情來體現、參就人人本具之佛性。

2. 傳燈院

以推廣各項禪修方法、理念及活動為主要任務的傳燈院，全年度在例行禪修活動方面，為接引初機，於雲來寺舉辦的初級禪訓班、Fun

粵語禪七全程以粵語溝通，禪眾得以體會精進修行與小參的利益，進而深入禪修。

楊蓓老師（左）在社工禪修營中，分享以禪修安定身心，從事專業助人的工作。

鬆一日禪、禪一，全年有近一千人次參加；七場精進禪二，分別在法鼓山園區、三義DIY心靈環保教育中心進行；「中級1禪訓班」全年開辦五場，帶領三百多位學員做好進入禪七精進修行前的準備。

其他活動，5月，為慶祝母親節暨佛誕節，於臺北市國父紀念館中山公園廣場舉辦「心靈環保Stop・Relax・Enjoy」活動，數千位民眾透過生活禪的體驗，認識禪修與生活間的關聯與運用；9至12月間，於天南寺、紫雲寺，共舉辦一場「社工禪修營」、兩場「醫護禪修營」，由監院常願法師帶領，練習覺察自我、放鬆身心與放下壓力，有近一百八十位專業社工、醫護人員學習安身安心的禪法，重拾助人的力量和信心。

於三義DIY心靈環保教育中心展開的培訓課程，包括3月「地區助理監香」與「坐姿動禪學長」、4月「中級1禪訓班學長」、7月「立姿動禪學長」，以培養更多禪修的師資及種子人才，在社會各角落共同為推廣禪修而努力；5月與7月「地區助理監香」、9月「禪坐會成長營」、11月「動禪學長」等成長營的舉辦，則讓悅眾對中華禪法鼓宗的內涵能有更深入的體會。

傳燈院於2016年積極投入校園及企業禪修活動和課程的研發設計，校園方面，有多所學校申請「吃飯趣」活動，其中除與心劇團合作，在雲林、臺東數十所學校推廣，高雄地區亦有多所學校的老師於校園內自主推動，全臺共有一千六百餘位師生體驗結合禪修與用餐教育的「吃飯趣」，讓禪法成為簡單易學易懂的日常習慣；針對師長舉辦的工作坊，也由監院常願法師傳授分享理念，讓「吃飯禪」不只是促進健康飲食的方法，更延伸為全人教育課程設計的一環。

企業禪修方面，有別於往年派遣師資至企業內指導課程，本年計有中興電工機械股份有限公司、住商實業、李天鐸建築師事務所等五家企業員工及高階主管，前往齋明寺、天南寺，進行一至三日的禪修體驗，學習放鬆身心的法門。

（三）文化中心

文化中心為法鼓山主要出版、推廣單位，以佛法生活化為前提，藉由書籍出版、影視製作、文宣編製等方式，落實漢傳禪佛教的生活實踐，其下設有專案規畫室、文化出版處、營運推廣處、史料編譯處。其中，文化出版處下有叢書部、雜誌部、文宣編製

部、影視製作部、產品開發部；營運推廣處下有整合行銷部、通路服務部、物流服務部；史料編譯處下有：史料部、國際編譯組。對外出版單位為法鼓文化。

2016年叢書部共出版四十八項新品，包含新書四十三種、影音產品四種及桌曆一種，其中聖嚴師父著作十六種：《心・光明遠大：念念清淨，遍照光明；步步踏實，前程遠大。》、《本來面目 ──〈觀心銘〉講記》；新改版的《禪與悟》、《禪門修證指要》、《動靜皆自在》、《禪的體驗・禪的開示》、《禪門》、《聖嚴說禪》、《智慧一〇〇》、《學佛群疑》、《佛教入門》、《金山有鑛》；大字版的《學佛群疑》、《佛教入門》、《真正的快樂》及中、英文版的《動靜皆自在》。

《心・光明遠大》為法鼓山年度主題書，由聖嚴師父著作中精選「心靈安定，念念清淨」、「禮儀和樂，遍照光明」、「生活簡單，步步踏實」、「自然淨土，前程遠大」等主題開示，希望透過四種環保的實踐，帶給每個人幸福、希望。《本來面目 ──〈觀心銘〉講記》，是師父早年在美國主持禪七時，以明末憨山德清大師的〈觀心銘〉所做的開示，原刊載於美國《禪通訊》（*Chan Newsletter*）以及《禪雜誌》（*Chan Magazine*）；〈觀心銘〉詩偈是禪修心要，透過聖嚴師父由淺入深的講解，更易理解禪法真義。

2月出版的《聖嚴法師年譜》，由學者林其賢編著，內容分為六卷四大冊，將聖嚴師父的著作、開示、生平活動等資料，逐一爬梳篩選，編年次第，以百餘萬字完整記錄聖嚴師父波瀾壯闊的一生。

繼程法師則分別於4、10月出版《老實是禪》、《禪觀生死》二書，《老實是禪》內容教導正確的禪修心態與方法，時時保持學禪的初心、腳踏實地用方法，才能將障礙轉為智慧；《禪觀生死》則是提供建立修行目標與體系的具體方法，只要具備大信心、大願心、大憤心，立定目標，努力用功，就能轉迷為悟。4月並出版靈源老和尚的《梵網經菩薩道》，說明受菩薩戒之後的修道次第，並將《梵網經》分科並逐字句解，重新詮釋和解析原典精髓。5月出版常延法師著作《佛教「中陰身」思想之源流與發展》，深入考證佛教經論，整理漢譯佛典中陰身思想源流，爬梳南、北傳佛教對中陰身不同見解背後的複雜歷史因緣，是對佛教中陰身思想的深度探索。

7月出版的《天地西藏 ── 孤寂阿里》，作者邱常梵於2010年及2015年兩度前往阿里及岡仁波齊神山，書中記錄了雪域高原獨特的大山大水景致，及行旅途中心靈點滴的自我觀照；鄭栗兒、賴純美撰寫的《東方初白：東初老人傳》，書寫東初老人在大時代中，以生命貫徹「人生佛教」理念，捍衛正法，以大願心肩負起佛教未來，為法為教的一生。《熟年真好》於8月出版，心理學者楊蓓肯定熟年是人生的成熟期，藉由重新自我統整，開創熟年好風光，並以默照禪修方法，欣賞全新的自我，將無常的人生轉為自我成長的資糧。

　　10月出版的2017年法鼓文化桌曆《象岡好時》，由常駐美國紐約象岡道場的常護法師、常襄法師攝影，分享象岡道場的光影變化，四季禪境；《禪味關東 —— 古寺散步》於11月出版，作者秦就走訪東京、鎌倉、橫濱等地十八所不同宗派寺院，以豐富的史料和故事，帶領讀者進行深度的文化行旅。

　　影音系列，包括2月《法鼓山之美Ⅳ —— 步道之美‧義工之美》DVD，介紹法鼓山的步道和義工；5月《心海潮音》，以觀音精神為主軸，透過交響樂組曲，分享菩薩行願的故事；9月《禪是一朵花 —— 兒童佛曲集》，則是由繼程法師作詞、周金亮譜曲的音樂專輯，充滿禪意的文字，搭配活潑生動、朗朗上口的曲調，讓小朋友在快樂的歌聲中親近佛法。

　　雜誌部2016年出版十二期《法鼓》雜誌（313～324）、十二期《人生》雜誌（389～400）。其中，《人生》雜誌全年專題，經典與修行方面，包括1月號（389期）「好讀《阿含經》」、4月號（392期）「念佛好好」、7月（395期）「讀懂《六祖壇經》關鍵智」；生活佛法類，則有2月號（390期）「看住心猴」、5月號（393期）「熟年好好」、6月號（394期）「佛法致富」；紀念專輯，如3月號（391期）「實踐佛法的生命歷程 —— 《聖嚴法師年譜》」、11月號（399期）「大隱於世的獨行僧 —— 紀念東初老和尚圓寂40週年」；8月起連續三期，推出結合佛教藝術與生活美學的禪藝專題：「禪心禪畫」（396期）、「香花供養　心地莊嚴」（397期）、「百味茶　一味禪」（398期），探討深入常民生活的佛教文化藝術。

　　《人生》雜誌於12月堂堂邁入400期，自4月起便積極籌畫，企畫探索佛教於現代世界發展概況的專刊「世界佛教村　你在哪裡？」，首先在臺灣舉辦兩場座談會「宗教家對談史學家 —— 現代佛教應有的樣貌」、「佛教沃土　世紀風華 —— 佛法的文化觀察與生活美學」，從歷史的演變來觀照、找出適應現代的啟示；並前往香港舉辦「東方明珠　璀璨文化 —— 從香港談當代佛教文化出版」座談會，探討兩岸三地的佛教文化概況；也遠赴美國，採訪香巴拉出版社（Shambhala Publications）、目前在世界上發行最廣的佛教雜誌《三輪》（*Tricycle: The Buddhist Review*），了解西方的佛教文化出版脈動，並至各傳承佛教道場參訪，包括美國目前發展最為蓬勃的內觀禪修社，以及國際觀音禪院（The Kwan Um School of Zen）、夏斯塔修道院（Shasta Abbey）等，了解不同佛教系統的發展過程，觀摩不同的道風與弘化方式，同時探索佛教在臺灣所發展出的生活美學，以及未來願景。

　　另一方面，本年新開闢的專欄，包括生活隨感類的「法的療癒」、「三腳貓微筆記」、「一種觀看」、「變心‧辨心」，將佛法的處世智慧，融入生活涵養中。

　　《法鼓》雜誌於2016年，具體呈現法鼓山體系接引年輕人、培育青年人才的用心與作為，除了每年舉辦的青年卓越禪修營（322期），自316期起，報導僧大法鼓文苑編

法鼓文化出版多種書籍及《法鼓》雜誌、《人生》雜誌，落實漢傳禪佛教的生活實踐。

輯小組，以「國際・關懷・教育」為題，展開對佛法與國際觀的探索，並開闢「僧大悟語」專欄，由僧大師長分享將佛法融入生活中的教育實踐與省思；317期則以〈向死存有 法鼓青年探究生命〉為題，呈現青年院、各地法青關懷生命，自我覺醒的研討。此外，法鼓文理學院為培養解行並重的漢典英譯弘法人才，首辦國際性漢語佛教文獻英語研修班（321期）、「漢傳佛教青年學者論壇」第二階段論文發表（322期）等，展現法鼓青年的研修活力及弘化動能。

《聖嚴法師年譜》的出版，《法鼓》雜誌除了連續企畫報導之外，亦推出「年譜讀書會」專欄（318～323期），分享僧俗四眾在《聖嚴法師年譜》中重新與聖嚴師父相遇的感動。

2016年是方丈和尚果東法師北美關懷行、大悲心水陸法會圓滿十年的豐盛成果年，324期的《法鼓》雜誌均以紀實、特稿的方式，帶領讀者回顧過去，展望未來。

關懷法鼓山勸募會員的《護法》季刊，2016年發行第5至第8期。頭版「護法心聞」先後報導了新任悅眾授證典禮、家庭關懷行，鼓勵勸募鼓手接引年輕人親近佛法，並於水陸法會啟建前，提醒眾人做好前行功課，用清淨心參加年度共修勝會。

二、三版「專題特寫」，邀請全臺各地鼓手，分享他們學佛護法的經驗，並有學生分享就讀文理學院的學習和成長，實際看見「心靈環保」校園展現出的教育新希望。四版「處處好讚」專欄，接續報導護法會海山、花蓮、潮州、彰化四處辦事處的弘法狀況；而「鼓手心行」、「讀書分享會」、「活動傳真」等專欄，則持續透過聖嚴師父開示、書籍導讀、地區報導，深化學佛修行、護法弘法的觀念與方法。

季刊《金山有情》2016年頭版「本期焦點」，持續以在地即時新聞為主，如享譽國際的萬金石馬拉松（56期）、2016北海岸藝術祭（57、58期）等；二、三版「專題特寫」，報導探索自然與人文采風，包括由在地健走團帶路，漫步山海之間，探討生態保育（57期）；透過阿里磅紅茶的歷史與復育，認識茶鄉文化（56期）等；四版「北海鄉情」，挖掘在地趣味的人事物，有漁船泡溫泉（55期）、老外打造動物庇護所（56期）等。本年新闢「老照片說故事」專欄，藉由一張張珍貴的老照片，看到北海岸在地

文化風情的歷史樣貌。

接受體系內各單位委託製作各類文宣、結緣品的文宣編製部，2016年主要出版品包括《2015法鼓山年鑑》、法鼓山《行事曆》；陪伴青少年成長的《大智慧過生活》校園版套書，本年全臺有逾兩百五十所學校提出申請，總發行量近十二萬冊。

影視製作部於2016年自製影片，包括《信行寺十週年簡介》、《梁皇寶懺二十週年》、《大悲心水陸法會10年》、《2016法鼓山大事記》，《2016心靈環保法鼓山》、《蘭陽精舍簡介》等二十餘部；教學類影片，共完成《方丈和尚精神講話之師父開示》四集、《結夏安居師父開示》十八則等影片的字幕製作。

以開發涵容心靈環保理念的各式用品、飾品、修行用品為主的商品開發部，2016年共推出三十項新品，包括禮品、環保、修行、生活用品等，廣與社會大眾分享禪修與環保在日常生活的實用。

史料部2016年於法鼓山園區規畫「法華梵鐘遍傳法界 —— 法華鐘落成十週年」、「回家‧出家‧入如來家」等展覽；並在農禪寺安排「百丈農禪家風 千年傳承創新 —— 從百丈禪師到聖嚴法師」、「《人生》，不只400期」特展，分享法鼓山的相關發展歷程。

（四）相關基金會

慈基會、人基會、聖基會，為法鼓山在社會上深耕大普化、大關懷、大學院三大教育理念的重要單位。

1.慈基會

慈基會為法鼓山落實大關懷理念重要的推手，跨越國界、宗教、種族等有形藩籬，致力於全球打造四安工程。本年於臺灣，延續2015年12月起跑的歲末關懷系列活動，至2016年2月底，陸續於全臺各地分院、護法會辦事處展開，合計十七個關懷據點，共關懷逾兩千七百戶家庭；5月則展開端午關懷，攜帶應景素粽前往關懷家庭表達祝福外，慰訪義工並分別前往各地社福機關、安養機構，與院民歡度佳節；7月暑假，於雲來寺首度舉辦「心靈環保體驗營」，邀請關懷家庭學童歡樂學習四種環保。

鼓勵學子安心就學的第二十八、二十九期「百年

2月臺南強震，慈基會於受災地區設置服務站，法師、義工們輪班接力，為家屬、救難人員及國軍官兵提供物資，為傷者及亡者祝禱。

樹人獎助學金」則於4至11月間舉行，全年共嘉惠近三千一百位學子。

急難救助上，2月臺灣南部發生強震，臺南維冠大樓因而倒塌，造成一百一十七人罹難，五百餘人受傷，慈基會啟動緊急救援系統，前往關懷與協助救災；搜救任務圓滿後，並舉辦祈福平安法會；7月臺東縣、市因強烈颱風襲擊，災情嚴重，慈基會祕書長果器法師、副祕書長常綽法師等帶領義工，協助清理校園，四眾合力還原臺東淨土。

海外方面，持續關懷並援建中國大陸四川強震後的校園重建，1月多功小學竣工、民興中學圖書館落成，提供安心就學的校園環境；7月，於四川江油羅漢寺舉辦兩場生命教育心靈環保體驗營，由僧團副住持果品法師、寺院管理副都監常寬法師帶領大學新鮮人、大學生，探索生命的意義。9月，於安縣秀水第一中心小學舉辦兒童生活教育寫畫創作活動，以認識自己、關心他人、同學相處、生活禮儀、環境保護等為寫畫主題，共有三百二十位學童參加。

慈基會10月以經費援助的方式，透過長期投入海地人道救援的跨國醫療組織兒童之家（Nuestros Pequeños Hermanos, NPH），協助該國因颶風受災的民眾重建生活；此外為尼泊爾前譯紀念學校（Ngagyur Memorial School）增建衛浴餐廚暨衛生改善設施、活動中心於12月啟用，由常綽法師代表出席捐贈儀式。

教育訓練亦是慈基會的重點工作之一。其中，4、8月於紫雲寺、雲來寺舉辦慰訪員進階教育訓練課程，除邀請專業社工人員講授訪視與溝通技巧、社會福利資源，並進行分組演練，提昇服務能力與安定的力量。

2016年，慈基會獲外交部頒授「國民外交表揚狀」，顯示常年協助政府投入人道關懷、環境保護等合作事務，受到國際社會肯定。

2. 人基會

以「人文社會化、社會人文化」為願景的人基會，2016年首先於1至12月，與教育廣播電臺合作製播《幸福密碼》節目，透過對各界賢達的訪談，分享、傳遞幸福；呼應「光明遠大」主題年，每月舉辦心靈講座，1月進行首場，全年11場，邀請各領域專家學者，分享結合美善力量的幸福智慧。

為推廣「心六倫」，4月，持續與法務部合作推動「生命教育暨技藝扎根實施計畫 —— 心六倫運動」，於宜蘭監獄舉辦音樂會，邀請音樂工作者齊豫演唱，以歌聲關懷收容人；5至11月，舉辦五場「心藍海策略 —— 企業社會責任」系列課程，主題是「提昇企業全方位績效的幸福領導」，結合佛法與管理學，邀請專家、學者講授企業倫理內涵，提昇企業倫理意識。

7月，三梯次的「幸福體驗親子營」，以活潑互動的課程，帶領幼童與家長共創心靈記憶；「快樂婚享班」，則以家庭倫理為核心，引領學員思考經營家庭幸福之道。

人基會心劇團於9至11月間，於臺東縣、雲林縣展開「2016轉動幸福計畫《媽媽萬歲

心劇團偏鄉校園巡演，團員與原住民學童歡喜合影。

「II旅程》」演出，共有九場校園巡演及兩場戶外公演，有逾千位師生、家長觀賞，共同體驗生命，開啟心靈善的力量。另一方面，2至4月每週五開辦「歸零無限——禪與藝對話工作坊」，邀請莫比斯圓環創作公社藝術聯合總監張藝生授課，內容包括劇場藝術、肢體開發、禪藝對話等，培育青年表演人才。

因深耕社會淨化人心工作卓有成效，人基會董事鍾明秋獲教育部105年度推展社會教育有功傑出人士之肯定。

3. 聖基會

聖基會於2016年，持續以具廣度、深度的多元管道，戮力於推展聖嚴師父思想與理念，以及漢傳禪佛教深化與普化，重點工作包括舉辦學術研討會、講座及出版、推廣相關結緣品。

首先在3月，每週六舉辦「聖嚴法師經典講座」，由法鼓文理學院教授杜正民講授「聖嚴法師的如來藏教法與實踐」，引導學員領略聖嚴師父的如來藏教法。6月，舉辦「第六屆聖嚴思想國際學術研討會暨第四屆法鼓山信眾論壇」，信眾論壇以「誰，續寫法鼓山？從《聖嚴法師年譜》展望未來願景」、「聖嚴法師禪修理念的傳承與當代挑戰」、「心靈環保理念推廣」、「心靈環保之國際發展」、「漢傳佛法的國際傳播」等五個主題，四眾弟子探討中華禪法鼓宗的傳承與挑戰；「聖嚴思想國際學術研討會」以「歷史想像與現代性語境下之漢傳佛教與聖嚴思想」為主題，持續跨界對話，帶領聖嚴師父思想研究新思潮。

「第二屆近現代漢傳佛教論壇」12月於寶雲寺舉行，有來自臺灣、中國大陸、香港、法國、美國等地，近二十位學者探討漢傳佛教教育的傳承和現代化新契機。

本年，持續舉辦「兒童生活教育寫畫創作」，不僅國內回響熱烈，海外包括美國加州舊金山、澳洲雪梨、中國大陸四川等地區，也參與踴躍；12月於臺灣舉辦的四場頒獎典禮，分別於紫雲寺、寶雲寺、農禪寺、信行寺展開，鼓勵學童透過繪畫、文字與書法創作，分享觀看《自在神童3D動畫》影片的心得或生活經驗，將佛法的觀念與方法深植於心。

結緣書籍的出版推廣方面，2016《親子溝通轉轉念》、《樂齡（二）——老得有智慧》與《有禮真好》、《叮嚀——聖嚴師父談世間事》四書，彙整聖嚴師父關於親

子關係、老年生活、人際禮儀等的相關開示，回應社會的需求；四眾弟子分享師父言教、身教的《今生與師父有約》，也持續出版第九、十集。

三、教育體系

教育體系包括法鼓文理學院、中華佛學研究所、僧伽大學、法鼓山社會大學及三學研修院等，透過學校教育、推廣教育、社區教育、學術研討、國際交流以及跨領域的交流合作等管道，培養跨領域學科素養、關懷生命、奉獻社會的各項專業人才。

（一）法鼓文理學院

以博雅教育為辦學方針的文理學院，其下的學術單位有佛教學系之學、碩、博士班，與人文社會學群之生命教育、社區再造、社會企業與創新、環境與發展等四個碩士學位學程，透過學校教育、學術研討、國際交流以及跨領域的交流合作等多元管道，培育具有國際宏觀視野的宗教師及學術文化兼具的佛學人才。

2016年在學術交流與研討方面，4月與人基會合辦「社會價值＆社會企業影響力論壇」，邀集三十多位社企領域的學者專家，共同省思社會企業核心價值、影響現況與趨勢，學術與實務多面向交流；5月，於臺北松山文創園區舉辦「社會價值與社會企業影響力國際論壇」六場講座，探討以心靈環保，發揮企業價值；6月於德貴學苑進行的「生命教育與社會關懷論壇」，以研討會、工作坊等多元型態，探索生命的實踐關懷。11月，社區再造碩士學位學程於園區舉辦「愛與希望 —— 社區活力再造論壇」，共有兩場講座與六場交流分享，研討凝聚社群力量、共享合作成果，促進社區的幸福感，包括方丈和尚、新北市市長朱立倫、社大校長曾濟群，以及近五百位大臺北地區鄰里長、社區工作者參加。

另外，校長惠敏法師1月應日本岐阜聖德學園大學之邀，以「安寧療護臨床宗教師之養成」為題，分享臺灣臨床宗教師養成；8月，助理教授鄧偉仁參加於西班牙馬德里舉辦的「當喜馬拉雅山與阿爾卑斯山相遇：佛教藝術暨佛教在歐洲的傳播國際高峰論壇」（When the Himalaya Meets with Alps: International Forum on Buddhist Art & Buddhism's Transmission to Europe），並發表論文。10月，惠敏法師、

「第二屆近現代漢傳佛教論壇」中，學者深入探討佛教教育的定位與發展。

圖書資訊館館長洪振洲受邀前往中國大陸浙江大學,與日本、荷蘭、德國等國學者,分享佛學研究的數位科技運用。

　　為拓展師生研究視野與面向,全年舉辦多場專題講座,邀請各領域專家學者,包括日本學術振興會海外特別研究員柳幹康主講「永明延壽《宗鏡錄》與中國佛教」、莫蘭藏文網路研究室負責人洛桑莫蘭格西分享「開發藏文電子詞典的經驗」、美國華盛頓州舍衛精舍(Sravasti Abbey)圖丹·卻准(Venerable Thubten Chodron)介紹「西方比丘尼僧團之現況與展望」、鄔·索巴那法師(Bhikkhu U Sobhana)講授「巴利經典裡的禪修 —— 文本與實踐」(Meditation in Pāḷi Sutras: Textual and Practical Dimensions),以及臺灣師範大學學輔中心諮商心理師陳淑琦講析「心時代,新覺醒 —— 談兩性溝通力」、臨床心理師林克能探討「預約一個沒有阿茲海默的未來」、導演章大中講評「紀錄片的社會影響力」,世法與佛法兼備,引領師生跨領域、全方位涵養人文、關懷生命。

　　本年,文理學院也透過演講、課程、工作坊、研習營等各式活動,將學習資源、研究成果與大眾共享,包括1、3月邀請聖嚴師父法子繼程法師、法鼓山僧團副住持果元法師,分別講《六祖壇經》、梵音,分享修行的智慧;7月首度為高中生舉辦「生命美學研習營」,營隊以生命教育、美學教育為主軸,開啟學子對生命的感知與熱情。8月,舉辦漢語佛教文獻英語研修班,深入討論佛典經句,增進對經文的了解,也結合拜懺、禪修等修持方法,從實修中領解經典意涵。

　　在校園活動方面,3至6月舉辦校慶系列活動,包括與佛光大學首度合辦校際友誼賽及社團成果展、禪韻國畫成果展、綜合語言競賽和春季五分鐘書評等,以博雅教育展現活力;期間,4月為新落成建築「大願橋」、「大願·校史館」舉辦啟用典禮,除弘彰聖嚴師父興學悲願,也感懷大眾護持願心。

　　6月大學院的畢結業典禮,四十位畢結業生穿著袈裟、海青,由師長搭上菩薩衣、傳菩薩行燈,發願實踐菩薩行;12月的「圖書館週」,以「綻放心靈之美」為主題,介紹電子館藏的使用方式,並有攝影賽、五分鐘說書等活動,帶動校園閱讀與知識分享的風氣。

法鼓文理學院首度為高中生舉辦「生命美學研習營」,開啟了近百位年輕學員對生命之美的感知與熱情。

另一方面，禪文化研修中心於2016年也展開多場活動，如4月舉辦「佛教史研修體驗營」，由多位教授講授印度、中國、西藏與日本等四大佛教史；6月為信眾舉辦的「心靈成長研修體驗營」、8月的「兩岸大學院校教師研修體驗營」，則開啟學員對禪文化的認識與學習。

於推廣教育方面，法鼓文理學院推廣教育中心2016年在德貴學苑開辦課程，共開辦三期、近五十門課程，提供大眾研習佛學的管道，進而提昇心靈。

本年，文理學院校園建築理念落實自然環保，獲新北市政府105年度新北市環境影響評估優良開發案評選計畫「營運階段」銀級獎；師生社團行願社獲教育部的全國大專院校社團評選甲等獎，顯見結合學業與志業，積極投入社會關懷，受到各界肯定。

（二）中華佛學研究所

中華佛學研究所以推動漢傳佛教的學術研究與出版為主要工作方向。有關「聖嚴法師文物史料數位典藏暨理念推廣計畫專案」，2月舉辦成果發表會，介紹典藏現況及網站建置成果；5月並由所長果鏡法師率同「聖嚴法師文物史料數位典藏暨理念推廣計畫專案」執行主持人洪振洲、辜琮瑜等，前往日本立正大學、山喜房佛書林、本納寺，拜訪聖嚴師父留日期間的老師、同學、友人，進行訪談與資料蒐集。

7月，中華電子佛典協會（Chinese Buddhist Electronic Text Association, CBETA）於德貴學苑舉辦「2016年成果發表會」，由惠敏法師主持，呈現新收錄的《大藏經補編》三十六冊及「中國佛寺志」十五部，CBETA線上閱讀網站——CBETA Online Reader也正式上線；「漢傳佛教青年學者論壇」9月於法鼓山園區展開，六組通過進階甄選的青年研究者，發表移地研究成果。

（三）僧伽大學

僧伽大學以培育解行並重、有道心、具前瞻性、涵容性及國際宏觀的青年僧才為宗旨，學制有佛學、禪學兩系。2016年首先於2月舉辦「第十三屆生命自覺營」，共有一百八十一位來自海內外的學員，體驗短期出家的清淨生活、覺醒生命的價值；而本年有五位男眾、八位女眾，共十三位新生入學。

課綱方面，除了解門、行門課程，3月，為開拓學僧閱讀層面與生命視野，僧大舉辦兩場座談會，「國際‧關懷‧教育」邀請端傳媒評論總監曾柏文，與惠敏法師、常啟法師，對談佛法與國際觀；「修持的國際觀」由果元法師、果慨法師，分享禪修、梵唄與修行。12月舉辦專題講座，邀請日本石刻經專家桐谷征一介紹隋唐的石刻研究成果。

另一方面，4月，舉辦第八屆講經交流會，除了以佛教經典為主題，另有學僧分享師父的生命歷程，與聽眾展開心的對話；6月的「2016畢業製作暨禪修專題發表」，二十三位學僧聚焦文獻與修行，展現學習成果。8月剃度大典，有七位求度者剃度出家，承擔如來家業，展開新僧命。

12月，由學僧企畫、採訪、編輯、攝影、插圖的刊物《法鼓文苑》第六期出版，本

期以「修持國際觀」為專題，分享學僧於「國際觀」的解、行修持學習。

（四）法鼓山社會大學

提供大眾終身學習管道的法鼓山社會大學，設有金山、新莊及北投等三校區，2016年共開辦近百門課程，學員逾四千人次。其中，新開辦「自然環保戶外教室」課程，包括「香草種植喫茶趣」、「咖啡種植與烘焙」，帶領學員以友善農法耕種香草植物與咖啡樹，實踐自然環保。

為深耕地方，除開設各項課程，社大本年結合地方資源，舉辦多項活動，包括3月於新北市萬里區萬里國小舉辦「心靈環保農法分享」座談會，4月及10月分別於金山區金美國小、石門區石門國小舉行「自然環保友善農耕市集」，推廣友善環境的自然農耕；5月的「北海小創客」研習活動，結合科技資源，鼓勵學子和鄉親從做中學、學中做，發揮創意。

繼金山校區幼童軍團，萬里地區幼童軍團也於7月舉行成立活動，親子共同學習奉獻社會的觀念與實踐，啟動善的循環；2016年並參與多場「佛化聯合祝壽活動」，為長者祝福。10月「悅眾成長營」，一百多位班級幹部及義工以禪修深化心靈環保的理念，歡喜充電。

2016年，為推廣公益服務，鼓勵學員從社會參與中成長自己，社大舉辦「點數兌換課程」，透過義工服務、參加公益活動儲值點數，參與課程；新莊校區也於每月第四個週六舉行「預約幸福 —— 耕心田專車」，邀請學員及親友於天南寺擔任義工，體驗義工服務的歡喜自在。

（五）三學研修院

三學研修院包括三學院、百丈院、弘化院。其中，三學院2月於總本山舉行僧團歲末禮祖；6月，在法鼓山園區展開一年一度的結夏安居，先以拜懺調整身心，接著展開精進禪七，最後以禪十四圓滿，僧眾精進共修，凝聚道情。

百丈院每年3月及8月於法鼓山園區進行兩次清洗祈願觀音池，包括洗石、曬石、刷池壁、擦池底，鋪石等作業，民眾及義工透過洗石，也滌洗心地。4月舉辦「香積禪修二日營」，逾百位住山義工、主廚團隊、上下行堂、各地區香積義工培福修慧，也透過戶外禪巡禮園區，了解法鼓山所推動的弘化工作，加深護持的信心。

「法鼓童軍團萬里幼童軍」成立，培育身心健全發展的兒童。

弘化院部分，首先於 5 月舉辦「朝山・浴佛・禮觀音」，有近兩千人次參加；9 月「禪修月」，透過參學室心靈導覽員帶領，大眾參與各項禪修體驗，了解「身在哪裡、心在哪裡」，活在當下的生命意涵； 10 月「水陸季」活動，則結合參學行程，引導大眾了解並體驗水陸法會的慈悲觀與平等普施精神。

法鼓山園區水陸季，透過誦念觀世音菩薩聖號與繞佛，參訪者體驗梵唄安定攝受的力量。

培訓課程上，弘化院 1 月於園區舉辦參學服務員培訓，10 月分別於德貴學苑、雲來寺舉行「初心奉茶」、「版畫轉印藝術」義工培訓課程，其中，在版畫轉印課程中，安排圖騰典故解說，引導學員從佛教經典中，體會生命智慧的真理。

四、支援體系

支援體系是法鼓山主要行政服務單位，包括人力資源處、文宣處、活動處、總務處、財會處等，配合體系內各組織舉辦活動、運作的需求，提供整合性協助及服務。

其中，承辦體系內大型活動的活動處，首先在 1 月舉辦「第二十一屆佛化聯合婚禮」，共有四十五對新人締結菩提良緣，使家庭成為禮儀環保的實踐場域；2016 年祈福皈依大典全年舉辦六場，接引三千多位民眾成為信佛學法敬僧的三寶弟子。9 至 10 月，陸續協助全臺各地分院、護法會辦事處舉辦二十八場佛化聯合祝壽活動，內容包括法師關懷、祈福法會、感恩奉茶等，祝福三千多位長者。

人力資源處全年於雲來寺舉辦十場職能訓練及兩場認識經典課程，主題涵蓋職場專業企畫、危機處理、溝通與協調、Google 雲端辦公室應用等世學，同時也涵蓋《心經》、《普門品》在職場上的運用，以提昇專職之職能養成，並以佛法提昇人品。

結語

聖嚴師父於 1998 年全民祈福平安大法會上開示：「我對我們法鼓山的團體，充滿了信心，因為我們的成員，只想要以奉獻自己來成就大眾，都知道唯有成就大眾才是造福自己的最好方法。我們有光榮的過去，得來不易，應當珍惜；我們有無限的未來，尚待開發，必須精進。」記取創辦人念茲在茲的教誨，2016 年法鼓山體系組織在穩定中，持續多元推展契合現代社會的各項教育、文化與關懷工作，以「修行型組織」引導在二十一世紀繼往開來，邁向光明遠大。

實踐

大普化教育
傳承創新　啟蒙心靈建設淨土

大關懷教育
四安關懷　邁向光明遠大未來

大學院教育
關注當代　跨界應用多元對話

國際弘化
步步踏實　多元推廣漢傳禪佛教

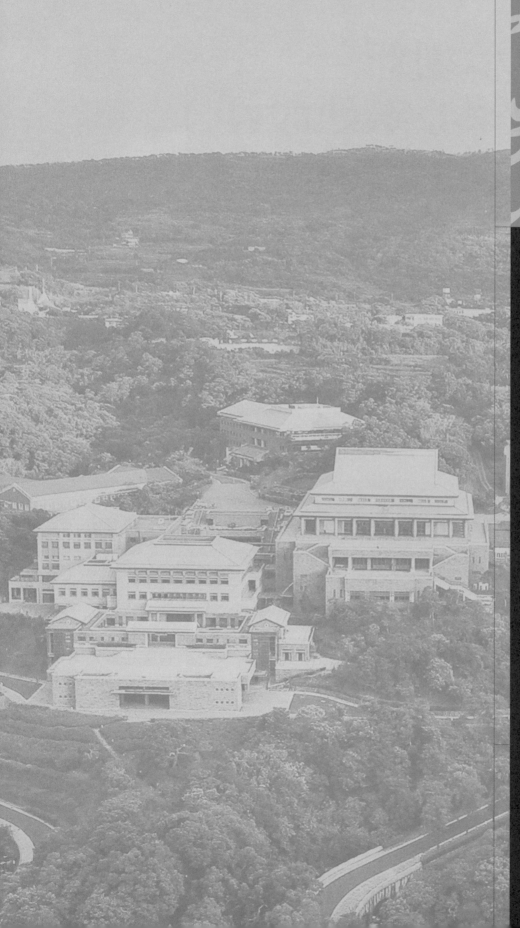

壹【大普化教育】

大普化教育是啟蒙心靈的舵手，
引領眾生從自心清淨做起，
培養學法、弘法、護法的菩薩，
敲響慈悲和智慧的法鼓，
建設人間為一片淨土。

傳承創新
啟蒙心靈建設淨土

大普化教育在2016年，傳承佛法本來面目之中，
跨域汲取養分、融攝社會潮流、結合時代科技，
持續著力於禪修推廣、佛學教育、法會共修及文化出版，
審時度勢開啟弘化新猷，與世推移創新多元弘法面貌，
以佛法領航啟蒙心靈，與眾攜手共創人間淨土。

本年《聖嚴法師年譜》出版、北投農禪寺梁皇寶懺二十週年、蘭陽精舍啟用、大悲心水陸法會十週年、《人生》雜誌四百期特刊出版、東初老人一百一十歲冥誕暨圓寂四十週年，大普化教育除以積極入世、化世的態度，針對安頓人心推廣各項教育、文化與關懷工作，接引大眾學佛路上歡喜同行；另一方面，也回顧發展軌跡，承先啟後，期能繼往開來，讓法鼓家風永續傳揚。

禪修推廣

禪修推廣是法鼓山大普化教育的主軸之一，2016年持續舉辦各項入門、基礎、初階、中階及高階的禪修活動，提供安全、完整的禪修學習次第；而為回應現代人緊湊、忙碌、高壓的生活步調，同時開辦遇見心自己、Fun鬆一日禪、山水禪等課程，除了坐禪的觀念和方法，也著重各種動禪的學習，如走路禪、出坡禪，以及戶外禪等課程，帶領大眾體會禪修在生活中的活潑應用。

年度最大型活動為5月母親節當天，結合一年一度的浴佛節，於臺北國父紀念館廣場舉辦「心靈環保Stop·Relax·Enjoy」活動，數千位民眾雨中浴佛，並透過生活禪的體驗，如鈔經、息心缽、慢步經行、托乒乓球、夾豆子、觀身受法等，以「身在哪裡，心在哪裡；清楚放鬆，全身放鬆」的安定，感受禪法的自在。

針對不同族群的特質與需求，傳燈院也積極研發教案，以更多元、活潑的形式來推廣，如年度舉辦的自我超越禪修營、教師禪七、青年卓越禪修營，以及結合休閒與修行的「禪悅營」，皆獲得廣大回響。2016年亦續辦「社工禪修營」、「醫護禪修營」，安排初級禪訓和一日禪，引導自我觀照與紓壓。此外，針對青年學子，持續開辦「遇見心自己」，並培訓心潮茶主人、心潮鼓手、山水禪種子等，揉合禪法與藝術，

引導青年收攝盲動的身心，透過五感的覺醒，開發生命內在力量。

校園禪修推廣上，除以禪修指引與法鼓八式動禪，廣與全國各級教師、學子分享；而結合禪修與用餐教育的「吃飯趣」，本年更與人基會心劇團合作，在雲林、臺東數十所學校推廣，高雄地區亦有多所學校自主推動，全臺共有一千六百餘位師生參與體驗，讓禪法成為簡單易學易懂的日常習慣。

企業禪修方面，除不定期接受公私機關團體之邀，由悅眾帶領各項禪修課程，2016年有多家企業員工及主管，於桃園齋明寺、三峽天南寺，進行一至三日的禪法修行。另一方面，亦結合地區力量，針對沒有禪修經驗的上班族、社會青年，於大臺北市、桃園等地區推廣「輕鬆學禪」共修課程，以輕鬆、自在的氛圍，引領初學者放鬆身心、認識自我與體驗安定。

而為培養更多禪修種子人才及師資，禪修中心持續開辦地區助理監香、坐姿動禪學長、初級及中級1禪訓班學長、立姿動禪學長等培訓課程，育成禪修師資及種子人才，不僅提昇悅眾對禪修內涵的了解，也藉由學長帶領學員學習，共同為推廣禪修而努力。

佛學教育

在佛學教育上，除由信眾教育院統籌辦理聖嚴書院、法鼓講堂、心靈環保學習網，有系統、層次在各分院、共修處開設佛學課程，為社會大眾提供完整的學佛管道外，全臺各分支道場也因地制宜開辦多元課程及活動，讓佛法走入家庭、社區、校園，深化也廣化佛學教育的影響力。

2016年在佛學入門部分，包括心靈環保讀書會、心靈茶會、快樂學佛人、法鼓長青班，以及各地分院的佛學弘講課程，以佛法觀念疏導生活中的煩惱，接引一般社會大眾認識佛法的妙用。其中，接引入門初機的「快樂學佛人」、以佛法引領長者重新與社會連結的「法鼓長青班」，除於各地分支道場、護法會辦事處舉行，亦於社區開辦，方便民眾就近學習。

聖嚴書院則涵蓋基礎與進階佛學課程，依序分有福田班、佛學班及禪學班，完備的普及教育，系統介紹法鼓山的理念、佛法知見及漢傳佛教內涵，本年共有逾五千位學員參與，象徵聖嚴師父分享佛法的願心，持續透過學員在各地傳承與深植。中區、北區佛學班聯合結業典禮，分別於5月及7月舉行，有近九百位學員圓滿三年精進學習。

每週三晚間舉辦的線上直播「法鼓講堂」，本年課程包括《地藏經》、《法華經》、《金剛經》等，以及「次第禪觀」、「朝暮課誦」，與「話說淨土」、「佛教徒的生死觀」，由僧團法師講授，帶領學員認識經藏，並學習佛法在生活上的應用。

至於各分支道場舉辦的生活佛法講座，主題扣合社會脈動，提供大眾探索、成長自我，進一步學習安頓身心的

管道，如桃園齋明別苑「心光講堂」、高雄紫雲寺「法鼓青年開講」，分享社會各界人士與生命經驗相應的佛法智慧，建立自在人生；位居都會樞紐的臺北安和分院，於6月起展開「迎接美好晚年」系列講座，邀請佛法、醫學、文學、哲學等不同領域的專家、學者，傳遞樂齡的觀念與智慧；臺東信行寺9月舉辦心靈環保座談會「看見人間寶藏」，方丈和尚果東法師、聖基會執行長楊蓓、導演吳念真、臺灣好基金會執行長李應平，暢談以智慧看見的人間寶藏。

「兒童心靈環保體驗營」於7、8月暑假期間，在全臺及美國紐約象岡道場、加拿大溫哥華道場等地展開，營隊課程以「四環體驗」為主軸，涵養學童安定、專注的心性，提昇良善品行。「幸福體驗親子營」也於7月舉辦三梯次，以表演藝術、故事分享等親子共學活動，讓家長與學齡前孩童感受心六倫的幸福力量。

「寶雲少年生活體驗營」則於10月於臺中寶雲寺進行，引領三十多位國小六年級至國中三年級的學子，學習生活，體驗佛法。

為持續深耕地方、走入社區與家庭，包括北部的雲來寺、南部的臺南分院，亦分別舉辦「兒童故事花園」、「兒童讀經班」，接引親子共學共讀、親近佛法。

法會共修

具足教育與修行意涵的法會共修，不僅凝聚大眾精進共修的力量與願力，也普及佛法對社會人心及風氣習俗的淨化；更讓法會「慈悲」與「祝福」的精神無限延伸。

本年總本山及全球各分支道場，除定期念佛共修、藥師法會、地藏法會、大悲懺法會外，隨著時序推遞，也分別舉辦新春普佛、元宵燃燈供佛、清明報恩、中元等法會，大眾藉由梵唄音聲、持咒、禮佛、誦念經文等，將佛法內化於生命。而在聖嚴師父圓寂七週年之際舉辦的傳燈法會，全球僧俗四眾以念佛或禪坐等共修，互勉點亮心燈、實踐菩薩行。

2016年8月，農禪寺啟建梁皇寶懺法會，特別規畫二十週年回顧展，並製播回顧影片、聖嚴師父早年法會開示，與會大眾深入了解師父改良傳統經懺佛事的初衷與願力；11月底，第十屆「大悲心水陸法會」於法鼓山園區展開，

福田班課程解行並重，修福又修慧。圖為法鼓山園區的福田班圓滿結業，學員在祈願觀音殿前歡喜合影。

結合環保、藝術、人文、科技等領域，改良創建的水陸法會，不離佛陀平等普施的本懷，契合時代需求，由現場延伸到網路直播，更讓祝福的心願、慈悲的力量，無遠弗屆。

此外，本年舉辦六場祈福皈依大典，共有近一千八百位民眾皈依三寶，三千多位民眾開啟修學佛法新生命；在家菩薩戒則於3月分兩梯次舉行，逾千人受戒，共學菩薩精神。

文化出版與推廣

整合文字出版、影像音聲、修行用品的製作與開發，是大普化教育的另一重要範疇。在運用文化出版普及佛法方面，2016年法鼓文化共出版四十三種新書、四種影音產品及一種桌曆，涵蓋佛法義理、禪修指導、心靈成長等主題，取材多元，包括文字、音聲、影像，契入不同社群的需求；各十二期的《人生》雜誌、《法鼓》雜誌，前者以漢傳佛教經典、修行結合日常生活為出版方向，後者詳實報導法鼓山全球弘化道業，帶領讀者深入經典、拓展佛法於生活中的活用面向，並親近法鼓山。

其中，《聖嚴法師年譜》於2月出版，由學者林其賢編著，共有六卷四大冊，將聖嚴師父的著作、開示、生平活動等資料，逐一爬梳篩選，編年次第，以百餘萬字完整記錄師父波瀾壯闊的一生；12月《人生》發行第四百期特刊，以「世界佛教村，你在哪裡？」為主題，編輯團隊前往香港、上海、北美，走訪八座城市、十四處道場、十家書店，以第一手文化觀察，俯瞰佛教世紀風華。

另一方面，並透過網路、特展等多元管道，傳達佛法對社會議題的關懷。網路電視台每月「主題影片」單元，共製播十二個佛學與生活佛法主題，含括基礎佛學指南、生命智慧、生活佛法、心五四、心靈環保等內容，讓大眾重溫聖嚴師父智慧開示，也在行住坐臥間履踐佛法；「法華梵鐘遍傳法界──法華鐘落成十週年」、「回家・出家・入如來家」、「百丈農禪家風　千年傳承創新──從百丈禪師到聖嚴法師」、「《人生》，不只400期」等特展，則引領參訪者認識法鼓山的傳承與創新。

結語

法鼓山所屬佛教基金會、農禪寺、雲來寺以及文化館等四單位，本年再獲內政部「續優宗教團體」表揚；文教基金會也獲教育部「推展社會教育有功團體」肯定。走過篳路藍縷的艱辛開創，7月，蘭陽精舍落成啟用，12月，東初老和尚一百一十歲冥誕暨圓寂四十週年，記取聖嚴師父「時刻創新前進，創造出符合時代需要、對社會有貢獻的當代佛教，才能成就弘法利生的大悲願」的期勉，大普化教育在傳承中有創新，踏實履踐法鼓山的共識「回歸佛陀本懷，推動世界淨化」，與社會大眾攜手共創人間淨土。

● 01.01～07

元旦共修迎新年
祈福發好願

元旦清晨，臺中地區民眾闔家到寶雲寺，以早課迎接新年。

跨入2016年的1月1日，海內外分支單位分別展開相關共修迎接新年活動，包括念佛、禪修等，在佛法的祝福中，揭開一年的序幕。

迎接新年第一天，臺北安和分院於1至2日舉辦「《法華經》共修」，每日持誦一部《法華經》，以誦經祈福開啟新年；桃園齋明寺則舉辦佛一暨八關戒齋，有三百多位民眾以照顧法身慧命做為給自己的新年賀禮。臺中寶雲寺也邀請大眾到寺院做早課，五百多位信眾以持誦〈楞嚴咒〉迎接自心第一道曙光，監院果理法師讚歎大眾深具福慧善根，鼓勵家庭和樂，社會安定，人間就有淨土。

臺南分院於1日起舉辦七天的觀音法會，這項持續十八年固定的修習功課，2016年共有兩千人次參加，監院常嘉法師勉勵眾人，新年的希望，就在因緣無常的變化中，找到生命轉折的契機。

海外部分，北美護法會安省多倫多分會於元旦舉辦念佛共修，大眾互相關懷，為新年許下念念清淨，遍照光明的心願；亞洲的馬來西亞道場也以大悲懺法會迎接新年，監院常藻法師勉勵大眾，以懺悔將心地掃除乾淨，運用佛法減少煩惱，共有七十多人參加。

● 01.01～12.31期間

網路電視台全年十二部「主題影片」
重溫聖嚴師父開示　行住坐臥皆佛法

法鼓山網路電視台每月的「主題影片」單元，2016年製播十二個佛學與生活佛法主題，含括基礎佛學指南、生命智慧、生活佛法、心五四、心靈環保等內容，精選聖嚴師父相關的開示影片，讓人重溫師父深入淺出的精闢開示，也在行住坐臥間履踐佛法。

除了聖嚴師父的開示影片,「主題影片」並加上延伸閱讀,提供師父相關著作資訊、《人生》雜誌專題精選文章,讓大眾更深入主題內涵,隨時為心靈注入能量。

若錯過當月的「主題影片」,只要點進「歷史主題」,即可以找到製播以來的所有影片及延伸閱讀。

網路電視台每月「主題影片」單元,引領大眾重溫聖嚴師父的智慧開示。

法鼓山網路電視台:http://ddmtv.ddm.org.tw

2016 法鼓山網路電視台每月精選「主題影片」一覽

月份	主題
1	十二因緣觀(二)——三世輪迴的因果關係
2	光明遠大(二)——念念清淨,遍照光明;步步踏實,前程遠大
3	正信的佛教(一)——導正觀念,探究佛法真義
4	正信的佛教(二)——導正觀念,探究佛法真義
5	正信的佛教(三)——導正觀念,探究佛法真義
6	禪悅蔬食——吃素健康有佛力
7	放鬆禪——如何紓壓與放鬆
8	安心禪——如何安心自在
9	快樂禪——如何快樂幸福
10	佛學與學佛——開啟智慧之鑰
11	利人利己——如何接引他人學佛
12	自在的告別——如何面對人生終點?

● 01.03～31期間

安和分院舉辦「熟年真好」系列講座
楊蓓分享熟年的心境與體悟

臺北安和分院於1月3至31日,每週日舉辦「熟年真好」系列講座,共四場,邀請實踐大學社會工作學系副教授楊蓓分享步入熟年的心境與體悟,共有六百多人參加。

　　楊蓓老師指出，許多人逃避面對「老」的事實，所以才有熟年、高齡、樂齡、銀髮族等名詞出現，就是不願意承認自己「老」了；人到熟年，體力、腦力與心力皆不如前，但先知道「不好」之後，才能坦然接受老的事實。所以感老、知老，是面對熟年的第一步，在中年時願意「自我統整」，生命才可能轉化，踏上修行之路，面對並接受老的事實。

　　講座上，楊蓓老師分享修學「默照禪」的心得，強調十分適合現代人學習。透過練習默照，讓身心合一，與自己更貼近，與環境更融合，看到了整體性，也更能接納自己；也唯有不斷練習心安的工夫，才會「善終」，不再畏懼死亡，真心感恩「熟年真好」。

楊蓓老師主講「熟年真好」，聽眾專注聆聽，展開「熟年」探索。

● 01.03～12.25期間

人基會與教育電台合製《幸福密碼》節目
邀請社會各界賢達分享幸福真諦

　　1月3日至12月25日，人基會與教育廣播電台合作製播《幸福密碼》節目，於每週日下午在該台各地頻道播出，2016年每季分別由點燈節目製作人張光斗、詩人許悔之、文字工作者胡麗桂與聲樂家張杏月擔任主持人，邀請社會各界知名人士及專家學者，分享生命故事及幸福真諦。

　　本年度《幸福密碼》節目，持續以心靈環保、心六倫及關懷生命為主軸，分享、傳遞幸福。教育界包括臺灣大學農藝學系名譽教授劉麗飛，分享植物世界的美好，勉勵大眾學習植物的智慧：各守本分、彼此相容、共享資源；法鼓文理學院社會企業與創新學程主任陳定銘在訪談中說明，企業的目標是營利，非政府組織和非營利組織以慈善為宗旨，社會企業則以使命為優先，創造企業的社會價值，是翻轉世界的新力量。

文化人士，包括作家舒國治分享如何以絕對開放的心態，來領受旅行的況味和樂趣；建築師郭旭原暢談建築之道，說明如何與自然共呼吸，以減法變化出萬千的建築哲學；南管藝術家王心心介紹南管藝術，以及南管與生活歷史結合的意義。

劉麗飛教授在訪談中，分享植物的智慧。左為主持人張杏月。

中華民國器官捐贈協會祕書長吳英萊、臺北市脊髓損傷社會福利基金會副執行長洪心平則分別在第二、三季節目中，分享醫療有極限，但愛可以讓生命傳承無止境流轉。

宗教界方面，法鼓山方丈和尚果東法師也在第三季兩集訪談中，分享「安心之道」是放下煩惱罣礙的心，凡事正面解讀，學習無常和無我，自然少煩少惱；而壓力的來源，就是得失心，只要盡心盡力，隨緣努力，少欲知足，即能離苦得樂。

● 01.05～04.26　01.08～06.24

《金剛經》共修課程
高雄紫雲寺、三民精舍接續舉辦

繼2015年北投農禪寺首辦「《金剛經》共修」課程，2016年1月起高雄紫雲寺、三民精舍接續舉行。三民精舍於1月5日至4月26日，每週二開辦；紫雲寺則於1月8日至6月24日，每週五由監院常參法師帶領，每堂課皆有逾百人參加。

《金剛經》共修課程，學員可於蒲團上用功。

共修課程的設計，是透過授、持、讀、誦，讓《金剛經》與日常生活相結合，解行並重。共修前，先由法師解說流程，不同於正式法會，參加者可於蒲團上用功，大眾跟隨木魚聲一字一敲清楚持誦；接著在法師引導下，稱念「南無本師釋迦牟尼佛」聖號繞佛；最後是觀看聖嚴師父有關《金剛經》的經典講

座開示。

常嗣法師在三民精舍的場次分享法義，說明《金剛經》是佛陀與座下解空第一的弟子須菩提之間的問答，闡述一切法無我、一切法皆空的般若空性，目的是要大眾發菩提心；經文雖然深奧、抽象難理解，但是只要聽懂一句開示、讀懂一句經文，再加以思惟、落實於生活中，必定可以受用一生。

● 01.05　04.26　07.12　10.04

方丈和尚精神講話全年四場
勉專職同仁落實佛法　安己安人

方丈和尚在7月12日的精神講話中，勉勵專職同仁回應社會需求，為大眾提供優質的服務。

2016年方丈和尚果東法師分別在1月5日、4月26日、7月12日及10月4日，於北投雲來寺對僧團法師、體系專職同仁與義工進行精神講話，全臺各分院道場同步視訊連線聆聽，每場有近三百人參加。

1月5日進行的首場精神講話，方丈和尚說明，藉由修學佛法來體驗沒有得失利害的平常心、去除煩惱的清淨心、放下執著的智慧心，而生起廣大平等的慈悲心，以學習奉獻、服務成就的態度來處理事與面對人，實際上也就是「心靈環保」。

第二季的精神講話於4月26日舉行，方丈和尚期勉每位專職都是法鼓山的經營者，如果能把個人小我融入團體大我，為理念、為佛法、為大眾服務，視逆境為修福修慧的因緣，就能在利益眾人的同時成就自己。

7月12日的精神講話中，方丈和尚勉勵專職同仁注意社會動態、回應社會需求，為信眾以及大眾提供更好而且一致性的服務，也透過每項活動，把法鼓山的理念傳遞給社會大眾，達到教育的目的與關懷的功能。

10月4日進行的第四季精神講話，方丈和尚說明佛法在義理和實踐上，處處運用科學的思維，面對天災或劇變，可以觀念的疏導（佛法）和方法的運用（科學）來因應；並以法鼓鐘聲、世間明燈期勉大眾，學觀音、做觀音，共同建設人間淨土。

每場方丈和尚精神講話之前，均會先播放一段聖嚴師父的開示影片，本年各場次的主題分別是「心靈環保的『超人』精神」、「非營利事業的經營者是誰」、「我們所做的是為社會改善體質」、「佛法與科學」，勉勵所有專職、義工在日常生活中實踐佛法的慈悲與智慧，安己安人。

● 01.06～11.16

「法鼓講堂」佛學課程全年七講
心靈環保學習網線上直播

信眾教育院於1月6日至11月16日期間，週三晚間開辦「法鼓講堂」佛學課程，主場地設於北投農禪寺，並同時在「法鼓山心靈環保學習網」進行線上直播，提供全球學員上網聽講，並參與課程討論。

主場地設於農禪寺的法鼓講堂課程，1月由果暉法師講授「次第禪觀」。

2016年「法鼓講堂」佛學課程，包括《地藏經》、《華嚴經》、《金剛經》等三部經典，以及「次第禪觀」、「朝暮課誦」、「話說淨土」、「佛教徒的生死觀」，分別由僧團法師主講，帶領學員認識經藏、禪修義理，並學習佛法在生活上的應用。

參與課程的學員雖分散各地，透過無遠弗屆的網路，可直接在線上提問、溝通，及時分享與討論；另一方面，「法鼓講堂」線上Live直播的所有課程，也完整收錄於心靈環保學習網網站中，讓學佛無時間、空間的限制。

2016「法鼓講堂」佛學課程一覽

時間	課程名稱	授課講師
1月6至20日	次第禪觀——以安般法門為主	果暉法師（僧團副住持）
3月9至23日	《地藏經》要義	果傳法師（僧團法師）
4月6至27日	《華嚴經》——與菩薩的十地修行	法源法師（僧伽大學講師）
5月4至25日	認識朝暮課誦	果會法師（北投雲來寺監院）
7月6至27日	《金剛經》與生活	果竣法師（僧伽大學講師）
9月7至28日	話說淨土	大常法師（僧伽大學講師）
10月12日至11月16日	佛教徒的生死觀	果慨法師（弘化發展專案召集人）

● 01.08

法鼓山推廣App學佛
當代弘化新亮點

因應智慧行動裝置普及化，弘化發展專案小組於1月8日，在法鼓山園區舉辦「App製作說明會」，國內外近二十處分院道場，同步透過視訊連線，加入自製專屬App的學習行列，為大眾傳遞最即時的學佛訊息。

弘化發展專案小組期盼透過協助各地分院製作專屬App，將各種印刷品轉成電子檔案，降低紙張使用量，減少樹木砍伐、減緩地球暖化，具體落實自然環保的實踐。

法鼓山自2013年推廣行動裝置應用程式弘法以來，已製作超過八十支佛法App，包括聖嚴師父講經系列、法會系列、《法鼓》雜誌，以及鈔經等，皆已陸續開發完成。

● 01.10

社大與新莊辦事處合辦敦親睦鄰活動
在地關懷　深耕社區

法鼓山社大新莊校區和護法總會新莊辦事處聯合舉辦「感恩有『里』——茶香團圓迎新春，光明遠大賀新年」敦親睦鄰活動，僧團副住持果祥法師、社大校長曾濟群到場關懷，感恩社區居民的護持和關懷，共有兩百六十多人參加。

活動以「學習、感恩、奉獻、分享」為規畫主軸，設置心靈加油站、放鬆茶禪及幸福咖啡禪、自然農法及友善農耕市集、幸福驛站、祈願祝福站等五大主題區，除了專人接待導覽，也安排社大老師、學員及義工現場示範教學，以實際的行動，將所學與大眾分享。

其中，「心靈加油站」是活動的第一站，大眾透過聖嚴師父「108自在語」的祝福，讓心靈充滿正能量。現場另有社大書法班師生揮毫寫春聯，為民眾送上最誠摯的新春祝福；也有種子盆栽班的作品展示，並教導民眾製作種子鑰匙圈，傳達自然環保的理念。

在體驗豐富的內容後，許多民眾報名參加社大課程，讓心靈更富足。

新莊地區民眾於活動中，分享現場手作體驗成果。

● 01.10～12.11期間

齋明別苑「心光講堂」全年十一場
分享生命正能量

桃園齋明別苑於1月10日至12月11日期間，舉辦「心光講堂」系列講座，全年共十一場，有近三千五百人次參加，共同領悟與生命經驗相應的佛法智慧。

首場邀請華人心理治療研究發展基金會執行長王浩威，主講「我的青春施工中」，分享青少年的特質，以及親子溝通的盲點與建議。王浩威醫師由「青少年」概念的發展談起，表示面對外在世

許瑞云醫師分享健康正知見，聆聽身體的聲音。

界的挑戰，包括社會步調加快、資訊過多不易辨別、全球化的影響，加上家庭結構與功能的變化，使家有青少年的家長感到憂心；王浩威指出，不要過度害怕孩子會犯錯，只要時時保持欣賞與讚歎，給予孩子信任感與自由空間，讓孩子能夠有發掘、探索自我的機會，兩代就不易產生代溝。

在2月、8月的兩場講座中，慈濟醫院一般醫學科主治醫師許瑞云分享健康正知見，鼓勵大眾在困境中成長，從挫折中找到生命禮物；4月，作家劉軒以「心理學觀點的幸運關鍵」為題，分享成為幸運兒的關鍵密碼。

9月「我的淨世願」講座，邀請馬來西亞佛曲音樂工作者黃慧音回顧創作的心路歷程，期盼藉由樂音傳達佛菩薩的關懷與祝福；表演工作者張世在10月的講座中，分享學佛、持戒，如何在面對煩惱與誘惑時，產生自利利人的力量。

園藝治療師黃盛璘在12月的講座中，分享植物的療癒力量，解說自身與植物、土地的連結，並從中尋找和檢視自我的生命意義。

2016 齋明別苑「心光講堂」系列講座一覽

時間	講題	主講人
1月10日	我的青春施工中	王浩威（華人心理治療研究發展基金會執行長）
2月21日	身體的答案心知道	許瑞云（慈濟醫院一般醫學科主治醫師）
3月13日	慢養——給孩子一個好性格	黑立言（卡內基大中華區執行長）
4月2日	心理學觀點的幸運關鍵	劉軒（作家）
5月22日	傾聽寂靜、傾聽自己	范欽慧（野地錄音師）
7月17日	我和地球人相處的日子	游高晏（自閉症作家）
8月14日	轉念，與自己和解	許瑞云（慈濟醫院一般醫學科主治醫師）

時間	講題	主講人
9月4日	我的淨世願	黃慧音（佛曲創作音樂人）
10月9日	我的樂佛提案	張世（表演工作者）
11月13日	電影與佛法	曾偉禎（電影工作者）
12月11日	植物的療癒力量	黃盛璘（園藝治療師）

● 01.23～12.31

社大推廣公益點數換課程
鼓勵學員參與社會 成長自己

　　為鼓勵學員從社會參與中成長自己，法鼓山社大自1月23日起，舉辦「點數兌換課程」活動，學員可至各校區辦理「學習悠遊卡」，透過義工服務、參加公益活動儲值點數，每儲值一點可免費報名一門課程，兌換課程自「105年秋季班」起。

　　除了當義工、參加共修，社大的課程特別規畫了「儲值專區」，只要選修專區的課程、講座及活動，如「學佛新手五十問」、「心靈環保農法務實班」、「改變，迎向心幸福」等，也能獲得點數。

　　社大表示，解行並重是法鼓山大普化教育的一貫精神，希望集點換課程的方式，帶動學員透過參與活動，將課堂所學與日常生活結合，服務大眾。

● 01.26～12.23

長青班2016年開辦三十班次
引領長者迎接樂齡生活

長青班陪伴長者在快樂學習中，迎接樂齡生活。圖為土城班長者展現學習成果。

　　專為六十歲以上長者開辦的「法鼓長青班」系列課程，2016年除於全臺各地分院、護法會辦事處舉行，4月並於海外的香港道場首度開辦。全年共計展開三十班次，共有三千多人參加。

　　長青班以八堂課為一梯次，採隔週上課方式，每次上課三小時，課程集學習、

健康、活力、分享等特色，內容包括動禪保健、語言學習、新知分享、肢體展演、戶外教學等；也規畫各類人文、醫學、科技新知等講座。學員學習新知、活化思維，也相互激盪腦力、分享創意，建立積極而有活力的樂齡生活。

長青班沒有結業式，是「活到老、學到老」的終身學習，陪伴長者在快樂學習中，連結時代脈絡，歡喜領受人生的黃金時代。

● 01.27～12.28

人基會舉辦「2016光明遠大心靈講座」
結合美善力量　共創和諧幸福人文社會

1月27日至12月28日，人基會每月最後一週週三於德貴學苑舉辦「2016光明遠大心靈講座」，全年展開十一場，廣邀各領域專家與學者分享美善的力量，共同創造和諧與幸福的人文社會。

首場講座邀請陽光基金會臉部平權代言人陳美麗

劉鴻徵協理分享「聖嚴法師108自在語」對全聯社廣告創意和行銷管理的啟發。

主講「蛻變的人生」，分享燒燙傷者復健的心路歷程，建議對於燒燙傷者應把握「三不」和「三要」的原則：不要盯著看、不要給建議、不要問敏感問題；要平常心，要同理心，要有耐心和愛心。

3月的講座，由全聯社行銷部協理劉鴻徵分享「創意與生活」，表示聖嚴師父「108自在語」對全聯社的廣告創意和行銷管理，深具啟發。「與人互動，給人空間就是給自己空間」，讓他在門市產品的陳列上，改善空間規畫，讓消費者有更舒適的購物空間；而「遇到不舒服、不愉快的事要調心，是調我們自己的心，不是調別人的心」，更是業績未達標準時，分析現況所善用的智慧寶藏。

公益採購協會理事長吳錫昌則在「樂齡與正念」講座中，指出正念必須專注、留心留意，是全然處於當下，那是刻意對事情的觀察，但不做判斷，而正念的樂齡生活會讓我們身心放鬆，更加開放成熟，生活也會幸福圓滿；作家鄧美玲則在6月「飲食覺醒」講演中，提醒大眾從「心」出發，回歸簡單自然的生活方式，在呼吸、飲食與行止間，找回自身和環境的健康。

法鼓山僧團常源法師於4月的講座中，分享生活禪的覺知與實踐，勉勵眾人用方法觀照身心，觀看念頭的生起，覺察到負面就轉正面，心就會逐漸清淨；8月「我——找到我了嗎？」講題，由女眾副都監果高法師說明找到自我有三途徑：認識自我、淨化自我和莊嚴自我，而生活狀態都是心念的寫照，心能主導一切，淨土和地獄就在一念之間，念念善念，即見菩提。

2016 人基會「光明遠大心靈講座」一覽

時間	講題	主講人
1月27日	蛻變的人生	陳美麗（陽光基金會臉部平權代言人）
2月24日	有種生活風格叫小鎮	何培均（天空的院子民宿負責人）
3月30日	創意與生活	劉鴻徵（全聯社行銷部協理）
4月27日	生活禪——覺知與實踐	常源法師（法鼓山僧團法師）
5月25日	樂齡與正念	吳錫昌（公益採購協會理事長）
6月29日	飲食覺醒	鄧美玲（作家）
7月27日	快樂的捷徑	徐一鳴（達一廣告公司董事長）
8月31日	我——找到我了嗎？	果高法師（法鼓山僧團女眾副都監）
10月26日	我的學佛與佛曲創作之路	康吉良（音樂創作人、演唱家）
11月30日	太極——生活動禪	李易昌（耳鼻喉科醫師）
12月28日	擁抱自然	黃福森（親子登山社團召集人）

● 01.28～30　01.31～02.02

臺北、臺南兒童冬令營
帶領學童「心」成長

雲集寺兒童營的學員穿上消防衣、拉起消防水管，實地操作射水打火。

1月28日至2月2日，臺南分院、雲集寺與臺北中山精舍，分別舉辦「冬季兒童心靈環保體驗營」，由教聯會師資帶領，藉由融入禮儀、生活、自然、心靈等四種環保與禪藝課程，帶領學童快樂成長，共近一百九十位國小學童參加。

首度於寒假舉辦兒童營的雲集寺，課程多元豐富，如

「在地好食材」活動中，小學員跟著雲集寺大廚，運用當季盛產的番茄、地瓜與糯米粉，製作番茄盅、五彩拼盤等料理；也從「傑克魔豆」的改編故事中，了解均衡飲食及營養的重要。另一方面，在佳里區消防隊員教導下，與臺南兒童營的學童體驗消防闖關，穿上消防衣、拉起消防水管，實地操作射水打火，學習自救救人的技巧。

中山精舍的體驗營於1月31日至2月2日展開，主題是「聆‧聽」，一百二十二名親子透過「溝通你我他」、「親子禪繞畫」、「樂活廚房親子DIY」等互動課程、合作表演藝術，藉由自我肯定、樂於分享、說好話等方式，用愛生活每一天。

許多家長表示，親子共學參與活動，是難得的體驗，不僅串聯親子的感情，留下幸福家園的記憶，也共同學習家庭倫理的精神。

● 01.29～31

南臺灣首辦禪訓班輔導學長培訓課程
深化接引及帶領技巧

傳燈院於1月29至31日，首度在高雄紫雲寺舉辦「初級禪訓班輔導學長培訓」課程，由監院常願法師帶領，共有二十位學員參加。

課程內容包括身心覺察練習、調整動作、禪坐的基本動作核對、接引與帶領技巧，以及吃飯禪，在

「初級禪訓班輔導學長培訓」課程中，常願法師一一核對禪坐的基本動作。

常願法師循序漸進的引導下，學員們有更深刻的體會。法師提醒運用禪修的精神在學習中成長，也與服務的對象分享；並強調當心靜下來，會更敏銳、也更易察覺，而將心拉回來的重點便是「現在」，不被過去的經驗拉著走，也不妄想未來。

31日邀請社工師謝云洋主講「接引及帶領技巧」，學員並分組演練輔導學長的角色任務、實際練習帶領技巧，以及團體中各種狀況的處理。

紫雲寺監院常參法師於課程最後勉勵學員，在日常生活中隨時運用禪修的方法，珍惜一期一會的當下因緣。

● 01.30～02.05

「2016冬季青年卓越營」天南寺展開
引導學員從心認識自己

青年學員在卓越營中，從心認識自己。

青年院於1月30日至2月5日，在三峽天南寺舉辦「2016冬季青年卓越禪修營」，本屆主題是「解禪心樂園」，藉由舒展身心的禪修與遊戲，學習從「心」認識自己，並以嶄新思維規畫人生新藍圖，共有一百多位青年學員參加。

卓越營內容，包括基礎禪修與學佛行儀課程、心靈遊戲、托水缽、戶外禪等，藉由如心禪對話、心室探索、孤獨勇士等活動，學員練習探索、體驗、覺察自我，賦予生命更多的領悟；而聖嚴師父的開示影片，更是寶貴的見面禮：「要把生命留在現在」、「不管妄念，回到方法」、「放鬆身心，放下身心」，每句法語都是學員觀照的方法。

有再度參加卓越營的香港學員分享，在「心禪對話」單元中，體會到「本來無一物，何處惹塵埃」，也體悟到原來煩惱多是來自「我執之心」，希望能具體實踐禪修的方法讓心靈更富足。

● 01.31

社大幼童軍團歲末集會
親子分享感恩與成長

法鼓山社大於1月31日在新北市金山區金美國小舉辦「金山幼童軍歲末感恩團集會」，包括校長曾濟群、幼童軍成員與服務員、家長，有近六十人與會，相互表達祝福與感恩。

曾濟群校長致詞表示，希望透過「做中學，學中做」

熱心服務的幼童軍於歲末感恩團集會中，獲頒獎勵。

的童軍生活教育，讓親子共同學習，凝聚家庭關係，也培養孩子團隊合作的精神，發展智、仁、勇，將服務做為人生目標。

活動中，播放回顧影片，帶領大眾重溫合作向前的幸福故事；並藉由有獎徵答、益智遊戲，將童軍教育融入其中，讓幼童軍們透過「學習遊戲」和「團隊合作」，更加熟悉童軍的諾言與規律。

最後進行頒獎典禮，包括感恩奉獻獎、熱心服務獎，以及為棕、黑、灰、藍四小隊幼童軍所頒發的獎勵等等，感謝正副團長與服務員們的無私奉獻，以及家長的全力支持、幼童軍的積極參與，氣氛溫馨。

● 02.07

除夕夜法華鐘響
為世界、臺灣祈願祝福

法鼓山於2月7日農曆除夕晚間至8日大年初一凌晨，在園區舉辦「除夕祈福撞鐘」活動，先於晚間在大殿舉辦彌陀普佛法會，再於法華鐘樓舉辦撞鐘祈福法會。午夜跨入新春之際，法華鐘圓滿第一百零八響，總統馬英九、副總統吳敦義、新北市長朱立倫、國安局局長楊國強、台新金控董事長吳東亮、臺北市聯合醫院院長黃勝堅等各界來賓和所有與會民眾，與方丈和尚果東法師、僧團法師，齊心為臺灣、為世界祈願祝福。

方丈和尚與馬英九總統共同揭示2016年法鼓山社會關懷主題「光明遠大」後，提及南臺灣於小年夜發生強震，救難人員放下與家人圍爐的團圓時光，不眠不休地在災區奉獻，法鼓山法師和義工也投入支援，如同與諸佛菩薩的慈悲和智慧團圓，期盼大眾在新的一年，學習觀音菩薩的精神，溫暖人間社會，成就光明遠大的正向能量。

面對南部嚴重災情，馬總統表示國人的大愛令人感動，除了要為災區民眾祈福，為罹難者哀悼，同時向救援的國軍、警察、消防人員、出錢出力的民眾，致上誠摯感謝。

除夕撞鐘圓滿後，許多民眾接續前往大殿拜願、至祈願觀音殿鈔經祈福守歲，願受災民眾早日重建家園。

除夕夜法華鐘響，大眾共同為世界、臺灣祈願祝福。

● 02.08～23期間

全臺道場、分院舉辦新春系列活動
廣邀大眾以禪悅法喜過好年

法鼓山園區初一首場新春法會，近千位民眾參與，接受法師祝福。

法鼓山全臺道場分院於2月8至23日期間，分別舉辦新春系列活動，廣邀大眾闔家參與，以禪悅法喜過團圓好年。

鑑於發生在小年夜的南臺地震，方丈和尚果東法師於總本山首場法會圓滿後，籲請大眾為臺南震災祈福的同時，也學習面對現象要有危機感，不要有恐慌感。其他分院所舉辦的新春普佛及北投中華佛教文化館、高雄紫雲寺舉辦的千佛懺法會等，也一同為受災民眾祈福、為救災人員加油；桃園齋明寺舉辦的慈悲三昧水懺法會，由於參加人數眾多，特別增闢第二佛堂，以視訊讓大眾一起參與，為臺灣祈福。

紫雲寺支援臺南震災，新春的千佛懺法會別有意義，僧團副住持果燦法師關懷震災後來到紫雲寺，勉勵大眾要「學觀音、做觀音」，將拜懺的功德迴向受災民眾，用願力點燃希望，溫暖自己也溫暖別人。

除了祈福法會，各道場分院均規畫結合禪修與佛法、適合全家一起參與的親子活動。北部地區，園區安排了供燈、鈔經、版畫拓印、初心奉茶等；北投農禪寺規畫了祈福獻供、親子同樂、靜心禪悅、素食饗宴、新春特展等五大區，大眾在關懷與教育中，度過法喜滿滿的新年。

臺中寶雲寺落成啟用後的第一個新年，舉辦心靈環保童畫展及尋寶活動，引導信眾認識法鼓山和寶雲寺，也帶著充滿三寶祝福的新春寶藏，迎接平安的猴年；臺東信行寺新春園遊會中的DIY

齋明寺新春活動，以鐘聲祈願闔家平安，世界和平。

迷你盆栽，則特別受到歡迎。

18至23日期間，農禪寺、齋明寺、寶雲寺、德華寺、信行寺分別舉辦元宵燃燈供佛法會；其中，齋明寺監院果舟法師並帶領觀看「貧女難陀點燈」影片，法師勉勵大眾，學習發願一切眾生能因供燈的功德，點亮心燈、離苦得樂，開啟光明智慧。

2016 全臺分院道場新春主要活動一覽

地區	地點	日期	活動名稱／內容
北部	法鼓山園區	2月8至12日（初一～初五）	新春祈福法會、禪藝體驗
		2月8日至5月31日	「法華梵鐘遍傳法界——法華鐘落成十週年」特展
	北投農禪寺	2月8至10日（初一～初三）	新春平安法會、祈福獻供、親子同樂、靜心禪悅、素食饗宴
		2月8日至5月31日	「百丈農禪家風 千年傳承創新——從百丈禪師到聖嚴法師」特展
		2月21日（十四）	元宵燃燈供佛法會
	北投中華佛教文化館	2月8至10日（初一～初三）	新春千佛懺法會
	臺北安和分院	2月8日（初一）	新春普佛法會
		2月9日（初二）	《藥師經》共修
		2月10日（初三）	新春大悲懺法會
		2月14日（初七）	新春地藏法會
	三峽天南寺	2月8至10日（初一～初三）	新春點燈供花祈福法會、禪修體驗、禪悅小吃
	桃園齋明寺	2月8至10日（初一～初三）	新春慈悲三昧水懺法會
		2月8至12日（初一～初五）	新春叩鐘祈福、茶禪
		2月22日（十五）	元宵燃燈供佛法會
	桃園齋明別苑	2月8日（初一）	新春普佛法會
		2月9日（初二）	新春大悲懺法會
		2月8至12日（初一～初五）	靜心鈔經、茶心禪藝
	基隆精舍	2月13至14日（初六～初七）	新春普佛法會
		2月23日（十六）	元宵燃燈供佛法會
中部	臺中寶雲寺	2月7日（除夕）	除夕彌陀普佛法會
		2月8日（初一）	新春普佛法會
		2月9日（初二）	新春大悲懺法會
		2月10日（初三）	新春慈悲三昧水懺法會
		2月22日（十五）	元宵燃燈供佛法會
	南投德華寺	2月8日（初一）	新春普佛法會
		2月10日（初三）	新春大悲懺法會
		2月18日（十一）	元宵燃燈供佛法會

地區	地點	日期	活動名稱／內容
南部	高雄紫雲寺	2月8至10日（初一～初三）	新春千佛懺法會、園遊會
	三民精舍	2月11日（初四）	新春普佛法會
東部	臺東信行寺	2月8日（初一）	新春普佛法會
		2月9日（初二）	新春觀音法會
		2月10日（初三）	新春大悲懺法會
		2月19日（十二）	元宵燃燈供佛法會

● 02.08～05.31

法鼓山園區、農禪寺新春展覽
認識法鼓山的傳承與創新

百丈禪師特展帶領大眾穿越時空，回溯百丈禪師生平。

法華鐘特展帶領大眾再次走入《法華經》，感受靈山勝會今猶未散。

2016年新春，法鼓山園區、北投農禪寺分別舉辦「法華梵鐘遍傳法界——法華鐘落成十週年」、「百丈農禪家風 千年傳承創新——從百丈禪師到聖嚴法師」特展，引領參訪者認識法鼓山的傳承與創新。

法華鐘特展於園區第二大樓活動大廳舉行。鑄刻整部《法華經》的法華鐘，是法鼓山「鎮山之寶」，擊法鼓、學觀音做觀音、建設人間淨土等理念，皆出自《法華經》，2016年適逢落成屆滿十週年，特展透過鑄刻因緣、經典掌故、藝術美學、影像紀實、聖嚴師父墨跡等展區，帶領大眾再次走入《法華經》，感受靈山勝會今猶未散。

於農禪寺開山紀念館展出

的百丈禪師特展，則以聖嚴師父對百丈禪師的評介為導航，帶領大眾穿越時空，回溯百丈禪師生平，認識其禪法、百丈清規的核心精神，以及從農禪寺到法鼓山百丈精神的傳承與實踐，領略「用佛法幫助社會大眾，改善生活品質」，人人都是百丈精神的實踐傳承者。

● 02.11

自立康復之家參訪齋明別苑
常雲法師帶領體驗出坡禪

桃園市自立康復之家老師、學員一行九人，於2月11日參訪齋明別苑，並由副寺常雲法師帶領體驗出坡禪。

一行人首先藉由茶禪放鬆身心，再於大殿出坡。常雲法師講解出坡的意義，是以莊嚴道場供養佛

自立康復之家的學員於齋明別苑體驗茶禪，在出坡前放鬆身心。

菩薩，使環境清淨令他人生起歡喜心，出坡時也能清潔個人心地，即是「掃地掃心地」。看似簡單的打掃工作，經由法師一步步的帶領，每位學員都十分專注、投入於分配到的工作，了解到出坡也是修行中重要的一部分。

適逢新春期間，學員也參與了齋明別苑的新春活動，包括鈔經、製作紙黏土玩偶等，感受新春安定、溫馨的氛圍。

帶隊的老師許智生分享，康復之家學員多是身心創傷失調，出坡能增強學員的個人信心；常雲法師表示，希望學員能於齋明別苑參加其他的活動或課程，繼續學習佛法、成長自己。

● 02.13～14

高雄紫雲寺舉辦冬季青年營
青年齊聚聆聽心聲音

高雄紫雲寺於2月13至14日舉辦冬季青年營，內容包括初級禪修課程、法鼓青年樂佛趣、互動遊戲、戲劇及樂團演出等，共有九十位學員參加。

首日課程中，「法鼓青年樂佛趣」邀請在生活中實踐佛法的「素人」，分享

紫雲寺冬季青年營,學員透過互動遊戲,體驗如何安頓身心。

在工作、家庭與夢想的追尋中,如何運用佛法面對挫折、化解困難;廣受好評的「法鼓青年開講」也納入營隊活動中,邀請導演蔡明亮分享美學觀,「現代人不敏感,佛陀出城三次,就體會到生老病死,這就是佛的敏感。」蔡明亮鼓勵青年,放慢速度,發現身邊信手可得的美。

「再見2015」透過回顧2015年的行事曆,引導學員覺照自己的狀態與初衷,並為2016年展開新期許;晚間的「星空晚會」,學員在紫雲寺人行廣場席地而坐,欣賞高雄法青組成的「純淨樂團」,演奏現代佛曲,並演出小王子舞台劇,呈現當代青年的處境與調適。

14日,學員於清晨行禪至澄清湖,練習直觀、打坐與早課;「智慧相對論」單元,由常燈法師與青年藝術家曹一竹,分享學佛之後,對「美」的追求,逐漸轉變成為眾生奉獻。

大堂分享時,青年院監院常炬法師出席關懷,期許學員把佛法帶回生活中,實踐自利利他的菩薩道。

● 02.13～12.17期間

紫雲寺「法鼓青年開講」全年十場
專業人士分享生命經驗

2月13日至12月17日,高雄紫雲寺週六舉辦「法鼓青年開講」系列講座,全年共十場,邀請專業人士分享生命經驗,啟發青年實踐生命價值,共有一千多人次參加。

首場講座,邀請電影導演蔡明亮以「好好看電影」為題,與青年們對談戲裡戲外的光影人生,以獨特的電影美學,述說如何演繹生命中的光影。6月11日邀請導演黃淑梅共讀八八水災紀錄片《給親愛的孩子》,還原臺灣百年山林開拓史,對本土生態、人文與環境的變遷與影響;曾於受災地區擔任法鼓山甲仙安心服務站站長甘玲華也分享影片所呼籲的,正是聖嚴師父提倡的自然環保,人與環境要和諧共存,就必須以尊重、慈悲來彼此善待。

3至5月，以「思念瀰濃三部曲」為主題，分別邀請高雄旗美社區大學校長張正揚、音樂工作者黃瑋傑與膠彩畫家鍾舜文主講，省思承繼傳統文化價值，重視人與土地的創作理念，帶領青年思考歸返的意義，找到生命的方向，並透過環境愛護、社會關懷以及公益實踐等課題，開創自己生命的格局。

張正揚校長與青年分享返鄉二十年的心路歷程。

下半年，9月24日邀請輔仁大學師資培育中心主任黃騰主講「打造青年寶可夢」，勉勵青年以「人」為出發點，連結自己、社會與自然，開創視野與多元活力。

10月，登山家江秀真講「雲端上的行腳——超越巔峰的生命體悟」，分享從完攀世界七頂峰的創舉中，體會難行能行、難為能為、難忍能忍的生命價值；而到達顛峰時，體能消耗、精神鬆懈，更應保留精力，做好下山的準備。

最後一場講座於12月17日舉行，邀請青年旅行作家劉崇鳳，以「高山島嶼的孩子——我書寫，為了知道我是誰」為題，分享從書寫山林大海、走路旅行到歸鄉深耕的生命歷程，並從土地中找到自己的生命方向。

紫雲寺監院常參法師表示，「法鼓青年開講」期望帶給青年面對與接受困境的勇氣，開啟對生命的省思，提起積極的行動力。

2016 紫雲寺「法鼓青年開講」系列講座一覽

時間	講題	主講人
2月13日	好好看電影	蔡明亮（電影工作者）
3月26日	歸返家鄉 尋找心方向	張正揚（高雄旗美社區大學校長）
4月23日	以歌聲表達土地之情	黃瑋傑（音樂工作者）
5月28日	來歸，我在笠山下	鍾舜文（膠彩畫家）
6月11日	《給親愛的孩子》座談分享	黃淑梅（紀錄片導演）
8月20日	如何不怕鬼	索菲亞（作家）
9月24日	打造青年寶可夢	黃騰（輔仁大學師資培育中心主任）
10月22日	雲端上的行腳——超越巔峰的生命體悟	江秀真（玉山國家公園首位女性巡山員）
11月12日	創業的顛倒夢想	張聖時（立凱電能董事長）
12月17日	高山島嶼的孩子	劉崇鳳（作家）

● 02.20

《聖嚴法師年譜》發表會
分享聖嚴師父的無盡藏

2月20日，聖嚴師父圓寂七週年，法鼓文化下午於臺北安和分院舉行「《聖嚴法師年譜》新書暨數位典藏發表會」，由中華佛研所所長果鏡法師、法鼓文理學院教授杜正民、年譜編著者林其賢，分享聖嚴師父實踐佛法的生命歷程，包括方丈和尚果東法師、護法總會總會長張昌邦、屏東大學校長古源光、中央研究院歐美研究所研究員單德興、前國史館纂修侯坤宏等各界來賓，共有三百多人參加。

林其賢老師分享，綜覽年譜編著過程，看見聖嚴師父一生的「六奇」：一、既是童貞入道，亦復半路出家；二、學歷有限，留學日本獲博士學位；三、現代學者以禪師名；四、六十歲創建法鼓山；漢傳僧侶從事世界和平、多病體弱事繁而享高壽，則可視為第五、六奇。同時也學習師父的洞明世事、練達人情、通情達理、超越俗情，即太虛大師所謂的「人成即佛成」，皆是珍貴的說法。

杜正民老師說明，聖嚴師父的悲願，成就了現在的法鼓山，「聖嚴法師數位典藏專案」就是開啟師父的無盡藏，期盼大眾共同參與，成為師父大願的參與者與推動者。

1983年出家的果鏡法師，分享聖嚴師父早年培育弟子，是嚴屬的教導，包括僧眾威儀的細節、師兄弟相處之道、平日用功的方法等；法師透過年譜，看見師父建僧的過程，從沒有制度到建立制度，感動師父以生命帶領弟子成長。

《聖嚴法師年譜》發表會，方丈和尚果東法師（中）和杜正民老師（左起）、編著者林其賢、郭惠芯、果鏡法師、古源光校長、洪振洲老師等合影。

現場並播放1999年《聖嚴法師七十年譜》出版之際，聖嚴師父自述心境的影片，提到校閱年譜時，也對自己的一生做了回顧與反省。「年譜不是看見自己一個人，而是看見所有護持法鼓山、奉獻法鼓山的人。」看見師父的影音重現螢幕，大眾全神貫注，彷若回到當年時空，重溫師父的智慧開示。

特別報導

見證聖嚴師父
實踐佛法的歷程

《聖嚴法師年譜》出版

《聖嚴法師年譜》延續、增訂十五年前出版的《聖嚴法師七十年譜》內容，新收錄了其人生最後十年的豐富事蹟，共分為四大冊，內容多達百萬字。

第一冊以 1930 年師父誕生為起點，逐一回顧師父早年出家、軍旅十年、再次披剃、赴日留

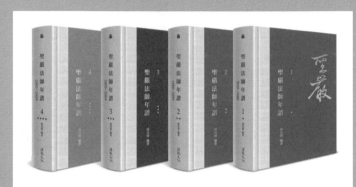

《聖嚴法師年譜》出版，展讀聖嚴師父一生，也見證師父的佛法實踐。

學、到美國教禪、創辦中華佛學研究所，至 1988 年法鼓山創建的前一年。

在第二冊中，以 1989 年創建法鼓山為開端，至 1999 年揭櫫「心五四」運動。記錄了聖嚴師父「心靈環保」核心理念建立、推廣的過程，包括成立法鼓山基金會、出版《法鼓全集》、傳授菩薩戒等，積極參與社會公共事務與各項議題，具體展現佛教入世與關懷社會的作為。

第三冊的內容刻畫了師父 2000 至 2004 年的國際弘法足跡，例如參加世界和平高峰會、創辦僧伽大學，以及前往中東與俄羅斯等地，讓漢傳佛法得以跨越文化藩籬，在世界各地生根。

第四冊則是記錄了聖嚴師父人生最後五年的事蹟，包括十八位法子傳承中華禪法鼓宗、法鼓山世界佛教教育園區的落成、提倡心六倫等。而在「譜後」中，增補了自師父圓寂後至 2015 年間，四眾弟子感念師恩，並發心傳承其弘法與教育大願，透過出版、學術研討、座談、法會、教育等方式，持續發揚漢傳佛教和師父思想。文末則收錄師父生平大事記、弘化一覽表、重要中外文著述和創辦住持機構列表，便於讀者查閱檢索。

聖嚴師父曾言：「我的生命是一場實踐佛法的歷程。」閱讀這套年譜時，透過師父本人平易近人的自述，以及與弟子、信眾和其他社會人士的交流記錄，彷彿再次跟著師父的步伐，一同經歷實踐佛法時，所面對的困頓、考驗與突破。這份共願同行的感動，期能鼓勵更多的人，共同延續師父大願，耕耘人間淨土。

● 02.20

聖嚴數位典藏網站成果發表
數位世界完整呈現聖嚴師父的思想理念

洪振洲老師介紹聖嚴師父文物史料數位典藏現況及網站建置成果。

「聖嚴法師文物史料數位典藏與理念推廣研究計畫」於2月20日《聖嚴法師年譜》新書發表會中，由專案主持人法鼓文理學院圖資館館長洪振洲，發表「聖嚴數位典藏」網站的最新成果。

洪振洲老師說明，由於《聖嚴法師年譜》以時間軸的方式，提供了數位典藏最佳的呈現結構，因此，專案以《聖嚴法師年譜》為骨幹，整合《法鼓全集》電子全文、期刊數位檔、影音、照片、文物影像、手稿數位檔等資料為內容，加上GIS地理資訊系統等數位科技，跨時空連結著作中相關的人、事、時、地、物，完整呈現聖嚴師父一生的學思歷程。

數位典藏網站內容，包括「生命故事」、「跨時空著作閱讀」、「文物典藏」、「影音說法」、「禪師身影」、「相關連結」等項目，洪老師表示，年譜與數位典藏網站可相互參照、相輔相成，例如從閱讀年譜到引用《法鼓全集》的段落，便可連結網站見到全文，還能以GIS地圖呈現地理位置、地名規範資料庫載入當時的周邊環境，甚至是影音開示，能夠更生動、立體地提供讀者更豐富、不同面向的資訊，更貼近與了解聖嚴師父思考的脈絡，以及整體時空背景。

聖嚴數位典藏網站：http://www.shengyen.org

● 02.20

法鼓山舉辦「傳燈法會」
五千多位信眾緬懷聖嚴師父教澤

聖嚴師父圓寂七週年，法鼓山園區、北投文化館、農禪寺、臺北安和分院、三峽天南寺、桃園齋明寺、齋明別苑、臺中寶雲寺、南投德華寺、臺南分院、雲集寺、高雄紫雲寺、臺東信行寺，以及基隆精舍，於2月20日晚間同步舉辦

齋明別苑傳燈法會,在〈傳法偈〉中,法師為信眾點亮心燈。

「大悲心起 願願相續——法鼓傳燈法會」,方丈和尚果東法師於主現場農禪寺,透過視訊連線對大眾開示,並主持傳燈儀式,共有五千多位信眾共同緬懷師父教澤及開啟慧命的法乳深恩。

方丈和尚說明,緬懷聖嚴師父的教澤,讓佛法永遠不斷,便是要傳承、傳持、分享法鼓山的理念、精神,以及具體實踐的方針與方法,將「學觀音、做觀音」視為畢生修行,期勉大眾共行菩薩道,為社會及世界照亮遠大的前程。

法會中,大眾以報恩念佛來憶念聖嚴師父,把握與師父一同共修的因緣,氣氛安定而攝受。接著播放聖嚴師父《一生的學習》開示影音,師父勉勵大眾人身難得,應當珍惜,要經常學習增長智慧,用有限的生命,修無限福德,開拓心胸,對眾生關懷奉獻。

農禪寺於傳燈日上午,即有法青前往出坡普請,從打掃、擦椅、舖床、整理環境、包吉祥果,實踐農禪家風,晚上的傳燈法會,眾人捧在手中的缽燈,彷彿接下奉獻利他的傳承與許諾,氣氛殊勝令人動容。

臺南雲集寺則有兩百多位信眾參加法會,其中多數是在聖嚴師父捨報之後才親近法鼓山學佛,監香法師讚歎眾人接引學佛的願力與福報;信行寺於傳燈儀式後,監院果增法師帶領大眾唱誦「南無度人師菩薩摩訶薩」,由大殿出發,手持缽燈,經行至戶外,再將缽燈獻至祈願觀音前,祈願一步一腳印實踐傳燈時所發的願心。

有從未缺席傳燈法會的悅眾分享,聆聽聖嚴師父的開示,反省到自己平日的言行,是否做到自利利他;首次參加傳燈法會的信眾表示,雖未曾親炙師父,但透過CD與師父一起念佛,讓心逐漸安定下來,雙手接下象徵中華禪法鼓宗傳下的明燈時,心中生起無限的感恩與感動,當下發願要學習利人利己。

傳燈法會於全臺分支道場同步展開,共有五千多位信眾共同緬懷聖嚴師父教澤。圖為方丈和尚於農禪寺主持傳燈法會。

與聖嚴師父共願同行

2月20日講於傳燈法會主現場北投農禪寺

◎果東法師

諸位法師、諸位護法居士、大德菩薩,阿彌陀佛。

今年是我們連續第七年舉辦法鼓傳燈法會,有些法師、居士第一次參加。法鼓山創辦人聖嚴師父於 2009 年 2 月 3 日農曆正月初九捨報圓寂,為什麼我們在今天舉行傳燈法會?

「法鼓傳燈日」與「傳燈法會」

有些人可能認為,2 月 3 日這天意義很深刻,但由於每年 2 月 3 日所對應的農曆,有可能在春節前,也可能在春節後。若在春節之前,相信許多居士菩薩在這段期間,都有各自的家庭與工作要忙,而聖嚴師父住世時,一向以大眾普遍的需要為考量,因此,僧團秉持師父的教導,從大家的作息方便思考,將緬懷師父圓寂的日子,農曆正月初九這一天,訂為「法鼓傳燈日」。「傳燈法會」則在「法鼓傳燈日」的當週星期六舉辦。但有一種情形,假使「法鼓傳燈日」當天是國定假日,我們也會彈性調整,就在當天舉行。

至於傳燈法會舉辦地點,如果逢聖嚴師父圓寂五週年、十週年,也就是「五」和「十」的倍數,我們會凝聚在法鼓山世界佛教教育園區擴大舉行;其餘週年,則於總本山及各地分院道場同步舉行,主要還是從大眾的方便性考量。

2016 年的傳燈法會,主場地在北投農禪寺,總本山、臺北安和分院、三峽天南寺、桃園齋明寺、齋明別苑、臺中寶雲寺、臺南分院、雲集寺、高雄紫雲寺和臺東信行寺則是同步舉行。海外地區則由當地道場規畫,在適當的時間舉行傳燈法會。

今天這個日子,我們除了舉辦法鼓傳燈法會,另外有個殊勝活動,就是《聖嚴法師年譜》正式出版,下午在安和分院舉行了發表及座談會。2000年 3 月,《聖嚴法師七十年譜》出版;2009 年 2 月,聖嚴師父圓寂遺言交代:「在我身後,請林其賢教授夫婦,將我的年譜,補至我捨壽為止,供作為史料,並助後賢進德參考」。

林其賢老師為了編寫這套書,花費許多時間與心力,確實辛苦。已經收到書的居士菩薩說,這套年譜非常珍貴,視為「傳家之寶」。我相信這種

如獲至寶的感動，團體每位法師與居士護法菩薩，都是一致的。再次感恩這套書的完成。

修行的實踐：珍惜生命、關懷生命

聖嚴師父說：「我的生命，是一場實踐佛法的歷程。」我們何其有幸，能夠追隨師父修學佛法、實踐佛法。感恩今生與聖嚴師父有約，我相信這份法緣，不僅是今生有約，而是生生世世與師父有約。有些人是直接接受師父的教導，有些人可能從師父的著作，或者跟著師父的弟子學習，間接領受師父的教導，這都是殊勝的善緣、法緣。

修學佛法，就是在學習慈悲和智慧；不斷地學習、不斷地成長慈悲和智慧，就是佛教徒的修行。這也是剛才我們觀看聖嚴師父開示的影片所學習到的。

聖嚴師父告訴我們，修行的實踐有兩個層面。一個層面是珍惜生命，不糟蹋、不浪費自己的生命，而要經常學習增長自己的智慧、知識、技能，就是在「提昇人的品質」。另一層面是關懷生命，練習擴大自己的心量，對所有的人、一切眾生，抱著關懷的心，來做奉獻的工作，便是在「建設人間淨土」。

佛法說：「人身難得。」在有限的人生中，能夠遇到佛法、親近善知識，更為難得。所以我們大家非常有福報，已經接觸佛法，已經接受到聖嚴師父的教導，應該珍惜這份福報，知福、惜福、培福、種福。

如同在《聖嚴法師年譜》裡，我們可看到，聖嚴師父如何在艱苦中，護衛著一顆小小的願心，大大的宏願，不斷努力，以堅定毅力，勇敢前行。用全生命演繹佛法，更以言教、身教，為世人典範。懇請讓我們一起走進師父的生命長河，跨越時空，在成佛之道上，同願同行。誠如法鼓傳燈法會的精神主軸《菩薩行》內涵，「如何成佛道，菩提心為先；何謂菩提心，利他為第一；為利眾生故，不畏諸苦難；若眾生離苦，自苦即安樂；發心學佛者，即名為菩薩；菩薩最勝行，悲智度眾生」。

方丈和尚於傳燈法會上，為僧團法師點燃子燈。

災難使我們學習

農曆春節即將接近尾聲，對許多人來講，今

年春節多了一分沉重感。2月6日凌晨三點五十七分，南臺灣發生大地震，造成臺南地區一百一十七人罹難，當中有一百一十五人受困於永康區的維冠金龍大樓，喪失寶貴生命。地震發生後，法鼓山僧團、慈基會與臺南分院、高雄紫雲寺，以及其他的慈善團體，都迅速動員前往現場支援。在2月14日任務圓滿之後，我們也應臺南市政府的期待，於受災地區舉辦一場灑淨祈福平安法會，表達法鼓山團體對災後重建的祝福與關懷。

聖嚴師父說：「受苦受難的是大菩薩，救苦救難的是菩薩。」罹難的菩薩們，以自身做為教材，奉獻寶貴的生命，換取人們對居住安全的覺醒。所以我們要感恩他們的奉獻。對於他們的家屬也要致敬，因為他們要承受失去親人的悲傷，也都是大菩薩。

遇到任何狀況，提起正面解讀，不往負面思考，就能帶給我們無限的希望與活力，而去面對、接受、處理，並放下所遭遇的困境。因此，我在灑淨祈福平安法會分享二點：第一，有了佛法的祝福之後，當地不再是災區，而是一處啟發人們學習慈悲智慧的人間淨土。第二，所有的救災人員，包括政府、國軍、民間救難組織及公益團體，如同天使與觀世音菩薩，以同理心救苦救難，卻不覺得有苦有難。春節期間，救難人員雖無法與家人一起圍爐，卻與慈悲、智慧相應團圓。

佛教徒的修行：學觀音、做觀音

「學觀音、做觀音，在眾生中，學做觀音；學觀音、做觀音，學觀眾生，是我觀音。」這是去年2015年11月1日，我們在法鼓山世界佛教教育園區舉辦全球信眾大會提出的兩句話。「學觀音、做觀音」這一堂課，是永遠學習不完的，除非我們完成菩薩學位，已經成佛了。成佛不是沒有可能，反而是佛教徒必須建立的信心。只是在成佛之前，我們要修行菩薩道，現在我們都還在修學這項「學位」，大家都是同學。

從現實來看，這個世界，不可能無災無難，但我們心中，時常要為全世界祝福平安、健康，沒有災難。當我們必須面對各種天災地變示現時，還是要以平常心面對，冷靜、沉著處理。只有心安，才能平安；只有自己安定了，才能安人，安樂眾生。

因此，為了人心的淨化，願我們學觀音、做觀音，大悲心起、觀世自在，為我們的人生、家庭、事業，種下光明的因緣。

為了社會的希望，願我們同行菩薩道，處處觀音菩薩、聲聲阿彌陀佛，為我們的社會、國家、世界，照亮遠大的前程。

祝福大家「光明遠大 —— 念念清淨，遍照光明；步步踏實，前程遠大」，阿彌陀佛。

● 02.21　03.12　04.17

《聖嚴法師年譜》分享會

共讀年譜　感念聖嚴師父情誼

法鼓文化於2月21日至4月17日期間，在國內舉辦三場「《聖嚴法師年譜》分享會」，分別由法鼓文化總監果賢法師、年譜編著者林其賢、聖嚴師父英文著作中譯中央研究院歐美研究所研究員單德興進行讀後分享，共有一千多人一同走入聖嚴師父實踐佛法的生命歷程。

七百多位信眾聚集寶雲寺，分享《聖嚴法師年譜》。

在臺北市國父紀念館聆聽師父講《金剛經》，從此結下師徒法緣的果賢法師分享，從年譜裡，了解到師父分享佛法、為眾生奉獻的過程，也在書中找到自己與師父生命的交會，閱讀年譜，不只是一則一則記事，更是「師父尋找我們，我們尋找師父」的過程。

林其賢老師分享聖嚴師父年譜不僅是一人的故事，而是從一人看到眾人的身影。林老師表示，師父常謙稱自己是一個普通人，編撰這套年譜過程，發現這位「普通人」做了許多一般人都做不到的事。

「聖嚴師父是一位佛法的擺渡人，幫助眾生從此岸度到彼岸。」單德興教授分享閱讀師父年譜，對了解佛教及法鼓山的發展，非常有幫助。

分享會中，多位護法悅眾，也分享追隨聖嚴師父學佛護法的歷程，是生命中最具意義的事。

《聖嚴法師年譜》臺灣分享會一覽

時間	地點	主題	主要分享人
2月21日	屏東孫立人將軍行館	感念有您的日子	果賢法師（法鼓山文化中心副都監） 林其賢（《聖嚴法師年譜》編著者）
3月12日	臺中寶雲寺	風雪足跡痕猶在	果賢法師（法鼓山文化中心副都監） 林其賢（《聖嚴法師年譜》編著者） 單德興（中央研究院歐美研究所研究員）
4月17日	高雄市立圖書館	從高雄港上岸的心	果賢法師（法鼓山文化中心副都監） 林其賢（《聖嚴法師年譜》編著者）

● 02.25～2017.09.10期間

福田班2016年開辦九班次
學員開展服務奉獻的福慧人生

福田班課程，引領學員開展服務奉獻的福慧人生。

　　普化中心於2月25日至2017年9月10日期間，在北投農禪寺、臺北安和分院、桃園齋明寺與齋明別苑、三峽天南寺、臺中寶雲寺、臺南分院、高雄紫雲寺、護法會海山辦事處，以及海外的香港道場，舉辦聖嚴書院「福田班」義工培訓課程，全年共開辦九個班次，有近一千三百人參加，共同學習實踐服務奉獻的福慧人生。

　　「福田班」每月上課一次，共有十次課程，近五十門課系統而完整地介紹法鼓山的理念、組織、運作，以及禪修、法會、念佛等修行法門，並安排學員前往各分支道場觀摩或參與共修，帶領學員認識並實踐法鼓山理念，奠定學佛基礎。

　　課程設計結合義工的實際作業，不僅上課期間必須輪流出坡，協助齋清與善後，課後也要參與各會團活動，進而在奉獻服務的過程中，實踐自利利他的萬行菩薩精神。

● 02.26～04.29期間

人基會心劇團「歸零無限」工作坊
學員學習與分享禪藝對話

　　2月26日至4月22日，人基會心劇團每週五於德貴學苑開辦「歸零無限——禪與藝對話工作坊」，邀請莫比斯圓環創作公社藝術聯合總監張藝生授課，有近三十人參加。

　　工作坊以「老實修行精神，生活、表演無差別」為主軸，內容包括劇場遊戲、肢體開發和內在專注力訓練、即興創作等，帶領青年學員回歸自心、認識自己，從觀照中發掘自己的潛能，將禪法融入開放式的討論課程，培育能夠運用禪修方法、用心過生活的青年表演人才。

近兩個月的課程圓滿後,於4月29日舉辦成果展,分享禪藝結合所帶來的突破和體悟。

心劇團團長蔡旻霓表示,表演藝術是接引青年世代學佛的善巧之一,而青年又是連結長者和幼童的重要媒介;期盼青年種子撒播各處,接引三代同堂「老實修行、關懷生命」的長遠目標。

以「老實修行精神,生活、表演無差別」為主軸,青年學員體驗禪藝結合帶來的突破。

● 02.27～12.31期間

農禪法青「生活有覺招」
覺照生活 活用佛法

2月27日至12月31日,法青會每月最後一週週六於北投農禪寺舉辦「生活有覺招」活動,由常提法師帶領,藉由不同主題的交流討論,以及動禪體驗,覺察並體驗身心的微妙變化。

生活覺招研究是由社會青年所組成的團隊,每月藉由一次聚會,邀集青年朋友一起面對生活中的困境和喜悅,在傾聽與分享之中,找到屬於自己的生活「覺」招。每次的主題均針對青年常有的煩惱困惑,包括:人際溝通、感情生活、壓力與失敗、工作職場等,透過小組討論、影片欣賞的方式,分享經驗、交換想法。

農禪法青的生活覺招研究室,透過不同的主題交流討論,也以托水缽等體驗活動,覺察自己的身心變化。

許多學員分享,每次的主題都很受用,最特別的是,沒有標準答案;陪伴學員成長的常提法師表示,研究室提供的不是課程,而是一個平台,讓年輕人透過討論、聆聽聖嚴師父開示,了解佛法如何看待與回應這些問題,並進一步回到自己的生命中去體驗與探索,找到解答。

● 02.28～11.20期間

快樂學佛人2016年開辦二十一班次
接引大眾踏上樂佛第一步

　　接引社會大眾掌握學佛入門和次第的「快樂學佛人」系列課程，2月28日起於臺南分院啟動，隨後並於各地分院、護法會辦事處，以及海外的馬來西亞與香港等地分別展開，提供新皈依弟子或對佛法有興趣的民眾就近參與，全年共二十一班次，有近兩千人參加。

快樂學佛人課程，接引大眾踏上快樂學佛第一步。圖為林口辦事處進行的課程。

　　系列課程分為三堂，內容分別是：一、認識三寶——認識皈依三寶的意義、認識法會共修；二、認識法鼓山——走入法鼓山、認識禪修；三、踏上學佛之路——認識佛學課程等，含括學佛基礎、心靈成長、如何做一個佛教徒，以及實際參與學佛行儀演練、出坡禪等。

　　許多學員分享表示，透過「快樂學佛人」課程才真正了解三寶、持守五戒的意義，對於佛門行儀也有了基本認識，並且學習到生活佛法的應用，進而提起對佛法的信心。

● 03.03～06　　03.10～13

菩薩戒兩梯次園區舉行
逾千位戒子發願持戒好修行

　　法鼓山第二十一屆傳授在家菩薩戒會於3月3至6日、10至13日分兩梯次在園區舉行，共有一千一百五十八人圓滿正受菩薩戒，其中男眾兩百四十七位、女眾九百一十一位。

　　經過三天的演禮、懺摩、聽聞聖嚴師父說戒開示影片，戒期最後一天正授時，擔任菩薩法師的方丈和尚果東法師、首座和尚惠敏法師及副住持果暉法師，引領求戒戒子依次受持四不壞信法、三聚淨、十善及十無盡戒。方丈和尚叮嚀新戒子，時時以清淨的身心為道器，處處莊嚴人間道場，並勉勵持戒本身就是福德；更帶領眾人，逐句誦讀聖嚴師父撰寫的〈菩薩行〉，強調實踐法鼓

山的理念,即是闡揚菩薩道的真義。

於法鼓山聖嚴書院佛學班研讀多年的戒子表示,參與菩薩戒,在受戒的莊嚴氛圍中,再次提醒自己發起慚愧心、懺悔心及感恩心,更能體會菩薩精神深入內心的喜悅,猶如一場殊勝的菩薩行之旅。

新戒子在受戒的莊嚴氛圍中,更能體會菩薩精神深入內心的喜悅。

● 03.05～26期間

聖基會經典講座
杜正民教授闡揚聖嚴師父如來藏教法

3月5至26日,聖基會每週六舉辦經典講座,由法鼓文理學院教授杜正民講授「聖嚴法師如來藏教法與實踐」,透過循序漸進的課程,引導學員領略聖嚴師父弘法大願,有近六十人參加。

杜正民教授開宗明義指出,聖嚴師父晚年在〈承先啟後的中華禪法鼓宗〉等著作中言明,如來藏「眾生本有佛性」的思想,能夠融攝泛神論和一神論文化,因此深具發展性。

依聖嚴師父生命時序,杜教授將師父的學思歷程分為四個階段。第一階段為「綜合性研究」時期,面對民初以來大乘佛教三系論爭,師父以《華嚴經》為依據,認為在中觀、唯識以外,漢傳佛教尚有「淨心緣起」(如來藏)一系;第二階段為「專題性研究」期,師父從日本如來藏研究汲取養分,跳脫漢地的論爭觀點。

第三階段則是「開展性研究」期,此時聖嚴師父於大學及研究所任教,並往來世界各地指導禪法,發展出國際化、具前瞻性的如來藏教法;第四階段則為師父晚年

杜正民教授綜觀聖嚴師父學思發展,探討如何將如來藏化為實現人間淨土的途徑。

教導實踐如來藏思想的方針，包括心靈環保、心六倫等運動，從鍊心來回應現代生活面臨的種種情境，讓佛法更容易被大眾接受和應用。

杜正民教授爬梳《法鼓全集》和相關文獻，綜觀聖嚴師父學思發展，探討如何承先啟後，將如來藏化為實現人間淨土的途徑。有學員表示，藉由循序漸進的課程引導，以及深入淺出的分享，彷彿再次跟隨師父的腳步，了解師父思想養成與弘法大願的實現。

● 03.06

雲集寺首度舉辦Fun鬆一日禪
大眾放慢腳步　體驗心情放鬆

雲集寺首場「Fun鬆一日禪」圓滿，大眾充滿法喜。

臺南雲集寺首場「Fun鬆一日禪」於3月6日舉辦，由監院常嘉法師帶領，共有五十多位雲、嘉、南地區民眾參加。

Fun鬆一日禪以學習放慢腳步、體驗心情放鬆、感受當下自然呼吸為主，並透過法鼓八式動禪及托水缽等活動，初嘗禪滋味。因此活動一開始，法師即鼓勵大眾，體驗一天之中不要滑手機，暫時將對家人朋友的牽掛、生活上的煩惱，放在寺院門口，只需放鬆地照顧好自己的身心。

來自臺北中山精舍的義工及學長，以安定、放鬆的身、口、意，帶動現場攝受氣氛；下午的托水缽，對大部分學員而言，是全新的體驗。有學員分享，走到一半感覺心浮氣躁，而心愈浮動，缽中的水愈少，托水缽猶如「照妖鏡」，所啟發的意義耐人尋味。

● 03.11

農禪寺半日念佛禪
義工歡喜共修

感謝義工們常年付出，北投農禪寺於3月11日舉辦半日念佛禪，由監院果毅法師擔任總護，帶領義工體會動靜之中，皆有佛號相伴的喜悅，共有一百三十

位義工參加。

參與學員半數以上具有禪修經驗，但大多數是第一次體驗念佛禪，眾人對於坐香、繞佛、跑香的流程，從陌生到熟悉，更能將耳聽的、口念的、心想的阿彌陀佛聖號，化為持續不斷的正念，體會到共修的攝受力量。

農禪寺義工在法師的帶領下，攝心體驗念佛禪。

有義工分享，動中念佛時，除了佛號聲不斷，還要從緩步經行漸漸加快速度，更要與前面的人保持一定距離，過程中不得不全神貫注，提高覺照，體會到攝心、沒有妄念的覺受；也有首次體驗念佛禪的義工表示，扭轉了對念佛的印象，了解到做任何事時都能把心念繫在佛號上，修行更得力。

果毅法師感謝義工的長期護持，期勉眾人不忘初心，耕耘福田時，運用禪修的方法，也經常參加共修，讓培福和修行，相輔相成。

● 03.11～04.29期間　05.06～06.24期間

青年院「禪門第一課」開辦
建立正確的修行心態與觀念

3月11日至4月29日、5月6日至6月24日，青年院週五於德貴學苑舉辦「禪門第一課」禪坐課程，共七堂，由常義法師帶領伸展、打坐，體驗禪修的喜悅，每梯次有近三十位青年學員參加。

有別於一般的禪坐共修，兩小時的課程中，除了法鼓八式動禪、瑜伽、打坐、觀看聖嚴師父開示影片之外，並有導讀與討論。規畫課程的常義法師表示，課程導讀的內容，是聖嚴師父早期在美國的禪修指導《心在哪裡》，每週選錄一個主題分享，逐一破除時下關於打坐開悟、追求神祕經驗的迷思，引導學員建立正確的修行心態與觀念。

不少學員分享，原本拖著疲憊的身體來上課，但經由法師的引導，覺察身體的一緊一鬆，身心逐漸從散亂、緊繃狀態舒緩下來，感覺很放鬆。

「禪門第一課」是青年院針對社會青年及大專生所舉辦的禪坐課程，針對沒有禪修基礎的學員，常義法師也會提前半小時，帶領大眾練習七支坐法、調整坐姿，安定身心。

● 03.12～06.04期間　09.10～12.24期間

中山精舍開辦「童話・心視野」課程
扎根心靈環保的理念

「童話心視野」課程，手作DIY啟發學童美感體驗。

3月12日至6月4日、9月10日至12月24日，中山精舍隔週週六為國小二至五年級學童開設「童話・心視野」課程，共八堂，由教聯會師資帶領，每梯次有五十位小學員參加。

課程包括手作DIY、影片欣賞、劇本排演、音樂饗宴、身體律動及美勞創作等，從流浪動物的生命教育開始，帶領學童學習以同理心及慈悲心關懷萬物，尊重生命的價值；並運用桌遊，模擬購物情境，經過老師的提問與再思考，讓小學員在購買前想清楚「想要」還是「需要」，領略生活環保的真諦。

課程也安排教導背誦《心經》和〈四眾佛子共勉語〉，藉由敲擊小木魚和雙音響木等樂器，變化出多種不同節奏，讓背誦經典更有趣、更具韻律感，同時引導學童出列繞佛，體驗專注與安定。

「童話・心視野」課程著重心靈教育的啟發，讓心靈環保的理念扎根於下一代。

● 03.19

教師心靈環保一日營雨中舉行
將安心方法帶回校園

教聯會於3月19日在新北市石碇淡蘭古道舉辦教師心靈環保一日營，由常獻法師帶領，共有七十多人參加。

常獻法師帶領學員於微雨中練習法鼓八式動禪，提醒禪修的方法：「身在哪裡，心在哪裡；清楚放鬆，全身放鬆」，不論天氣的晴雨無常，只是去體驗，不要比較、形容，也不要給名字，知道了就好；雨水進入鞋裡，只要覺得腳濕濕的，不要加上討厭的覺受。

法師也分享聖嚴師父在梵蒂岡聖彼得大教堂，一次只爬一個階梯，不去想已

經攀登了幾階，也不問還有幾階，體驗當下，步步踏實，最終爬上九百七十二個台階，登上頂點。常獻法師說明，身心會累，是念頭盤旋在過去與未來中，只要回到方法，就可以在迷失的路上，找到指引和方向。

學員於教師心靈環保一日營，體驗雨中經行。

有學員表示，雨中動禪的體驗，讓自己了解遇事心不受影響、放鬆沒煩惱，就是心靈環保。

● 03.19～27期間　08.20～28期間

祈願觀音池出坡禪
洗石洗心兩清淨

清洗祈願觀音池出坡作業，義工洗石洗心兩清淨。

3月19至27日、8月20至28日期間，百丈院於週六、日進行春、秋兩季法鼓山園區祈願觀音池內石頭的出坡清洗活動，包括洗石、曬石、刷池壁、擦池底、鋪石等作業，每日均有六十多位民眾以及義工參與。

開始清洗前，監院常貴法師開示，隨時不忘運用三種修行方法：一是「身在哪裡，心在哪裡；清楚放鬆，全身放鬆」的禪修方法；二是念佛：身心放鬆，每句佛號，清清楚楚；三是懺悔法門：水，譬喻洗滌罪障，為自己無始以來所造諸惡業，在諸佛、菩薩前求懺悔。法師提醒大眾，用心做、用禪修的精神和方法來排石頭，完成後讓人感受到賞心悅目，也是一種供養、布施。

8月21日，導演蔡明亮與近百位來自不同背景、年齡大小不一的義工們一起出坡，沒有吵雜喧嘩，各司其職、合作無間地完成所分配的工作。一位來自員林的義工分享，在出坡中體驗佛法、實踐佛法、修練身心，以清淨整潔的祈願觀音池供養大眾，就是一場共修的佛事。

　　祈願觀音殿向來是園區參訪民眾最常駐足拍照、祈願之處,尤其殿前的一方水塘,映照四季的變化萬千,是觀水聽雨的修行空間。百丈院固定每年定期於春、秋兩季各展開一次出坡清洗工作。

● 03.19～05.22期間

清明報恩法會海內外展開
大眾念佛禮懺　孝親祈福

臺南分院特別規畫長者專屬的法會,從時間、儀軌、獻供等安排,均細心考量長者的需要。

　　法鼓山全球分支道場於3月19日至5月22日期間,分別舉辦清明報恩法會、共修等系列活動,除了為父母、祖先,以及一切眾生祈福、超薦,也為現今動亂頻仍、災害不斷的世界祈福,祝禱平安,共有逾萬人次參加。

　　臺灣各地舉辦的法會,以《地藏經》共修、地藏法會、慈悲三昧水懺法會為主。其中,臺南雲集寺首先於3月19至25日舉辦地藏法會,由監院常嘉法師帶領,法師勉勵大眾學習地藏菩薩的大孝與大願,每日有近一百一十人參加。臺南分院、高雄紫雲寺分別於3月26日至4月3日、3月27日至4月2日,舉辦地藏法會、《地藏經》共修,並於圓滿日翌日舉辦慈悲三昧水懺法會,以恭敬虔誠的心,洗滌心靈上的塵垢,發願不再造作惡業,就是最好的報恩方式。

　　北投農禪寺於3月26日至4月2日,舉辦清明報恩佛七,以聖嚴師父影音開示《無量壽經》為主,說明信仰彌陀四十八願,依願修行,縱然是惑業凡夫,也必定往生彼國,總監香果謙法師期勉大眾,懇切地發願與念佛,才能與佛相應;桃園齋明寺於4月1日起,舉辦佛三暨八關戒齋,有信眾分享,每晚大迴向跑香時,發願與大眾一起出離三界,因此更加專注念佛,三天下來,身心比平日還要安定。

　　臺中寶雲寺則於4月3日起,啟建「清明報恩祈福梁皇寶懺法會」,並於9日圓滿日時,舉辦瑜伽焰口法會;監院果理法師勉勵眾人,能夠以法相會,共同在道場中廣結善業、清淨業,是很有福報的因緣。

　　海外方面,美國紐約東初禪寺於4月2日舉辦清明報恩地藏法會,由住持果醒

法師主法，近一百位信眾齊聚臨時道場，以清淨的身心精進用功；法會圓滿，法師開示〈覺林菩薩偈〉，學佛人不執著相，又不離開現象而能找到空性及一切法。

加拿大溫哥華道場的地藏法會也於4月2至3日展開，監院常悟法師鼓勵眾人知慚愧、常懺悔，把握當下共修的因緣，自安安人，進而成為安定世界的一股力量。

亞洲的馬來西亞道場則於4月3日舉行地藏法會，由常尊法師帶領，一百多位信眾虔誠誦念《地藏經》，感念地藏菩薩的慈悲大願，期許自己能了因果、明修行，諸惡莫作、眾善奉行。

2016 法鼓山全球清明法會活動一覽

地區		主辦單位（活動地點）	時間	活動內容
臺灣	北部	北投農禪寺	3月26日至4月2日	清明報恩佛七
		北投文化館	3月23日至5月22日	清明報恩《地藏經》共修
		臺北安和分院	3月27日至4月10日	清明報恩地藏法會
		桃園齋明寺	4月1至4日	清明報恩佛三暨八關戒齋
		桃園齋明別苑	4月9至10日	清明報恩地藏法會
		臺北中山精舍	3月27日至4月3日	清明報恩地藏法會
	中部	臺中寶雲寺	4月3至9日	清明報恩祈福梁皇寶懺法會
	南部	臺南分院	3月26日至4月3日	清明報恩地藏法會
			4月4日	清明慈悲三昧水懺法會
		臺南雲集寺	3月19至25日	清明報恩地藏法會
		高雄紫雲寺	3月27日至4月2日	清明報恩《地藏經》共修
			4月3日	清明慈悲三昧水懺法會
	東部	臺東信行寺	3月24至27日	清明報恩地藏法會
海外	美洲	紐約東初禪寺	4月2日	清明報恩地藏法會
		加州洛杉磯道場	4月2至3日	清明報恩佛二
		加拿大溫哥華道場	4月2至3日	清明報恩地藏法會
		北美護法會新澤西州分會	3月26日	清明慈悲三昧水懺法會
		北美護法會加州舊金山分會	4月2日	清明報恩《地藏經》共修
		北美護法會華盛頓州西雅圖分會	4月3日	清明報恩大悲懺法會
		北美護法會安省多倫多分會	4月3日	清明報恩地藏法會
	亞洲	馬來西亞道場	4月3日	清明報恩地藏法會
		香港道場九龍會址	4月4日	清明報恩佛一

● 03.20～05.01期間

安和分院舉辦《梁皇寶懺》佛學課程
果慨法師講說懺法精要與意涵

果慨法師於安和分院講《梁皇寶懺》的精要與修行意涵。

　　3月20日至5月1日，臺北安和分院每週日舉辦佛學講座，由弘化發展專案召集人果慨法師主講「改變的起點──《梁皇寶懺》」，講說《梁皇寶懺》的精要與修行意涵，有近七百人參加。

　　課程中，法師說明佛教是一個行動、體驗式的宗教，佛陀講經說法的目的是讓眾生離苦得樂，只要一門通，就能旁攝他門，而經懺佛事是很好的入手處。果慨法師指出，生命就像流水，主導生命的是業力，有善業、有惡業；惡業未止息，不僅無法定心修行，更無法跳出六道輪迴，修懺悔法門是從心底對過去曾犯的錯感到慚愧，並懺悔、發願不再造惡，如實修行，才不會陷入後悔的輪迴中。

　　法師強調，拜懺時除了誦經、解經，還要親自「行經」，也就是真心懺悔；由於我們都有煩惱的種子，透過懺悔讓煩惱的種子枯萎，才能得清淨安樂。

　　果慨法師授課深入淺出，善巧譬喻引導大眾了解經文本意與內在精神，提示如何將佛法的智慧與慈悲，落實在生活之中，進而消解煩惱、淨化心靈。

● 03.26～04.03

粵語禪七首度舉辦
香港禪眾體會精進修行

　　禪堂於3月26日至4月3日，首度舉辦粵語禪七，由香港道場監院常展法師擔任總護，禪堂堂主果元法師每晚關懷指導，有一百二十多位禪眾來自香港，共有一百三十人參加。

　　禪七第一晚，常展法師勉勵大眾，來到陌生環境，仍要放鬆身心，把握當下學習的因緣，安心地跟隨法師的指導來用功。禪七期間除了靜坐，還包括早晚課、聆聽聖嚴師父的影音開示、戶外經行、聽溪禪、瑜伽運動、出坡、拜佛、過堂等，大眾以相同的作息節奏，和諧共住、精進修行。

　　大堂分享時，有禪眾表示，除了能猶如臨場聆聽聖嚴師父精闢而珍貴的開示

外，最令人感動的是，全程沒有語言的阻礙，能夠理解並用上法師所指導的方法，體驗精進禪修的利益。

禪七圓滿後，並安排禪眾前往陽明山國家公園進行戶外禪，將多日練習的修行觀念與方法，預先運用在解七後的日常生活中。

本次禪期內外護是由臺灣與香港兩地義工共同組成，其中二十餘位義工來自香港，共同成就禪七的法喜圓滿。

把握難得的粵語禪七，大眾精進用功。

● 03.26～06.18

青年院開辦生命關懷系列課程
帶領學員自我覺察　真心關懷

3月26日至6月18日，法青會週六於德貴學苑開辦「活著‧祝福‧告別」生命關懷系列課程，共六堂，邀請蓮花基金會董事張寶方帶領工作坊，並由關懷院常導法師主講大事關懷，引領建立正確的助人心態與倫理，有近六十位青年學員參與。

長期在醫院擔任志工、從事臨終關懷的張寶方說明，多數人在從事關懷工作時，習慣以自己的所知所解來照顧對方，往往分不清是對方的需要，還是自己的想要，因此關懷的第一步必須從認識自己開始。

工作坊透過短片、肢體遊戲等，帶領學員逐一分享、聆聽自己和他人的優、缺點，並練習轉念、跳脫成見，從彼此的缺點中發現優勢長處，進而站在他人的角度去關懷。

工作坊「跳雙人舞」單元，學員實際體驗與感受，如何站在他人的角度關懷。

常導法師於大事關懷課程中，分享臨終關懷的意義，以及助念的內涵，並透過短片賞析，帶領體驗死亡。法師說明，面對死亡，唯有把心打開，老實修行，才能無所畏懼；鼓勵學員練習做一個「空杯」，走出舒適圈，才能重新看見、接納自己。

有來自香港的學員表示，課程活潑有趣，在互動與交流中學習生命教育，更能體會生命的意義。

● 03.26起

社大學員天南寺耕心田
體驗義工服務的歡喜自在

出坡圓滿，常哲法師與社大學員歡喜合影。

為推動公益服務，啟動善的循環，社大新莊校區自2016年春季班起，每月第四週週六舉辦「預約幸福──耕心田專車」，邀請學員及親友於三峽天南寺，協助整理園區、聆聽法師開示，透過奉獻服務、禪法體驗，感受生命的歡喜和自在。

3月26日第一次活動，有近三十位學員參與，首先由常哲法師帶領放鬆與禪坐。出坡前法師開示，只要做到「身在哪裡，心在哪裡」，就能在出坡勞動過程中，體驗禪法的放鬆與安定。隨後眾人分為三組，進行掃地、拔草、包裝物品等工作。

午齋時，常哲法師提點吃飯禪的要領：「動手不動口，動口不動手。」練習放鬆並專注地吃飯，體驗細嚼慢嚥的過程，就能享受吃飯的當下。

活動圓滿時，有學員分享，掃地時，運用禪修的方法，平時散亂的念頭，隨之一掃而空；也有學員表示，之前做義工時不知如何用方法，出坡前的法師開示，化解了過去的困惑，對做義工有了全新的體會。

● 03.27

北海岸地區推廣心靈環保農法
食安、環保問題受重視

鑑於食安及環保問題備受關注，社大3月27日於新北市萬里國小舉辦「心靈環保農法分享座談會」，由僧團副住持果祥法師主持，邀請世豐菓園負責人林世豐及八田綠色農莊負責人陳佩雲，與近百位民眾分享環保理念與自然農法。

秉持「耕種健康的食物是積福行善」、為下一代留淨土的信念，採用自然農

法耕作十餘年的林世豐，引用珍古德（Dame Jane Goodall）博士所言：「吃可以改變世界，食物就是力量。」鼓勵民眾購買自然農法生產的產品；將農場當道場來經營運作的陳佩雲，則以多樣性耕作來適應環境變化，找出與農作物的相處之道。

果祥法師表示，改變使用農藥的習慣，才能改善食安問題。

在社大開辦「心靈環保農法實務班」的果祥法師，表示「完整食物鏈的保存，才是有機的耕作園地」，鼓勵消費者支持天然健康的「醜蔬菜」，改變農民使用農藥的習慣，食安問題才會獲得改善。

● 04.01～03　04.15～17

法青營隊南北舉行
啟發青年發揮生命價值

青年院與臺南分院，4月分別於三峽天南寺、臺南雲集寺，舉辦兩場青年二日營隊，透過各項活潑、開放、積極的活動，引導青年學習佛法，將心靈環保實踐於日常生活中。

由臺南法青策畫，臺北、高雄法青支援的「臺南青年二日營」，4月1至3日於雲集寺展開，由青年院監院常炬法師帶領，2日並邀請成功大學中文系助理教授陳弘學，以「慧觀中的自在」為題，激發同學反思生命中真正的快樂，鼓勵學員充分發揮生命價值。

臺南法青二日營課程活潑有趣，青年彼此分享交流，沉澱身心再出發。

營隊另安排「生活靜心小時光」闖關遊戲，以及「誰來晚餐」，帶領學員在歡樂輕鬆的活動中，學習團隊合作；「心潮講堂」則邀請謝云洋、甘玲華回顧在中國大陸汶川震災、臺灣八八水災後，陪伴受災民眾的心路歷程，說明傾聽與陪伴，就是

最好的關懷。

3日的農事體驗，於荳之鄉農場進行，農場主人蘇榮燦分享如何以自然農法愛護大地、愛護生命，也帶領學員為農作除草，體驗生活中許多習以為常的事，其實並不「理所當然」，而是諸多因緣合和而成。

15至17日於天南寺舉行的「悟吧！二日營」，則透過各種禪味遊戲，引領學員領略安定身心的法門；也邀請「生命鬥士」郭華屏分享身心經歷重大傷痛後，運用「四它」積極面對人生，活出「人身難得」的生命真義。

另一方面，「生活靜心小時光」闖關活動，引導學員在草地上與內心獨處對話，藉由品嘗手中一碗茶湯，感受「一期一會」的茶禪精神。

有學員表示，在投入或動或靜的生活禪中，有效舒緩了護理工作的種種壓力；也有首次參與法鼓山青年營隊的學員分享，感受到營隊中發自內心的善良與助人的熱忱，提醒自己也要發揮生命的價值。

● 04.01起

心五四教案正式上線
共創校園心環境

教聯會教案編輯小組以聖基會「心靈環保兒童生活教育動畫」為本，研發的「心五四教案」正式上線，並自4月起，每月發布一則，提供教師下載運用，期能於品格教育上，培養學生建立正向的人生觀與良好的修養，實踐社會與人心的淨化。

4月發布的第一個單元「我不是九官鳥」，以校園倫理、禮儀環保為主軸，藉由影片主角妮妮的故事、系列問題的引導、趣味歌曲教唱，以及生活實例的學習與評量等互動，引領學生反思平日言行，了解到人與人的相處貴在真誠，唯有發自內心說出「請、謝謝、對不起」，才能獲得他人接納和喜愛。5月第二個單元「停水四十八小時」，則從生活倫理、自然環保出發，引導學生珍惜水資源、反省平日的用水習慣，進一步發想並實踐省水與循環利用的方法。

法鼓山教師聯誼會設計「心五四教案」，期能於品格教育上，培養學生建立正向的人生觀與良好的修養。

「心五四教案」編輯小組

由中、小學教師組成，教案設計以四十分鐘為一個單元，每單元都有主題和方針引導，教師可依時間、地點、授課對象的不同進行靈活運用，將教案內容融入各種教學情境中，提昇學生的品格教育。

教聯會網站：http://ft.ddm.org.tw

2016 教聯會「心五四教案」一覽

月份	教案名稱
4月	我不是九官鳥
5月	停水四十八小時
6月	博愛座
7月	垃圾回收我也會
8月	珍珍的太陽眼鏡
9月	家有布丁
10月	有腳的姊姊
11月	不能說的祕密
12月	笑臉阿婆

● 04.03

心靈環保SRE前行活動
體驗「解禪心風味」

4月3日，傳燈院於臺灣師範大學公館分部舉辦「解禪心風味」心靈環保SRE系列活動，由禪修中心副都監果元法師、常乘法師帶領，內容包括互動式演講、法鼓八式動禪、茶禪等，帶領近百位民眾體驗輕鬆有趣的禪法。

講台上，法青們比手畫腳，以即興表演來詮釋經典禪詩與禪語，法師們也現場作畫，提供線索；在台下，民眾腦力激盪後，再聆聽法師講解。

當常乘法師解說「面對它、接受它、處理它、放下它」之後，果元法師反問大眾：「如果一個有糖尿病的人，遇到好吃的甜食，於是面對甜食、接受甜食、吃下肚、吃完收拾乾淨為放下，這樣正確嗎？」

果元法師與民眾交流，分享正確運用禪法的觀念。

果元法師進一步說明，在這個例子中，當事人沒有從根源去正視自己的問題，甚至誤用「四它」來滿足「想要」，因此運用各種佛法觀念時，更需要智慧來做判斷。

活動中，由常乘法師帶領體驗法鼓八式動禪，並安排進行茶禪，大眾與法師談心請益，交流彼此的收穫。有大學生表示，首次體會禪修的活潑有趣，受益良多。

● 04.10　04.16　04.17

義工成長營提昇團隊動力
中山精舍、紫雲寺分別舉行

果賢法師於成長營中，說明與人意見不同，是學習無我智慧的善因緣。

為提昇義工成長動力，臺北中山精舍於4月10日及16日舉辦義工成長營，邀請標竿學院資深顧問陳若玲帶領溝通與互動、提昇團隊動力等課程，兩梯次共有八十多人參加。

成長營的主題是「生涯情理路，修行在紅塵」，內容包括同行生涯路、回首來時路、心中的烙印、超級比一比等單元，藉由實際情境演練，了解生涯發展與心理社會各階段，也重新認識並釐清人生路上的關鍵抉擇，找到自在與安定的力量；並分組進行討論，凝聚團隊共識。

高雄紫雲寺亦於17日舉辦萬行菩薩成長營，由前法鼓山四川安心站站長謝云洋講授溝通與傾聽的重要性，也帶領學員進行「背對背」及「面對面」的溝通練習，說明「肢體語言」，可使溝通更順暢，也可能造成誤會，因此放下身段、誠心為大眾服務，在服務過程修持身、口、意三儀，得到的回饋是無限法喜。

成長營最後，文化中心副都監果賢法師到場關懷，提醒學員，不要成為「凡事說不」的「不長」、「意見很多」的「意長」、「容易緊張」的「緊」長，而是「對人微笑」的「笑」長；與人產生誤解或意見分歧，正是練習斷除煩惱習氣，練就無我智慧的大好因緣。

● 04.11　04.23

中台禪寺創辦人惟覺老和尚圓寂
方丈和尚緬懷老和尚弘法行誼

中台禪寺開山方丈惟覺老和尚於4月8日捨報示寂，世壽九十歲；方丈和尚果東法師於11日率同臺中寶雲寺監院果理法師、僧團法師及護法信眾三十人，前往埔里中台禪寺向老和尚致意。

方丈和尚表示，惟覺老和尚畢生倡導「四箴行」，以及常勸導信眾發揚菩薩道的願力，精神值得學習。感念老和尚畢生弘法利生的大悲弘願，方丈和尚並應中台禪寺邀請，出席23日舉行的追思讚頌法會，表達對老和尚的緬懷及感念。

方丈和尚果東法師率同僧團法師、護法信眾向惟覺老和尚致意。前排右為中台禪寺住持見燈法師。

● 04.14

人基會與法務部合辦「心幸福音樂會」
於矯正機關提昇社會祥和能量

4月14日，人基會與法務部合作辦理的「生命教育暨技藝扎根實施計畫——心六倫運動」，於宜蘭監獄舉辦音樂會，邀請音樂工作者齊豫演唱，以歌聲關懷收容人。

李伸一祕書長致詞時期許收容人安心、定心接受教誨；矯正署副署長郭鴻文則肯定人基會長期以來透過演講與音樂會，深耕生命教育，對收容人傳達社會的關懷協助，期盼收容人透過音樂的啟發，淨化並安定心靈；宜蘭監獄典獄長方恬文則期勉收容人步入社會做個良善的好公民，回饋各界的關懷與鼓勵。

人基會於宜蘭監獄舉辦音樂會，邀請音樂工作者齊豫演唱，以歌聲關懷收容人。

除了宗教歌曲以及〈外婆的澎湖灣〉、〈鄉間小路〉、〈恰似你的溫柔〉、〈如果〉、〈風中的早晨〉等數首民歌組曲，也演

唱聖嚴師父作詞的歌曲〈智慧〉，以歌聲引發收容人的共鳴，讓心六倫的內涵深植心中，從心改變，進而改變外顯的態度和行為。

音樂會並安排收容人所組成的「管不住樂團」，演奏由〈我只在乎你〉、〈感恩的心〉改編的管弦樂曲，展現藝術治療與生命教育的學習成果。

● 04.16

教聯會舉辦感恩會
分享心靈環保教學經驗

教聯會舉辦感恩交流活動，學員分組討論心靈環保教案編寫心得。

為感謝五年來參與心靈環保教案編寫、試教及推動的教師，教聯會4月16日於彰化縣明聖國小舉辦感恩交流活動，由會長陳美金、副會長丁畢汝帶領，常獻法師到場關懷，共有五十多人參加。

陳美金會長首先介紹教案誕生緣起與現況，從民國100年7月編撰首篇教案「球鞋」，至今共完成三十則教案；並於2016年4月份起每月發布一則。每一則教案都經過編審、複審、再修改、多次試教等過程，在審慎嚴謹中完成。

交流及創意發想時間，安排新北市莒光國小老師王君鈞分享以心靈環保教案教學的碩士論文，說明在研究過程中，觀察到學生對《108自在神童動畫》非常有興趣，對課程的進行參與度也極高，在潛移默化中，學生的行為有了良善的改變。

分組討論時，老師們踴躍發言，提出建立網路社群、故事歌曲編寫、多元活動設計的建議，也期盼未來教案能更適用、更多元推廣，讓心靈環保的理念，在校園中落實扎根。

● 04.17

社大舉行講師共識營
建構學習型社區

4月17日，法鼓山社大於法鼓文理學院舉辦「講師共識營」，由校長曾濟群帶領，共有近百位金山、北投、新莊三校區講師及義工參加，透過參學與課程

分享，了解社大辦學理念。

共識營中，曾濟群校長介紹聖嚴師父的生命歷程及心靈環保的內涵，說明社會大學以「推動一個無牆的學校、推動大普化與大關懷教育、推動公益觀念」，來建構相互關懷和扶助的社會。

眾人參訪文理學院後，由常統法師帶領練習「觀身受

社大三校區的講師和義工，參訪法鼓文理學院校園，聆聽大願興學的歷程，更加了解法鼓山理念。

法」，放鬆身心，了解禪修的觀念和基本知識，讓親身體驗禪修的講師們，更能落實社大推動課前靜坐五分鐘，引導學員身心能夠放鬆安定，達到更佳的學習效益。

有講師分享，參與共識營，對心靈環保理念有進一步的認識與了解，也更有信心推動法鼓山的普化教育，建構學習型社區。

● 04.17　04.23　05.01　07.23　09.11　10.01

祈福皈依大典全年舉辦六場
三千多位民眾開啟修學佛法新生命

面對當今社會種種不安定，人心更需佛法指引，法鼓山2016年共舉辦六場「祈福皈依大典」，皆由方丈和尚果東法師主持，共有三千多位民眾皈依三寶，開啟修學佛法新生命。

首場皈依大典於4月17日在臺南分院舉行，由方丈和尚果東法師為兩百零四位民眾親授三皈五戒，並與在場六百多位民眾，分享「活在當下，佛在當下」的安心、攝心方法，共同學習以正念活在當下，時時自利利他，體驗佛在當下。

23日，方丈和尚於北投農禪寺的皈依典禮上，為一千多位新皈依弟子說明皈依和學佛的意義，「眾生皆有清淨的佛性，我們修習佛法，就是要學習佛陀，轉化無明煩惱為慈悲和智慧。」方丈和尚表示，皈依是學佛的起點，皈依後應努力持戒，清淨身、口、意，同時將佛法運用在生活中，練習感恩接受順逆緣、報恩奉獻結善緣，無論任何境界現前，都能觀照起心動念，即時化煩惱為菩提。

高雄紫雲寺於5月1日舉辦浴佛法會暨祈福皈依大典，迎接六百多位學佛新鮮

方丈和尚果東法師於臺南分院的皈依大典，親切地關懷皈依及觀禮的民眾，勉勵大眾時時活在當下、覺在當下。

人。新皈依弟子感念佛恩，在莊嚴的觀音菩薩聖號中，發願持戒修行、奉獻自己、廣種福田，一同建設人間的淨土。

7月23日於蘭陽精舍舉行的祈福皈依大典，於精舍落成啟用當日進行，近三百位民眾由方丈和尚親授三皈五戒，發願踏出學佛第一步。宜蘭兒少安置機構「幸夫愛兒園」創辦人達觀法師，率領二十多位學生前來皈依三寶，感受安心與向善的正面力量。

9月11日於臺東信行寺舉行的皈依大典，方丈和尚以「點亮光明心燈，演好觀音人生」，勉勵新皈依的佛弟子，以佛法點亮心燈，照見無明習氣，學習觀音菩薩的慈悲智慧，遇到順境、逆境，都能維持正念，幫助自己少煩少惱、平安健康。

2016年最後一場祈福皈依大典，10月1日於法鼓山園區舉行，方丈和尚祝福開示時，期勉新皈依弟子學習以慈悲對待人，以智慧處理事，將每個人都當成菩薩，並分享心靈環保的六項要領，提供大眾做為生活中實踐佛法的方向。

許多新皈依弟子表示，皈依典禮莊嚴的氛圍，令人生起學佛的信心；尤其是方丈和尚的佛法開示，提醒由利益他人來成長自己，自覺之後進而要覺他，對佛法和生活的連結，有更深一層的體認。

為推廣正信及生活化的佛法，2016年法鼓山除於臺灣舉辦六場大型皈依大典，也於全球各分院道場舉辦地區性的皈依活動，總計全年共接引四千多位民眾，成為信佛、學法、敬僧的三寶弟子。

● 04.21

方丈和尚大葉大學參與對談
期勉學子為自己的人生負責

方丈和尚果東法師於4月21日應彰化縣大葉大學之邀，與該校榮譽講座教授卓伯源對談「對自己的人生負責」，與學生分享人生智慧。

對談中，方丈和尚藉「大家都有智慧手機，但這樣就有智慧嗎？」，引領學

生反思，現代人的物質生活愈來愈好，精神生活卻沒有提昇，甚至因為時時計較、處處比較，以致夜不安眠；並進一步說明，法鼓山多年來倡導心靈環保、心六倫，希望人人都能盡責守分，遵守倫理，多奉獻服務，社會自然和諧幸福。

最後的提問時間，有學生問什麼是「真正的自由」？方丈和尚表示「自由」必須先對自己的人生、個人價值有所了解，並能尊重他人，不淪為自私自利，才能擁有真正的自由。

方丈和尚於大葉大學參與對談，與該校創辦人葉松根（右）互贈紀念品。

04.22

學誠和尚率團訪寶雲寺
交流都會寺院弘化

4月22日，大陸中國佛教協會會長學誠和尚，率團拜會臺中寶雲寺，適逢寶雲寺進行每週五念佛共修，方丈和尚果東法師率同僧團法師與上百位信眾，於大殿迎接來賓，並邀請學誠和尚為大眾開示祝福。

學誠和尚感謝大眾熱誠相迎，同時感佩臺灣佛教現今穩定的發展，來自諸多教界前輩的辛苦耕耘。「佛法的力量不可思議！」期許兩岸佛教持續交流互動，以多元活潑的形式，促進彼此的和諧發展。

大陸中國佛教協會會長學誠和尚（左）前往寶雲寺拜會方丈和尚果東法師（右），適逢念佛共修，信眾於大殿迎賓。

除了相續法緣，方丈和尚並偕同監院果理法師，陪同參訪團，一行人逐層走訪寶雲寺，頂禮來迎觀音、大殿佛像、祈願觀音，參觀法鼓山故事館、聖嚴師父書迹展。學誠和尚讚歎法鼓道風在寶雲寺的傳續開展，對法鼓山在都會地區弘化佛法度化及教育功能，留下深刻印象。

學誠和尚此行來臺，主要為出席惟覺老和尚追思讚頌法會，由於方丈和尚正於臺中處理法務，因地緣之便，特邀學誠和尚前往寶雲寺相敘。

● 04.23 05.15 07.02

寶雲寺舉辦義工培訓課程
學習在奉獻中成就菩薩行

林其賢老師於課程中，分享做好開會準備的要領。

為提昇服務品質，臺中寶雲寺於4月23日、5月15日與7月2日舉辦義工培訓課程，由監院果理法師、資深悅眾等帶領，有近五百人次參加。

4月23日、7月2日的初階課程，由護法總會副總會長陳治明與悅眾張允雄、林其賢擔任講師。陳治明副總會長首先分享「法鼓義工修福慧」，從認知、專業、溝通、形象等角度切入，說明擔任義工是發菩提心的起點，勉勵學員虛心學習、發長遠心，歡喜做義工；張允雄在「提昇團隊共識與效率」課程中，運用大量圖表，分析團隊和自我的關係，說明只要發揮自己的優點，就能在工作中廣結善緣。

林其賢講授的「寶雲寶藏多分享」，則從澄清個人學習目標、認識法鼓山教學核心、繪製個人學習地圖三方面，引領思考在義工服務過程中的學習與成長，提醒時時檢視學習方案，也要走出自己的「舒適圈」，進入「伸展圈」承擔悅眾，在奉獻中學習成為發願行願的普賢菩薩。

進階課程於5月15日舉行，由監院果理法師、悅眾林其賢、蕭舜子帶領，內容包括悅眾的理念與責任、關懷領導心要等。果理法師說明凡是具有願心、讓人歡喜，並以報恩心、感恩心來奉獻的義工，都是悅眾；擔任悅眾，不但要時時練習「外行菩薩道，內覓解脫道」，更要清淨身、口、意，以感化自己來接引更多人親近佛法。

林其賢老師於「開會心法」課程中，講授開會要領；蕭舜子於「關懷領導心要」單元中，分享從「心」出發的關懷要旨，包括誠懇、同理與尊敬，也是菩薩行的具體實踐。

最後，監院果理法師勉勵眾人除了擔任義工，還要發願成為悅眾，在共學的

過程中，學習做「一切眾生喜見菩薩」，修福慧、結善緣，共同在成佛之道上前進。

● 04.24

法青會舉辦「禪味下田去」
體驗一日農禪生活

法青會「禪味下田去」農禪體驗，4月24日於法鼓山園區舉行，由輔導法師常獻法師帶領，藉由挽袖下田插秧，體會動中禪的寧靜，並了解自然農法與生活的密切關係，共有二十多人參加。

常獻法師說明，耕田是修行，用禪的心去種地，也是在耕耘自己的心田；「躬耕

法青會「禪味下田去」活動，學員體驗一日農禪生活。

農禪」意指用禪心、輕鬆的心去勞動、耕作，從農耕中體會輕鬆、自然以及耕作的辛勞，從而更珍惜食物，體驗當下心靈的富足感。

曾多次參與戶外禪的學員表示，傾聽大自然是與生俱來的本能，從「禪味下田去」活動中，可以重新學習如何尊重生命，珍惜知足、與萬物共生共存，愛護土地，保護環境，找回心中的平靜則是最大的收穫。

● 04.24　08.27

傳燈院培訓「吃飯趣」義工師資
於校園推廣吃飯禪

傳燈院於4月24日、8月27日，在高雄紫雲寺舉辦兩梯次「吃飯趣」義工師資培訓課程，由監院常願法師帶領分享吃飯趣的理念和體驗，每梯次有近三十位中、小學教師參加。

常願法師說明「吃飯趣」是透過看、聞、嚼、吞，將禪修心法、直觀的態度融入其中；課程同時是「心五四」、禪修五調的實踐，讓人培養專注、放鬆、感恩的良好習慣。

午齋時，常願法師引導學員將看、聞、嚼、吞運用在吃飯上。在細嚼慢嚥、

推廣吃飯禪，傳燈院於紫雲寺培訓「吃飯趣」義工。

清楚放鬆之中，學員感受到唾液和食物融合，發現再硬的食物，都可以在咀嚼後化為液體，流入腸胃滋養身體。由此也生起感恩心，感恩所有栽植、製作食物的人，感恩大自然長養萬物。

課程並安排茶禪，法師引導學員運用禪法喝茶，在看、聞、吞的過程中，體驗茶香的微妙變化，心也更加專注與放鬆。

小組分享時，有學員回饋，除了午餐時間，另可透過社團、早餐時間進行體驗「吃飯禪」；也有高中老師表示，面臨升學的高三生，正可藉由「吃飯趣」來放鬆身心、紓解壓力。

● 04.24 10.15

社大友善農耕市集活動
分享交流自然環保農法

4月24日及10月15日，法鼓山社大分別於新北市金山區金美國小、石門區石門國小舉辦「自然環保友善農耕市集」，推廣友善環境的自然農耕，邀請北海岸金山、三芝、石門、萬里地區的農友參與，並首度安排茶敘座談，互相交流分享。

社大校長曾濟群表示，2016年再度舉辦友善農耕市集，希望喚起大眾對自然環保、愛護環境的重視；金美國小校長楊順宇、金山區公所農經課課長郭東陽、石門區長吳嘉榮也致詞感謝法鼓山對推動在地友善農耕的用心

茶會上，僧團副住持果祥法師介紹「心靈環保農法」的精神理念，期許更多人加入友善農耕，永續經營土地。有農友分享投入友善農耕的心路歷程，提到生病是因為耗損身體，不健康的食品也是一種耗損，希望能以自己的行動影響周遭人，不要為了增加產量或貪求方便，犧牲土壤與環境。

也有農友藉由親身體驗，訴說現今慣行農法的危害，

社大友善農耕市集，民眾交流友善農耕農法。

不超標的農藥逐步累積，毒性隨之聚沙成塔，昆蟲、小動物的消失便是重大警訊。

社會大學期盼活動提昇鄉親對自然環保、心靈環保農法理念的了解，並提供在地推廣友善農耕與農產品的平台，促進地方友善農耕的發展，落實自然環保的理念。

● 04.24～05.29期間

各地分支道場慶佛誕
灌沐自心佛　感念雙重恩

為感恩佛陀誕辰與母親節，4月24日至5月29日期間，法鼓山展開慶祝佛誕節活動。北投中華文化館首先於4月24日舉行浴佛法會，5月起每逢週末假期，各分支道場及護法會辦事處接續舉辦，除了以香湯灌沐小太子像，並結合皈依典禮、朝山、感恩母親、禪修體驗等多元活動。

5月1日，高雄紫雲寺舉行浴佛法會暨

文化館舉辦浴佛法會，由鑑心長老尼主法。

祈福皈依大典，信眾以「浴佛、浴心佛」來感恩佛陀，六百多位民眾並以皈依三寶的方式，發願成為佛教徒來報答母恩；8日母親節，臺中寶雲寺除了舉辦浴佛法會，信眾還陪母親至祈願觀音殿禮拜觀音，並向辛勞的母親獻上「寶雲康乃馨」。

北投農禪寺、臺南雲集寺、臺東信行寺，同於14日佛誕日舉行浴佛活動。農禪寺以環保氣球打造出充滿童趣的「藍毗尼花園」，讓許多大、小朋友駐足合影；祈願祝福區牆上，更掛滿民眾寫下「祝福平安、幸福、健康、快樂」的菩提祈福卡，傳遞每一份感恩及感動。

為接引更多人親近佛法，雲集寺將浴佛場地擴大到寺院對面的公園，法青也帶領小朋友朗讀感謝文、獻唱〈感恩的心〉，感謝媽媽、感恩有幸聽聞佛法；信行寺則邀請近三百五十位幼兒園孩童，到寺院體驗浴佛活動，藉由影片及佛陀小故事，在小小心田播下學佛的種子。

14至15日，法鼓山園區一連兩天舉行朝山浴佛活動，清晨即有數百人組成的朝山隊伍，從臨溪朝山步道一路延伸到法華公園。許多年輕父母帶著孩子，藉由三步一拜來親近大地，體驗大地孕育萬物的感動，將感恩的心擴大到所有的

農禪寺於佛誕日舉行浴佛法會，大眾以浴佛洗滌心靈塵垢。

人、事、物。

　　臺北安和分院、桃園齋明寺和臺南分院，皆於15日舉辦浴佛法會。於安和分院主法的果舫法師，鼓勵信眾多念佛，時時抱持念佛的清淨身心，當下一念即如身處淨土；臺南分院則藉由供燈、讚佛、拜願、迴向及浴佛儀式，帶領四百多位信眾感念三寶恩、父母恩及眾生恩，並安排法青團隊表演〈天下的媽媽都是一樣的〉，向所有的母親獻上感恩及祝福。

　　海外方面，美國紐約東初禪寺於8日舉行浴佛法會，由住持果醒法師主法，並開示「初心浴佛——法身無垢」，說明身體有髒垢，以水洗淨，而心垢須以法水清洗，如果被五蘊牽引、念頭不斷，只能看到不停起落的波浪，唯有不取捨、不執著，才能感受法水遍滿。

　　加拿大溫哥華、美國加州洛杉磯與亞洲的香港道場，分別於14、15日舉辦浴佛節活動。洛杉磯道場擴大舉辦的「浴佛法會暨禪悅園遊會」，除向西方人介紹浴佛的意義，也安排了豐富的表演與結合禪修的闖關遊戲，其中「孝親奉茶」和「敲鐘祈福」，最讓人感動，回響熱烈。

2016 法鼓山全球浴佛節暨母親節活動一覽

區域		主辦單位／活動地點	時間	活動名稱／內容
臺灣	北部	法鼓山園區	5月14至15日	朝山‧浴佛‧禮觀音
		北投農禪寺	5月14日	浴佛法會
		北投雲來寺	5月13日	浴佛法會
		北投文化館	4月24日	浴佛法會
		臺北安和分院	5月15日	浴佛法會
		三峽天南寺	5月22日	朝山暨浴佛法會
		桃園齋明寺	5月15日	浴佛法會
		桃園齋明別苑	5月7日	浴佛法會
		基隆精舍	5月17日	浴佛法會、禪藝活動
	中部	臺中寶雲寺	5月8日	浴佛法會
		南投德華寺	5月29日	浴佛法會
		護法會員林辦事處	5月7日	浴佛法會

臺灣	南部	臺南分院	5月15日	浴佛法會
		臺南雲集寺	5月14日	浴佛法會
		高雄紫雲寺	5月1日	浴佛法會
		高雄三民精舍	5月7日	浴佛法會
	東部	臺東信行寺	5月14日	浴佛法會暨園遊會
海外	北美	美國紐約東初禪寺	5月8日	浴佛法會
		美國加州洛杉磯道場	5月15日	浴佛法會暨園遊會
		加拿大溫哥華道場	5月14日	浴佛法會暨園遊會
		北美護法會加州舊金山分會	5月8日	浴佛法會
		北美護法會伊利諾州芝加哥分會	5月8日	浴佛法會
		北美護法會安省多倫多分會	5月28日	浴佛法會暨園遊會
	亞洲	馬來西亞道場	5月21日	浴佛法會
		香港道場	5月15日	浴佛法會、「約咗（了）佛陀喫茶去」禪藝活動
		新加坡護法會	5月21日	浴佛法會

● 04.25～26

香積禪修二日營
培福修慧俱精進

4月25至26日，百丈院於法鼓山園區舉辦「香積禪修二日營」，由演啟、演捨法師帶領，包括住山義工、主廚團隊、上下行堂、各地區香積義工等，共有一百多人參加，平均年齡六十歲以上，亦有高齡九十歲的學員。

監院常貴法師於首日到場關懷，希望學員放下萬緣，以放鬆愉快的心情來體驗禪修；三學研修院男眾副都監常遠法師也在關懷時，分享海印三昧的方法，亦即時時觀想自己的心，像大海一樣涵容一切，就不會執著、比較，而起煩惱了。

二日營全程禁語，課程包括坐禪與戶外禪，在動靜穿插的課程間，用心體驗與自己相處的每一刻。偶爾有學員散心雜話，也能配合法師的引導，把心拉回來，專注當下。

透過戶外禪巡禮園區，香積義工一步一步感受法鼓山所推動的弘化工作，更加深護持的信心。

最後的大堂分享，有學員表示，兩日的禪修體驗，了解來山上出坡不只是培福，也有另一種層次的修行——用佛法照顧好自己的心；也有學員分享，第二天的戶外禪，沿著法鼓文理學院宿舍的溪邊、大願橋、大殿經行時，為各項建設的存在而感動，也認識到法鼓山的弘法事業。

● 04.28～29

推廣企業禪修課程
中興電工齋明寺體驗一日禪

中興電工主管於齋明寺進行一日禪修體驗，學習放鬆身心的法門。

創立一甲子的中興電工機械股份有限公司，舉辦六十週年活動，特別向法鼓山申請企業禪修課程，安排主管於4月28至29日，分兩梯次於桃園齋明寺進行一日禪修體驗，由傳燈院監院常願法師帶領放鬆身心的法門，共有一百一十位員工參加。

常願法師為眾人介紹「身在哪裡，心在哪裡」的禪修心法，點出心要放鬆，便要「無所求」，並引導體驗於走路、吃飯、休息、靜坐、托水缽時，隨時隨地感受心和身體在一起的感覺，在每個動作中清楚、覺照自己的身心狀態。

托水缽是主管們印象深刻的活動之一，每個人無不專心致志，將手中那碗水視如生命般保護。有學員分享，簡單的托水缽實則潛藏禪意，帶來不同的體悟。

● 04.28　05.06

方丈和尚竹縣消防局進行兩場演講
分享消滅自身煩惱火

方丈和尚果東法師應新竹縣消防局之邀，於4月28日、5月6日，為消防人員訓練課程進行兩場演講，分享如何為自身煩惱「滅火」。

首場演講，以「抱願不抱怨」為主題，方丈和尚談及消防人員承擔防災、救

災兩大任務，在面對各種境界時，如果能夠清楚現象，不以自我中心為執著，而將過程當成體驗、鍛鍊、學習與成長，持續抱持救人、助人的初衷，便能化解抱怨不平的心。

新竹縣消防局長孫福佑（右）感謝方丈和尚（左）分享消減自身煩惱火。

第二場的主題為「救苦救難，心安平安」，方丈和尚從助人離苦得樂的精神，讚歎消防人員如菩薩示現；同時強調因果、因緣觀的正確知見，能使我們努力不懈、精進豁達；並期許使受災民眾安心、全國人民放心的消防同仁，凡事正面解讀、逆向思考，持續奉獻、利他、行大願。

05.07

全臺法青共聚農禪寺
分享各地推廣佛法的創意與特色

青年院於5月7日，在北投農禪寺舉辦全臺法青聯誼活動，由高雄法青組成的「純淨樂團」和臺北法青的「純心樂坊」進行交流演出，有近一百五十位法青參加。

為了迎接8日在國父紀念館舉行的「心靈環保SRE」活動，青年院邀集各地學員，為彼此加油打氣之外，各個分會也分享在地推廣課程及營隊的現況，或者歌舞演出、或者知性演講，展現了各地法青的創意及特色。

有臺中法青分享，以往只在地區當義工，參加法青讀書會後，認識了一群志同道合的朋友，在佛法中發現自我、為社會服務，讓人感動；也有大學生表示，農禪法青的「覺招研究室」非常有意義，希望未來也能在地區開辦，接引更多青年認識佛法、活用佛法。

全臺法青相聚農禪寺，高雄法青分享以樂音與法相會。

● 05.08

心靈環保SRE　風雨中進行
數千民眾以禪心享受放鬆自在

來自全臺的法青學員帶領全場民眾活潑舞動，在雨中用禪心享受放鬆自在。

5月8日上午，法鼓山於臺北國父紀念館中山公園廣場舉辦「心靈環保Stop・Relax・Enjoy」活動，午後，方丈和尚果東法師、法鼓文理學院校長惠敏法師、護法總會總會長張昌邦，偕同臺北市長柯文哲、民政局長藍世聰及國父紀念館館長林國章等來賓，與數千位民眾，共同體驗法鼓八式動禪，並以感恩心浴佛，為母親及世界祝福。

正午時分，原本的豔陽天瞬間轉為滂沱大雨，雷電交加。參與動禪的民眾面帶微笑，隨著法師的引導，把心安在動作上，讓自己的身心融入風雨中，享受雨中動禪。

方丈和尚應機開示，大雨就像甘露法雨，提醒大眾運用佛法滋潤自己的心靈，在生活中推動淨化人心、淨化社會的工作。方丈和尚說明，現代人生活忙碌、工作壓力大，法鼓山提出「心靈環保SRE」便是希望帶動社會大眾在日常生活中，不論遇到順境逆境，都能讓焦躁的情緒停下來，緩和、沉澱，繼而轉化心念為正念、淨念，以健康的心態面對現實、處理問題，這也是對母親、對佛陀最好的報恩行動。

傾盆大雨也為現場民眾進行一場盛大的浴佛儀式，「每個人都是未來佛」，惠敏法師幽默表示，這場雨讓浴佛的場域，從小小的缽擴大到整個國父紀念館，這種由小處擴大到一切的精神，正好讓我們學習把孝敬母親的心，擴大到一切眾生的身上。

這場結合佛誕與母親節的活動，以「禪修心樂園」為主軸，規畫有托水缽浴佛、鈔經祈福、鐘聲幸福、生活禪遊戲等，一早就有許多民眾攜家帶眷，在各點之間穿梭體驗、放鬆闖關。其中，鈔經祈福區特別增設心靈郵局，讓民眾將感恩與祝福寫入御守和明信片，投遞給遠方的母親與親友，現場參與相當踴躍。

05.20～22

天南寺舉辦多元共修活動
週休二日精進好修行

5月20至22日，三峽天南寺首度舉辦一場結合慈悲三昧水懺法會、朝山、浴佛法會、地藏法會、禪二的共修活動，讓民眾把握兩天假日，體驗不同修行法門，沉澱平日忙碌的身心。

這場豐富多元的共修，依照精進禪二的作息進行，近兩百五十位信眾於天南寺掛單，參加三天兩夜的精進修行。監院常哲法師於每晚開示懺法概說、朝山、浴佛及持誦《地藏經》的意義與功能，為大眾建立正確的修行觀念；每天早晨則帶領大眾練習法鼓八式動禪、進行戶外禪，體驗「身在哪裡，心在哪裡；清楚放鬆，全身放鬆」的禪修心法。

21日上午，來自各地近千位信眾，齊聚寺內三處佛堂，禮拜《慈悲三昧水懺》，從慚愧、懺悔法門開始，展開淨化身心的第一步；22日清晨，六百多位信眾在僧團男眾部副都監常遠法師、僧大副院長常順法師等帶領下，口誦「南無大願地藏王菩薩」聖號，三步一拜，感恩大地長養萬物的無盡功德。

朝山後的浴佛法會，大眾虔誠誦念「南無本師釋迦牟尼佛」聖號，一瓢香湯灌沐太子身，提醒自己外離身垢、內離心染，時時保持身心清淨。下午的地藏法會，由果興法師主法，法師讚歎大眾的精進心，期勉眾人今後常發菩提心，以諸佛菩薩為學習典範，開發慈悲與智慧。

天南寺結合慈悲三昧水懺法會、朝山、浴佛法會、地藏法會等共修活動，提供信眾把握週休，精進修行。

05.20～11.18期間

人基會開辦「心藍海策略」課程
提昇企業倫理意識　發揮社會責任

5月20日至11月18日，人基會週五於德貴學苑開辦「心藍海策略——企業社會責任」系列課程，主題是「提昇企業全方位績效的幸福領導」，結合佛法與管理學，邀請專家、學者分享推廣企業倫理之道。

首場邀請中華郵政董事長許仁壽、心六倫宣講師副團長林柏樺主講「企業價值創新──中華郵政經驗談」，介紹企業創新的演進，以及傳統的企業績效指標、價值觀改變的動機、企業績效的新觀點，強調與員工積極溝通的重要性，藉由改變員工的思維，來創造不同的願景。

7月22日的講座，倍盛美傳媒董事長陳韋仲講說倫理的概念與原則，並討論企業倫理的意義、內涵和影響因素，說明隨著時代的演變，社會大眾對企業倫理的要求日益重視，也是企業取得競爭優勢的重要策略。

東吳大學會計學系教授陳元保則在11月18日「心社會責任」講座中，說明企業是公民社會的一份子，藉由核心業務為社會提供價值的同時，也應承諾該負擔的責任，方能永續經營與發展。

人基會表示，「心藍海策略」系列課程，期盼提昇企業倫理意識，協助企業領導人找到安心之道，並回應公民團體對於「企業社會責任」的要求。

2016 人基會「心藍海策略」系列課程一覽

時間	主題	主講人
5月20日	企業價值創新──中華郵政經驗談	許仁壽（前中華郵政董事長） 林柏樺（心六倫宣講師副團長）
6月17日	從倫理到取財有道──泛談內線交易	劉連煜（政治大學法律系教授） 張昌邦（法鼓山護法總會總會長）
7月22日	企業倫理與全方位績效	陳韋仲（倍盛美傳媒董事長） 戴萬成（財團法人創新智庫暨企業大學基金會顧問講師）
9月23日	重視公司治理，打造高績效團隊	張允雄（匯能管理諮詢有限公司資深合夥人） 黃莉惠（博士博數位人力資源訓練講師）
11月18日	心社會責任──從自利到雙贏共好	鍾明秋（前年代電視台執行董事） 陳元保（東吳大學會計學系教授）

● 05.21

社大舉辦創客研習
做中學、學中做 3D 列印

法鼓山社大於5月21日在新北市金山高中舉辦「北海小創客」研習活動，邀請專業3D列印講師、享印學堂創辦人賴信吉指導，共有近四十位北海岸地區三至九年級學子與家長參加。

社大校長曾濟群表示，現在是科技起飛的年代，3D列印已經能做出各種令人驚奇的物品，創客教育強調做中學、學中做，鼓勵學員把握學習、實作及分享的機會。

賴信吉講師以「開心機器人」為主題，從最基礎的步驟開始講解及示範，並

讓學員一一操作，練習機器人的繪製建模，透過互相觀摩，逐漸掌握3D列印的原理和方式。

社大自2016年起與金山高中合作，於社區推展創客教育，金山高中總務主任許錦芳表示，期待未來在社區培養出更多主動學習、樂於分享的科技人才。

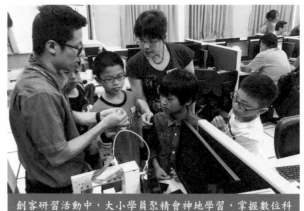

創客研習活動中，大小學員聚精會神地學習，掌握數位科技的原理。

05.25　07.09

聖嚴書院佛學班中區、北區結業典禮
分享精進學佛的法喜

普化中心於5月25日、7月9日分別在臺中寶雲寺、北投農禪寺舉辦「聖嚴書院佛學班中區、北區結業典禮」，授課的僧團法師、講師都到場祝福，共有八百九十四位學員圓滿三年學習。

5月25日於寶雲寺舉行的中區結業典禮中，監院果理法師期勉學員，結業不是畢業，而是在生活中運用智慧、廣結善緣的開始；果雲法師鼓勵結業生好好禪修、多念佛，時時懷著感恩心，珍惜身邊所有的人事物；郭惠芯老師則叮嚀，初發心菩薩的學習永不止息，學習愈多，愈能服務他人，提昇自己，互相增上。

典禮中，多位結業生也分享三年的成長。有學員在唯識學的課程中，學會觀照自己的起心動念；也有學員學佛後，對周遭的人更有耐心，並進一步放下自我中心及不必要的情緒，懂得用方法轉念。

在農禪寺進行的北區聯合結業典禮，基隆、安和、中正、中山、內湖、農禪等九

北區聯合結業典禮上，各班發揮創意，以班呼、舞蹈、佛曲合唱、戲劇演出，分享學佛的喜悅心情。

個班級，共八百零七人圓滿初階課程，由僧團法師頒發結業證書，肯定學員三年來修學不懈的恆常心。典禮上，各班發揮活潑創意，以班呼、佛曲合唱、舞蹈、戲劇演出，分享學佛的喜悅心情。

普化中心副都監果毅法師勉勵結業學員，三年學習只是階段性圓滿，珍惜修學佛法的因緣，將佛陀的教法代代傳承，為個人的法身慧命努力，才不枉這一期生命的學佛因緣。

● 06.01～28

僧團結夏安居首度於園區大殿舉行
精進用功　凝聚道情

僧團6月在法鼓山園區大殿舉辦結夏安居，近兩百位僧眾齊聚一堂精進用功。

僧團於6月1至28日，在法鼓山園區大殿舉行結夏安居，共分三梯次精進共修，每梯次都有上百位僧眾參與，是歷年之最。

1至7日的第一梯次，以拜懺為主，藉著禮懺、誦經、持咒等法門研修，僧眾收攝六根、沉澱身心，進入接下來專精法門的內攝用功。8至15日第二梯次以精進禪七方式進行，比照正式禪期的作息與規矩，邀請聖嚴師父法子繼程法師為主七和尚；僧眾在大殿經行，近二百人朝同一方向行進，團體修行的力量，激勵僧眾邁向共同的目標與願心。

15日起的第三梯次為禪十四，每日聆聽聖嚴師父於1998年夏安居期間的開示，內容包括僧倫內涵、人間淨土的思想脈絡、法鼓山的理念與道統，以及朝向世界性佛教的方向等，除了再次領略師父博大精深的佛學思想，更從句句殷切叮嚀聲中，省思個人的出家歷程與奉獻心態，再發起菩提心，帶著滿滿的能量，繼續在僧命之路上精進。

● 06.11～12

安和分院舉辦「迎接美好晚年」講座
傳遞樂齡的觀念與智慧

6月11至12日，臺北安和分院舉辦「迎接美好晚年」講座，邀請臺北市立聯合醫院總院長黃勝堅、臺北榮總高齡醫學中心主任陳亮恭、揚生基金會執行長

許華倚,與法鼓文理學院校長惠敏法師、教授杜正民、助理教授辜琮瑜,分別從佛法、醫學、文學、哲學等不同領域,以及老人關懷案例、身體伸展減壓、觀看影片等活動,探討高齡化生活型態的改變與契機,共有一千八百多人次參加。

講座第一天,惠敏法師分享博雅樂齡之道──多微笑、多運動,養成良好健康的生活習慣,同時抱持終身學習的態度,從每天的生活中體驗無我、無常,如此面對死亡時,就能比較坦然;陳亮恭醫師說明,老年不是年齡的問題,而是心態,勉勵長者勿過度在意年齡,即使器官退化,仍可積極參與社會。

12日的課程,則分享銀髮族最常見的憂鬱和失智等精神疾病,透過了解、學習同理心,進一步調整照顧與關懷的方式。其中,許華倚執行長帶領現場學員練習「十指感恩」、「每日生活心情檢視」等安心減壓之道。

杜正民教授在講座中,分享自己的病痛,讓他生起「病願行」,著手彙整佛典裡關於老、病、苦的字句,建構「法的療癒資料庫」;辜琮瑜老師也以「真空妙有之道在於發無盡願,行無量行」,期許學員走一趟漂亮的人生之旅,展現生命的價值與意義。

黃勝堅總院長透過一則則影片,讓學員看到醫師背著重達九公斤的器材,走進患者的家中,讓居家安寧成為臨終最沒有遺憾的生命學習;六千多個生命軌跡的洗禮,鋪展出醫療的願景,即「預防受苦心安寧」。黃總院長的分享引起廣大回響,許多學員發願加入居家安寧志工行列。

講座最後,監院果旭法師出席關懷,表示因應高齡化社會的來到,歡迎大眾一起來學習「健康到老」。法師感恩講師們的分享,也感謝兩日超過三百人次義工的護持,共同成就講座的圓滿。

惠敏法師(右)與陳亮恭醫師(左)認為,良好的生活與運動習慣,有助於老年生活更健康。

● 06.24～08.19期間

「觀生觀死觀自在」系列課程
佛學、醫學、心理學 正向面對死亡

6月24日至8月19日,臺北安和分院週五舉辦「觀生觀死觀自在」大事關懷系列講座,從臨床醫學、心理學與佛法的面向,探討臨終心靈轉化的歷程,以及正向面對死亡的觀念與方法,引導民眾以慈悲和智慧面對生死,有近四千五百

佛教蓮花基金會董事張寶方說明恰到好處關懷的重要。

人次參加。

首場講座的主題是「佛教的生死關懷」，由僧大講師常延法師主講，將人生的老、病、死解釋為衰退、異常、喪失；此生修行的重點，是培養面對生老病死的關鍵時刻，做出正確抉擇的能力，以確保為今生畫下圓滿句點，同時奔向美好來生。法師以「聞、思、修、戒、定、慧、證」為方法，勉勵大眾熟習止觀、親近善知識、憶念善法，在關鍵時刻，俱足得度因緣、往生善道。

7月1日邀請佛教蓮花基金會董事張寶方介紹「臨終陪伴與關懷的藝術」，以實際關懷案例分享臨終病人的醫療決策以及長者關懷，說明關懷陪伴需要學習，每個人遇到困難時，都需要時間調整，也都具備創傷復原的能力，恰到好處的關懷很重要，而透過關懷給予他人內在力量更是重要的心法。

臺大醫院家庭醫學部主任蔡兆勳在7月8及22日的講座中，講說積極的死亡準備，就是幫助病人學習以正向的態度做生命回顧，並肯定自己的一生；以懺悔道歉化解曾有的衝突或心結，好好道謝、道歉、道愛、道別。蔡主任鼓勵大眾以正向心態回顧生命、肯定生命，進而探尋這一期的生命價值與病苦的意義。

關懷院監院常綽法師於7月29日至8月19日三場講座中，分別介紹佛教的生死觀、助念與大事關懷，法師期勉學員參與大事關懷，在協助他人「拔苦」、「與樂」的過程中，從自我中心轉化為以眾生為中心，透過利他，破除自己的習氣，長養慈悲與智慧，讓自己的修行更加圓滿。

2016 安和分院「觀生觀死觀自在」系列課程一覽

日期	主題	講師
6月24日	佛教的生死關懷	常延法師（法鼓山僧伽大學講師）
7月1日	臨終陪伴與關懷的藝術	張寶方（佛教蓮花基金會董事）
7月8日	面對死亡的恐懼	蔡兆勳（臺大醫院家庭醫學部主任）
7月22日	善終的典範	
7月29日	幫助臨終者及往生者往生西方極樂世界	常綽法師（法鼓山關懷院監院）
8月5日	佛教生死學——認識生死到解脫生死	
8月19日	大事關懷與修行——增長慈悲及智慧	

06.25

社大專題講座
辜琮瑜分享「四它」的活用

社大於6月25日在北投雲來寺舉辦專題講座,由法鼓文理學院助理教授辜琮瑜主講「改變,迎向心幸福」,分享「四它」在生活中的活用,共有一百三十多人參加。

面對人生重重關卡,辜老師提出,闖關第一招「面對」,首先對自己要誠實以對,勇於誠懇面對自我,進而產生正能量,因為不逃避,正視困境,困境才不會變成隱晦的陰影;第二招「接受」,勇敢承認與接納困境,才能找到解決的契機,進而有轉機。

第三招「處理」,去除執著心,智慧處事才能有轉機,慈悲待人才能安自己的心與安別人的意;最後就是「放下」,只要盡心盡力,就沒有遺憾,自然就不再牽掛,而能真正放下。

講座中,辜老師並以短片《螺絲人生》進行「角色扮演」的分組討論,影片中的十一個角色,包括鏡子、衣架、桌椅、電梯、計程車、紅綠燈、地毯和置物櫃等,學員分別選出喜歡和討厭的角色,交流研討,並分享小組共通點與差異性。辜老師提醒,每人在生命中扮演的角色不盡相同,不論喜歡或討厭,都要正向看待角色的限制,讓自己生活及心靈獲得提昇。

「角色扮演」的分組討論,學員學習正向看待角色的限制,提昇生活與心靈。

06.26

法青會世界公民領導力工作坊
學習身心安定做環保

法青會6月26日於德貴學苑舉辦「轉變我們的世界——世界公民領導力工作坊」(Transforming Our World: Global Citizen Leadership Workshop),由常濟法師英文主講、果禪法師中文翻譯,藉由氣候變遷、水資源與消費需求三項全

球性議題，啟發青年以禪修關懷世界，共有三十人參加。

果禪法師和常濟法師分享，思考可以正面積極，環境保護應該從自身做起，例如：用自己的餐具買飯、買飲料，每天少製造一個垃圾，小小動作每個人都可以做到。平時少

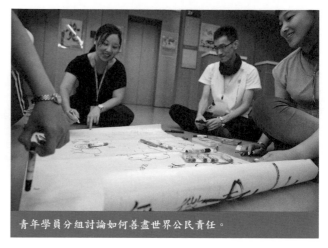

青年學員分組討論如何善盡世界公民責任。

去商店閒逛，買東西的時候，若能想到要避免製造垃圾，就能減少購買。如果能落實心靈環保，學習保持內心的平穩與安定，消費欲望就會降低。

常濟法師以聖嚴師父所言：「以知福惜福、感恩大地的心態，保護自然環境免受汙染破壞。」期勉學員，提昇自我，關心世界與行菩薩道，善盡世界公民的責任。

● 07.02～03　07.09～10　07.16～17

人基會心劇團舉辦「幸福體驗親子營」
共學「心六倫」的幸福力量

人基會心劇團於7月2日起，連續三個週六至日，於德貴學苑舉辦「2016幸福體驗親子營」，三梯次共有兩百二十多位五至七歲的幼童與家長參加。

「幸福體驗親子營」以倫理的學習為主軸，透過表演藝術、遊戲勞作、故事分享等課程，引導孩童體驗學習生活禮節，培養孝順、合群、知足、感恩、共享等好品格；並邀請生命教育、繪畫治療專業師資群，帶領大、小朋友共同探索自己的內心世界，抒發內在的情緒壓力。

營隊也為家長開辦禪修課程，學習在情緒和煩惱升起時，運用SRE三個步驟，先「Stop」停下腳步，「Relax」深呼吸後，細細聆聽對方的想法，就能「Enjoy」讓親子關係迎向幸福。

營隊帶領人心劇團團長蔡旻霓表示，

大、小朋友在「幸福體驗親子營」中，共學幸福的力量。

情緒管理是親子相處的重要課題，因此除了替小朋友安排劇團的互動表演，也鼓勵父母一起帶著孩子參與活動，體會親子間用愛守護家庭，共同成長。

● 07.03

臺南分院舉辦幸福講座
常啟法師等分享感化、感動的力量

臺南分院7月3日舉辦幸福講座，主題是「不只一場戲」，由僧大教務長常啟法師、人基會心劇團團長蔡旻霓、社工師謝云洋分享實踐佛法、弘揚佛法的生命經驗，共有一百四十多人參加。

蔡旻霓團長首先說明心劇團劇場設計的概念，透過影片分享創作核心「心靈環保」，以及深入偏鄉地區演出時，如何以工作坊形式，陪伴當地孩童認識、學習如何處理情緒。

幸福講座中，常啟法師（中）、蔡旻霓團長（右）、謝云洋社工師（左）分享佛法的法益。

常啟法師引用《維摩詰所說經》「心淨則國土淨」的觀念表示，每個人都可以從自己做起，用佛法感化自己，再用行為去感動別人，人間淨土便可以一點一滴實現。

如何用行為感動別人？謝云洋社工師分享在中國大陸四川安心站服務的實例，舉辦生命教育體驗活動時，安心站義工發現有同學肢體不便，無法參與互動性較高的活動，立即向當事人道歉並協助融入團隊；活動後，有學員分享，平時見到肢體不便的人受欺負時，都不曾出面制止，義工的行為，讓他發願改變。

有聽眾表示，三位與談人從自身的專業領域，實踐佛法的慈悲與智慧，自己也應把握培福的機會，讓更多人體會佛法的法益。

● 07.04～08.28期間

兒童心靈環保體驗營全球展開
歡樂學習四種環保

7月4日至8月28日暑假期間，「2016法鼓山兒童心靈環保體驗營」於全臺各分院道場、護法會宜蘭辦事處、法鼓山社大金山校區，以及海外的美國紐約象

安和分院親子互動，小學員幫父母按摩，表達感恩。

岡道場、加拿大溫哥華道場等地展開，以體驗心靈環保為主軸，並結合地區特色，引導學童歡樂學習四種環保，建立良善品格，有近一千六百人參加。

在臺灣，北部地區的法鼓山園區，於戶外進行景觀教育及生態導覽，引導學童認識自然環保的內涵；在法師及小隊老師的帶領下，小朋友們也走進廚房，體驗洗公器、洗碗、洗菜、挑菜；更在戶外彎腰除草、撿碎石、掃落葉，從勞動中，學習服務的價值，並學會感恩。北投農禪寺帶領小學員體驗寺院的修行及作息，包括合掌、問訊、拜佛等佛門禮儀，也安排體驗手作創意捏塑、繪本，啟發創意、訓練專注和多元的想像力。

臺北安和分院的營隊，邀請父母和孩子共同學習，有屬於孩子的活動，也有屬於家長的教養觀念課程，更有親子共同參與的親子瑜伽、手作環保袋、親子按摩等，在家庭中種下心靈環保的種子，讓全家和樂有光明；桃園齋明寺則結合繪畫、戲劇、音樂、舞蹈、DIY元素，讓學童在遊戲互動中，學習心念專注與放鬆，也安排坐禪、法鼓八式動禪、吃飯禪與托水缽等練習，體驗小小禪士的修行生活。

於臺中寶雲寺舉行的心靈環保體驗營，安排寓教於樂的團康遊戲，認識「六度」與「四大菩薩」，並學習端坐、行走、禮佛、用齋等禮儀，體會專注、安定、尊重、利他的精神。

南臺灣的臺南分院、雲集寺營隊活動，包括鈔經為世界祈福、《心經》拼圖、禪繞畫創作、桌遊課程等，各項闖關活動和創意課程，不僅融入四種環保的精神，也學習團隊合作及與人互動。高雄紫雲寺兒童營則由法青學員帶領，「真心陪伴」單元由兩位具心理專業背景的法青授課，引導孩童體會他人對自己的陪伴，進而從感恩之中，學習為他人付出；「純真覺醒」帶動唱、扮演營隊吉祥物「猴超人」等活動，在在展現青年們的成長、創意和承擔。

臺東信行寺，則以禪法為主軸，內容包括學佛行儀、故事繪本、手工製作、團康活動等，引導小學員將佛法精神內化於日常生活中；也在法師帶領下，齊聲同誦「南無觀世音菩薩」聖號，繞行寺中大樹綠草地一圈，從禮敬中生起對大地的感恩。

海外的美國紐約東初禪寺、加拿大溫哥華道場也分別於8月9至14日、27至28日，舉辦親子生活營，在輕鬆、活潑、有趣的團康與故事活動中，親子共同體

驗禪修的方法與智慧，共學心六倫。

另一方面，慈基會於7月4至6日，首度在北投雲來寺舉辦暑期兒童營，共有四十八位學生參加，在教聯會師資和法青帶領下，學習感恩惜福，體驗互助合作的重要。

2016年的兒童營隊活動，在大手牽小手的和樂氛圍中，大、小朋友共同成長，菩提種子更加深耕與茁壯。

2016 法鼓山兒童心靈環保體驗營一覽

區域		舉辦單位（地點）	舉辦日期	梯次	主要參加對象
臺灣	北	法鼓山園區	7月12至16日	第一梯次	國小高年級
			7月19至23日	第二梯次	國小高年級
		北投農禪寺	7月18至21日	共一梯次	國小中年級
		臺北安和分院	7月9至10日	共一梯次	國小中、高年級
		臺北中山精舍	8月22至24日	共一梯次	國小高年級
		桃園齋明寺	7月29至31日	共一梯次	國小中、高年級
		桃園齋明別苑	7月23至24日	共一梯次	國小中年級
		法鼓山社大金山校區	7月16至17日	共一梯次	國小中、高年級
		護法會宜蘭辦事處（安康幼兒園）	7月30至31日	共一梯次	國小中、高年級
		慈基會（北投雲來寺）	7月4至6日	共一梯次	國小中、高年級
	中	臺中寶雲寺	7月11至12日	第一梯次	國小高年級
			7月13至14日	第二梯次	國小中年級
	南	臺南分院	7月9至10日	共一梯次	國小中、高年級
		臺南雲集寺	7月9至10日	共一梯次	國小中、高年級
		高雄紫雲寺	7月9至10日	共一梯次	國小中、高年級
	東	臺東信行寺	8月3至6日	共一梯次	國小中、高年級
海外	北美	美國紐約東初禪寺（紐約象岡道場）	8月9至14日	共一梯次	6至14歲學童及家長
		加拿大溫哥華道場	8月27至28日	共一梯次	6至14歲學童及家長

● 07.09～12.25期間

「遇見心自己」四地開班
青年朋友認識情緒 以禪修調柔自心

7月9日至12月25日期間，傳燈院分別於北投雲來寺、臺中寶雲寺、高雄紫雲寺、臺北德貴學苑開設「遇見心自己」課程，每期四至八堂，邀請學員透過藝

學員運用禪修方法，讓心專注在每一筆畫上，慢慢地沉澱自己，放鬆身心。

術創作、法鼓八式動禪、吃飯禪、聆聽聖嚴師父的影音開示等，展開一場「心」的探索之旅。

「遇見心自己」第一堂課，7月9日首先於寶雲寺展開，由傳燈院常禮法師及徐曉萍老師帶領，共有近八十位學員、義工參加。徐曉萍老師引導學員畫出自己當下的情緒，再分享「自己心中」及「他人眼中」的自己；透過《大法鼓》影片中聖嚴師父的說明，學員也了解情操是理性的、情感是可善可惡的、情緒是從情感而來的，片中師父開示，動情緒之前，可先用觀念來化解，或是靜坐、念佛號，讓情緒回歸穩定。

紫雲寺的課程，由監院常參法師帶領回想最近產生情緒波動時的身心反應、自己的處理方式，法師表示，人的情緒多元且互相影響，但「煩惱即菩提」，勉勵學員不怕念起，只怕覺遲；前甲仙安心站長甘玲華帶領「禪繞畫」，透過一筆就只一畫，學員練習將心安住在當下這一筆，不去煩惱前一筆畫得如何，慢慢地沉澱自己，進而放鬆身心。

帶領課程研發的傳燈院監院常願法師表示，希望透過系列課程，讓年輕人用放鬆和覺察的方法認識自己，以紓解壓力和情緒問題，進一步參加初級禪訓班，學習以禪修調柔自心。

2016 傳燈院「遇見心自己」開課一覽

時間	地點
7月9至17日	北投雲來寺
7月9日至9月10日	臺中寶雲寺
7月16日至11月5日	高雄紫雲寺
7月31日至12月25日	臺北德貴學苑

● 07.17　07.24

法青會「覺情工作坊」
覺察自我才能覺情

法青會7月17及24日於德貴學苑舉辦覺情工作坊，分別邀請成大中文系助理教授陳弘學、實踐大學社會工作學系副教授楊蓓主講「從覺『有情』到『覺有情』——生命情感課題的觀照與超越」、「相愛容易相處難——烽火家人」，

共有一百六十多人次參加。

首場講座，陳弘學老師以「劈腿為什麼會受到責難？」開場，藉由問答，解析佛法的情感觀。陳老師說明，佛法並不是要我們不去愛人，而是正確地愛人：接受變化（無常），不執著過去，也不期望未來，而要把握當下、接受當下；唯有正確的認識與調整，才能產生真正自利利他、自覺覺他的實踐力。

在「相愛容易相處難──烽火家人」講座中，學員三人一組，藉由一問一答一記錄的方式，分享心中理想的爸爸、媽媽和自己。

楊蓓老師在7月24日的講座中，以問題帶領學員覺察內心，了解為什麼家人之間的相處，會如同戰場般烽火連天；講析很多事因每個人的解讀不一樣，即便說著相同名詞，不同的認知，便容易引發衝突。

課程中，學員分組，藉由一問一答一記錄的方式，描述心中理想的爸爸、媽媽和自己的模樣；從了解自己的不當期待，開始覺察自我。楊蓓老師期勉大眾，練習將自己的心，回歸到自我身上，對人產生同理，心才會漸漸柔軟下來，進而走上「覺情」的智慧人生。

● 07.20

國家圖書館寰宇漢學講座
俞永峯談中華禪法鼓宗立宗意涵

聖嚴師父弟子、美國佛羅里達州立大學宗教系副教授俞永峯，7月20日應國家圖書館漢學研究中心之邀，以「承先啟後的正統漢傳佛教──聖嚴法師的中華禪法鼓宗」為題，分享師父創宗的背景及時代意義，共有六十多人參加。

講座中，俞永峯從聖嚴師父成長的時代背景，以及世界宗教的發展脈絡，解說師父「立宗的緣由」、「如何定義漢傳佛教」、「為什麼法鼓宗是漢傳佛教的集成」，與「中華禪法鼓宗與近代流行的禪以及歷史上禪宗的異同」。

俞永峯以聖嚴師父1998年寫下的「判教圖」說明，禪宗一向給人「教外別傳」的

俞永峯老師應國家圖書館漢學研究中心邀請，與學界分享聖嚴師父立宗的精神與內涵。

印象，師父因為19、20世紀以來漢傳佛教衰敗帶來的危機感，以及當代禪法缺乏教理的現象，因此在判教圖中，重新將禪與教理做了一次連結，並以「緣起性空」為精髓，以教觀並重來總攝佛法。

俞永峯指出，聖嚴師父定義的漢傳佛教，是以現代眼光投射於歷史之後所選擇的結果，雖然具有包容性，但也有高度的揀擇及目的性的意義，刻意省略密教，而取天台、華嚴的教理，「中華禪法鼓宗即是漢傳佛教的別名，也是師父面臨世紀變化對於佛教的新詮釋。」

本場講座由中央研究院中國文哲研究所副所長廖肇亨主持，現場六十多位聽眾多為學界及教界先進，會後針對立宗的內涵、論述主軸的因果關係討論，問答熱烈。

● 07.23

蘭陽精舍落成啟用
宜蘭地區心靈新地標

方丈和尚（右三）與各界貴賓、護法信眾代表，一同為蘭陽精舍大殿佛像揭幔。左起：呂學麟顧問、林姿妙鎮長、林聰賢縣長、張昌邦總會長、林順男建築師。

蘭陽精舍於7月23日舉辦落成啟用典禮，由方丈和尚果東法師主持，邀請宜蘭縣長林聰賢、羅東鎮長林姿妙、護法總會總會長張昌邦、建築師林順男、顧問呂學麟等來賓，為大殿釋迦牟尼佛像揭幔；來迎觀音像則由僧團副住持果祥法師、榮譽董事會會長黃楚琪，以及連盛營造公司總經理林家民揭幔，包括各界來賓及信眾，共有一千多人參加。

落成典禮上，大眾透過影片回顧創辦人聖嚴師父1992年首次至蘭陽地區弘法、2005年全臺巡迴關懷首站至蘭陽等過程；師父期勉眾人弘揚佛法時，第一個目標是人品成長，當自我品質提昇的時候，同時一定能夠影響其他人，也就能夠建設人間淨土。

佛像開光儀式圓滿後，方丈和尚感恩護法信眾一路奉獻成就，期待蘭陽精舍落成啟用後，在當地持續深耕推廣「心靈環保」理念與「奉獻的價值觀」；林聰賢縣長致詞時表示，聖嚴師父倡導「提昇人的品質，建設人間淨土」，是宜蘭縣近年打造幸福城市的目標，盼能借助法鼓山的經驗，共同推動環境保護、友善城市的願景，在宜蘭實現人間淨土的理想。

蘭陽精舍普照蘭陽

特別報導

噶瑪蘭平原的心靈新淨土

在依山傍海的蘭陽平原上，羅東運動公園旁，穿過北成圳，從羅東城鎮跨入鄉間，甫於7月23日落成啟用的法鼓山蘭陽精舍，即映入眼簾。

質樸的洗石子牆，略為斜切的牆面，為簡潔方正的建築，勾勒出俐落的線條。小而美的蘭陽精舍，沿用法鼓山的建築語彙，質樸而與大自然和諧相容的灰色調，以及來自總本山的來迎觀音石座、步道石材，在在呈現出一貫寧靜祥和的境教之美。

庭院中的一片照壁流水，輕輕洗滌行者心上塵勞；行願館的佛法書香，則接引大眾深入經藏；廊道上水池中的來迎觀音靜靜佇立，迎接到此參訪、共修的人們。短短的一段入門之路，巧妙地引領大眾放鬆、沉澱，收攝身心，自然而然體驗禪滋味。

精舍包含地上四樓、地下一樓，在有限的土地上，巧妙運用前、後棟建築的緊密配置，並藉由貫穿其中的廊道，創造出呼吸與沉澱的空間，同時也成為絕佳的室外活動區。

走入大殿，復刻法鼓山園區的釋迦牟尼佛像，以及牆上援用北投農禪寺的光明燈設計，象徵早年蘭陽地區的信眾不辭舟車往返辛勞，前往農禪寺學佛的堅定信心；隨後克服萬難，將法鼓山的理念與禪修，在蘭陽平原上弘傳的願力。

歷經五度搬遷、九年建設，宜蘭羅東的信眾們將以這座噶瑪蘭平原上的般若船為心靈的家，並接引更多人學佛、護法，將心靈環保的觀念普傳蘭陽，為建設人間淨土而奉獻。

質樸而與大自然和諧相容的灰色調，蘭陽精舍充分運用法鼓山園區的建築語彙，呈現境教之美。

● 07.24～31

教師禪七園區舉行
為教育的初心充電

一百多位教師於暑期禪七中,找回教育的初心。

7月24至31日,教聯會於法鼓山園區舉辦教師禪七,由常源法師、常獻法師帶領,體驗放鬆身心、當下自在的生活,有近一百二十人參加。

禪七期間,學員們透過或靜或動的課程,漸進學習放慢腳步、認識自我、化解煩惱。常源法師鼓勵學員,每一炷香都是新的開始,清清楚楚地安住於當下,不管過去、不問未來、只管當下。

大堂分享時,學員們感恩能在暑假參加禪修活動,讓疲憊的身心充分放鬆,重拾遺忘許久的純真,得以為奉獻教育的願力充電。

為圓滿此次禪七,有十三位曾參加過教師禪七的老師們發心護七。常獻法師勉勵護七的義工,實踐「不爭你我多少」的觀念,將禪修的方法運用在出坡中,煩惱自然少。

● 07.24～09.05期間

吉祥月全球分支單位舉辦中元法會
大眾共修報恩 學習地藏大願精神

農曆七月為佛教的吉祥月,7月24日至9月5日期間,法鼓山海內外各分寺院、道場,陸續舉辦中元報恩法會,共有逾萬人次參加。

各地共修以《地藏經》、地藏法會為主,北投中華佛教文化館首先於7月24日起進行《地藏經》共修;8月6至28日期間,臺灣桃園齋明寺、齋明別苑、臺中寶雲寺、臺南分院、高雄紫雲寺,以及美國加州洛杉磯道場,亞洲香港道場、馬來西亞怡保共修處,亦先後舉辦一至七天的地藏法會。

為了協助大眾參加法會時更加攝心得力,紫雲寺於法會前一週,由僧團果謙法師為信眾講授「地藏菩薩的大願法門」,做為七天共修的前行功課,法師開

示，現代人怕被詐騙傷害而處處提防，卻忘了善護自己助人救人的菩提心，學佛除了止惡修善，還要學地藏菩薩發下度眾生的大願。

洛杉磯道場也於法會前舉辦《大乘大集地藏十輪經》講座，監院果見法師表示，法會不只唱誦或念

臺南分院於臺南二中明德堂，連續兩天舉辦慈悲三昧水懺暨三時繫念法會，傳遞感恩與祝福的善念。

經，而是一場解行並重的修行；香港道場則於都市地藏週法會圓滿日當天舉行皈依典禮，僧團副住持果品法師為一百多位民眾授三皈五戒，期勉眾人以皈依三寶修行動力，繼續修福修慧。

除了地藏法會，8月20至21日，臺南分院並於臺南二中明德堂，啟建「中元慈悲三昧水懺暨三時繫念法會」；馬來西亞道場也於蕉賴孝恩館舉辦「慈悲三昧水懺法會」，每日有兩百多位信眾及義工以法相會；溫哥華道場則於第一天恭誦《地藏經》，第二天禮拜《慈悲三昧水懺》，監院常悟法師以《水懺》中提到的修行七法，鼓勵大眾發起慚愧、怨親平等、念報佛恩等七種心，來滅除煩惱和業障。

正進行擴建工程的美國紐約東初禪寺，8月27日於臨時道場舉辦中元地藏法會；9月1至5日則於北美護法會新澤西州分會，啟建梁皇寶懺法會。住持果醒法師說明懺是發露，悔是改過，改進缺點的三層次包括：改變現象、改變心態、改變知見。法師以掃地為例，看到地面不乾淨，起了掃除的念頭，是改變現象；無論合不合意，都將地掃乾淨，是改變心態；當最後沒有掃地的我、掃地的對象及掃地這件事，就是能所雙亡、三輪體空，即是改變知見。

各地中元法會，大眾以感恩的心，將清淨拜懺的功德，迴向歷代祖先及所有眾生；也在誦經念佛聲中，讓身心遠離煩惱，開啟自性光明。

2016 法鼓山全球中元系列法會一覽

區域		主辦單位（地點）	時間	內容
臺灣	北部	北投文化館	7月24日至8月31日	中元報恩《地藏經》共修
			7月29至31日	中元報恩地藏法會
		北投農禪寺	8月7至13日	梁皇寶懺法會
		臺北安和分院	8月17至30日	中元報恩祈福法會

區域		主辦單位（地點）	時間	內容
臺灣	北部	桃園齋明寺	8月15至21日	中元報恩地藏懺法會 中元報恩地藏法會
		桃園齋明別苑	8月27至28日	中元報恩地藏法會
		臺北中山精舍	8月25至27日	中元報恩地藏法會
		基隆精舍	7月31日至8月7日	中元報恩《地藏經》共修
	中部	臺中寶雲寺	8月12至14日	中元報恩地藏法會
		南投德華寺	8月7日	中元報恩地藏法會
	南部	臺南雲集寺	7月31日至8月7日	中元報恩地藏法會
		臺南分院	8月9至16日	中元報恩地藏法會
		臺南分院（臺南二中）	8月20至21日	中元報恩慈悲三昧水懺法會 中元報恩三時繫念法會
		高雄紫雲寺	8月6至13日	中元報恩《地藏經》共修 中元報恩三時繫念法會
	東部	臺東信行寺	8月11至14日	中元報恩慈悲三昧水懺法會 中元報恩三時繫念法會
海外	北美	美國紐約東初禪寺	8月27日	中元報恩地藏法會
		美國紐約東初禪寺 （北美護法會新澤西州分會）	9月1至5日	梁皇寶懺法會
		美國加州洛杉磯道場	8月14日	中元報恩地藏法會
		加拿大溫哥華道場	8月20至21日	中元報恩地藏法會 中元報恩慈悲三昧水懺法會
		北美護法會加州舊金山分會	8月21日	中元報恩地藏法會
		北美護法會華盛頓州西雅圖分會	8月7日	中元報恩地藏法會
	亞洲	馬來西亞道場	8月20至21日	中元報恩慈悲三昧水懺法會
		香港道場（九龍會址）	8月14至20日	中元報恩「都市地藏週」

● 07.31

社大萬里幼童軍團成立
提昇學童品德教育

7月31日，法鼓山社大於法鼓山園區舉辦「法鼓童軍團萬里幼童軍」成立活動，由校長曾濟群、僧團男眾副都監常遠法師、童軍總團長張瑞松、萬里童軍團團長林子龍等師長，為二十六位幼童軍，別上法鼓童軍團的領巾與布章，共有一百多人參加。

方丈和尚果東法師到場關懷時，鼓勵幼童軍們發揮獨立學習、團隊合作的精神，並以兩則故事，期勉把握現在，讓慈悲智慧的生命，因參與童軍活動而有

所提昇。

曾濟群校長表示，法鼓山的四種環保理念和童軍親近大自然、為人群服務的教育理念契合，因此先後在新北市金山、萬里兩地試辦幼童軍團，也鼓勵家長擔任服務員，和孩子一起成長。

活動中，2015年成立的法鼓金山幼童軍，以童軍歌和象徵最高榮耀的歡呼聲，歡

萬里幼童軍在林子龍團長的帶領下，練習歡呼，展現活潑、朝氣的精神。

迎萬里幼童軍的成立；林子龍團長也引領萬里幼童軍，齊聲高喊：「認真努力！全力以赴！」

有首次參與法鼓山活動的幼童軍家長分享，認同法鼓山心靈環保的理念，期盼透過家庭和團體合作，陪伴孩童幸福快樂成長。

07.31　09.25

普化教育關懷員培訓課程寶雲寺舉行
學員充足關懷的能量

普化中心7月31日於臺中寶雲寺舉辦「普化教育關懷員中區聯合培訓」課程，由信眾教育院監院常用法師、寶雲寺監院果理法師及悅眾帶領，有近一百位快樂學佛人、長青班、福田班、佛學班、禪學班等課程的關懷員參加。

常用法師在「法鼓山的普化教育暨聖嚴書院介紹」、「悅眾的角色與任務」兩堂課程中，介紹關懷員的四項重要任務：建立正確佛法知見、弘揚漢傳禪佛教、深化法鼓山理念、養成福慧雙修的菩薩行者，期勉擔任班級悅眾是從事「教育服務業」，要有細心、耐心及同理心，注重自己的身、口、意三儀，同時樹立榜樣、帶動學習，建立優良的班風。

常用法師期勉共學課程關懷員樹立榜樣、帶動學習。

果理法師則在課程中，說明人間淨土的修學者，不但要「安心於道」，做到「參見祖師必須空心無我」，也要「安心於事」；當關懷員是一種修行，是奉獻，也是收穫，過程中若能體會「空」與「緣」，便能夠歡喜自在。

培訓課程之外，為深化學員關懷的能量，9月25日寶雲寺另舉辦充電課程，邀請屏東屏北社區大學講師郭惠芯帶領，郭老師期許關懷員成為「帶動者、促發者」，在與人互動過程中，隨順因緣變化，調伏自己的身心，成就他人，進一步讓自己成為「人間的擺渡者」，用佛法幫助人，由煩惱的此岸，到達智慧的彼岸。

有關懷員表示，課程內容充實且實用，期許自己能以初發心的態度來學習，並用長遠心來護持學員、分享佛法。

● 08.07～13

農禪寺啟建梁皇寶懺法會
回顧聖嚴師父首屆開示 大眾踏實精進修行

農禪寺梁皇寶懺二十週年，安排播放聖嚴師父1997年首屆法會的開示，大眾重溫師父的期許。

8月7至13日，北投農禪寺啟建二十週年梁皇寶懺法會，方丈和尚果東法師於首日到場關懷，當日有逾七千位信眾及義工參加。

方丈和尚開示時，感恩僧團老、中、青三代僧眾，秉持聖嚴師父的教導與理念，願願相續，承擔奉獻；並感恩護法信眾學佛、護法和弘法的願心，以及社會大眾對法鼓山的關心與期待。農禪寺監院果毅法師也期勉大眾，將全部身心投入法會、虔誠禮懺，把握當下精進不斷，就是延續梁皇寶懺共修精神最好的方式。

連續七日的法會，同步開放網路直播共修，總計有逾四萬人次參與。大眾跟隨悅眾法師唱誦、禮懺，秩序井然，包括喝水洗手時間，均依循法師和義工引導，攝心靜語，會場宛如禪堂般安定攝受。

今年法會特別播放四部聖嚴師父的開示影片，包括第一屆啟懺日、圓滿日的開示，以及開示齋天、瑜伽焰口的意義等，讓大眾更深入理解拜懺的意義。

有首次全程參與的信眾表示，聆聽聖嚴師父的開示，更加堅定跟隨師父的理念、僧團法師的帶領；也有法青義工分享，擔任義工不是只有奉獻，也在職務中，學習到如何運用智慧服務更多的人。

特別報導

農禪寺梁皇寶懺二十週年

回歸修行 體現普化教育

一年一度、持續二十年的北投農禪寺梁皇寶懺法會，對大臺北地區民眾，乃至法鼓山各地信眾而言，已然是年度的共修勝會。從最初的二、三千人，到2016年四萬人次參與，由現場延伸到網路直播，對淨化現代人的身心，以及弘揚漢傳佛教所發揮的影響力，不言可喻。

回顧20世紀末，要舉辦一場兼具教育功能、修行內涵與深度關懷的如法懺儀，並非易事。早期臺灣社會，欲舉辦去除傳統佛事中雜揉的民俗文化，回歸祖師大德制懺本懷的法會，不免面對諸多質疑。因此，聖嚴師父改良經懺佛事的初衷與願力，直到1997年，為了感念師公東初老人，於農禪寺舉辦了首屆梁皇寶懺法會，才終得以初步實踐。

二十年前，聖嚴師父帶領四眾弟子，共同完成這個開創性任務，圓滿日當天，師父讚歎僧俗四眾威儀齊整、唱誦品質優良；數千人共修沒有擁擠、沒有散心雜話，一踏進農禪寺，彷彿進入佛國淨土。也因此，農禪寺的梁皇寶懺法會，成為法鼓山日後舉行大型共修活動的典範，2007年法鼓山首度啟建的大悲心水陸法會，便是以梁皇寶懺法會累積的經驗與共識為基礎。

二十年後，再走進法會現場，除了共同走過一、二十年的資深信眾，更有從聖嚴書院、法青會接引來的學員和年輕人。悅眾傳承修行的風範，新一代信眾則在奉獻或拜懺中，實踐佛法，明顯可見法鼓山信眾教育和修行相輔相成，落實解行並重的教育和關懷功能。

這場延續二十年的梁皇寶懺法會，有著三代弟子的共願傳承，以及回歸佛陀修行本懷的堅持。法會中，每個人以清淨的身、口、意安定身心，共同增長學佛修行的信心與願力，這股清淨安定的力量，當繼續延伸至未來無盡個二十年。

梁皇寶懺啟建當日，「金剛經牆」下廊道坐滿共修的民眾，精進的情景，二十年來始終如一。

● 08.16

中國大陸宗教局來訪
交流佛教文化出版經驗

中國國家宗教事務局副局長蔣堅永一行來訪，方丈和尚致贈《聖嚴法師年譜》。

中國國家宗教事務局副局長蔣堅永一行九人，於8月16日在中台禪寺男眾部執行長見允法師陪同下，參訪北投農禪寺，由方丈和尚果東法師、僧團副住持果品法師，以及護法總會副總會長許仁壽等代表接待。

方丈和尚陪同至大殿禮佛，巡禮水月池、入慈悲門，並在開山農舍解說創辦人聖嚴師父生平弘化事蹟；隨後亦前往雲來寺，為來賓介紹各行政單位。

茶敘中，方丈和尚致贈《聖嚴法師年譜》及「光明遠大」墨寶一幅，期望雙方於佛教弘化、教育推廣等面向，能有更多的互動。

曾於2006年、2013年參訪法鼓山園區的蔣堅永副局長表示，北京宗教文化出版社發行聖嚴師父的《戒律學綱要》、《聖嚴法師教禪坐》等書的簡體字版本，在佛教出版方面，希望與法鼓山多方交流。

● 08.17～24

青年院舉辦夏季青年卓越禪修營
年輕學員學習踏實活出卓越心靈

8月17至24日，青年院於法鼓文理學院舉辦夏季青年卓越禪修營，由監院常炬法師等帶領，共有兩百多位來自新加坡、馬來西亞、香港、大陸、美國及臺灣的青年學員參加。

禪修營內容包括基礎禪修課程、心靈遊戲、托水缽、戶外禪等，在各種心靈遊戲中，學員練習探索、體驗、覺察自我，也從聖嚴師父的開示影片「青年卓越十二講」中，啟發認識自我、肯定自我、成長自我、消融自我的方法，同時開發生命內在力量。

由實踐大學社會工作學系副教授楊蓓帶領的「轉念！為生命解套」心靈工作坊，結合佛學與心理學，引領學員探索生命中，不敢面對的迷惘，也藉由小組

分享,學習理解與包容,對彼此的生命產生共鳴。

「心潮講堂」邀請臺南市新山國小老師徐凡甘、作家蘇世豪分享生命的意義與實踐,鼓勵學員走出舒適安逸的象牙塔;備受歡迎的「與法師有約」,由僧團法師與學員互動、提問、對話,解答生活和佛法方面的疑問,提供學員更多元的觀點與思維,並學習不同的生命經驗與態度。

兩百多位青年學員,藉由八天的禪修營體驗,學習活出卓越的心靈。

營隊圓滿前一晚,學員分享參加心得,有學員表示,參與營隊,體會佛法教導了如何在無常生命中,用方法化解煩惱,成就更好的人生;也有學員發願持續以禪修方法安定身心、培養意志,在修行路上有所進展。

08.18

內政部105年績優宗教團體表揚
法鼓山四單位獲肯定

內政部於8月18日在新北市政府多功能集會堂舉辦「105年宗教團體表揚大會」,法鼓山所屬佛教基金會、北投農禪寺、雲來寺以及文化館等四單位獲獎,由天南寺監院常哲法師、果仁法師代表出席,接受內政部長葉俊榮頒獎。

葉俊榮部長致詞肯定宗教團體提昇社會向上向善的力量;常哲法師在受獎時表示,感恩法鼓山四眾弟子的護持與付出,也感謝政府單位給予肯定。

佛基會因長期致力推廣「四種環保」及「心六倫」活動,撒播佛法良善種子而受到肯定;文化館、農禪寺及雲來寺以「心靈環保」理念所推動的各項弘化及公益事業,為大眾帶來安頓身心的力量,而獲得殊榮。

法鼓山四單位獲內政部表揚績優宗教團體。圖為常哲法師代表接受部長葉俊榮頒獎。

● 08.20　08.29～30　08.31

僧團於園區舉辦剃度典禮
新戒法師開展新僧命

方丈和尚果東法師勉勵求度者，努力學習當好一位出家人，為奉獻大眾做準備。

法鼓山於8月31日地藏菩薩誕辰日，在園區大殿舉行剃度典禮，由方丈和尚果東法師任得戒和尚，副住持果暉法師任教授阿闍黎，副住持果祥法師等戒長法師任執剃阿闍黎，為七位求度行者披剃，同時有十一位行者求受行同沙彌（尼）戒，共有四百多人觀禮祝福。方丈和尚果東法師勉勵剃度學僧，學習當好一位出家人，增長智慧，為奉獻大眾做準備。

在莊嚴梵唄聲中，七位求度者依序辭親出家、剃髮、換著僧裝、懺摩、問遮難、受戒、搭衣。圓頂儀式後，方丈和尚並期勉新戒法師：「人生好比如夢如戲，生不帶來死不帶去；放下世俗權勢名利，提起弘法利生願力；法鼓僧大養成教育，辭親出家不忘恩義；六度萬行菩薩道義，圓滿福慧佛法大意。」

在剃度大典前，僧大於8月20日在園區國際宴會廳舉辦溫馨茶會，安排即將剃度的行者，與親友們分享在法鼓山的學習和成長。有行者表示，出家不是離家，而是回到佛法的大家庭中，更能學習去關懷家人及身旁的師兄弟，全心投入服務和奉獻。

另一方面，在29日、30日於祈願觀音殿舉辦的「剃度大悲懺法會」，則邀請新戒沙彌、沙彌尼的俗家親眷及社會大眾以精進共修的方式，表達對新戒法師的祝福。

● 08.21

楊郁文紫雲寺講授活用佛法
肯定人間是成就佛道最好資糧

8月21日，高雄紫雲寺舉辦佛學講座，邀請阿含學專家楊郁文教授主講「活用佛法」，有近三百人參加。

楊郁文教授說明《阿含經》是最貼近佛陀時代的經典，而且次第明確，踏實遵循佛陀的教法，由近而遠，自淺入深，穩步邁向成佛之道。至於成佛是否需要三大阿僧祇劫？楊教授表示，對開悟的人來說，一念可擴大成一劫，一劫也可縮小為一念，時間不是問題，只要正

高齡八十歲的楊郁文教授於紫雲寺分享《阿含經》的佛法運用。

見、正念、正行不失，在生活中把握契機，不怨天尤人，隨緣消舊業，不再造新秧，將逆境轉為逆增上緣。

講座最後，楊教授期勉大眾，佛法是「活」法，佛學是「活學」，學佛是學「活」，佛道就在日用中，成就佛道最好的資糧，就在人間。

● 08.23

小一學童齋明別苑尋寶學禪

清楚放鬆體驗呼吸

小一學童在疊螺帽過程中，體驗專注與放鬆。

三十五位即將進入小學就讀的安親班小朋友，8月23日在師長帶領下，參訪桃園齋明別苑，並學習法鼓山的法寶──禪法。

義工們首先帶領孩童學習拜佛與問訊，接著引導孩童進行疊螺帽、體驗呼吸、托水缽、法鼓八式動禪。吸氣時，鼻間涼涼的，呼氣時則暖暖的，藉由清楚放鬆的呼吸體驗，小朋友慢慢地將身心安定下來。練習動禪時，每組各學一招八式動禪，再學習分享其他組所學的招式。

副寺常雲法師鼓勵小朋友將學到的禪法帶回家，如果能在睡前仔細體驗呼吸，有助於安穩入眠。對於法鼓山實用的生活禪法，學童歡喜學習，帶隊老師們也肯定這些法寶，對於引導教學有所助益。

● 09.01～30

一年一度「禪修月」展開
親子同悅體驗放鬆

9月1至30日，弘化院於法鼓山園區展開「禪修月」活動，引領大眾放鬆身心，期間有近八千人次在心靈導覽員的引導下，參與各項禪修體驗。

在心靈導覽員引導下，親子共同體驗放鬆與禪悅。

2016年的禪修體驗，包括放鬆引導、托水鉢、靜坐、觀身受法、法鼓八式動禪、慢步經行、聽溪、觀風、觀水等，民眾可依個人需求，揉合靜態與動態的練習，由淺入深，體驗身心的變化。本年禪修月特別規畫「親子禪」活動，家長和小朋友在七棵雀榕下，闔家以不同顏色的豆子填滿山徽石，再一起將成果托起，端至階梯。托起鋪成山徽石的豆子時，滾動的豆子彷彿是每個人的心念，全家一起托著移動，正可覺察親子互動關係、培養默契。

有參與民眾分享，蘊含放鬆、專注的禪修練習，回到生活，更容易體會聖嚴師父「工作要趕不要急，身心要鬆不要緊」的叮嚀。

● 09.03

社會菁英共修會北、中兩地舉辦
逾百位學員積蓄心能量

社會菁英禪坐共修會9月3日同步於北投農禪寺、臺中寶雲寺兩地展開，共有一百多位學員參加。

於農禪寺進行的第八十八次禪坐共修，由禪堂常乘法師帶領練習法鼓八式動禪、按摩、禪坐、聆聽聖嚴師父影片開示、經行、拜佛等，法師鼓勵學員每天找一點時間讓心沉靜下來，並經常參加共修，當心清淨了，便能與佛的清淨相應，當下自心就是淨土。

五十多位中部地區學員則於寶雲寺,與僧團副住持果品法師、文化中心副都監果賢法師、寶雲寺監院果理法師、法行會會長許仁壽等人,共同回顧跟隨聖嚴師父學習禪修的點滴;並藉由觀看師父開示影片,重溫「選佛場」的意涵,果品法師鼓勵眾人

歷屆參加社會菁英禪修營、自我超越成長營、中區醫界禪修營的中部學員齊聚寶雲寺,相約持續共修。

常回法鼓山,提點自己時時運用佛法減少煩惱,選出自己心中的佛。

透過歷屆禪修營圓滿後的大合照,果賢法師引導學員找出當年的自己,回憶同在聖嚴師父座下的共修時光;同為禪修營學員的許仁壽會長,希望眾人經常回法鼓山共修,也歡迎參加法行會,共行菩薩道。

果理法師帶領眾人巡禮法鼓山故事館,追尋聖嚴師父一生實踐佛法的歷程,隨後至祈願觀音殿禮佛供燈,法師期勉大眾,先入寺院找回自家寶藏,再帶著飽滿的能量,在各領域建設人間淨土。

● 09.03～16

法鼓山分支道場慶中秋
大眾共享團聚禪味

9月3至16日期間,法鼓山五處分支道場分別舉辦充滿禪悅法喜的中秋晚會活動,藉由祈福法會、讀誦經典、佛前供燈、茶禪、佛曲合唱等,在彼此的祝福和佛號聲中,度過充滿法味的團圓佳節。

安和分院中秋《法華經》共修圓滿,大眾燃燈供佛。

臺東信行寺首先於3日舉辦中秋觀音晚會,內容包括祈福法會、藝文表演、傳柚子和剝柚子等中秋應景遊戲,邀請社區居民參加,展現「月圓人團圓」的歡喜。11日,北投農禪寺、桃園齋明別苑則分別舉辦「農禪水月過中秋」、「禪悅

禪月中秋樂」活動；其中，農禪寺並進行燃燈供佛法會，上千位民眾、義工及
社區居民，在法師帶領下虔誠誦念《佛說施燈功德經》，隨後依序捧燈環繞水
月池，在觀世音菩薩聖號中，讓內心逐漸回歸安定與明淨。

　　三峽天南寺「中秋賞心禪月」於14日舉行，由傳燈院監院常願法師帶領「月
光禪」，四百多位信眾在悠揚樂聲、鳥鳴、蛙聲、蟲聲相伴下，倘佯於大草
坪，運用直觀禪法，將心專注在觀月上，藉月光禪感受與大自然相融的靜謐。

　　15至16日，臺北安和分院舉行中秋《法華經》共修，由常法法師帶領，共有
七百多人次參加。共修圓滿後，大眾燃燈供佛，法師勉眾珍惜共修的因緣，如
法修行，少煩少惱，為世間帶來平安喜悅。

● 09.04　12.17

紫雲寺舉辦萬行菩薩成長營
學員深入了解義工精神與觀念

萬行菩薩成長營中，義工分享勤務中的學習與體會。

　　高雄紫雲寺於9月4日、12
月17日舉辦兩場萬行菩薩成
長營，由悅眾謝云洋帶領，
監院常參法師出席關懷，有
近三百人次參加。

　　初階課程於9月4日進行，
首先由法青會員以行動劇演
出義工執勤時所面臨的各種
情境，探討各種行為的背後
成因，是堅持己見？還是溝

通不良？謝云洋帶領學員分組討論與分享，體會如何「忙得快樂，累得歡
喜」，提醒當義工同時要關注家人的感受，拿捏好個人、家人、道場三者間的
鬆緊互動。

　　12月17日的進階課程，主題是「煩惱來了，煩惱走了」，謝云洋說明煩惱即
是菩提的下手處，修行的目的在鍊心，鼓勵學員清楚自己的心，勇於面對煩
惱，以智慧化解煩惱；也進一步分享化解煩惱的方法，帶領學員分組進行同理
心體驗，從認識自己的個性開始，發現問題的根源，並從觀察對方的心念，學
會消融自我的溝通方法。

　　課程圓滿前，常參法師開示境隨心轉的修行方法，勉勵大眾共同學習以佛法
觀照念頭，轉念、轉化煩惱，做自己和他人生命的貴人。

09.06

《人生》舉辦「水陸法會十週年」座談會
期許持續回應當代需求　與時俱進

　　《人生》雜誌於9月6日，在北投雲來寺會議室舉辦「大悲心水陸法會十週年——漢傳懺法的文化推廣與數位發展」座談會，由水陸法會儀軌修訂小組總監惠敏法師、水陸法會總策畫人果慨法師、顧問段鍾沂與施炳煌，共同探討法會對教界與社會的影響。

　　果慨法師表示，為了讓水陸法會回歸佛陀本懷，聖嚴師父指示成立專案小組，請益各方專家學者，深入研究歷史

果慨法師、施炳煌顧問、惠敏法師、段鍾沂顧問（左起依序）期許大悲心水陸法會持續回應當代需求，與時俱進。

沿革，發現法會具有與時俱進的特質，正如同佛教講求契機契理的教化，十年來法鼓山水陸法會逐漸發展出萬行壇、雲端牌位、網路共修等符合現代環保、平等價值觀的修行形式，成為21世紀具前瞻性、開創性的法會。

　　在儀軌改革方面，惠敏法師表示，儀軌是古代大德因應時代的創作，法鼓山在了解、學習現有儀軌的前提下，邀請各界專家學者參與修訂，再順應因緣逐漸改進；法師建議專案小組成立內部檢討機制，不斷創新與學習成長，以因應快速的時代變化。

　　施炳煌顧問說明，佛法施食的本意是「度」，而水陸法會就是冥陽兩利的超度，雲端牌位及藉由3D動畫呈現送聖畫面，不僅是運用科技、響應環保，更著重於引導共修者生起虔誠的心念，與佛菩薩慈悲願力感應道交，真正達到冥陽兩利的修行目的。段鍾沂顧問則從法會的宗教美學與文化傳承意義，提出強化美學元素，讓法會成為與大眾通俗文化溝通的橋樑，接引更多人親近佛法。

　　講座內容收錄於第398期《人生》雜誌。

09.08～11

社工禪修營天南寺舉行
增添助人的信心和力量

　　9月8至11日，傳燈院於三峽天南寺舉辦「社工禪修營」，由監院常願法師帶領近五十位來自臺灣與中國大陸的專業社工人員，練習覺察自我、放鬆身心與

放下壓力，重拾初心，增添更多助人的信心和力量。

常願法師教導學員運用禪修的方法呼吸、走路、站立、吃飯、睡覺，在放輕、放鬆、放慢的生活當中探索學習，體驗活著的美好；除了禪修的前行技巧、觀念和心態，法師也引導提起慈悲心、智慧心，以及正確的生活觀、人生觀，期勉學員將內心的光明帶回家中、帶入社會，成為一股向上提昇的力量。

營隊並邀請實踐大學社會工作學系副教授楊蓓分享「慢下來」、「靜下心來」、「調呼吸」等安定身心的方

常願法師帶領社工學員環山經行，體驗動禪的安定與放鬆。

法，不僅提昇人格的層次與品質，讓自己擁有統一及安定的心，才能用好的身心狀況，從事專業助人的工作。

有學員分享指出，雖然妄念不斷，但知道自己慢慢地進步，例如托水缽或環山自由經行，腳被蟲咬時，心中不但沒有以往的慌張，更知道提醒自己，不論處於何種情境，都要學習用平靜的心、穩定的步伐向前。

● 09.11

莿濃國小體驗營
教聯會、法青學員帶領學童認識心靈環保

莿濃國小心靈環保體驗營，在趣味遊戲中，學童體驗專注與放鬆。

高雄紫雲寺應莿濃國小校長林敏婷之邀，9月11日前往該校舉行「心靈環保體驗營」，由教聯會師資及法青學員帶領全校三十多位學童，認識心靈環保的理念與運用。

營隊首先由法青帶領破冰遊戲，打破距離、增進熟識感，並在大地遊戲闖關前，引導學童進行立禪、托水缽等活動，在趣味中，體驗「身在哪裡，心在哪裡」的全新感受。午齋時，由教聯會師資帶領吃飯

禪，學童以感恩心細細咀嚼食物，品味飯菜的香甜，也學習放鬆專心地吃飯。

午後，由法青組成的「純淨樂團」，也首度下鄉演出，當烏克麗麗、非洲鼓、手風琴等樂器響起旋律時，學童也隨音符大聲齊唱〈只要我長大〉、〈感恩的心〉、〈我為你祝福〉。

林敏婷校長感恩莫拉克風災後，法鼓山安心服務站長期陪伴六龜地區，協助社區重建、安定人心，也肯定「心靈環保體驗營」的舉辦，有助於提昇學童良善的品德。

● 09.11

信行寺舉辦心靈環保座談會
看見、分享人間寶藏

臺東信行寺於9月11日在臺東縣政府藝文中心舉辦心靈環保座談會，主題是「看見人間寶藏」，邀請導演吳念真、臺灣好基金會執行長李應平，與方丈和尚果東法師、聖基會執行長楊蓓，從文化、鄉土、佛法、心理等層面，分享人間寶藏，包括縣長黃健庭、市長張國洲等出席，有近一千人參加。

與談人楊蓓（左起）、李應平、方丈和尚、吳念真，在主持人葉樹姍（右一）提問下，一同分享人生中所見的寶藏。

方丈和尚首先指出，人生不同的階段，有不同的智慧寶藏顯現，自己在出家前，聽到師父開示：「菩提心就是利益眾生」，生起跟隨的心而決定出家；在當侍者期間，看著師父吊完點滴，便趕赴下一個弘法行程，「盡形壽，獻生命」的身教，影響了自己的一生。

李應平執行長從自身經驗指出，八年來基金會堅持保留臺東的好山、好水，以及好聽的音樂，這份讓世界看到臺東之美的信念，雖然有得有失，卻也讓她重新認識、看見故鄉的寶藏。楊蓓老師也回應，經驗的痕跡，讓人看不見自己，將眼前所見信以為真，現在的她則學著從看不見的地方去看見，從看心中的矛盾、煩惱，練習漸漸放掉，讓自己到哪裡都可以成為家，至於寶藏則是主

觀所見，必須自己去看，也要和他人分享。

圍繞故鄉的話題，吳念真說「心之所在，即是故鄉」，小時候住的礦區山坳，已是廢墟，然而回首人生，在那處融合各種風俗習慣，家家戶戶相互關心的故鄉，人和人之間就像家人般相處，從幫大人說新聞、寫信當中，學習理解他人情感，也讓他體會生命共同體；他說尋找了半天，原來心中所眷戀的，是那個已經消失的村落，而智慧、人間寶藏通常就在自己的身邊。

● 09.12～11.19期間

心劇團2016「媽媽萬歲Ⅱ旅程」巡演
於臺東、雲林轉動幸福

人基會心劇團於9月12日至11月19日期間，在臺東、雲林兩縣展開「2016轉動幸福計畫《媽媽萬歲Ⅱ旅程》」巡演，共有九場校園演出及兩場戶外公演，有逾千位學童、教師、家長及居民觀賞，體驗生命，轉動幸福的力量。

《媽媽萬歲Ⅱ旅程》改編自越南民間故事，以溫馨、奇幻的手法，融合印尼、緬甸、泰國、菲律賓等東南亞文化，藉由戲劇、舞蹈、偶戲、特技、雜耍等形式，詮釋母愛的溫暖。全劇以「圓形劇場」形式演出，帶領學童即興體驗「看戲、作戲、演戲」的旅程，反應熱烈。

秉持「不只是一場戲」的理念，也期許讓所有參與者能從中獲得佛法滋養，本年心劇團安排觀戲前的行禪，觀戲後的祈福，都深具教育關懷意義。在大南國小巡演時，團員聆聽到學生演唱的東魯凱族母語歌曲，深受感動，遂將歌曲融入戶外公演中，讓學童體驗到分享自身文化寶藏的喜悅。

除了表演、體驗課程，同時為學子辦理「生根活動」，透過互動遊戲，引導學習認識情緒，改善人際與家庭關係；並邀請老師與家長參與「幸福茶會」，針對改善孩童的情緒問題，提供意見交流與分享。

心劇團團長蔡旻霓表示，即使遭逢數次風災，臺東居民仍以熱情支持演出，團員們也從中學習，如何用謙卑的態度面對無常，六週的巡演是一場修行之旅，也讓團員更加堅定深耕地方、凝聚在地力量的使命。

心劇團於臺東池上進行戶外公演，觀眾與表演者共同轉動幸福。

2016 心劇團「轉動幸福計畫《媽媽萬歲 II 旅程》」校園巡演及戶外公演一覽

縣市	時間	地點（參與學校）	活動內容
臺東縣	9月12至14日	池上鄉萬安國小	有聲繪本、幸福巡演、生根計畫、幸福茶會
	9月19至21日	池上鄉大坡國小	有聲繪本、幸福巡演、生根計畫、幸福茶會
	9月28至30日	海端鄉錦屏國小	有聲繪本、幸福巡演、生根計畫、幸福茶會
	10月3至5日	卑南鄉大南國小	有聲繪本、幸福巡演、生根計畫、幸福茶會
	10月6至7日	池上鄉福原國小	有聲繪本、幸福巡演、生根計畫、幸福茶會
	10月15日	池上鄉大坡池風景區	戶外公演
雲林縣	10月19至21日	崙背鄉崙背國小	有聲繪本、幸福巡演、生根計畫、幸福茶會
	10月31日至11月2日	崙背鄉大有國小（中和國小）	有聲繪本、幸福巡演、生根計畫、幸福茶會
	11月3至4日	崙背鄉東興國小	有聲繪本、幸福巡演、生根計畫、幸福茶會
	11月7至9日	崙背鄉陽明國小	有聲繪本、幸福巡演、生根計畫、幸福茶會
	11月19日	斗六市環保運動公園	戶外公演

● 09.18～10.30期間

安和分院「富足人生」系列講座
傳遞人生富足的幸福之道

臺北安和分院於9月18日至10月30日期間，週日舉辦「富足人生」系列講座，邀請專業人士分享人生富足的幸福密碼，共有九百多人次參加。

表演工作者柯有倫在首場講座中，分享個人的幸福密碼，說明與其對未來感到不安，不如專注眼前

柯有倫鼓勵年輕人追求夢想，開發心中的無盡藏。

當下；鼓勵年輕人勇於追求夢想，超越挑戰、認識自我，從逆境開發自己，也開發心中的無盡藏。9月25日的講座，邀請臺北榮民總醫院高齡醫學中心主任陳亮恭介紹「健康逆齡的真科學」，說明「老」不是法定年齡的定義，而是「一種態度」，新世代的長者毋需受年齡限制而影響生命厚度，強化內在力量，應對老化的能量就愈正向。

　　10月2日邀請《點燈》製作人張光斗主講「迎著光照見勇氣」，勉勵大眾把握順、逆因緣，歡喜當個點燈人，給人光明與希望；9日「生命的高度由態度決定」講座，輪椅天使余秀芷分享生命歷程，表示每個經歷都是學習，每個喜怒哀樂都是豐富生命的資糧，珍惜擁有的一切，並且運用智慧、專長、資源，對身邊的人、事、物付出，就是生命存在的價值與意義。

　　法鼓山文化中心副都監果賢法師於10月30日的講座中，提醒大眾，運用聖嚴師父所言的禪修者修行態度「沒有非做不可的事」、「沒有非你莫屬的事」、「隨順因緣能屈能伸」、「隨時提起，隨時放下」，就是放鬆之道。

2016 安和分院「富足人生」系列講座一覽

時間	主題	主講人
9月18日	富足人生的密碼	柯有倫（表演工作者）
9月25日	健康逆齡的真科學	陳亮恭（臺北榮民總醫院高齡醫學中心主任）
10月2日	迎著光照見勇氣	張光斗（《點燈》節目製作人）
10月9日	生命的高度由態度決定	余秀芷（輪椅天使）
10月23日	溝通世代，另類行銷	呂慶龍（資深外交官）
10月30日	輕鬆學FUN鬆──鍊心之旅	果賢法師（法鼓山文化中心副都監）

● 09.25

社大參與「2016北海岸藝術季」演出
音樂饗宴樂活石門嵩山社區

　　法鼓山社大應新北市政府之邀，9月25日於石門嵩山社區參加「2016北海岸藝術季」演出活動，重現梯田音樂會。

　　二胡班十二位學員在梯田舞台演出〈淡水暮色〉、〈望春風〉、〈思想起〉等多首民謠組曲，樂曲迴盪山間，一百多位民眾也以打拍子唱和，感受自然與藝術的完美融合。

　　「2016北海岸藝術季」由新北市政府文化局主辦，以「地景與生活」為主軸，用藝術創作或音樂演出與北海岸村落、社區連結，藉由在地居民集體創作、參與的形式，創造共同的土地記憶，也喚起民眾對土地與家鄉的情感。

社大二胡班學員參與新北市「2016北海岸藝術季」演出，以樂音喚起民眾共同的土地記憶。

● 09.30～10.02　12.30～2017.01.01

醫護舒活二日營兩地舉行
舒身調性提昇心元氣

　　傳燈院於9月30日至10月2日、12月30日至2017年1月1日，分別於三峽天南寺、高雄紫雲寺舉辦醫護舒活二日營，由監院常願法師帶領，共有近百位醫護人員透過禪修放鬆，增進自利利他的奉獻心力。

　　二日營課程著重在「生活禪」及「動禪」的練習，運用多元活潑的方式練習「動中鬆，鬆中動」，以「身在哪裡，

醫護人員在天南寺舉行的舒活二日營中，學習真正的放鬆。

心在哪裡」、「清楚、放鬆，全身放鬆」的觀念，覺知身體各部位的緊繃與放鬆，培養對自身的覺察力，進而了解身心狀態、釋放壓力；並以「吃飯禪」練習攝心、專注，從中體驗安定的感覺。

　　另一方面，常願法師也指導學員，在動禪、經行的每個當下，逐步讓覺知更加敏銳；透過對身體的覺察，轉化成對情緒起伏的清楚覺知，以及培養正念的具體方法。法師提醒，放鬆是放下的著力點，學習放鬆是開啟放下的法門。

　　大堂分享時，有醫護人員表示，禪法的觀念與方法，能幫助自己對醫藥無法救治的生命釋懷，在醫療的職涯上，走得更安心、更長遠；也有醫護義工分享，身心的緊縮，常常是事情和原本的預期不同所造成，如果能減少「事情應該如何」的念頭，較能真正活在當下。

● 10.01

紫雲寺舉辦專題講座
常延法師主講「佛教的生死關懷」

　　高雄紫雲寺於10月1日舉辦專題講座，由僧大常延法師主講「佛教的生死關懷」，期勉大眾以禪法安住身、口、意，勤修戒、定、慧，親近善知識，備齊道糧，就能自在無礙，有近三百八十人參加。

　　常延法師以豐富的學養與多年的修行體驗，說明中陰身並不是靈魂的觀念，而是這一期生命結束，到下一期生命生起之間的短暫存在狀態。法師歸納掌握中陰得度的三大關鍵因素，一是依自力的熟習止觀之修練；再者，雖不熟習止

「佛教的生死關懷」講座，大眾學習自在無礙面對生死。

觀，而得善知識引導；三者，雖未修習止觀，但能憶念善法。

講座中，法師進一步說明止觀是要修定慧，而定慧當建立在持戒的基礎上；也要有造如是因，得如是果的正知見，以及足夠而堅定的信願力。

常延法師期勉大眾，平日就要將負面的想法隨時清倉，不斷凝聚積累善的心念與業力，才能在關鍵時刻做出智慧的抉擇。

● 10.07～10

青年院舉辦社青禪修營
以正念為心靈富足的人生儲值

10月7至10日，青年院於三峽天南寺首度舉辦社青禪修營，以禪修練習放鬆身心、清楚覺察，學習對治妄念，為心靈富足的人生儲值，共有一百零五位青年學員參加。

禪修營中，總護常義法師從基礎調身開始，以伸展和瑜伽運動入門，引領體驗禪坐、經行與鈔經，學員從緊繃、疲累和散亂中，逐漸轉為柔軟、放鬆且專注。

法師說明，練習全身放鬆，就是在用方法，放鬆後呼吸自然會出現，根本無須刻意找尋；人會生病，是因為沒有善待身心，沒有在適當的時間做適當的事；只要清楚知道各部位的細微變化，就是體驗活在當下，學習做心的主人。

營隊安排聖基會董事許仁壽，以美國企業管理學家克里斯汀森（Clayton M. Christensen）為哈佛大學（Harvard University）畢業生提出的三個問題為主軸，分享如何從佛法的角度，學習樂在工作、擁有幸福家庭生活與正直的人生觀，並以自身經驗為例：先感化自己，培養出轉念的智慧與利他的願心後，當境界現前，便不會怨天尤人，而是反求諸己，在自我提昇中掌握突破困境的力量，開展出更加寬廣的路。

社青禪修營學員練習禪修心法，在飲食、行走、坐臥的變化間，掌握清楚、放鬆的訣竅。

10.15～16

安和分院「禪悅生活營」天南寺舉行
在動靜之間體會安然

10月15至16日,臺北安和分院於三峽天南寺舉辦「禪悅生活營」,由常法法師擔任總護,有近一百人參加。

活動除了聆聽聖嚴師父開示影片,建立正確的禪修觀念之外,也安排「舉蒲團」的自我覺察遊戲、戶外打坐、經行、茶禪、月光禪等活動,引導學員在動靜之間體會安然。

「禪悅生活營」引導青年在動靜之間,體驗身心放鬆。

其中,「舉蒲團」由常法法師帶領,法師說明手中的蒲團,就似生活中最重要的人、事、物,其影響不在事件的大小,而是心中掛念的程度,執念愈深,愈可能演變成生命中不可承受之重;提醒大眾,時時覺察自我身心,清楚放鬆。

安和分院監院果旭法師帶領慢步經行,學員一步一步,踩著石階緩步經行,法師引導以立禪方式,用耳朵傾聽大自然的奏章,聽著各種不同的聲音,練習將耳朵變成一塊吸音板,只是聽著不做任何的分辨,體驗覺受,讓心煥然一新。

「月光禪」由天南寺監院常哲法師帶領,在法師的引導下,依著月光禪心法「心在哪裡,光在哪裡,光在哪裡,念在哪裡;手在哪裡,光在哪裡,光在哪裡,鬆在哪裡」,學員體驗月亮從頭頂進入心中,全身放鬆的感覺。

有學員分享,心安定下來之後,對煩惱的覺察更清楚;也有學員表示,回到日常生活,會隨時把心安住在方法上,不急不緩、細水長流,輕鬆、清楚的精進。

10.15～11.25

水陸季系列活動
結合園區參學導覽與壇場巡禮

10月15日至11月25日,弘化院於法鼓山園區舉辦水陸季系列活動,引領大眾了解各壇的殊勝功德與修行方法。

2016水陸季以「心靈解碼」為主軸,結合觀音法門,學習傾聽,從靜心觀水、聽溪開始,參訪民眾首先沿著臨溪步道上山,安頓身心。接著於簡介館

進行「心靈解碼」,體驗觀身受法,透過覺察身體的動作,讓心繫在動作上,再到觀音像前供燈,懷抱著感恩心,動手DIY小轉輪盤,並在轉盤上寫下每日可以身體力行的善行。最後來到「心靈解碼站」聆聽摩斯密碼,並將自己解開的文字,化為行動與祝福。

巡禮開始前,透過觀身受法的引導,以放鬆而沉澱的身心,深入了解水陸法會的精神。

「佛國巡禮」部分,本年將巡禮歷程視覺化,藉由影片簡介,飽覽各壇的特色與修行心法,再隨著參學員引導,唱誦觀音菩薩聖號,從坐念、繞念到迴向,一步一聲佛號,彷彿親臨現場。

有闔家參訪的民眾表示,全家一起討論,在轉盤上寫下每日可以身體力行的善行,不會只想著自己的吃喝玩樂,而是進一步想到他人、如何為他人服務,是值得推廣的生命教育。

● 10.22

紀念東初老人110歲冥誕暨圓寂四十週年
農禪寺舉辦三昧水懺法會

紀念東初老人一百一十歲冥誕暨圓寂四十週年,僧團於10月22日在北投農禪寺舉辦慈悲三昧水懺法會,由監院果毅法師帶領,共有一千五百人參加。

果毅法師以聖嚴師父寫於2006年,叮嚀弟子不忘紀念東初老和尚冥誕與圓寂,「慎終追遠,飲水思源之懷恩思想及報恩舉措,仍不能不有……」的書信,提醒僧俗四眾,莫忘法鼓山體系的源頭,並以東初老人的照片與生平大事記,向大眾介紹法鼓山體系的佛教文化、教育、慈善等弘化事業,均來自師公於困頓年代中,對佛法的信心、對弘化理念的堅持與傳承。

為紀念東初老人,農禪寺舉辦慈悲三昧水懺法會,大眾以飲水思源的感恩心,緬懷東初老人。

法會中,大眾虔敬禮懺,緬懷與感恩東初老人,東南科技大學環境與安全衛生工程系主任林正郊表示,感恩東初老人與聖嚴師父建設人間淨土一脈相承的願心,發願接引更多年輕人學佛,為佛法的傳承盡一份心力。

法鼓家風永續傳

特別報導

東初老人一百一十歲冥誕暨圓寂四十週年

2016 年 12 月，時值東初老和尚一百一十歲冥誕暨圓寂四十週年，對法鼓山僧俗四眾來說，東初老人是一位讓人感覺既親切又遙遠的師公 —— 遙遠的是，多數人無緣親炙師公，只有從不同場合中聽到聖嚴師父談起師公的特立獨行，如何影響他的一生；親切的是，農禪寺的椰子樹、《人生》雜誌，以及定期舉辦的慈善關懷，乃至於師父遺囑的精神與內涵，都承自東初老人。

東初老人 1907 年出生於江蘇泰縣，1949 年來臺。在動盪不安、風起雲湧的時代，當別人起廟、蓋寺院，師公興建「中華佛教文化館」；多數人辦法會，師公辦《人生》雜誌、掩關著述，並發起影印《大藏經》。在物資匱乏的年代，老和尚省吃儉用，年年舉辦冬令救濟；經濟起飛了，東初老人卻預立遺囑，指示成立財團法人，將文化館全部財產用於發展佛教教育與文化事業；老和尚交代身後事，不開弔、不發訃聞、不傳供、不建塔，火化後骨灰灑於大海，普結眾生緣。

當年聖嚴師父在東初老人座下改裝出家，師公訓勉提點：「當好自己個人的家，便能當一個寺院的家，能當好一個寺院的家，就可當天下眾人的家了。」如何當好個人的家？師公叮囑：「你只要不會對不起自己，不要使自己失望就好。一切要對自己的責任與身分有交代有成就，才是立志的目的。」凡此行誼，不僅流露東初老人在護教弘法上，有所為有所不為的真誠果敢；也可從聖嚴師父的言教與身教中，領會老人高瞻遠矚的風範。因此，師公不遠，今日法鼓山所推廣的教育、文化、慈善等各項事業，皆是師徒之間一脈相承的信願行。

東初老和尚正直不阿、甘於淡泊的鮮明人格特質，在動盪不安的社會中，如同一股清流，時至今日，老和尚「堅定走自己的路」的獨立精神，寬廣的國際觀、智慧的經營哲學、特立的行事風格，依然是後人最佳的學習典範。緬懷前人的風範與恩澤之際，再次提醒我們當好「家」，對自己的一切負責盡責，老實修行，就是最好的報恩。

東初老和尚（右）與徒弟聖嚴師父（左）在美合影。

● 10.22～23

寶雲寺少年生活體驗營
佛法相伴　青春成長

少年學員在營隊共同生活，更能體會到團隊合作的重要。

10月22至23日，臺中寶雲寺於寶雲別苑舉辦首屆「寶雲少年生活體驗營」，由監院果理法師及教聯會師資、法青會員帶領，共有三十多位國小六年級至國中三年級的青少年，透過有趣的生活實作，體驗「做中學，學中做」，並藉由禪修練習，安定浮躁躍動的身心。

兩天的營隊活動，學員分成觀音、普賢、文殊、地藏四小隊，搭設帳篷，動手洗米、煮飯、切菜、炒菜，做出三餐，學員們表示，平常在家裡從沒煮過飯菜，實地動手做，體會到母親煮飯的用心和辛苦；也在追蹤記號、觀察教學、闖關活動中，透過記憶及專注力的互動遊戲，學習團隊合作，培養默契。

第二天由果理法師帶領，於大殿禮佛、做完早課後，學習放鬆、按摩、打坐的方法，練習身心專注，也隨著法師到戶外經行，體驗「身在哪裡，心在哪裡」。果理法師鼓勵學員，知道如何照顧自己，又懂得怎麼幫助別人，就能成為擁有智慧和慈悲的菩薩。

許多學員表示，在活動中認識了許多新朋友，也體會到團隊合作的重要；家長們於活動後，加入寶雲少年營通訊群組，歡喜分享孩子們的轉變，期望持續安排學佛成長活動，讓佛法陪伴青少年成長，邁向光明希望的人生。

● 10.23

社大「悅眾成長營」園區舉行
以禪修深化心靈環保的理念

社大於10月23日在法鼓山園區舉辦「悅眾成長營」，有近一百七十位來自金山、北投、新莊三校區的義工參加。

成長營中，校長曾濟群分享聖嚴師父從無到有創辦法鼓山的歷程，「虛空有盡，我願無窮」的堅韌意志，勉勵學員當義工是沒有條件、時限的，面對事情

時，要隨時抱持事過境遷的豁達心胸；心六倫宣講團團長林知美也分享「我快樂嗎？」、「我能讓他人快樂嗎？」兩句話，是增值人生的法門，而快樂來自於以平常心、感恩心、知足心、利他心的智慧，將善的力量傳達給眾人。

藉由禪修體驗，社大悅眾深化心靈環保的理念。圖為練習聽風禪。

在參學室心靈導覽員的引導下，學員分組體驗走路禪、吃飯禪、微笑禪、出坡禪等生活禪法，藉由禪修深化心靈環保的理念。進行出坡禪前，常統法師提醒，學習將自己歸零，放下自我中心，以不挑事、無所求的態度來做事，自然福慧雙修。

大堂分享時，學員交流在社大擔任義工的心得，許多學員表示，先是在社大參加課程，進而成為法鼓山的萬行菩薩，也在服務中，體會到奉獻的真諦。

● 10.23

《大智慧過生活》教案分享
引導青少年正面思考

教聯會於10月23日，在德貴學苑舉辦《大智慧過生活》教案分享會，邀請北部地區十八位中學教師研討交流，引導青少年正面思考，找到心的方向，活出健康、光明、快樂的人生。

分享會中，有新北市國中教師以書中「愛情不是人生的唯一」單元為例，表示能夠引導學生對愛情正確的認知；也有桃園市國中教師分享，進行「用你的心觸動工作的心」單元教學時，可以引導學生對班級工作和家事的負責態度，進而產生感恩父母和老師的心。

常獻法師到場關懷時，勉勵老師們集思廣益，在校園推廣《大智慧過生活》，讓更多師

教聯會《大智慧過生活》教案分享，教師交流教學經驗。

長、學生學習實踐心靈環保。

教聯會表示，2015年成立《大智慧過生活》教案編寫修審團隊，分有編寫、試教、修審等組別，以教材配合簡報等方式，於校園間進行實地試教，共同耕耘學生的福田。

● 10.29～30

讀書會帶領人培訓課程開辦
學習推廣讀書會的心法

方隆彰老師以充滿活力、幽默的課程，建立學員擔任帶領人的信心。

10月29至30日，普化中心於北投雲來寺舉辦心靈環保讀書會帶領人基礎培訓課程，由副都監果毅法師、信眾教育院監院常用法師、資深讀書會帶領人方隆彰帶領，共有一百三十七位來自全臺、新加坡、中國大陸學員，共學推廣讀書會心法。

課程中，果毅法師首先介紹聖嚴師父《法鼓全集》的著作內容屬性與分類，將師父的著作分門別類，讓學員更能深切體會師父傳遞的理念；常用法師解說心靈環保讀書會的緣起，以內修外弘為目的，勉勵學員「讀懂一句、受用一生」，不僅讀「書」，也要讀「人」。

方隆彰老師講授「讀書會意涵與帶領人定位」、「讀書材料解讀方法」，以及「讀書會是與群同在的心法修為」，分享讀書會是動態的，是帶領人與學員「合作式的共構學習」；提醒讀書會帶領人不是教導者和解惑者，而是成就讀書會的成員，帶領者時時保持謙虛、充滿好奇的學習心靈，開放地傾聽，同理回應，就是功德圓滿。

課堂中，學員並分組閱讀聖嚴師父的短文，演練讀書會的帶領技巧，從「知道、感到、想到、悟到」的四層次提問法，循序探索對文本的感受、連結、反思及重整，進而產生新的正向學習。

大堂分享時，有學員表示，透過充實的課程及實務演練，打破既有的思考框架，也從中體驗到三人行必有我師、共學力量大無窮，發願將聖嚴師父的理念、佛法的精神，確實運用在生活中；也有來自中國大陸的學員分享，期勉自

己「即知即行、知道多少做多少、體驗多少就奉獻多少」。一步步從讀書會的參加者，逐步成長為讀書會的帶領人。

● 10.29～30

「法青悅眾成長營」寶雲別苑舉行
堅定學佛護法的願心

10月29至30日，青年院於臺中寶雲別苑舉辦「法青悅眾成長營」，近九十位來自臺灣各地及香港的法青，透過課程走入聖嚴師父發願行願、奉獻利他的人生歷程。

成長營以「傳承與悲願」為主軸，課程首日，邀請實踐大學社會工作系副教授楊蓓帶領工作坊，分享身為悅眾的「心甘情願」，楊老師強調「願」是來自護持僧團、護持佛法的願，讓修行路上走得堅定長遠。

晚間的座談，由寶雲寺監院果理法師、文化中心副都監果賢法師分享跟隨聖嚴師父修行的領會。果理法師回憶，十五年前來中部推展弘化工作，當時的臺中分院一如早期北投農禪寺般的鐵皮屋道場，六年後籌畫重建，每當遇到困境，都秉持師父的教導，練習獨立面對和解決問題，即使遇上挫折，也能跟著師父的願一直往前走；果賢法師勉勵眾人學習師父精進的精神，將師父的教法融入生活裡，就能「跟師父連線」。

30日的課程，由弘化發展專案召集人果慨法師引導思考，親近法鼓山，不只是為了奉獻，更是為了學佛修行，法師提醒，學佛要能「自覺覺他」，學做自己的主人，也能協助眾生做自己的主人。

普化中心副都監果毅法師則分享聖嚴師父的信心和願心，法師說明「悲願」是以眾生為出發點，心中沒有自己，勉勵法青悅眾將分享佛法當成「光榮且神聖的使命」，親身去實踐，便是推廣佛法最好的方式。

來自香港的法青悅眾表示，會以青年的活力與創意，接引更多年輕人以佛法實踐生命價值，共同建設人間淨土。

法青悅眾把握難得相聚時光，於寶雲別苑戶外草坪做早課。

● 11.01起

農禪寺《人生》400特展
回顧《人生》 佛法智慧長存

「《人生》，不只400期」特展，回顧《人生》的出版歷程。

創刊於1949年、臺灣本土第一份佛教雜誌《人生》，於2016年12月1日發行第四百期，11月1日起，北投農禪寺於行願館舉辦「《人生》，不只400期」特展，回顧《人生》的出版歷程。

館內主題牆上，展出一冊大開本《人生》，可以展讀創刊、復刊、法鼓山創立、改版、聖嚴師父開示等重要內容的復刻頁面。

「《人生》改變，智慧不變」展區介紹《人生》的改版歷程，從外觀形式、內容特色，呈現出不同階段的佛教文化新貌：「一脈相傳的《人生》願心」述說從創刊人東初老人、復刊人聖嚴師父到法鼓山僧俗弟子，師徒接力相續佛教文化薪火的心路歷程。

展出內容並有歷年精彩專題導覽，無論是經典、法會、菩薩、大師等主題，還是禪與生活、生命關懷、心靈成長等系列專題，《人生》從各種面向分享實用的佛法智慧，引導大眾走向幸福圓滿的人生。

● 11.05

法鼓長青班北區大會師
逾千位學員歡喜回「心」家

普化中心於11月5日在北投農禪寺舉辦「法鼓長青班北區大會師」，副都監果毅法師、信眾教育院監院常用法師到場關懷，有近一千四百位長者參加。

活動由羅東禪鼓隊拉開序幕，接著是充滿活力的帶動唱與健康操，而「傳唱心祝福」單元，長者一邊歌唱，一邊拍送象徵傳遞平安、健康、快樂的氣球，讓人見識到長青班十足的活力。

歡樂的團康活動之外，大會師並安排生命教育講座，邀請桃園陽明高中校長游文聰主講「永續經營的生命觀」，從佛法闡述生命教育的內涵，游校長鼓勵

長者，永續經營生命，不回避、不包裝，直接坦然，以「斷除煩惱、破迷起悟」邁向生死自在的境界，才是生命的永續之道。

長青班北區大會師超過千位學員從北臺灣各地前來參加。

大堂分享時，不少學員表示，感恩長青班舉辦各類型講座，不僅實用，又能使生命與佛法產生連結，坦然面對老年的生活，積極走出自己的一片天空；有和八十二歲母親一起上課的學員分享，當初為了讓老菩薩能安心「就學」，也報名陪讀，看著母親認識新朋友、學佛，展開新的生命，非常安心。長青班關懷員皆肯定會師活動聚集新、舊學員，感覺就像是回家一樣，充滿法喜與感動。

活動最後，在觀音菩薩聖號聲中，二十位僧團法師一一為老菩薩送上義工精心製作的結緣禮——紅龜粿、蓑衣、壽桃吊飾，分別象徵「心安平安、光壽無量」、「農禪家風、勤勞健康」、「桃喜、心歡喜」，搭配聖嚴師父的「108自在語」，祈願長者平安健康、悲智圓滿。

常用法師表示，長青班是非常特別的一班，儘管平均年齡較高，卻展現積極學習的熱情，鼓舞了許多義工持續投入關懷的行列，於是特地舉辦大會師，讓各班齊聚互勉，再一次綻放願力與活力。

● 11.05～06

法鼓青年相會甲仙
與當地青年互動串起關懷暖流

青年院於11月5至6日，在高雄甲仙地區舉辦社區關懷活動，由監院常炬法師、高雄紫雲寺監院常參法師帶領，內容包括彩繪社區、清掃整理環境、晚會等，並與當地青年交流互動，共同學習與成長，共有四十多位臺北、桃園、高雄法青及義工參加。

5日的彩繪社區，來自各地的青年們，發揮互助合作的默契，相互尊重、包容，盡情揮灑創意，從無到有的彩繪成果，展現了創辦人聖嚴師父所說「盡心盡力第一，不爭你我多少」的精神。「願之夜」晚會上，青年則以音樂、短劇表演和生命故事分享交流，輕鬆而感性。

梅姬和莫蘭蒂颱風過境之後，甲仙的三五〇高地，亟需整理。6日大出坡出

為社區增添活力與色彩的彩繪，培養青年彼此尊重、包容的心量。

發前，常炬法師勉勵學員，以感恩大地的心和禪修方法，藉著掃除山中落葉、拔除步道雜草的過程，同時清理心中煩惱，讓大自然和自己的心回復「本來面目」。出坡圓滿，有高雄法青分享，希望從自己做起，再影響身邊的人，減少使用塑膠製品，為環保盡一己之力。

八八風災後，法鼓山在甲仙成立安心服務站，展開四年的關懷與重建工作，當時陪伴的孩童如今已是高中、大學生，在紫雲寺法師與義工的持續關懷中，青年發揮心靈環保的精神，回饋服務鄉梓，讓善的循環，相續不斷。

● 11.06～08

法鼓山參加人間佛教發展研討會
方丈和尚受邀於開幕式中致詞

由中華人間佛教聯合總會舉辦的「第一屆人間佛教發展研討會」，11月6至8日於高雄佛光山舉行，方丈和尚果東法師應邀出席，僧大副院長常順法師也於「人才培養論壇」中，分享法鼓山僧伽養成教育的特色，共有二十所海內外佛學院參加。

開幕典禮上，方丈和尚致詞表示，法鼓山關心佛教未來發展，此次抱持感恩心參與研討會，以「一缽千家飯」與大眾一起學習和共勉；香光尼眾佛學院院長悟因法師以「一縷僧衣萬縷情」回應方丈和尚，表示何其有幸生在這個時代，能齊聚一堂互動交流，讓佛法可以隨著僧衣飄揚全世界。

7日舉行的「人才培養論壇」，由廈門閩南佛學院、法鼓山僧伽大學、佛光山叢林學院、香光尼眾佛學院、福智僧團佛學院分享僧眾的培養方式。常順法師以「承先啟後‧我願無窮」影片，介紹僧大創辦人聖嚴師父「培養漢傳佛教宗教師」的建僧理念，以及東初老和尚「寧做宗教家，不做宗教學者」的辦學方向。

常順法師表示，僧大以聖嚴師父教導的禪修觀念和實踐方法，做為僧伽的基礎教育，期能培養肩負承先啟後、淨化人心的僧眾，為促進眾生安樂、世界和平而奉獻。

● 11.06起　11.13起

社大開辦「自然環保戶外教室」
推廣自然農法耕種

為推廣自然農法耕種，法
鼓山社大於新北市石門嵩山
社區開辦的「自然環保戶外
教室」，自11月6日、13日
起分別展開「香草種植喫茶
趣」、「咖啡種植與烘焙」
課程，帶領學員以友善農法
耕種香草植物與咖啡樹，各
有二十多位學員參加。

社大「自然環保戶外教室」課程，於石門實踐自然環保。

6日首堂香草種植課程，授課老師帶領學員逐一認識並傳授栽種薄荷、到手
香、迷迭香、薰衣草、艾草、貓鬚草等香草的技巧；在拔草、鬆土、撿石頭的
任務圓滿後，品嘗香氣四溢的健康花草茶，體驗勞動後的滿足與幸福。

「自然環保戶外教室」課程，提供實作的場地，帶領學員從種植到採收的耕
作過程中，用心與自然和諧共存，從農務中體驗生命，體驗貼近大地的豐富
美好。

● 11.13　11.20

水陸法會送聖培訓與演練於園區展開
青年首度入列

首度參與送聖培訓的青年，在悅眾指導下，體驗送聖心法。

11月13日、20日，弘化院
於法鼓山園區舉辦「2016水
陸法會送聖培訓與演練」課
程，由弘化發展專案召集人
果慨法師講授大悲心水陸法
會的宗旨、改革與特色，並
安排悅眾、義工分享送聖經
驗與心法，包括一百零八位
首次加入的社會青年，共有
四百多人參加。

果慨法師引述《華嚴經》中的「諸供養中，法供養最。」說明做為供養人代表，手上所捧著的燈是佛法光明的象徵，真正重要的是實踐佛法、點亮心燈，要「如說修行，是真供養」。

演練課程由臺北安和分院悅眾協助指導，練習送聖步伐與威儀；僧團女眾副都監果高法師關懷時，勉勵青年，在活動中練習捨，捨煩惱、捨習氣，並時時提起恭敬心、謙卑心，實踐菩薩道。

安和分院監院果旭法師讚歎義工與供養人彼此學習成長，提醒供養人面帶微笑、放鬆身心，從練習的步伐、恭持莊嚴物的方法，隨時觀照自己的身心狀況，讓送聖練習也成為修行的增上緣。

● 11.26～12.03

第十屆「大悲心水陸法會」園區啟建
創新現代法會共修典範

11月26日至12月3日，法鼓山於園區啟建「2016大悲心水陸法會」，共有十二個壇場，每日均有三、四千人現場參與；透過誦經、禮懺、念佛、禪坐，也聆聽法師說法，了解經文義理，落實「解行並重」，並在拜佛、朝山、繞壇中體驗動中修行的心法。

12月3日的送聖儀式，大眾齊聲唱誦阿彌陀佛聖號，在莊嚴攝受的梵唄聲中，由資深悅眾、法青與兒童所組成的送聖供養人，莊嚴齊整地邁入聖壇，象徵老中青傳承佛法的願心，代代相續。

方丈和尚果東法師開示時，以「慚愧懺悔心清淨、法喜禪悅心明鏡」等修行心態共勉，鼓勵大眾以「書寫、供養、施他、諦聽、披讀、受持、廣說、諷誦、思維、修習」方式，持續修學、弘揚佛法；並引用聖嚴師父對法會功能的期許，藉由發願、自覺、奉獻利他等三個面向來實踐菩提心，達到福慧雙修、悲智雙運。

方丈和尚鼓勵大眾，在日常生活中實踐在法會期間所修學的各種法門。

有首次參與法會的青年分享，感恩僧團與義工隊大眾的照顧，讓自己融入共住共修的生活；也有悅眾表示，透過共修讀經的熏習，更有信心走向成佛之道。

大悲心水陸法會十年有成

21 世紀漢傳佛教文化新資產

2016 年 11 月 26 日，一年一度法鼓山大悲心水陸法會啟建，立下十年的里程碑。一路走來的傳承與創新，始終不離佛陀平等普施的本懷，契合當代社會需求，發揮關懷教育功能，也讓這場漢傳佛教最具代表性的殊勝法會，逐步成為社會共有的珍貴文化資產。

聖嚴師父於 2005 年指示法鼓山僧團籌辦水陸法會時，對「現代法會」的詮釋是「在 21 世紀的今天，法鼓山舉辦水陸法會的作法，具有革新的意義，也是對僧俗四眾的一種重新教育」。師父期許，任何佛教事業的開展，必須不離佛陀教化世人的本懷，也因此開展出大悲心水陸法會一連串的創新作為。

儀軌修訂　回歸佛法精神

法鼓山水陸法會最大的革新首在懺儀。為了回歸佛法教理，符合現代環保思維，從 2007 年第一屆水陸法會開始，即捨棄了燒化儀式，2008 年起，更展開漢傳佛教史上，水陸儀軌第三次的大規模修正，以釐清儀軌融合民間信仰的部分，例如以地藏懺法會取代「告赦」等「罪」的思想，回歸佛法慈悲、平等救度的精神，並在 2009 年出版大致底定的修訂儀軌。

歷代舉辦瑜伽焰口法會，多由一家（獨姓）出資舉辦，因此金剛上師只為齋主召請有緣親眷，時至現代，法會已是由所有參加的信眾（眾姓）共同成就。2015 年再次修訂儀軌，將召請文由「別請」修改為「總請」，更契合法會平等普施的精神。凡此種種，逐漸勾勒出現代水陸法會，著重平等教化的輪廓。

數位應用　契合環保理念

為了徹底推行環保，數位化的機制，亦融入水陸法會的改革中。例如在「不燒化」的原則下，自第一屆起，超薦牌位全面數位化，送聖則以 3D 動畫呈現，又於 2013 年推廣「雲端牌位」，成為現代法會的特色之一，不但響應近年來降低碳排放的呼聲，也為教界注入科技活水，啟發漢傳佛教透過創新，適應時代變遷的可能作為。

更進一步推廣的「雲端牌位」，則讓人人皆可上網為親人、歷代祖先、一切眾生祈福或超薦，並結合了「慈悲觀」的引導修持，以及「三檀等施」的觀念，將「寫牌位」進一步深化為自我向內觀照的修行，體現佛法「無緣大慈，同體大悲」的精神。

網路共修　落實處處道場

此外，藉由科技之便，「網路精進共修」跨越時空的限制。自 2009 年網路直播送聖儀式後，2011 年，十個壇場全程即時連線上網，信眾可依個人的修持法門，選擇連線相應的壇場，依線上電子經本或懺本，跟著現場唱誦，讓無法親臨現場的大眾，也能參與共修，突破時空限制，進一步為現代水陸法會，開啟通往世界的大門。

2014 年開發的多款法會 App 應用程式，內含聖嚴師父的文字和影音開示、儀軌介紹、前行功課等，不僅可以完整認識一場佛事的結構與意義，影音連線還能將法會帶著走，讓良善的力量，深入每一處需要的角落。

動靜自在　體現禪宗精神

在一場盛大的法會中，義工是不可或缺的重要參與者，而禪宗主張「道在平常日用中」，出坡作務，更是練習隨時用方法，隨處安心的好時機。因此，在奉獻服務中修行的「萬行壇」，便於 2009 年應運而生，不僅將水陸法會自利利他精神落實到生活中，也是法鼓山大悲心水陸法會獨有的壇場。

義工將用功的壇場移轉到殿堂之外，大寮、馬路、洗手間、寮房、齋堂等，皆是精進的道場，在出坡、執勤中藉境鍊心。僧團也特別組成法師團隊，除了固定時間為義工開示「動中禪」的方法運用，並不時到各壇主動關懷，應機說法。

傳承創新　打造佛教文化資產

近年來，水陸法會日益受到社會重視，隨著中國大陸、韓國陸續將之納為國家文化遺產，法鼓山在水陸法會改革上的努力與突破，也受到國際間的關注，並受邀到中國大陸、韓國與越南分享法會創新、數位化的歷程，以及將經懺佛事化為社會關懷的作法。

聖嚴師父曾言：「時刻創新前進，創造出符合時代需要、對社會有貢獻的當代佛教，才能成就弘法利生的大悲願。」水陸法會在傳承中有創新，一直是法鼓山的努力目標，融合佛教藝術、文化、科技的大悲心水陸法會，可謂為當代漢傳佛教的文化資產，展望未來，期許進一步將佛法慈悲平等的精神，推廣到全世界，持續為淨化人心而奉獻。

● 11.27～12.03

第十屆「大悲心水陸法會」網路共修
同步精進　善念串聯全世界

11月27至12月3日，第十屆大悲心水陸法會啟建期間，全球各分支道場、護法會辦事處、共修處，共三十二處據點，以視訊連線，接引無法親臨現場的民眾，就近與法相會，同霑共修法喜。

臺中寶雲寺於水陸法會期間，每日均有兩百多位信眾參與法華壇共修，除了跟隨總本山的壇場作息，監院果理法師並分享《法華經》的經文要旨，說明經中故事，是佛陀藉以引導不同層次的眾

寶雲寺每日均有兩百多位信眾參與共修。

生趣入佛道，也是「寶雲光明，成熟眾生」的意涵。法師勉勵大眾把握因緣，除了自己持誦《法華經》，也勸人持誦，一起來成佛。

小型共修處如護法會虎尾、朴子等，也將殿堂打理整齊莊嚴，猶如總本山壇場的延續，大眾隨著視訊畫面，拜願、誦經、繞佛、聆聽開示，安定攝受的氛圍不亞於法會現場。

海外方面，亞洲的馬來西亞道場，期間平均每天有四十多位信眾參加大壇共修，並有近十位義工護持大眾修行；北美護法會加州舊金山分會，在美國紐約東初禪寺常齋法師帶領下，義工協力完成場布、灑淨安位，展開為期六天的大壇共修，讓灣區信眾得以參與《梁皇寶懺》法會、齋天、普佛、瑜伽焰口法會等，有信眾表示，原本只打算參加兩、三天，為家人祈福，因充滿法喜而全程參與，體會到水陸法會的殊勝。

2016 大悲心水陸法會海內外分處共修一覽

區域		共修地點	壇別
臺灣	北部	北投農禪寺	法華壇
		臺北安和分院	法華壇、地藏壇
		三峽天南寺	地藏壇
		桃園齋明別苑	大壇
		基隆精舍	瑜伽焰口壇
		蘭陽精舍	地藏壇

區域		共修地點	壇別
臺灣	中部	護法會文山辦事處	法華壇
		護法會新店辦事處	地藏壇
		護法會新竹辦事處	地藏壇
		臺中寶雲寺	法華壇
		護法會苗栗辦事處	大壇
		護法會豐原辦事處	地藏壇
		護法會員林辦事處	地藏壇
		護法會彰化辦事處	藥師壇
		護法會南投辦事處	法華壇
		護法會竹山辦事處	法華壇
	南部	臺南分院	法華壇
		臺南雲集寺	法華壇
		高雄紫雲寺	大壇
		高雄三民精舍	祈願壇
		護法會虎尾共修處	法華壇
		護法會嘉義辦事處	法華壇
		護法會朴子共修處	法華壇
	東部	護法會花蓮辦事處	地藏壇
海外	北美	美國紐約東初禪寺	大壇
		美國加州洛杉磯道場	大壇
		加拿大溫哥華道場	大壇
		北美護法會加州舊金山分會	大壇
	亞洲	香港道場（九龍會址、港島會址）	大壇
		新加坡護法會	地藏壇
		馬來西亞道場	大壇

● 12.01

《人生》雜誌出刊四百期
走入國際，看見世界

創刊於1949年，1982年由聖嚴師父復刊的《人生》雜誌，於2016年12月出刊滿四百期。

四百期特刊以「世界佛教村，你在哪裡？」為主題，編輯團隊前往美國、香港、中國大陸上海，採訪多個重要道場、國際佛教媒體、出版社負責人，探訪世界佛教村的各種樣貌和發展趨勢。

《人生》四百期，探索現代的佛教樣貌。

特刊專題有三，包括「世界四百」：專訪長老菩提比丘（Bhikkhu Bodhi）、法國國立東方語言文化學院（Institut national des Langues et Civilisations Orientales）副教授汲喆等宗教家與學者，探討佛教在歐美的扎根與挑戰；「佛教四百」：採訪美國香巴拉出版社（Shambhala Publications）總裁尼可·奧迪修斯（Nikko Odiseos）、《三輪》雜誌（*Tricycle: The Buddhist Review*）總編輯暨發行人詹姆士·沙欣（James Shaheen），從文化觀察的角度，了解西方佛教發展軌跡與脈動。

「人生四百」：邀請覺風佛教藝術學院院長寬謙法師、滾石文化董事長段鍾沂、中央研究院歐美研究所研究員單德興，以及全聯實業總裁徐重仁，分享臺灣的佛法生活美學。

另一方面，美國加州夏斯塔修道院（Shasta Abbey）、舊金山禪中心（San Francisco Zen Center）、紐約東初禪寺、象岡道場等十九篇參學之旅與文化觀察，則刻畫現代佛法的足跡。

● 12.01

教育部表揚105年社教貢獻獎
文基會、人基會董事鍾明秋分獲團體、個人獎肯定

教育部12月1日於臺北市張榮發基金會國際會議廳，表揚105年推展社會教育有功的團體及傑出人士，法鼓山文教基金會、人基會董事鍾明秋，分別獲團體、個人獎，文基會由文化中心副都監果賢法師代表出席領獎。

教育部次長蔡清華致詞感謝得獎團體及個人推廣社會教育，建構終身學習社會。果賢法師領獎時，感恩社會對法鼓山理念的迴響與支持，說明創辦人聖嚴師父期許大眾發揮奉獻他人、服務他人的熱誠，讓世界充滿溫暖光明和希望。

105年度共有二十四個團體獲獎，文基會由於持續出版《人生》雜誌，以及多項淨化人心的圖書刊物，同時透過網路弘化，提供民眾心靈提昇的數位學習，獲得教育部的推薦與肯定。

文基會獲教育部頒社教貢獻獎，由果賢法師代表接受蔡清華次長頒獎。

● 12.10　12.17　12.18　12.24

聖基會「第五屆兒童生活教育寫畫創作」頒獎
藝文創作啟蒙孩童心靈

聖基會於12月10至24日期間，分別在高雄紫雲寺、臺中寶雲寺、北投農禪寺與臺東信行寺舉辦「105年兒童生活教育寫畫創作活動」頒獎典禮，由董事許仁壽、主任呂理勝，以及道場監院法師等擔任頒獎人。

10日於紫雲寺舉行的首場頒獎典禮，監院常參法師說明生活教育寫畫創作活動，使佛法的觀念與方法在人生的初期即能深植於心，提昇並發展孩童的品德倫理，而藉由構思、設計、完成作品，即是「善的念頭」的具體呈現；典禮並安排法青音樂與戲劇表演，其中《小豬與小狼恩仇記——三隻小狼和大壞豬》短劇，啟發學童原諒與寬恕的智慧。

中區頒獎典禮17日於寶雲寺進行，許仁壽董事鼓勵學童透過繪畫、作文表達自己的想法與感受，以書法寫下「108自在語」中聖嚴師父的法語，落實為生活中的良好習慣。

於紫雲寺舉行的頒獎典禮上，獲獎學童開心展示印有自己作品的獎狀。

每場頒獎典禮，前方兩側螢幕上即時呈現小朋友的作品及姓名，獎狀上亦印有獲獎小朋友的作品，並製成個人化紀念郵票，鼓勵學童分享內心的美善。

本年共有繪畫六百零五件、作文四百八十篇、書法五百五十一幅作品參賽，不僅國內迴響熱烈，海外包括美國舊金山、澳洲雪梨、中國大陸四川等地區，也參與踴躍。

● 12.11

中區社會菁英共修會舉辦一日禪
練習放鬆身心　學習跟自己相處

中區社會菁英禪坐共修會於12月11日，首度在臺中寶雲別苑舉辦一日禪，共有二十六位學員參加。

學員在監院果理法師帶領下，首先在大殿體驗法鼓八式動禪、打坐，後於戶外石板及草坪上赤腳經行，練習放鬆身心，好好地跟自己相處。

文化中心常慧法師並為學員導讀聖嚴師父禪修著作《本來面目——觀心銘講

學員在果理法師帶領下，於戶外石板及草坪上赤腳經行。

記》，介紹明代憨山大師的修行體
證，以及〈觀心銘〉的修行次第。法
師提點，所有修行都是經由不斷地練
習和累積，進而水到渠成，而修行的
每一個過程都是體驗，更要珍惜。

　　有學員分享，兩次參加法鼓山的禪
修活動，體會都不同，日後的共修活
動，一定排除萬難來參加。

方丈和尚觀光局「高階主管共識營」演講
分享「抱願不抱怨」之道

　　應交通部觀光局之邀，方丈和尚果東法師12月16日於該局在三芝遊客中心舉
辦的「高階主管共識營」中，與來自海內外近四十位一級主管，分享「抱願不
抱怨」的人生觀。

　　方丈和尚表示，森羅萬象都在放光說法，「觀光局」也可釋意為隨時觀照自
心，是否有光明的智慧、溫馨的慈悲，面對幫助人生修福修慧的順逆因緣，保
持著步步踏實、希望遠大；並提醒，讓自己心理平衡、人格穩定，透過學習
「無我」來消融自我，體會個體和大眾，都是因緣和合而成的生命共同體。

　　方丈和尚期望主管們保持心理平衡和穩定，學習「無我」來消融自我；面對
環境衝擊，採取不抱怨的方式，凡事正面解讀、逆向思考，讓心不隨境轉；當
自身成長的同時，也能幫助同仁學習奉獻。

社大、新莊辦事處合辦敦親睦鄰活動
感恩社區居民的關懷與護持

　　法鼓山社大及護法會新莊辦事處於12月25日，在新莊校區聯合舉辦「福慧傳
家迎新年」敦親睦鄰活動，感謝社區居民長期關懷與護持，有近五百人參與。

　　活動中，僧團副住持果祥法師帶領金山、北投校區心靈環保農法實務班的學
員，分享友善農耕理念及農產品，推廣自然環保理念；社大老師指導學員與民
眾DIY，製作拼布吊飾、黏土鑰匙圈、捲紙卡片和彩繪手帕；石門校區戶外教
室學員，也以自己種植的香草所製成的手工餅乾，做為福慧傳家結緣禮，與現

場民眾結緣。還有融合禪意的品茶與咖啡活動，為現場注入禪的寧靜與自在。

校長曾濟群到場關懷時，為學員加油勉勵，期許學員分享自己的學習成果，向社區居民傳達法鼓山的理念與精神，以感恩之心，讓社會更完善美好。

敦親睦鄰活動中，民眾體驗手作DIY課程。

● 12.30～2017.01.01

分支道場跨年迎接2017

念佛、誦經、禪修 除舊迎新

12月30日至2017年1月1日，法鼓山海內外分支道場分別以念佛、點燈、拜懺、禪修等活動，在佛法的祝福中，除舊迎新。

臺灣北部的北投農禪寺，於31日舉辦「2017跨年迎新在農禪」，逾一千七百位民眾以持誦《金剛經》、〈叩鐘偈〉祈福跨年，祈願以經典的智慧跨越黑暗無明。方丈和尚果東法師讚歎大眾發心在跨年夜誦經的功德，並分享《金剛經》「無住生心」的觀念，就是建立正確的因果、因緣觀，而能放下執著。

臺中寶雲寺於30至31日舉辦佛二，在監院果理法師帶領下，三百多位信眾精進念佛，以阿彌陀佛聖號，為心靈滌淨塵垢，送走舊的一年。

12月31日至1月1日，三峽天南寺舉辦禪二，以禪修安定攝受的力量，與禪眾一起跨年，以清楚的每個當下，迎接新年；紫雲寺也同時舉辦「醫護舒活二日營」，傳燈院監院常願法師，於課程中設計行茶體驗，學員互相祝福「新年快樂」，體驗充滿禪味的跨年。

亞洲的馬來西亞道場，則以大悲懺法會，為心靈除舊迎新，監院常藻法師期勉大眾，藉由拜懺反省過失，同時發願改過，以全新的自己迎向嶄新的一年。

於農禪寺參加跨年的信眾分享，聆聽〈叩鐘偈〉時十分感動，期盼學習諸佛菩薩的大願，帶給社會安定力量。

逾千位民眾參加農禪寺的跨年迎新活動，持誦《金剛經》，祈願以經典的智慧跨越黑暗無明。

實踐

從生命初始到生命終了，
以「心靈環保」出發，
落實各階段、各層面的整體關懷，
安頓身心、圓滿人生，
實現法鼓山入世化世的菩薩願行。

四安關懷
邁向光明遠大未來

大關懷教育在2016年，永續深耕四安關懷，
2月，臺灣南部發生強震，慈基會隨即投入關懷援助行列，
陪伴民眾度過最需要安心護佑的時刻；
9月，第六屆關懷生命獎頒獎，於社會間彰顯正向力量的傳遞和行動。
同時，也持續著力於全球的整體關懷、急難救助，
以及慈善公益及信眾關懷上，化佛法為安心泉源，
與眾同心實踐菩薩願行，邁向光明遠大未來。

法鼓山大關懷教育以慈悲智慧為底蘊，致力於急難救助、整體關懷、社會慈善、信眾關懷等面向，打造安心工程；工作重點在於積極推動各項生命教育、陪伴關懷等活動，讓四安、心五四等理念能在生活中具體實踐，為社會注入安定的力量。

2016年的大關懷教育，不論是協助海內外的災難救援，或是在信眾、社會、慈善、生命教育的關懷上，都跨越有形的國界、宗教、種族等藩籬，走向國際社會，並拓展國際人道援助的合作網絡，化佛法為安心泉源，澆灌各層面、各階段的整體關懷，落實入世化世的菩薩願行。

急難救助　臺灣加油世界平安

急難救助方面，於臺灣，首要救援為2月春節前夕的臺南震災，法鼓山於第一時間啟動緊急救援系統，慈基會、臺南與高雄地區的法師及義工，除前往現場關懷，並設置三個服務據點，提供各項關懷服務及援助，包括提供佛珠、祈福卡、大悲水、健康諮詢等，傳送安心的安定力量。

全力支援救災之餘，法鼓山也於除夕撞鐘及新春期間全球各地道場的法會上，為災區及世界祈福。搜救結束後，除舉辦「震災祈福平安法會」，由方丈和尚果東法師帶領，包括臺南市副市長曾旭正、民間救難代表、消防隊員、國軍官兵及社區居民等千餘人，齊心誦念《心經》、觀音菩薩聖號，期以甘露活水撫慰傷痛；並接續展開第二階段的慰訪關懷，除了醫院，也前往其他災區勘災，協助更多需要幫助的家庭，安心、安身、安家、安業。

7月，強烈颱風造成臺東縣市嚴重

災情，慰訪義工探視受災家庭，傳遞對受難家庭的關懷與祝福；也有五百六十多位僧俗四眾前往受損嚴重的十一所學校，協助清理校園，合力還原臺東淨土。

於海外，持續援建中國大陸四川雅安強震後的校園重建，1月，損毀的多功小學重建竣工、安縣秀水鎮民興中

預防救災後替代性創傷的發生，僧團法師於臺南震災救援期間，受邀於每日官兵換班時，前往關懷。

學圖書館落成暨乒乓球館動土，嶄新的硬體設施與資源，讓師生更能夠安心學習成長；第十五、十六次川震獎助學金的頒發，提醒學子除了感恩善的力量，更要感恩從困境與挫折中習得的力量。心靈工程重建上，7月於四川江油羅漢寺為百餘位大學生，舉辦兩場生命教育心靈環保體驗營；9月於安縣秀水第一中心小學舉辦兒童生活教育寫畫創作活動，引導學員體驗「心靈環保」與「心五四」的豐富內涵。

針對中南美洲國家海地於10月遭受颶風重創，慈基會透過長期投入海地人道救援的跨國醫療組織兒童之家（Nuestros Pequeños Hermanos, NPH），援助災民重建生活；12月，延續2015年尼泊爾震災的救援，捐贈前譯紀念學校（Ngagyur Memorial School）增建活動中心，及餐廚、衛生改善設施，提供孤童安心就學環境。

整體關懷　轉心轉念安定社會

大關懷教育從心靈環保出發，以入世化世的菩薩願行，落實對社會大眾各階段、各層面的整體關懷。首先由1月的「第二十一屆佛化聯合婚禮」起跑，四十五對新人在佛菩薩的祝福下，共結菩提良緣、共組佛化家庭；3月，慈基會副祕書長常綽法師受邀出席「2016春季北區大學校際聯合愛心勸募」開幕儀式，鼓勵學子成長自己，利益他人。

本年最具指標性的盛事，第六屆「國際關懷生命獎」於9月舉辦，透過得獎者臺北市脊髓損傷社會福利基金會、莊馥華與闕戴淑媺所展現悲智大願的奉獻利他精神，提醒大眾尊重、珍惜生命，活出生命意義與價值；頒獎典禮後展開的「2016關懷生命論壇」，由方丈和尚果東法師、臺北市長柯文哲、國家災害防救科技中心主任陳宏宇、導演齊柏林，以「心淨國土淨——從心探討國土安全」為題，分別從宗教、政策、社會觀察、文化等層面進行對談，分享轉心轉念、轉化美好環境的智慧。

9月重陽節前夕至10月期間，在各地分院、護法會辦事處展開「第二十三屆

佛化聯合祝壽」，在兒孫陪同下，三千多位長者歡度環保簡約、法喜充滿的祝壽活動，具體落實禮儀環保的精神，以及敬老孝親的家庭倫理。

校園方面，結合法鼓山義工、在地學校老師及大學生組成學輔團隊，開辦「兒童暨青少年學習輔導班」，則針對桃園市、新竹縣偏鄉地區弱勢家庭中的學童，提供結合關懷與教育的輔導，陪伴學童學習與成長。

有關大事關懷課程的推廣，關懷院3至7月先後於臺北中山精舍、臺中寶雲寺、高雄紫雲寺，以及海外的馬來西亞道場、新加坡及泰國護法會，舉辦「圓滿生命的無限延伸——生死兩相安」系列課程，講授正信、正知、正見、正行的佛法觀念，引導學員認識大事關懷的理念和作法，並建立正向的生死觀念。

慈善公益 和樂無諍溫暖人間

在慈善公益上，延續2015年底起跑的「104年度歲末大關懷」，至2016年2月底，陸續於全臺各地分院、護法會辦事處展開十七場，除提供慰問金及物資，許多關懷點同步舉行祈福法會或念佛共修，引領大眾安定身心，總計關懷近兩千七百戶低收入戶、獨居老人、急難貧病民眾。5、6月的端午關懷，與10月的中秋關懷，慈基會皆結合各界資源，由義工前往關懷家庭慰訪，並至各地社福機關、安養機構，與院民歡度佳節，感受社會真誠的溫暖。

百年樹人獎助學金方面，第二十八、

二十九期共舉行八十八場，近三千一百位學子受益，頒獎典禮結合地區特色，包括受助學生藝文表演、體驗茶禪、參訪行程等，體驗安定身心的禪法，或藉由戶外環境，體會四種環保。許多家長也陪同參與，欣見學子的成長與轉變，親子互動和樂融融。

此外，另有地區義工定期前往關懷戶家庭、養護之家、康復中心、育幼院等社福安置機構，進行慰訪，或帶領手作DIY、藝文表演、團康遊戲與念佛、法鼓八式動禪等活動，傳遞關懷，

信眾關懷 菩薩道上共願同行

2016年在信眾關懷上，活動多元。年度大型活動是1月舉辦的「邁向2016光明遠大——歲末感恩分享會」，方丈和尚果東法師於主場地紫雲寺，透過視訊連線，與七千多位信眾，互勉學觀音、做觀音，菩薩道上共願同行。

3月於北投農禪寺舉行「大事關懷成長營」，四百多位悅眾建立助念的正確觀念，與大眾廣結善緣；8月的義工團跨組悅眾成長營，接待、環保、交通、護勤等各勤務組別義工，交流執事經驗與心得，提昇整體合作默契。

3、9月另於三峽天南寺分別舉辦悅眾禪二、禪修營，近兩百位學員學習運用禪修方法做好關懷，接引大眾學佛、護法；10月「新進勸募會員授證典禮」於寶雲寺舉行，共有一百六十三位新進勸募會員加入鼓手的行列。

另一方面，各地區護法會辦事處則透

過聯誼、共修、讀書、關懷及研習營、成長營等方式，帶動互相學習、共同成長，也凝聚認同與願力，其中林口辦事處以幸福茶會的方式，引導老、中、青三代學佛人輕鬆互動，凝聚護法願心。

此外，為培育慰訪員專業慰訪知能，慈基會2016年共舉辦四場慰訪教育訓練課程，其中三場進階課程，於4至8月間分別在紫雲寺、臺南分院、北投雲來寺舉行，有近兩百五十位學員參加，提昇慰訪關懷內涵與能力。此外，本年度也配合臺北市、新北市、嘉義縣，以及宜蘭縣等地方政府，共參與十八場災害防救演習、災難防治等課程，建立整體的救災步調，適切地投入救助工作。

結語

法鼓山的大關懷教育以「四安」為方法，不僅於臺灣，也在全球各災難現場，結合在地人力，透過持續的關懷與對生命教育的實踐，長期陪伴、重建大眾對生命的希望與熱忱， 2016年因常年協助政府投入人道關懷、環境保護等國際合作事務，於3月獲外交部頒授「國民外交表揚狀」肯定。

11月，總統蔡英文會見「2016國際關懷生命獎」得主暨家屬時表示，法鼓山自2007年創辦生命獎以來，於社會間傳遞正向力量，得主都是實踐慈悲大愛、彰顯生命價值的楷模，是對政府施政最深刻的提醒。

法鼓山秉持淨化人心與社會的弘願，以大關懷教育踏實履踐溫暖人間環境的使命，每一項工作重點雖然不同，但涵藏的慈悲智慧一以貫之。2016年僧俗四眾持續齊心同力以有情行動，打造無國界的四安工程，串連並凝聚關懷願心，邁向光明遠大未來。

「2016新進勸募會員授證典禮」中，新進勸募會員從法師手中接下證書，發願承擔募人學佛修行的任務。

● 01.01～02.28期間

104年度歲末關懷全臺展開
合計關懷逾兩千七百戶

歲末關懷透過慰問金及物資的協助，讓關懷戶感受社會的溫暖。

慈基會舉辦104年度「法鼓山歲末關懷」系列活動，自2015年12月12日起至2016年2月底圓滿，全臺各地分院、護法會辦事處匯集民眾的愛心，並結合地區資源，共同關懷當地低收入戶、獨居老人、急難貧病等民眾，合計十七處據點，共關懷兩千七百多戶。

在提供慰問金及物資之餘，許多關懷點均同步舉行祈福法會或念佛共修，以此引領大眾安定身心。另一方面，各地的關懷活動也結合在地特色多元呈現，例如苗栗辦事處舉行的歲末關懷，活動結合百年獎助學金分享卡聯誼會，雖然當日細雨濛濛氣溫寒冷，關懷戶多是親子同行，感受滿滿的溫馨祝福。

1月31日於高雄紫雲寺展開的關懷活動，共有一百八十一戶關懷家庭，近三百人參與，監院常參法師以年度主題「光明遠大」為大眾祝福，也邀請眾人觀想「我是大家心中的觀音菩薩，大家是我心中的觀音菩薩」，發願學習觀音菩薩聞聲救苦的慈悲心。

系列關懷活動中，臺中分院並將關懷延伸至當地老人養護中心，表演帶動唱及樂器演奏，傳遞社會的關懷與祝福；臺東信行寺及護法會多處辦事處更提供「關懷到家」服務，由義工直接將關懷物資送到關懷戶家中，進行慰訪工作。

每年的法鼓山歲末關懷活動，慈基會都希望透過物質與精神上的扶持，讓關懷家庭感受到佛法與社會的溫暖。

104年度「法鼓山歲末關懷」活動一覽

區域	時間	活動地點	活動內容	關懷地區（對象）	關懷戶數
北部	2015年12月12日	北投農禪寺	祈願祝福供燈、心靈饗宴園遊會、致贈禮金與物資	臺北市、新北市關懷戶	346
	2015年12月13日	北投文化館	祈福法會、致贈禮金與物資	臺北市、新北市關懷戶	840

區域	時間	活動地點	活動內容	關懷地區（對象）	關懷戶數
北部	2015 年 12 月 19 日	法鼓山園區	祈願祝福點燈、心靈饗宴活動、致贈禮金與物資	北海岸行政區、基隆關懷戶	236
	2015 年 12 月 26 日	桃園齋明寺	祈福法會、合唱團及鼓隊表演、致贈禮金與物資	桃園市、新竹地區關懷戶	311
	2016 年 1 月 24 日	宜蘭市安康托兒所	念佛點燈、致贈禮金與物資	宜蘭縣關懷戶	30
	2016 年 1 月 28 日至 2 月 10 日	護法會羅東辦事處	關懷送到家	宜蘭縣羅東鎮關懷戶	21
中部	2015 年 12 月 19 至 20 日	南投德華寺	祈願祝福點燈、義剪、致贈禮金與物資	南投縣魚池鄉、國姓鄉、仁愛鄉關懷戶	110
	2016 年 1 月 4 至 30 日	護法會彰化辦事處	關懷送到家	彰化縣市關懷戶	23
	2016 年 1 月 10 至 30 日	護法會苗栗辦事處	關懷送到家	苗栗縣市關懷戶	35
	2016 年 1 月 15 日至 2 月 17 日	臺中分院	關懷送到家	健德老人安養中心、仁德社區	102
	2016 年 1 月 17 日	護法會南投辦事處	關懷送到家	南投縣市關懷戶	70
	2016 年 2 月 1 日	護法會東勢共修處	法師關懷、音樂饗宴、致贈禮金與物資	臺中市東勢區關懷戶	59
	2016 年 2 月 1 日	護法會豐原辦事處	法師關懷、音樂饗宴、義剪、健康講座、致贈禮金與物資	臺中市豐原區關懷戶	35
南部	2016 年 1 月 18 至 26 日	護法會潮州辦事處	關懷送到家	屏東縣潮州鎮關懷戶	33
	2016 年 1 月 31 日	高雄紫雲寺	音樂藝文饗宴、致贈禮金與物資	高雄市關懷戶	180
東部	2016 年 1 月 1 日至 2 月 28 日	臺東信行寺	關懷送到家	臺東縣市關懷戶	200
	2016 年 1 月 10 日至 2 月 9 日	護法會花蓮辦事處	關懷送到家	花蓮縣市關懷戶	70
合計					2,701

● 01.10

第二十一屆佛化聯合婚禮總本山舉行
四十五對新人共組佛化家庭

　　法鼓山1月10日於總本山舉辦「第二十一屆佛化聯合婚禮」，邀請伯仲基金會董事長吳伯雄擔任證婚人，資深悅眾王寬明伉儷、王崇忠伉儷分別擔任主婚人及介紹人，並由方丈和尚果東法師授三皈五戒，四十五對新人發願以佛法面對順、逆境，使家庭成為禮儀環保的實踐場域。

方丈和尚祝福時，說明夫妻是心連心結連理，要互相體諒包容，如果起心動念有煩惱，就要回歸本來的初發心；也勉勵新人起爭執時，學習正面看待，就能境隨心轉，修行路上彼此成就。證婚人吳伯雄則分享家庭和樂的祕訣，指出聖嚴師父曾以「慈悲沒有敵人，智慧不起煩惱」指引從政智慧，也適用於婚姻生活，鼓勵新人在生活中實踐佛法，為社會注入祥和氣氛。

第二十一屆佛化聯合婚禮於園區展開，四十五對新人相許共組佛化家庭。

多位新人肯定佛化婚禮簡化流程、莊嚴隆重，對社會有示範意義；而將佛法觀念落實家庭，即使遭遇挫折，也可以平安化解。

● 01.17

「歲末感恩分享會」海內外展開
護法鼓手菩薩道上共願同行

護法總會及各地分院聯合舉辦「邁向2016光明遠大──歲末感恩分享會」，於1月17日在法鼓山園區、北投農禪寺、三峽天南寺、桃園齋明寺、臺中寶雲寺、臺南分院、雲集寺、高雄紫雲寺、臺東信行寺、護法會花蓮辦事處，以及馬來西亞道場，共十一個地點同步展開，方丈和尚果東法師、護法總會副都監常續法師、護法總會總會長張昌邦，於主現場紫雲寺關懷大眾，共有七千多位信眾參加。

視訊連線時，方丈和尚以幽默的法語為法食，勉勵大眾「開發佛性，提起覺性」，以佛法安心，以真誠心奉獻，五濁惡世也會化為佛國淨土，所踏之道皆為成佛之道。

各地區的感恩分享會並安排別具創意和特色的活

南部近五百位悅眾齊聚紫雲寺，與方丈和尚一同透過視訊連線，問候各地信眾。

動與節目，除了由悅眾、法青和小菩薩演出佛曲、帶動唱、舞蹈等，在總本山和雲集寺，護法鼓手和僧團法師圍坐享用火鍋，重現昔日歲末圍爐的溫馨；農禪寺藉由祈福法會、香花供佛，迴向眾生離苦得樂、世界和平安樂；齋明寺則舉辦供燈發願，以及兒童鼓隊與合唱團演出。

天南寺由六區召委擊鼓，象徵大鼓手帶領小鼓手的傳承意涵，並邀請悅眾分享運用佛法的人生故事；寶雲寺則是落成後，中部鼓手首次回家團聚，由導覽的光熱小組引領巡禮寺院，深入了解各樓層所蘊涵的法鼓精神。

在紫雲寺，高雄、屏東四區召委帶領大眾回顧過去一年，以關懷、聯誼、出坡等方式來敦親睦鄰、廣結善緣，發揮安定人心的力量。

海外馬來西亞道場的歲末感恩分享會，有兩百多人出席，首先由監院常藻法師帶領祈福法會，大眾唱頌觀音讚偈、六字與四字佛號，並在觀音聖號聲中，把寫好的祈福卡掛在祈願樹上，祝禱世界和樂平安。

凝聚向心力的歲末感恩分享會，由無數義工共同成就。有桃園的義工分享，從一個多月前開始規畫活動，雖然前一天場布和綵排到很晚，但忙得快樂，累得歡喜；也有義工表示，共修的感染力和攝受力，會提醒自己不忘初衷。

● 01.21　01.22

慈基會四川援建安心教育環境
雅安多功小學竣工、秀水民興中學圖書館落成

慈基會持續關懷2013年中國大陸四川雅安強震後的校園重建，援建損毀的天全縣多功小學完成重建，1月21日於該校舉辦竣工典禮；而2008年汶川震後援建的安縣秀水鎮民興中學，則於22日舉行圖書館落成暨乒乓球館動土典禮。方丈和尚果東法師、副住持果品法師、慈基會祕書長果器法師，以及四川省臺辦主任周敏謙、副主任趙宇等出席兩場典禮，期盼嶄新的硬體設施，讓師生能夠安心教學、安心成長。

方丈和尚於多功小學竣工典禮上致詞表示，受到地震衝擊，是危機也是轉機；說明遇到事情時，能夠正面解讀、逆向思考，以健康的心態面對問題，

方丈和尚（前排中）與四川當地的來賓們，歡喜迎接民興中學圖書館落成啟用。

心就不會受到環境的衝擊，並引用聖嚴師父法語，鼓勵師生在未來的人生路上，能夠「在平淡中求進步，在艱苦中見其光輝；在和諧中求發展，在努力中見其希望」。

果品法師則感恩十方大眾的愛心，及當地政府的協助，期許以學習的態度和感恩的心，為居民帶來更多的平安與祝福；周敏謙主任致詞時，感謝法鼓山和社會各界的愛心，無私援建校園各項建設，讓當地學校有優質的環境辦教育，勉勵學生認真學習，長大後也要抱持感恩的心來回報社會。

● 01.31

文山區悅眾成長營
凝聚共識 強化團隊運作

文山辦事處悅眾成長營，在常應法師的關懷下圓滿。

為凝聚新任悅眾與團隊的共識及向心力，護法會文山辦事處於1月31日舉辦悅眾成長營，內容包括溝通技巧、勸募心法、小組分享等，常應法師出席關懷，並帶領佛前供燈發願，共有六十二人參加。

由活動組悅眾帶領的溝通技巧，設計以六度萬行結合乾坤大挪移的數學遊戲，讓大眾體驗如何站在對方的立場思考，並共同達成看似不可能的任務；財會組則以默劇的方式呈現工作運作，拿出一疊現鈔提醒大家開源節流，既生動又切題，為募人、募心、募款的行動，做了最有力的展現。

常應法師表示，參與義工活動，是服務也是奉獻，期許悅眾鼓手們能發菩提心、智慧心，共同為實踐法鼓山理念而努力。

● 02.06～14

法鼓山支援南臺震災
提供支持及陪伴的力量

臺灣南部於2月6日凌晨發生芮氏規模6.6強震，臺南市維冠大樓倒塌，造成一百一十七人罹難，五百五十餘人受傷，法鼓山於第一時間啟動緊急救援機制，慈基會、臺南地區的法師及義工前往現場關懷，並設置三個服務據點協助救災，全力投入關懷、援助行列。

於服務站，法師、義工二十四小時輪班，為家屬、救難人員及國軍提供熱茶水、口罩、暖暖包等物資，同時齊心稱誦觀世音菩薩聖號，為傷者及亡者祝禱，祈願救災順利，人人心安平安；也以佛珠、御守、聖嚴師父的〈108自在語〉和智慧隨身書等，與受難者家屬結緣。此外，義工也分組出坡，清洗流動廁所、分類垃圾、清理民宅等，維護環境的清潔。

僧團法師及義工們於坍塌現場陪伴家屬，以佛法的關懷做為支持的力量。

另一方面，為了預防救災後替代性創傷的發生，僧團法師受邀於每日救災官兵換班時，前往慰問關懷，除了開示佛教的生命觀，也帶領誦念觀音菩薩聖號，藉由佛法的力量，安己安人。

對於社會大眾不分彼此，支援救災，方丈和尚果東法師在第一時間祝勉：「受苦受難，不等於有苦有難，有些人更挺身而出救苦救難。」法鼓山除夕撞鐘祈福法會，以及新春期間在全球各地道場的法會，亦設置消災、超薦牌位，為受災地區及世界祈禱平安。

● 02.14～27

法鼓山舉辦「206震災祈福平安法會」
啟動安心重建力量

法鼓山持續關懷南臺灣強震受災地區，2月14日下午，隨著搜救任務圓滿，僧團於臺南永大路舉辦「206震災祈福平安法會」，方丈和尚果東法師南下主法，並與臺南市副市長曾旭正、各界救難代表，前往震災區域灑淨，包括救難消防隊員、國軍官兵、社區居民等，共有一千多人參加。

方丈和尚開示指出，灑淨後，災區不再是災區，而是成就大眾啟發慈悲、智慧的淨土；災難中不幸傷亡的民眾，是提醒眾人加強公安、防災教

方丈和尚於臺南市永大路安心服務據點，主持「206震災祈福平安法會」。

育的菩薩,而救難隊員和慈善團體發揮愛心、互助關懷,在救援過程中與受災家屬攜手同在,雖然年節無法回家團圓,實則是與法相應,與慈悲、智慧團圓。方丈和尚也代表僧團感恩義工的無私奉獻,是「學觀音、做觀音」的最佳實踐者。

法會中,方丈和尚領眾誦念《心經》、觀音菩薩聖號,祈願甘露法水撫慰震災傷痛,安心展開重建家園的新生活。

另一方面,慈基會祕書長果器法師亦帶領地區義工,出席臺南市政府27日於市立體育場舉辦的「0206臺南震災罹難者聯合奠祭暨追思會」,表達祈福與祝福。

救援工作告一段落,慈基會接續展開第二階段的慰訪關懷,除了走訪醫院,也前往玉井等受災地點勘災、慰訪,協助更多需要關懷的家庭,安心、安身、安家、安業。

● 03.01～04.26

中山精舍大事關懷暨法器培訓課程
推廣正信佛法觀念　歡喜看生死

學員練習執掌法器,以音聲傳遞安心與平安的祝福。

3月1日至4月26日,關懷院每週二於臺北中山精舍舉辦大事關懷暨法器培訓初階課程,內容包括認識法鼓山大關懷教育、佛事的意義,以及助念法器梵唄教學,分別由監院常綽法師、助念團副團長黃欣逸帶領,有近九十人參加。

課程中,常綽法師講解臨終關懷、往生助念、佛化奠祭的要領。法師從佛法的觀點引導學員認識生命的實相,透過正信、正知、正見、正行的佛法觀念,累積往生淨土的資糧;也說明以簡化節約、惜福培福的佛化奠祭儀式,完成莊嚴的佛事,不僅追思與祝福往生者,也安定生者,學習放下,不再執著。

助念法器梵唄教學由黃欣逸副團長帶領,包括法器的基本認知、執掌法器的威儀,以及念佛的音調和速度、如何掌握正確板眼等,學員分組起腔、實際演練,學習以音聲傳遞安心與平安的祝福。

有學員表示,透過課程,學習到如何以感恩心、歡喜心面對死亡,更藉著佛事善緣,協助親人安詳離開人世,邁向新的生命旅程。

● 03.12～10.29期間

榮譽董事會海內外八場聯誼會圓滿
代代相續護法因緣

延續2015年的感恩聯誼會，榮譽董事會2016年持續於3月12日至10月29日期間，在臺灣與美國共舉辦八場聯誼會，有近一千位護法悅眾相聚維繫法緣。

會中除了分享護持成果、個人學佛因緣等，各分寺院的監院法師也到場開示與關懷，出席8月27日聯誼會的護法總會副都監常遠法師分享聖嚴師父的「大願力」，表示人多在順境中有感於知足而發願，若人處於困境、挫折中，不以一己之悲喜為

於蘭陽精舍舉辦的聯誼會中，榮董們闔家分享，傳續護法因緣。

念，仍能從利人、利他著想，以大願力、發大願心，這就是「菩提心」，也是來自宇宙最大的能量，能凝聚十方善緣，助人度過苦難，並獲得安定。

許多榮董闔家共同參與聯誼會，10月15日的北三轄區聯誼會上，九位榮董帶著榮董寶寶，大手牽小手，在法青及悟寶熊的引領下進入會場，場面備感溫馨。許多榮董也發願帶著下一代親近道場學佛，持續傳承與法鼓山的法緣。

聯誼會由榮董會本部、各區悅眾策畫，例如北美護法會加州舊金山分會新會所甫於2015年啟用，即接連兩年舉辦舊金山榮董聯誼會，尤見地區悅眾的願力。悅眾們表示，在籌備過程中，學習團隊互動與自我關照、消融我執，就是佛法的實踐。

2016 榮譽董事會海內外關懷聯誼會一覽

時間	轄區	地點
3月12日	高屏地區	高雄紫雲寺
5月1日	北一轄區	北投農禪寺
5月14日	美國紐約州、新澤西州、康乃狄克州	北美護法會新澤西州分會
5月29日	北七轄區	法鼓山園區
8月27日	北二轄區	北投農禪寺
10月15日	北三轄區	
10月23日	美國加州舊金山	北美護法會加州舊金山分會
10月29日	北七轄區	蘭陽精舍

● 03.13

大事關懷成長營農禪寺舉行
交流關懷經驗與原則

大事關懷成長營中,學員用心上課,現場氣氛熱烈。

　　為協助大事關懷悅眾持續精進,關懷院3月13日,於北投農禪寺舉辦北區「2016大事關懷成長營」,由護法總會監院常續法師、關懷院監院常綽法師與常持法師授課,方丈和尚果東法師到場關懷,共有四百多位悅眾參加。

　　「助念要掌握原則、明辨是非,但處理必須圓融柔軟,尊重他人,建立團隊和諧。」方丈和尚提醒大眾,大事關懷時應學習觀世音菩薩的慈悲和智慧,契理契機、隨順因緣而為,視往生者和家屬的需要,給予關懷。過程中有任何狀況,更要學習不起煩惱,保持身、口、意清淨,與眾生廣結善緣。

　　常綽法師指出,法鼓山大事關懷包括了醫院、家屬、臨終和助念關懷,而助念關懷時,對死亡的感受特別深刻,也最能生起慈悲心;隨著悲心增長,自我習氣會慢慢消融,承受逆境的力量也會增強,助念不僅利人,亦能利己。

　　「看蒲團說法」由常持法師帶領眾人體驗,說明助念不只是依靠阿彌陀佛願力,也仰賴助念者本身的信心和願心,所以平常應練習讓心保持覺照、不隨境轉,才能隨時繫念佛號。當助念者由衷發願前往西方淨土時,就能帶動往生者的心與其相應。

　　最後的Q＆A時間,學員踴躍向兩位法師提問,法師提醒,助念時應以同理心對待往生者,讓生死兩相安。

● 03.19起

林口辦事處首辦幸福茶會
凝聚護法共識與願心

　　為凝聚護法共識與願心,護法會林口辦事處於3月起,每月週六舉辦幸福茶會,由資深悅眾帶領,有近四十人參加。

　　3月19日舉行首次幸福茶會,以同學會的方式進行,與會者自由入座後,由接待義工介紹可點用的茶或咖啡,彼此問候關懷,分享學佛心得;之後藉由禪

修體驗、相見歡等活動，引導老、中、青三代輕鬆互動。

當日主題是介紹助念組的職務，聖嚴師父的身教，正是最好的說法，教導大眾生死皆自在的觀念；播放《無盡的身教》影片之後，即有民眾發願加入助念行列，接引更多人親近佛法。

林口辦事處召委章美玉鼓勵大眾多參加法鼓山各種活動與課程，入寶山勿空手而歸，也參與每個月的相聚，延續「心」的交流。

● 03.21

常緯法師受邀參加聯合愛心勸募開幕
鼓勵學子成長自己　發揮助人理念

慈基會副祕書長常緯法師3月21日受邀出席於淡江大學舉行的「2016春季北區大學校際聯合愛心勸募」開幕儀式及剪綵，感謝各校師生對公益活動的熱情和投入。

法師致詞時鼓勵學子藉由活動磨練自己，期許未來發揮社會企業助人的理念，利益他人；也希望能與受捐贈單位進行交流與互動，共同發揮能量，為公益慈善更盡心力。

社團法人中華商管協會及淡江大學商管學會於每年春季，聯合數所大學在校園舉辦五日的愛心勸募義賣，2016年參與的學校，包括聖約翰科技大學、長庚科技大學、臺北城市科技大學等，義賣所得並捐贈罕見疾病基金會、臺北家扶中心等社福機構及臺東知本國小等偏遠小學。

常緯法師受邀出席聯合愛心勸募開幕及剪綵。

● 03.27～05.14期間

臺南分院「安頓身心，轉化生命」系列課程
開啟災難後的生命契機

持續關懷臺南震災的人心重建，3月27日至5月14日，臺南分院舉辦「安頓身心，轉化生命」系列課程，共六場，邀請相關專業人士從不同層面，協助救難人員和一般大眾調適身心壓力，從「心」出發，開啟生命契機，有近八百人次參加。

首場講座於3月27日進行，邀請資深顧問陳若玲帶領「創傷後壓力全方位關懷」工作坊，陳若玲顧問提醒，握手、擁抱、支持都是幫忙，陪伴就像湯裡的鹽，看不到卻存在；善用聖嚴師父的「四它」，事情處理後便放下，心中就不再有罣礙，可以讓助人工作更得力。

心理專家鄭石岩教授於4月9日「安度難關」講座中，分享時常運動、正常飲食作息、保持正常人際關係、學習新事務，以佛陀的教法來面對現實，便能化解困境，維持生命活力；23日的「慈悲伴我行」講座，實踐大學社會工作學系副教授楊蓓鼓勵大眾，在助人過程中要學習轉化自己、縮小自我，才能看到受助者的需求，從而提供適時適宜的幫助。

4月30日的講座，邀請參與多次救災工作的嘉南療養院臨床心理科主任杜家興、前高雄甲仙區愛鄉協會理事長陳敬忠與常法法師對談「看見心中的藍天──溫馨陪伴迎向生命新契機」，分享災後人心重建的經驗和心路歷程。臺南市特搜隊分隊長林育碩，於5月7日分享「在災難現場義工應有的心態」，藉由影片，詳細介紹防災知識；也以豐富的救災避難知識，說明義工如何在安全

陳若玲老師（左二）提點眾人，握手、擁抱、支持都是幫忙，也可以念佛為對方祝福。

的狀態下，給予專業救災者一個溫馨的微笑，或遞一杯水，乃至一句佛號，都是災難現場堅強的後盾。

講座於5月14日的「感恩茶禪」圓滿，邀請花藝老師卓月蘭、茶禪老師方麗雲引導一百一十六位參與者，感受花藝之美與體驗茶禪的當下，灌溉了心靈花園。

● 04.10～05.29　10.16～11.20期間

百年樹人獎助學金頒發
嘉惠全臺近三千一百位學子

慈基會於4月10日至5月29日、10月16日至11月20日期間，在全臺各地舉辦第二十八、二十九期百年樹人獎助學金頒發活動，全年共八十八場，有近三千一百位學子受益。

在各地的頒發活動中，除了頒獎典禮，並結合地區特色，包括安排學生藝文表演、體驗茶禪、參訪行程等，與眾人分享學習與成長的喜悅。

4月10日、24日分別於護法會中壢、彰化辦事處舉辦的頒發典禮，學生們就自己的興趣專長，將習得的知識技能，化為街舞、大提琴演奏、古蹟導覽、手語教唱、無人機操作教學、手工藝製作等演出，不僅自信展現才華，也為彼此鼓勵打氣。

東勢地區的頒發活動，於4月17日舉行，三十餘位學

金山萬里區的百年樹人獎助學金頒發儀式，帶著學生和家長至國父紀念館，一同體驗「心靈環保SRE」。

生聆聽演義法師分享聖嚴師父在艱困中完成碩、博士學位，爾後在全世界弘法的故事，深受感動和啟發，發願效法師父的精神，期許自己也成為有能力利益眾生的人。

新北市金山萬里區的頒發儀式，5月8日在臺北市國父紀念館中山公園「心靈環保SRE」現場舉行，義工陪同學生和家長鈔經、托水缽、浴佛等，感念佛恩與父母恩。

下半年，高雄地區的頒獎儀式，10月16日於紫雲寺進行，並安排團康遊戲、藝文表演等，常定法師說明人生經常遇到低潮，勉勵學子要努力的學習，做一個真正有能力的人，不只幫助自己度過人生的低潮，更要自我勉勵，幫助他人和創造奇蹟。

南投地區受助學子於10月23日參訪草屯臺灣工藝文化園區，由茶道老師帶領體驗茶禪，品茶過程中，學生和家長將心漸漸地安定下來，感受簡單放鬆的禪滋味；11月13日，屏東地區學生前往林邊，認識八八水災後，從魚塭轉型為與環境共存共榮的「光采濕地」，領會自然環保的重要性。

有慰訪義工表示，為同學頒發獎助學金，欣喜看到同學的成長與轉變，許多家長也來參與活動，不僅增進親子關係，更帶動良善的學習力量。

2016 百年樹人獎助學金頒發人次一覽

學別／期別	國小	國中	高中	大學（大專）	總計
第二十八期	401	389	400	417	1,607
第二十九期	342	342	408	391	1,483
合計	743	731	808	808	3,090
百分比（％）	24.1	23.7	26.1	26.1	100

● 04.17 08.14

慈基會「慰訪員進階教育訓練」課程
提昇慰訪關懷的內涵

「慰訪員進階教育訓練」課程中，學員分組演練以同理心關懷互動。圖為在紫雲寺進行的課程。

為深化慰訪知能，慈基會分別於4月17日、8月14日於高雄紫雲寺、北投雲來寺舉辦「慰訪員進階教育訓練」課程，邀請心理師林烝增、社工師方隆彰講授訪視與溝通技巧，並進行實務演練，共有一百九十位慰訪員參加。

林烝增心理師透過相關影片，說明慰訪技巧，以及慰訪義工的身、心、口儀等專業知識，強調助人關懷是先幫助自己再關懷他人，慰訪員要先懂得「照顧自己」，再學習觀世音菩薩聞聲救苦，打開五個感官一心一意地傾聽對方；慰訪過程中，更要以同理心來關懷互動。

針對慰訪過程常見的兩難或挑戰價值觀的問題，學員在方隆彰老師帶領下，熱烈討論並提出不同觀點。方老師表示，思考問題應把握「承認自己的有限，更能把事情做好！」的原則，義工扮演的是陪伴與支持角色，不是問題的解決者。

課程最後，副祕書長常綽法師出席關懷，期勉學員在慰訪過程中運用佛法，提昇服務的能力與安定的力量，接引更多人體驗佛法的潤澤。

● 04.26～28 10.18～20

慈基會持續於四川提供獎助學金
勉勵學子安心就學

法鼓山持續關懷中國大陸四川震災災後重建工作，4月26至28日與10月18至20日，分別於綿陽中學、南山中學、民興中學及秀水第一中心小學舉辦第十五、十六次川震獎助學金頒發，共嘉惠三百二十七位學子。

僧團副住持果品法師在每場活動中，感謝學校師生對法鼓山慈善工作的支持，表示所有的肯定都是進步、學習的動力與機會；全球寺院管理副都監常寬法師勉勵學子，人生路上如同在爬山一般，總是上上下下不斷，唯有平常心，方能淡然處之，不要害怕一時的失敗、不因一時的成功而沾沾自喜，時時刻刻

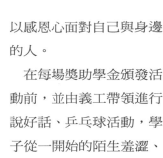

法鼓山持續於四川頒發獎助學金，勉勵學子安心就學。圖為常寬法師與秀水第一中心小學學子合影。

以感恩心面對自己與身邊的人。

在每場獎助學金頒發活動前，並由義工帶領進行說好話、乒乓球活動，學子從一開始的陌生羞澀、尷尬，到逐漸跨出一步，對身邊的人說好話、讚美對方；也在團康遊戲中，學習專注當下，體驗人際的互動。

● 04.30　07.02～03

大事關懷課程兩地舉行
學員建立正向生死觀念

4月30日、7月2至3日，關懷院分別於臺中寶雲寺、高雄紫雲寺舉辦大事關懷培訓課程，由常健法師帶領，內容包括大事關懷七項服務、助念法器梵唄教學等，共有三百多位中、南部地區助念團成員參加。

法師引用聖嚴師父的話，說明生存與死亡，都是無限時空中必然的現象，一個人的生命價值，就是自己負起責任，完成一生中必須要完成的責任，同時運用有限的生命，做最大的貢獻；法師勉勵眾人多關懷他人，積極聚集善的因緣，加入助念關懷，種下善的種子。

課程中，常健法師提醒學員，關懷和教育最重要的對象，是活人而不是亡者，為亡靈超度只是一種補救的辦法，並不是佛教的中心工作，讓亡者在佛號聲中，帶著滿滿的祝福，告別這個世間，才能彌補生離死別的遺憾，才是「冥陽兩利的佛事」。

於紫雲寺進行的課程，並安排由助念團成員與各地護法悅眾共同演出行動劇，實地演練臨終助念、告別式等過程，讓學員深刻體會如何進行莊嚴

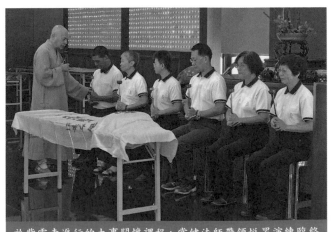

於紫雲寺進行的大事關懷課程，常健法師帶領悅眾演練臨終助念。

而簡約的「喪事與佛事」。

由於內容實用，學員回響熱烈，許多人表示此課程帶給自己正向的生死觀念，並從中學習到以莊嚴從容的態度面對無常。

● 05.07　12.10　12.25

榮譽董事頒聘暨聯誼會
傳承護法願心

新進榮譽董事與家人一同接受方丈和尚頒發聘書，體現大願力大家庭的護法願心。

榮譽董事會於5月7日、12月10日及25日，分別在北投農禪寺、高雄紫雲寺、臺中寶雲寺，舉辦榮譽董事聘書頒發暨聯誼會，由方丈和尚果東法師頒發，感恩眾人加入法鼓山大家庭。榮董會長黃楚琪、執行長陳宜志等，到場關懷並祝福，有近一千人參加。

頒聘典禮上，方丈和尚開示，奉獻是修福也是修慧，感恩榮董以奉獻利他的心，做布施功德，鼓勵眾人常回如來家共修，找回自家寶藏；也期勉眾人珍惜所擁有的因緣，實踐六度萬行來修福修慧，自然能夠少煩少惱、增福增慧。

黃楚琪會長說明「護法因緣，代代相傳」，鼓勵大眾以法鼓山的理念及精神自勉，從點到線到面，全面關懷、接引他人，共同奉獻，淨化人心、淨化社會。

活動中，並播放聖嚴師父《給後代子孫一個大希望》開示影片，師父勉勵大眾發大願心，給自己一個種福田的機會，以奉獻為榮譽，共同成就法鼓山的三大教育，喜捨布施，建設人間淨土，給後代一個大希望。

● 05.09～06.20期間

慈基會展開端午關懷
兩千多人感受佛法溫暖

5月9日至6月20日期間，慈基會於全臺各地展開端午關懷活動，慰訪義工除攜帶應景素粽前往關懷家庭表達祝福外，並分別至各地社福機關、安養機構，

與院民歡度佳節,共計關懷近一千一百戶家庭,兩千兩百多人感受佛法的溫暖。

其中,臺北市文山區的慰訪義工,於6月2至3日在萬芳醫院進行慰訪,與社工師、醫護人員,以手語帶動唱表演〈人間有愛〉與〈祝你幸福〉等歌曲,祝福病友及家屬,也邀請大眾手作香包,學習以薰香淨化空氣、驅逐蚊蟲;3日下午並關懷萬芳社區榮

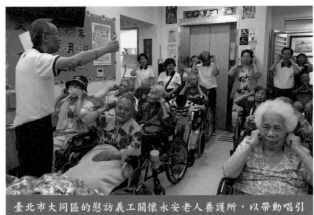

臺北市大同區的慰訪義工關懷永安老人養護所,以帶動唱引導長者活動肢體。

民與獨居長者,致贈愛心素粽。大同區的慰訪義工則於5日前往永安老人養護所關懷長者,並安排藝文表演及帶動唱,帶給長者佳節的團圓味。

中部埔里地區的端午關懷於6月4日在德華寺舉行,除了安排義剪、音樂演奏,副寺果弘法師也說明及時行善的重要,期勉大眾時時心存慈悲,刻刻不忘種福,勿以善小而不為,應日日行善,自有福報。考量有些關懷家庭成員年紀較長、行動不便,義工們在活動結束後,便將物資直接送到長者家中,以行動落實關懷。

屏東潮州地區的慰訪義工,於5月21日在果竣法師的帶領下,前往竹田鄉無量壽老人養護中心關懷,結合浴佛暨母親節的端午關懷活動,以念佛、藝文表演,傳遞各界的祝福。果竣法師鼓勵長者時時不忘念佛,佛號不離心,藉由念佛安定身心。

● 05.10～08.23期間

合唱團團本部關懷地區合唱團
互勉以音聲接引快樂學佛

5月10日至8月23日期間,合唱團輔導法師常獻法師、團長許美智偕同團本部悅眾,展開地區合唱團巡迴關懷。此行特地與各地合唱共修的時間結合,一方面了解地區各團現況,一方面也互勉透過佛曲,繼續推廣法鼓山理念。

常獻法師一行人首站於5月10日前往護法會羅東辦事處,參與羅東團合唱共修,交流演唱技巧。25日,巡迴關懷第二站基隆精舍,與悅眾就團務運作等各方面進行交流;合唱共修時,團員學習認真,負責指導的游淑娥老師逾七十歲,活潑、風趣、開朗的教學風格,讓課堂不時傳出歡笑聲,游老師以本身投入合唱教學為例,和團員互相勉勵珍惜善緣,共同提起「建設人間淨土」的

常獻法師偕同合唱團團本部悅眾，展開地區合唱團巡迴關懷，5月25日於基隆精舍，與基隆團一同合唱共修。

願心。

常獻法師表示，各地團員歡喜又認真地練唱，讓人感受到演唱佛曲的法喜，期勉團員帶動大眾練唱佛曲，透過唱歌的方式，接引更多人親近佛法。

許美智團長分享，由於各地因緣不同，發展出多元的弘法策略。例如豐原團每月舉辦的唱佛曲活動，接引了約九十多位民眾來親近道場，當中有幼稚園的孩童，也有八十多歲的長者，並且陸續參加了長青班、福田班或兒童營，逐漸踏上學佛之路。

法鼓山合唱團自1994年成立以來，在眾人齊心努力下，目前有團本部（原臺北團），以及羅東、基隆、桃園、豐原、員林、臺南、高雄、屏東等共九個合唱團，每週練唱共修。

2016 合唱團巡迴關懷一覽

時間	地點	參與地區合唱團
5月10日	護法會羅東辦事處	羅東團
5月25日	基隆精舍	基隆團
5月29日	桃園齋明別苑	桃園團
7月11日	護法會豐原辦事處	豐原團
7月15日	護法會員林辦事處	員林團
7月17日	臺南分院	臺南團
8月22日	高雄紫雲寺	高雄團
8月23日	護法會屏東辦事處	屏東團

● 05.22 05.28

雲嘉南地區慰訪義工培訓課程
為南部安心關懷注入新動力

持續關懷南臺地震受災家庭，慈基會5月22日、28日分別於臺南分院、雲集寺進行慰訪進階和初階培訓課程，有近一百九十位義工參加，為南部急難救助與安心關懷工作，注入新的動力。

22日的進階課程，邀請心理專家蔡詩詩講說「心靈SPA自我照顧」、臺南社工督導員蘇育賢介紹社會福利資源、高雄少年法院心理輔導員蘇益志分享實務經驗。其中，蘇益志輔導員說明與受助者互動最重要的關鍵，在於「不帶是非好壞標準、不以自我為中心的思考」，用修行的方法，回歸簡單的心，提供受助者需要的陪伴與傾聽，才是義工的角色。

28日的初階課程，心理諮商師曾仁美從「同理心與情緒管理」切入，透過情境卡片的實際演練，學習如何傾聽引導對方訴說；藉由「望、聞、問、切」，了解對方需求。曾仁美強調，慰訪義工於災難現場有兩件工作，一是把自己身心照顧好，二是學好陪伴別人的方法。

有學員分享，慰訪過程是觀照自己起心動念的練習，當義工不能存有比較心和優越感，而應以點點滴滴、累積小我的奉獻，來成就社會的大我。

臺南分院監院常嘉法師表示，慰訪課程是學習關懷、啟發同理心的養成，也是學習在眾生中，做聞聲救苦的觀音；法師勉勵參與培訓的學員，從關懷身邊的人開始，學做別人的觀音菩薩。

雲嘉南慰訪義工在「同理心與情緒管理」課堂中，學習如何傾聽和引導對方訴說。

● 06.18～19

榮董會首辦悅眾成長營
啟動全面關懷與教育

6月18至19日，榮譽董事會於法鼓文理學院首度舉辦全球悅眾成長營，藉由多元課程，認識法鼓山的興學與建築理念，凝聚護法共識，共有四十五位悅眾參加。

會長黃楚琪首先介紹榮董會自1989年成立後三階段的發展，第一階段的緣起，是為了籌募中華佛學研究所遷建建設工程費用，因而成立「法鼓山護法會」；第二階段是興建法鼓大學；第三階段法鼓文理學院成立，進入護法因緣、代代相傳。悅眾成長營的舉辦，則是啟動全面關懷與教育，提昇願心。

接著，僧團副住持果暉法師介紹法鼓文理學院辦學特色與規畫，透過圖文簡報，介紹已完竣的校園工程，並解說創辦人聖嚴師父興學的願心、融合「悲智和敬」校訓的學院教育、博雅教育等三大特色；前建設工程處總工程師陳洽由

前總工程師陳洽由於悅眾成長營中,分享法鼓山的建設理念。

在「法鼓山建設的理念」課程中,說明師父指示法鼓山建設的理念,就是佛法的精神,能穿越時間限制,承先啟後、繼往開來。

「從觀音道場走入聖嚴師父的內心世界」由弘化發展專案召集人果慨法師授課,法師從師父的童年、沙彌、當兵、閉關、留日、病痛等各人生階段,講述觀音菩薩對師父的意義,期勉大眾來法鼓山學觀音,更要走入人群中做觀音。

第二天的課程,包括「法鼓山的大事關懷」、「生死尊嚴」,分別由助念團副團長邱玟玲、法鼓文理學院助理教授辜琮瑜帶領,辜老師說明生死一體,生的哲學是死的哲學,生的意義就是死的意義,生命的尊嚴也正是死亡的尊嚴,珍惜有限生命體,好好修行,就會以感恩心面對死亡。

成長營圓滿前,方丈和尚果東法師到場關懷,開示心即是道,道即是心,勉勵眾人隨時隨地修心路,保護、守護、修護、維護,傳承護法因緣。

● 06.25

助念團北區悅眾聯誼座談
普及關懷 推動社區共修

助念團聯誼座談中,悅眾分享以共修活動來接引社區民眾的經驗。

助念團於6月25日,在北投農禪寺舉辦北區悅眾聯誼座談會,交流推動大事關懷的經驗,以及地區共修的現況,關懷院監院常綽法師到場關懷,共有一百三十位悅眾參加。

常綽法師鼓勵悅眾發下無緣大慈,同體大悲的願心,視助念對象和其家屬為親人來照顧,將大事關懷的辛苦

轉化為動力。法師讚歎組長們用心關懷組員，相處如同一家人，這些都是促成助念團持續成長的力量。

有悅眾表示，大事關懷課程協助釐清觀念，了解如何與助念對象和其家屬溝通，透過交流與分享，悅眾互相鼓勵，帶動團隊的向心力；也有悅眾分享，除了舉行共修接引社區民眾，並規畫豐富的活動，將念佛與助念深化為社區關懷。

● 07.10～14　07.26～31

生命教育心靈環保體驗營四川展開
學子探索自我與生命意義

法鼓山持續關懷中國大陸四川震災心靈重建工程，7月10至31日期間，慈基會於江油羅漢寺舉辦兩梯次「生命教育心靈環保體驗營」，由僧團副住持果品法師、寺院管理副都監常寬法師及僧大學僧帶領授課，分別有六十多位大學新鮮人、近一百位大學生參加。

果品法師勉勵學員，學習與自己相處，傾聽內心的聲音，唯有自己才是

生命教育心靈環保體驗營中，學員分組由法師帶領討論探索生命的意義。

「我」最忠實的伴侶，鼓勵學子用心學習「心靈環保」，並運用在校園、家庭及個人生活中；常寬法師說明禪修是一種「痛快」的體驗，「痛」過之後才能夠感受到滲入內心的「快」樂，心就會慢慢安定，期勉學員藉由禪修練習探索內心的喜悅，增長慈悲心與智慧心。

營隊以禪修課程為主軸，帶領學子探索如何從「自我肯定」進而達成「自我成長」與「自我超越」，並透過放鬆身心的活動，更深一層地認識自我與生命的本質與內涵。另一方面，2016年首度安排「禪繞畫」，藉由不先構圖、畫了不滿意也只能修改，而不能擦掉重畫的原則，讓學員學習面對、接受、處理、放下煩惱，迎向更自在圓滿的人生。

活動中，同時為一百一十一位大學生頒發獎助學金，鼓勵學子努力學習，有能力時，回饋社會。

活動最後一晚舉辦「無盡燈之夜」，由果品法師帶領學員們一同發願，共同為心靈環保體驗營留下安定而美麗的回憶。

● 07.10～15

關懷尼伯特颱風災情
四眾合力還原臺東淨土

強烈颱風尼伯特7月7日從臺灣東部登陸，造成臺東縣臺東市、太麻里鄉等地嚴重災情，慈基會於10日召開緊急會議，邀集北部義工、法青會員，迅速前往信行寺，與臺東當地、嘉義、高雄、臺南、潮州、屏東等地義工會合，僧俗四眾共五百六十多人，共同投入清理家園、校園，以及慰訪受災家庭的行列。

法師與義工們在臺東國小，合力將校園內傾倒的樹扶起。

11日起，法師與義工分組前往受損嚴重的學校，包括卑南國中國小、豐源國小、復興國小、南王國小、臺東女中、臺東大學等十一所學校，將校園內被強風吹倒、折斷，甚至是連根拔起的樹木，悉心修剪和清運，並清理水溝淤泥。南王國小校長洪志彰讚歎法鼓山義工的效率和用心，讓校園得以在短時間內恢復原貌，師生因此能有安心的學習環境。

慈基會祕書長果器法師、關懷院監院常綽法師、信行寺監院果增法師等，亦分組率同慰訪義工，探視六十三戶受災家庭。慰訪團隊傾聽陪伴，並致贈慰問金，傳遞社會大眾的關懷和支持。

首次參與救援的法青義工表示，清理校園過程中，了解到除了急難救助，救災有許多重建工作，需要大量人力的投入，才能成就。

● 08.26～28

義工團首辦跨組悅眾成長營
提昇跨組交流與合作默契

為提昇跨組合作默契，8月26至28日，義工團於三峽天南寺首度舉辦跨組悅眾成長營，由護法總會副都監常遠法師、常應法師、常獻法師等授課，共有一百多位悅眾在課程、禪修、出坡、角色扮演等活動中，交流學習。

27日上午的課程，由常應法師授課，法師分享於領職過程對於「奉獻即修行」的領悟，也體會到能夠全然付出，才是最有福報的人。下午課程中，法鼓文理學院助理教授辜琮瑜藉由提問：「佛教、法鼓山對自己的意義是什麼？」引領學員反思，向內心觀照；辜老師表示，先感化自己，才能感動他人，在共同成就中，以愛、尊重、包容、關懷來相互對待，無論面對何種境界，都能自安安人。

28日，常遠法師鼓勵悅眾面對「勇猛心易發，長遠心難持」的普遍現象，說明信因緣，就會懂得以感恩心對待一切，用智慧化解煩惱，再以慈悲心放下人我之爭，則人人皆為菩薩，學佛的願心便能延續下去。

下午，悅眾們透過情境劇，演出接待、醫護、護勤、環保、攝影、交通等組執行勤務時遇過的狀況，分組先討論解決方案，再由該組義工說明當時真正的處理方式；大堂分享上，悅眾們更是熱烈地交流執事經驗與心得。

常獻法師表示，最了解義工甘苦的人，就是義工本身，在成長營中，悅眾彼此學習、相互關懷，增進道心與長遠心，學佛、奉獻更有活力；有接待組悅眾分享，平日各組義工少有共處的機會，此次營隊打破分野，不僅重新認識彼此，也建立情誼。

成長營中，常遠法師勉勵大眾發長遠心奉獻。

● 09.17～10.16期間

「第二十三屆佛化聯合祝壽」全臺舉辦
感恩家中寶　歡享天倫樂

重陽節前夕，法鼓山於9月17日至10月16日期間，在各地分院、護法會辦事處舉辦「2016第二十三屆佛化聯合祝壽」，在兒孫陪同下，三千多位長者歡度一個環保簡約、法喜充滿的祝壽活動，具體落實禮儀環保的精神，以及敬老孝親的家庭倫理。

各地的祝壽活動，除了祈福法會，由法師帶領長者和兒孫們持誦《心經》、藥師佛聖號，臺南雲集寺並安排佛前供燈儀式，長者虔敬祈願；北投農禪寺安排一群小小接待組，以純真清亮的聲音高喊「阿公、阿嬤歡迎您！」為壽星獻上花圈、引導入座；臺中寶雲寺則安排故事花園的小學員表演〈四眾佛子共勉語〉、〈菩薩有千手〉；高雄紫雲寺由七、八年級的法青演出話劇，生動地呈

現智慧長者的日常生活；各地區還安排了企鵝舞、趣味問答、帶動唱等活動，邀請長者一起動動手、動動腦，健身又健腦。

僧團副住持果祥法師於紫雲寺與壽星代表一起切壽糕，祈願所有人平安、健康、快樂。

10月8日，基隆精舍於基隆市仁愛國小禮堂舉辦祝壽活動，共有四百多位長者、家屬及義工參與，基隆市長林右昌到場關懷，感謝法鼓山長期以來協助市政府，為社會發揮安定人心的力量。

臺北安和分院的祝壽活動，於10月10日上午舉行，果燦法師鼓勵長者人老心不老，雖然身體有些病痛，但是要老得有智慧、病得很健康，做好年輕人的典範，懂得感恩、知足常樂，累積福德與智慧資糧。

每場祝壽活動中，方丈和尚果東法師皆透過祝福影片，勉勵「家中寶」把握每一分每一秒，將每個當下過得有意義，對子女以關心代替擔心，每天練習減少自己及他人的煩惱，把平安、健康的心態建立起來，做個有慈悲、有智慧的長者。

2016 法鼓山佛化聯合祝壽活動一覽

地區	活動日期	舉辦單位	活動地點
北部	9 月 17 日	桃園齋明寺	桃園齋明寺
	9 月 24 日	北投農禪寺	北投農禪寺
	10 月 2 日	護法會林口辦事處	新北市林口區公所
	10 月 2 日	護法會三重蘆洲辦事處	護法會三重蘆洲辦事處
	10 月 2 日	蘭陽精舍	蘭陽精舍
	10 月 8 日	臺北中山精舍	臺北中山精舍
	10 月 8 日	基隆精舍	基隆市仁愛國小禮堂
	10 月 8 日	護法會新莊辦事處	護法會新莊辦事處
	10 月 10 日	臺北安和分院	臺北安和分院
	10 月 15 日	護法會文山辦事處	護法會文山辦事處
	10 月 16 日	護法會社子辦事處	護法會社子辦事處
中部	9 月 25 日	護法會員林辦事處	護法會員林辦事處
	10 月 8 日	臺中寶雲寺	臺中寶雲寺

	9月25日	臺南分院	臺南分院
南部	10月2日	高雄紫雲寺	高雄紫雲寺
	10月9日	臺南雲集寺	臺南雲集寺
	10月9日	護法會屏東辦事處	護法會屏東辦事處
	10月16日	護法會潮州辦事處	護法會潮州辦事處
東部	10月8日	臺東信行寺	臺東信行寺
	10月16日	護法會花蓮辦事處	護法會花蓮辦事處

● 09.24

法鼓山「2016國際關懷生命獎」頒獎
表彰慈悲、智慧與大願

9月24日，人基會於臺北市中油大樓國光廳舉辦「2016國際關懷生命獎頒獎典禮」，本屆得獎者為「團體大願獎」臺北市脊髓損傷社會福利基金會、「個人慈悲獎」闕戴淑嫩、「個人智慧獎」莊馥華，邀請前副總統蕭萬長、國泰慈善基金會董事長錢復與方丈和尚果東法師擔任頒獎人，表彰受獎者堅毅不撓、奉獻利他的行誼，有近八百人參加。

有「臺灣海倫凱勒」、「密碼女孩」之稱的莊馥華，幼年因火災喪失視力及口語能力，且頸部以下癱瘓，在家人的陪伴下，用點頭、擺頭的方式學習數碼拼音表及摩斯密碼，並以此發聲、創作，十餘年來更巡迴各地演講，鼓舞年輕學子永不放棄。

「個人慈悲獎」闕戴淑嫩致詞感謝一路走來給予力量和關懷的善心人士，相信只要堅持下去，便能改變更多孩子的人生，造福更多漂泊的青少年；「團體大願獎」臺北市脊髓損傷基金會，由執行董事黃河明代表領獎。黃河明分享自己陪伴病友後，才逐漸了解脊損傷友的挫折與需要，除了感謝「大願獎」的肯定，也期許社會大眾持續給予協助，共同締造友善世界。

方丈和尚讚歎三位受獎者與團體是人間的菩薩與天使，雖然遭逢困境、身受苦難，卻不畏苦難，而能救苦救難，實踐對生命的關懷。

「2016國際關懷生命獎」獲獎者與頒獎人合影，左起闕戴淑嫩、黃河明、錢復、方丈和尚、蕭萬長、李伸一、莊馥華、邱梅珍、陳武雄。

● 09.24

「2016關懷生命論壇」探討國土安全

分享轉心轉念 轉化美好環境

9月24日「2016 國際關懷生命獎」頒獎典禮圓滿後，人基會隨即於中油大樓國光廳舉辦「2016關懷生命論壇」，邀請臺北市長柯文哲、國家災害防救科技中心主任陳宏宇、紀錄片導演齊柏林與方丈和尚果東法師，以「心淨國土淨──從心探討國土安全」為題，分別從社會觀察、政策、文化、宗教等視野，分享讓人心安定、環境安定的智慧，共有八百多人參加。

論壇以《看見臺灣》紀錄片為切入點，與談人不約而同提及，災難背後暴露的正是人心的貪婪與自私。齊柏林導演分享，從鏡頭中看到美麗的家園，因為人為開發而面目全非，感傷之餘，更意識到環境教育的重要；也以臺灣的垃圾漂流到日本沖繩為例說明，環境議題沒有國界，個人的消費、飲食、生活習慣，一舉一動都牽繫著大自然的生滅。齊柏林期許自己持續扮演「大眾的雙眼」，帶動改變的力量。

陳宏宇主任表示1980年代首次聽到聖嚴師父提出「建設人間淨土」的理念時，覺得很震撼，因為建設淨土的前提，是要提昇人的品質；而三十年後，人心仍是災害防治的關鍵，災難無可避免，從自己做起，調整心態，就能做好減災、防災的工作。

從醫界跨足政治圈，柯文哲市長指出，價值比政策重要，解決環境議題的核心在於教育，社會、環境與人類是生命共同體。柯市長與大眾互勉，心存善念，盡力而為，面對挫折打擊時，依然不要失去對人世的熱情。

「所謂的『人定勝天』並不是征服大自然，而是指人心若能安定，便能與天地和諧相應，環境會依人心而有所改變。」方丈和尚則分享，成住壞空是世間萬事萬物本來的現象，但我們往往貪圖一時方便，反而讓災難提早降臨，因此法鼓山提出「心靈環保」，鼓勵大眾從「心」著手，運用佛法、禪法來調心轉念，照顧自己的同時，也照顧了整體社會和自然環境。

「2016關懷生命論壇」，以「心淨國土淨──從心探討國土安全」為題，分別從社會觀察、政策、文化、宗教等視野，分享讓人心安定、環境安定的智慧。

● 10.01～02

榮譽董事會首度舉辦禪悅營

感受禪悅法喜　堅定信願

感恩榮譽董事護持，也分享法鼓山的建設成果，榮譽董事會首度於10月1至2日，在法鼓山園區舉辦禪悅營，一百零七位榮董透過豐富的課程，深入了解聖嚴師父建設人間淨土的理念，堅定修行與奉獻的願心。

營隊第一天，方丈和尚果東法師到場關懷時，鼓勵眾人學習正面解讀人生順逆境；副住持果暉法師則分享文理學院

榮董會首次舉辦禪悅營，方丈和尚與學員歡喜合影。

「聚沙成塔」的動人故事；文化中心副都監果賢法師導讀《聖嚴法師年譜》，引導大眾了解聖嚴師父以生命實踐佛法的歷程；前總工程師陳洽由也分享園區十六年的建設過程，一草一木、一磚一瓦皆是修行的軌跡，蘊藏度眾的悲心。

弘化發展專案小組召集人果慨法師，更進一步帶領眾人從有形的「觀音道場」，走進聖嚴師父的內心世界：開山，是為了幫助眾人開啟自心的寶山，從「念觀音、求觀音」到「學觀音、做觀音」。

2日清晨，護法總會常獻法師帶領立禪，在綠地上練習直觀。僧大副院長果肇法師講授「心靈環保」，先播放聖嚴師父的影音開示及短片，再闡述「心靈環保」的意涵；「生死大事」課程，由助念團團長李純如與副團長邱玫玲分享大事關懷的經驗；「生命與教育」課程，則由法鼓文理學院生命教育學程主任辜琮瑜引領學員思索，人生如何從加法走向減法，體會真空妙有的智慧。

許多榮譽董事表示，有機會回到法鼓山充電、體驗境教，感動無以言喻，也感恩共修的因緣。

● 10.02

新進勸募會員授證於寶雲寺舉行

新鼓手歡喜承擔募人學佛使命

護法總會於10月2日在臺中寶雲寺舉辦「2016新進勸募會員授證典禮」，方丈和尚果東法師、護法總會副都監常遠法師、信眾服務處監院常應法師、寶雲

寺監院果理法師、護法總會總會長張昌邦、副總會長陳治明等出席關懷，共有一百六十三位新進勸募會員加入鼓手行列，四百多人觀禮祝福。

授證典禮在員林合唱團〈三寶歌〉、〈法鼓山〉等佛曲聲中，揭開序幕。「募人是方法，募心才是最重要的，布施不是有錢人的事，是有心人的事。」透過聖嚴師父的開示影片，眾人更深入領會「募人、募心、募錢」的勸募心法。

張昌邦總會長以聖嚴師父所言「佛法這麼好，知道的人這麼少，誤解的人這麼多」，期勉新進鼓手共同「勸」人學佛、「募」人護法；也分享師父的「108自在語」和著作，以及法鼓山的禪修方法，是推廣佛法最好的著力點。

典禮並安排資深悅眾分享勸募初心，有悅眾分享自己原本是家庭主婦，親近法鼓山最初十年，經常遭到對佛教有誤解的同修反彈，但學習聖嚴師父發願，

方丈和尚、張昌邦總會長、陳治明副總會長等，一同繞場關懷新會員。

因而有了轉機；921大地震投入災區慰訪，具備水電專業的同修陪同救災，後來也加入鼓手行列，齊心共願護法弘法。

有新勸募會員表示，深受悅眾的分享所感動，了解到發心是有力量的，不僅自己體驗佛法的好，還可以傳遞給家人朋友。

● 10.02

法行會中區分會新任會長交接
卓伯源接任新會長

法行會中區分會「第七屆會員大會暨新任會長交接典禮」於10月2日在臺中寶雲寺舉行，方丈和尚果東法師、護法總會副都監常遠法師、寶雲寺監院果理法師、護法總會總會長張昌邦、法行會會長許仁壽等，皆出席與會。

會中播放中區法行會發展回顧影片，從寶雲寺籌建、寶雲基石專案、落成啟用大典，到梁皇寶懺法會等活動，法行會員同心共願，全力護持寶雲寺建設。卸任會長蔡瑞榮表示，有願就有力，法行會發揮力量為社會服務，過程中體會要提昇人的品質，禪修是很好的開始，期許眾人追隨聖嚴師父的足跡，向前邁進。

與法鼓山結緣二十年的新任會長卓伯源，分享自1996年出席法鼓山園區奠基大典，之後參加菁英禪修營、中區心靈環保全民博覽會、寶雲寺動土大典等，以及2013年帶領彰化縣政府主管至園區打禪二的歷程，期許自己努力擴大光明面，縮小黑暗點，為提昇人的品質而努力。

在方丈和尚祝福下，法行會中區分會新任會長卓伯源（右）和卸任會長蔡瑞榮完成交接儀式。

果理法師感恩歷任會長的奉獻，讓法行會在中部發光發熱，期許眾人持續修學佛法，參加共修，讓自己成為寶雲，潤澤大地，利益眾生。

● 10.14

慈基會捐助重建海地
與NPH合作援助受災家庭

中南美洲國家海地10月3日遭受四級颶風馬修（Matthew）侵襲，西南部地區嚴重受創，逾八百人罹難、近百萬人受災。慈基會14日以經費援助的方式，透過長期投入海地人道救援的跨國醫療組織兒童之家（Nuestros Pequeños Hermanos, NPH），協助受災居民重建生活。

由於受到風災影響，居民糧食短缺嚴重，NPH短期目標為協助五千戶受災最嚴重的家庭，提供三個月的糧食補助、重建農舍與住屋，以及相關醫療支援，恢復環境整潔，避免衛生問題進一步惡化。

● 11.23

蔡英文總統會見關懷生命獎得主
肯定法鼓山長期推動心靈環保

11月23日，方丈和尚果東法師、人基會祕書長李伸一陪同「2016國際關懷生命獎」得主暨家屬，前往總統府，拜會總統蔡英文。

蔡英文總統肯定法鼓山長期推動「心靈環保」的努力，以及每位獲獎者的貢獻，並表示關懷生命獎從2007年舉辦以來，每位得獎的團體和個人，都是正向

蔡英文總統會見關懷生命獎得主,肯定法鼓山長期推動心靈環保的努力。

力量的傳遞者和行動者,積極幫助他人,不僅彰顯生命價值,也是民間發揮慈悲大愛的楷模。

方丈和尚表示,從心靈環保的觀點來看,受苦受難不等於有苦有難,關懷生命獎得主都在現身說法,提醒大眾珍惜當下因緣,積極為社會奉獻。

● 12.10　12.11　12.17　12.24

慈基會舉辦歲末關懷
逾兩千戶家庭受惠

慈基會於12月10至24日期間,分別於北投農禪寺、文化館、法鼓山園區及桃園齋明寺舉辦「2016歲末關懷」活動,共關懷逾兩千戶家庭。

農禪寺、中華佛教文化館與法鼓山世界教育園區的歲末關懷活動,分別於10日、11日與17日展開,並在活動中舉辦觀音祈福法會。農禪寺果仁法師關懷開示時,向民眾說明供燈的意義,在三寶前點亮心燈,以智慧光明破除黑暗,也象徵平等普施,代代相續,勉勵四百三十戶受關懷家庭,在遇到難題時,虔誠念誦觀世音菩薩聖號,祈求菩薩願力加被,內心就能充滿勇氣與力量。

文化館的關懷活動計有八百五十戶關懷戶參加,並有四百多位義工、法青共同為民眾修剪頭髮,提供米粉和羹湯等熱食;園區的「心靈饗宴」,融合在地色彩,由法青、法鼓萬里幼童軍團表演帶動唱,也邀請了石門老梅國小打擊樂團,以充滿節奏感的臺灣民謠組曲,展現青春活力,令兩百三十戶家庭備受鼓舞。

齋明寺的歲末關懷於24日展開,慈基會祕書長果器法師出席關懷,法會由監院果舟法師帶領誦念《心經》及觀音菩薩聖號,期勉大眾學觀音、做觀音。

社大萬里童軍團,以帶動唱為園區舉辦的歲末大關懷帶來活力。

● 12.17

榮董全球悅眾聯席會議農禪寺展開
學佛傳家　相續護法緣

　　法鼓山榮譽董事會於12月17日，在農禪寺舉辦第二次全球悅眾聯席會議，方丈和尚果東法師出席關懷，共有九十七位來自全臺、美國、加拿大等地的悅眾參加。

　　方丈和尚感恩海內外榮董持續護持，並以融攝修行方法的「法鼓榮董福慧行」一偈：「法鼓傳薪殊勝行，見證榮董圓滿行，護法因緣福慧行，代代相傳信願行」，期勉接引家人學佛，傳承護

方丈和尚出席榮譽董事會全球悅眾聯席會議，感恩海內外榮董一路護持。

法願心；會長黃楚琪也以聖嚴師父開示：「在法鼓山當義工，只有奉獻，沒有權力。」期許眾人以無私奉獻的義工精神，持續募人募心。

　　會中，各區榮董會分享2016年會務經驗，例如中區首次為榮董接引人和關懷員舉辦聯誼會，感恩悅眾奉獻，並分享生命故事，拉近了彼此的距離；北三區在聯誼會上，邀請了榮董父母、法青和其子女等三代一齊進場，象徵「護法因緣，代代相傳」，深受好評；美國舊金山、西雅圖等地區，則分享了道場建設與各項弘化活動，願心令人感動。

● 12.18

佛化婚禮婚前講習培訓課程
新人預習幸福功課

　　12月18日，法鼓山於臺北安和分院舉辦「第二十二屆佛化聯合婚禮」婚前講習培訓課程，由僧團法師及心六倫宣講團講師提點佛化家庭的觀念與婚姻生活的溝通心法，有近百位新人參加。

　　心六倫講師許新鳳與丁淑惠分別從人我相處、自我相處的觀點，分享自在溝通的要領，許新鳳強調「愛、信仰、平和」三要素，鼓勵新人運用「四它」化解生活上的歧異；丁淑惠說明真正的親密關係，是彼此可以做自己而不虛假，勉勵新人在夫妻關係中，共同學習消融自我。

　　下午的課程，關懷院常持法師則以互動遊戲以及圖片解讀，引導學員察覺內

心，重新擁有「覺」的力量來透視「情」的本質，進而做到情緒的調伏與淨化；弘化院監院果悅法師關懷時，期勉新人相互扶持，共創福慧傳家的佛化家庭。

許多新人表示，在課程中學習以佛法觀念分享幸福要訣，獲益良多。

新人於講習課程中，學習擁抱，傾聽對方的聲音。

● 12.20

慈基會捐贈尼泊爾學校相關設施
提供孤童安心就學環境

法鼓山持續關懷2015年尼泊爾震災，援建前譯紀念學校（Ngagyur Memorial School）增建衛浴餐廚暨衛生改善設施、活動中心，於12月20日舉行捐贈儀式，慈基會副祕書長常綽法師等參加啟用儀式，與該校校長堪布札西徹令仁波切共同剪綵祈福，全校師生熱情觀禮。

啟用儀式上，前譯紀念學校校長堪布札西徹令仁波切感謝臺灣民眾與法鼓山援助增建學校相關設施，讓學子安心就學；常綽法師表示，看到小朋友的熱情與笑容，相當感動，感謝「大方廣佛學講修學會」的協調，與當地政府相關單位及居民的協助，順利完成增建工程，共同成就善行。

儀式圓滿後，堪布札西徹令仁波切校長為常綽法師一行人介紹增建的衛生改善設施，包括一樓的男女浴廁、二樓餐廳與廚房、三樓活動中心，空間及動線規畫良善，提供學童安心就學環境。

常綽法師（左三）一行至尼泊爾，參加前譯紀念學校增建工程啟用儀式，堪布札西徹令仁波切（中）對臺灣民眾與法鼓山的援助，表達誠摯感謝。

於前譯紀念學校就讀的學童，主要是孤兒、單親、貧困兒童等，共四百位，由於學校當地潮濕且衛生設備不足，為了改善學童生活與健康，慈基會協助援建餐廚、師生活動中心，以及改善衛生設施，並補助學童書籍、制服等。

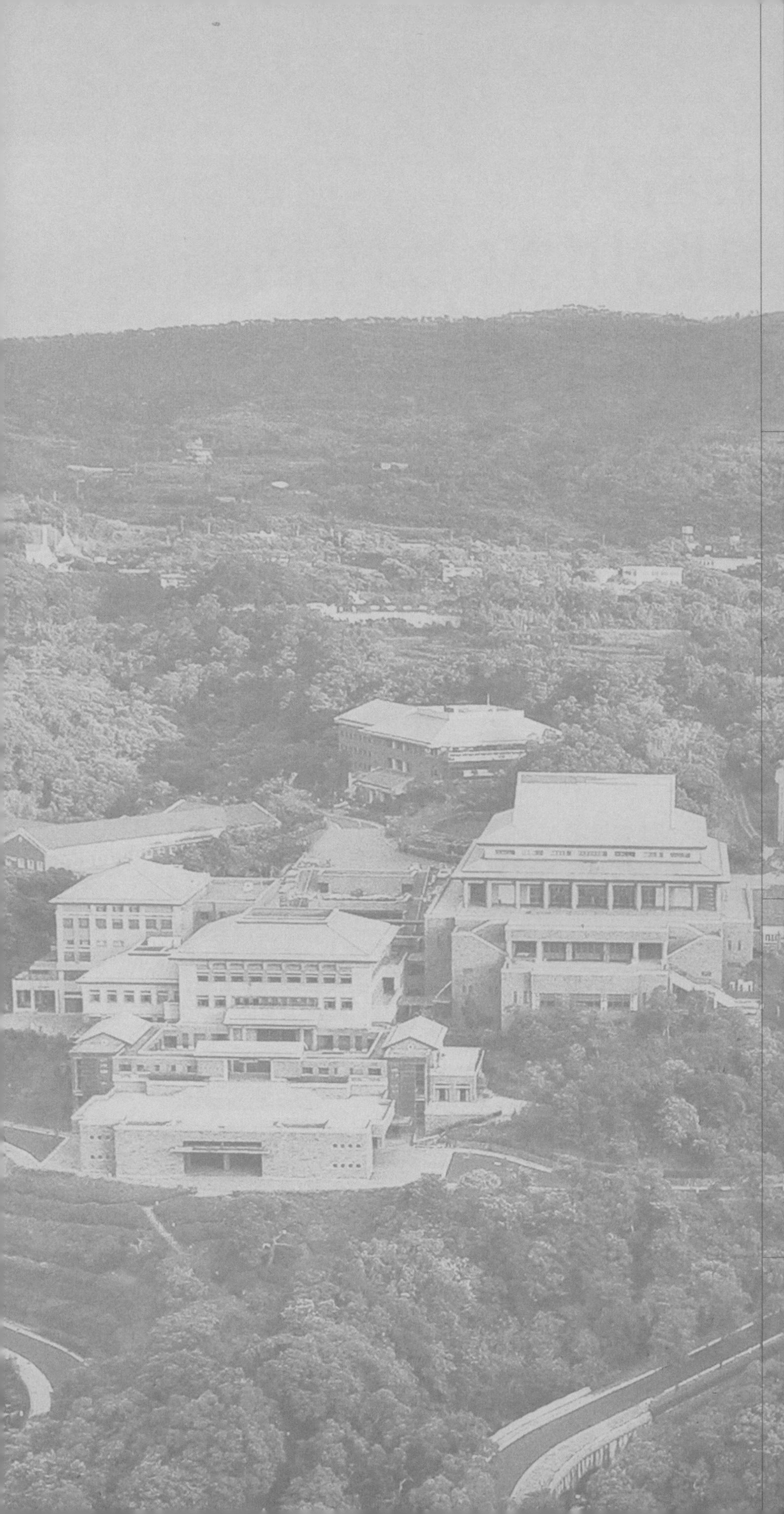

參【大學院教育】

涵養智慧養分的學習殿堂，
以研究、教學、弘法、服務為標的，
培養專業的佛學人才，
開啟國際學術交流大門，
朝向世界佛教教育園區的願景邁進。

關注當代
跨界應用多元對話

2016年，法鼓文理學院人文社會學群首屆學子入學，
大願橋及大願·校史館啟用，
軟硬體齊備，開創校園新氣象；
大學院教育持續透過學術研討、學校與推廣教育、國際交流對話，
佛法與世學兼備，朝多元創新、關注當代的方向持續開展，
實踐聖嚴師父興學大願，
開展漢傳佛法與當代社會連結的新視野。

法鼓文理學院除本有佛教學系博、碩、學士班，於2016年迎進人文社會學群生命教育、社會企業與創新、社區再造、環境與發展四個碩士學位學程首屆新生，逐步建構出跨學科領域、自主學習、關懷生命與社會的教學特色；被譽為培育法門龍象搖籃的法鼓山僧伽大學，本年已創校十六週年，於總本山展開的特展中，帶領回顧法鼓山僧伽教育的發展歷程，讓大眾了解僧眾的學習與養成，以及出家人弘法利生的大願。

而戮力推廣漢傳佛教研究及弘揚聖嚴師父思想的中華佛學研究所、聖嚴教育基金會，2016年主辦了多場學術會議，透過論文發表、議題探討到弘法分享，開啟多元領域間的對話，為社會關注的當代議題，注入佛法思維，融攝世學與佛學，不僅開拓研究視野，也開創漢傳佛教多元新風貌。

法鼓文理學院

以博雅教育為辦學方針的文理學院，本年持續以學術講座、論壇研討、專題及研修、海內外學術交流及各式校園活動，培養跨學科素養、關懷生命、奉獻社會的各級領導人才。

專為新生開設的必修課「心靈環保講座」，元月課程圓滿。修課過程中，以十場演講啟發學子自主學習，帶領探索各領域知識與心靈環保的關聯；佛教學系與人文社會學群亦組成跨科系、跨級別團隊，透過實際的評估調查，提出復育校園生態、善用水資源、空間綠化等「校園心靈環保教育行動方案」，將心靈環保落實在校園生活。

除了校內的跨領域合作學習，並邀集學者專家、各界人士，首度舉辦四場強化實務交流的論壇活動，4、5月

兩場「社會價值與社會企業影響力」論壇及工作坊，探討如何創造企業的社會價值和影響力，發展在地企業的社會責任；6月「生命教育與社會關懷」論壇，則從教育、美學、禪修等面向，省思生命關懷的本質，建構現代所需的理念和關懷行動；11月「愛與希望社區活力再造」論壇邀請地區鄰里長、社區工作者分享經驗，不同領域皆回歸心靈層面探討，建立共生利他的價值。

法鼓文理學院、僧伽大學畢結業生與師長合影，期許實踐菩薩道大願。

在佛教研究方面，本年舉辦了專題講座和研修班，包括邀請美國佛羅里達州立大學（Florida State University）副教授俞永峯主講「聖嚴法師漢傳禪佛教的建立與意涵」，闡述中華禪法鼓宗創立背景和歷史意義，引導學生思索當代漢傳佛教面臨的危機，重新詮釋漢傳佛教的議題；首度開辦的暑期漢語佛教文獻英語研修班，除了安排文獻選讀，並加上行門學習，帶領從實修中體會經句意涵。12月承辦「佛教與東亞文化密集研修班」，同樣藉由早晚課、茶禪、寺院參訪等活動，讓各國青年佛教學者體驗解行並重的學習，對於提昇漢傳佛教研究品質及國際化，相當具有助益。

在學術分享交流上，文理學院應海內外各學術機構邀請，交流數位佛學、東西方佛教、佛教與醫療等研究主題。校長惠敏法師在香港教育學院、中國大陸浙江大學的學術會議中，提出「數位人文」趨勢，期能促進資訊時代佛教研究的多元開展；並於日本岐阜聖德學園大學，分享臺灣臨床宗教師的養成、佛法在安寧療護及緩和醫療上的應用。助理教授鄧偉仁於西班牙馬德里、中國大陸雲南大理的論壇上，則探討現代西方佛教研究的方法和理論，如何運用於東方的佛教教育。

至於各式校園教育及校際活動的舉辦上，本年以高中生、大專青年、教師和社會大眾為對象，舉辦佛學講座及課程、研習營等，帶動終身學習的風氣。講座及課程方面，邀請聖嚴師父法子繼程法師弘講「《六祖壇經》的生活智慧」、「老實是禪」，以及僧團副住持果元法師主講「鉢音迴瀾」，以生活化的佛法，引導大眾老實修行；4至6月開辦「佛教史研修體驗營」、「心靈成長研修體驗營」，僧俗四眾重回校園，於境教中體驗簡單生活。

研習營方面，暑期除進行「兩岸大學校院教師禪文化研習營」，帶領教師和

博士生體驗漢傳禪風,也首度為高中生開辦「生命美學研習營」,引導學子透過禪坐、茶禪等課程,學習放鬆身心。與中華佛教青年會合辦「2016全國大專佛教青年領袖培訓營」,協助年輕人建立願景和品德,為社會及佛教盡心力。

而多元蓬勃的校際交流與活動,也為師生的學習注入成長活力,3至6月間展開校慶系列活動,除了社團成果展、《玄奘》舞台劇演出等,並首度與佛光大學合辦校際友誼賽,兩校藉由各項活動觀摩學習,建立交流的起點;學生社團行願社、書法社於「全國大專校院社團評鑑暨觀摩」同獲甲等獎,尤以行願社走出校園,關懷長者與弱勢族群,體現校訓「悲智和敬」的精神。此外,臺灣大學、輔仁大學、國防醫學院等校佛學社團前來參訪,了解辦學現況和發展,也使青年學子對文理學院的教育理念有更多認識。

法鼓山僧伽大學

法鼓山僧團培育新僧命搖籃的僧大,2016年邁入第十六年,特於法鼓山園區舉行「回家‧出家‧入如來家」特展,回顧法鼓山僧伽教育的發展歷程,以圖文創作、影像紀實呈現學僧修行奉獻的生活,讓大眾了解僧眾的學習與養成,以及出家人弘法利生的大願。

連續十三年舉辦的生命自覺營,本年首度以工作坊形式規畫四場課程:佛教的生命觀與自我覺醒、出家心行、高僧行誼、創辦人的悲願,藉由互動過程帶領青年覺醒生命的價值、省思人生的方向;3月的招生說明會,讓海內外有志青年透過師生分享、參訪僧大環境,生起入如來家的願心。

除了引領大眾認識僧大、接引年輕人廣發菩提心,在學僧培育上,亦不餘遺力,全年舉辦多場座談會、專題講座,包括由惠敏法師、常啟法師、端傳媒評論總監曾柏文對談「國際‧關懷‧教育」;果元法師、果慨法師座談「禪修與梵唄」;來自海內外各道場學僧展開「無國界學僧分享會」;以及聖嚴師父日本好友桐谷征一主講「聖嚴法師以及我的個人研究」,擴大國際觀和歷史視野,涵養隨緣學習、盡分奉獻的願行。

至於學習成果的呈現,本年「講經交流會」,除了以佛教經典為主題,學僧並以各具特色的思考和表達,分享法義及學習心得;「畢業製作暨禪修專題發表」則以圖文書、教學影片、口述歷史、教案手冊等形式展現,展現學僧統合、溝通等關懷眾生的能力。

中華佛學研究所

以推動漢傳佛教的學術研究與出版為主要工作方向的中華佛研所,主辦的「漢傳佛教青年學者論壇」,接續2015年呈現初步計畫,2016年進行第二階段成果發表,來自全球的青年學者,共發表二十一篇論文,內容涵括:漢地禪修的文本實踐、日唐漢傳佛教文化交流、民間佛教與女性文化等多元主題,契合論壇所提出「新文獻、新視野、新

方法」的研究精神;而藉由各領域專家主持講評,同時進行跨學科、跨世代經驗交流,為研究面向拓展出更多可能性。

而由惠敏法師主持的中華電子佛典協會（Chinese Buddhist Electronic Text Association, CEBTA）7月舉行「2016年成果發表會」,內容新增《大藏經補編》、十五部中、日、韓佛典,同時增加閱讀、搜尋、量化分析等功能,有助使用者增進研究效率。

另一方面,所長果鏡法師於5月率同「聖嚴法師文物史料數位典藏暨理念推廣計畫專案」成員前往日本,拜訪聖嚴師父留學期間的老師、同學、友人,進行訪談和資料蒐集,為後代研究者保存更完整的第一手史料;校友會也於9月舉辦「法鼓學校校友會校友論文發表論壇」,共發表五篇論文,分享研究成果之餘,也鼓勵終身學習,並搭起傳承的橋樑。

結語

2016年,聖基會舉辦了三場國際性會議,第六屆聖嚴思想國際學術研討會、第四屆法鼓山信眾論壇、第二屆近現代漢傳佛教論壇,從論文發表、議題探討到弘法分享,皆有令人矚目的成果。聖嚴思想國際學術研討會中六場專題演講、三場論壇與七十四篇論文發表,除

第六屆聖嚴思想國際學術研討會的舉辦,學者、專家藉由多元的論壇、論文發表、專題演講,探討漢傳佛教與當代社會的連結性。

了佛法義理和文獻研究,還涵蓋教育、經濟、思想、生態環保、比較宗教等面向,以佛法多元探究當代社會關注的議題,顯示研究者對漢傳佛教與當代社會連結的高度關注;信眾論壇聚焦於法鼓山的發展及聖嚴師父禪修理念的傳承,四眾弟子分享在全球弘揚漢傳禪法的現況,讓人看見傳承師願的無限願力;近現代漢傳佛教論壇則從佛教教育出發,探討辦學特色和困境,深入思考佛教教育的定位、發展及未來契機與方向。

大學院教育融合宗教、人文、科技、社會等範疇於一爐,持續透過國際學術研討交流、跨領域對話合作等管道,回應當代社會潮流,成果斐然,除培育專業智能,造就研究、教學、弘法、專業服務領域裡,引導大眾、啟迪觀念的各種專門人才,不僅為漢傳佛教開拓更寬廣的格局與氣度,讓佛法的弘傳超越語言、民族、地域,實踐聖嚴師父興學大願,也開拓漢傳佛法與當代社會連結的新視野。

● 01.08

繼程法師講《六祖壇經》的生活智慧
與千位民眾分享直指人心的禪法

繼程法師以品茶等生活化的譬喻，深入淺出地闡揚《壇經》思想。

法鼓文理學院生命教育學程於1月8日，在臺北安和分院舉辦佛學講座，邀請聖嚴師父法子繼程法師以「《六祖壇經》的生活智慧」為題，與近千位民眾分享禪宗直指人心的禪法。

法師以「自覺」破題，指出對自己有適當的覺察、深入的了解，明白什麼該做、什麼不該做，「我知道」即是自覺的能力，也是佛性的顯發。佛教強調一切眾生皆有佛性，但六祖不提佛性而講自性，法師說明，佛性普遍存在每個人身上，所以禪宗提出自性清淨，就是讓修行回到自身，通過努力，證悟自性本然清淨。

除了闡釋《壇經》的基本觀念，法師也提醒，修學禪法必須回歸整體脈絡，洞察各方因緣。至於如何運用《壇經》的智慧？「讓心回到自性清淨的本然，讓行回到定慧一體的狀態。」法師以喝茶說明，喝的當下全心地品嘗，喝過就放下，不要期待第二泡能有同樣的滋味，但對於其中的差別了了分明，知道但不比較，依然滿心歡喜地接受，才是茶禪的真義，也是默照的工夫。

許多學員表示，繼程法師生動的譬喻、清晰的理路，將禪法從止觀、定慧、默照的脈絡連成一氣，讓人豁然開朗。

● 01.11

「心靈環保講座」期末研討
跨領域學習　從心翻轉

由法鼓文理學院校長惠敏法師、環境與發展碩士學位學程助理教授黃信勳等共同企畫、專為新生開設的「心靈環保講座」必修課程，1月11日進行學期末最後一堂課，由學生提出「校園心靈環保教育行動方案」研討成果。

九十五位佛教學系與人文社會學群新生，依推動校園環境管理、落實環境教

育、推動校園生活環保、整備環境教育設施等四大主軸，組成四大組跨科系、級別的研究團隊，提出復育校園原生生態、校園導覽行動App、校園生活公約、善用水資源、空間綠化等方案，透過實際評估與調查，領略心靈環保的意義。

在期末呈現報告上，有博士生分享，螢火蟲曾是校園的原住民，建議校園採取「適度荒地化」，讓多樣性原生物種重回校園；也有大一新生表示，初入法鼓山園區，認為「心靈環保」只是抽象的名詞，在準備期末報告過程中，了解園區各項設施不全然以人類的使用方便為考量，更會尊重環境中其他生物的生存權益，由此感受心靈環保就在營造出來的環境中。

惠敏法師讚歎學生們的表現不凡，相信學生已奠定團隊合作的架構，期許未來在各角落發揮正面的力量，為人類與地球解決所面臨的危機。

心靈環保講座以校園為「環境教育學習園區」，採啟發式自主學習，從佛教心識論、生命觀、公民社會發展、環境學習等主題出發，以十場演講，啟發學生探索各知識領域與心靈環保的關係，並將知識學習運用在生活環境，更能契入心靈環保理念。

文理學院必修課「心靈環保講座」進行期末討論，師生分享熱烈。

● 01.15

惠敏法師赴日演講「臨床宗教師養成」
分享佛法於安寧療護、緩和醫療的應用

法鼓文理學院校長惠敏法師於1月15日，應日本岐阜聖德學園大學之邀，以「安寧療護臨床宗教師之養成」為題，分享臺灣臨床宗教師養成，以及佛法於安寧療護、緩和醫療的應用。

安寧療護（Hospice Care）運動起源於基督宗教文化，東方國家除了引進理念與方法，如何發展出適合當地文化的模式？惠敏法師以臺灣的經驗為例，介紹與臺大醫院家庭醫學科主治醫師陳慶餘、邱泰源等，共同投入的「佛法在安寧療護、緩和醫療應用之研究」，以及2000年開始進行的「安寧療護、緩和醫療佛教法師養成計畫」。法師指出，症狀的解除由醫師負責，臨床宗教師的責任，則是維持病人在心性上不斷學習成長，也就是開啟佛性、啟發慈悲心、協

助放下諸緣，轉識成智。

法師說明宗教師的四個學習階段，從了解緩和醫療及其團隊的運作、其他團隊成員的角色及不同專業間的互動，到具備傾聽、了解病人的需求等一般照顧能力，最後才是專業的支持，強調宗教師不只提供個人的力量，還要匯聚各方專長，才能協助病人及家屬面對死亡、依持佛法而生死兩相安。

● 01.22～24

法鼓文理學院倡議數位人文發展
出席「漢譯佛經梵漢對比分析語料庫」工作坊

法鼓文理學院校長惠敏法師（前排右三）、洪振洲館長（後排右五）及鄧偉仁老師（前排右一），至香港教育學院交流數位化研究經驗。

法鼓文理學院校長惠敏法師、助理教授鄧偉仁、圖資館館長洪振洲，於1月22至24日應香港教育學院之邀，出席「『漢譯佛經梵漢對比分析語料庫』的使用及修訂學術工作坊」，就語料庫的運用、發展，與兩岸三地學者進行經驗交流與討論。

工作坊中，惠敏法師就推動「漢譯佛經梵漢對比分析語料庫」的發展表示，共同合作建構梵文、巴利文、漢譯、藏譯等佛典語言之對勘，以及對譯於英、日、德、法等現代語言的「佛典平行語料庫」（Buddhist Parallel Corpus），是未來重要的工作目標。法師也關注資訊化時代「數位人文」（Digital Humanities）的發展，提出跨界合作與專業分工、多人共享與版本管理等關鍵要素。

洪振洲館長則應邀以「佛典文獻數位研究工具之發展與演變」進行專題報告，除了從歷史沿革角度來探討，並介紹進行中的數位整合研究平台，歸納未來佛典文獻數位研究工具的可能發展，讓與會學者快速掌握佛典數位資源的發展現況，對於未來相關系統的開發，也有了可供參考的模式。

鄧偉仁老師也於工作坊上，就「語料庫」梵語語法分析的部分，具體指出語法分析上的失誤、造成失誤可能的原因，並提供正確的語法分析建議。

「語料庫」研究計畫主持人香港教育學院中國語言學系系主任朱慶之教授表示，希望能與法鼓文理學院進一步交流合作，提昇語法分析的品質。

01.23～02.02

「第十三屆生命自覺營」園區舉行
學員覺醒生命的價值

　　僧大於1月23日至2月2日，在法鼓山園區舉辦第十三屆生命自覺營，共有一百八十一位青年學員於短期出家生活中，透過梵唄、戒律、禪修、出坡等修行體驗，覺醒生命的價值、省思人生的方向，其中有學員遠從馬來西亞、加拿大、美國及西班牙而來。

　　本屆自覺營首度以工作坊形式，於營隊中規畫了四場課程，循著「戒、定、慧」三學次第，從「佛教的生命觀與自我覺醒」、「出家心行」、「高僧行誼」到「創辦人的悲願」，學員藉由互動過程，彼此學習成長，找尋生命真義。

進行「人生選擇題」工作坊時，學員分組討論看似對立的選擇題，應如何思考和抉擇。

　　「佛教的生命觀與自我覺醒」由寺院管理副都監常寬法師主講，在遍覽植物、動物及人類的生命後，學員並透過影片，深入佛陀的生命；進行「人生選擇題」工作坊時，學員分組討論「懺悔與懊悔」、「落髮與剪髮」等看似對立的選擇題，法師分享做抉擇前，先把外在因素拿掉，單純地想「心」跟「問題」，就會變得比較單純清楚。

　　弘化發展專案召集人果慨法師於「高僧行誼」課程中，介紹漢傳佛教的源頭──智者大師的生平與思想；「心‧僧命力」工作坊則由常順、常啟、常乘三位法師，分享學佛與出家歷程，法師們鼓勵學員，只要抱持尊重、利他的心，也是一步的圓滿。

　　由文化中心副都監果賢法師講授的「創辦人的悲願」，說明聖嚴師父的一生，就是自己用佛法，分享給他人，每走一步都有當時的困難，但每一步都非常踏實。

　　1月26日舉行正授儀式，學員們在方丈和尚果東法師及副住持果暉法師引領下，依次受戒，虔敬的搭起幔衣，在求法修行之路上正式成為行者菩薩，方丈和尚期勉學員莫忘起心向佛的初發心；2日的捨戒典禮中，果暉法師則勉勵學員日後仍應守持「三皈五戒」，以在家身修出離行，不負參加生命自覺營的初心，將「發菩提心，行菩薩道」銘記於心，時時廣結善緣，成就無上佛道。

● 02.08～12.31

僧大創校十六年特展
回顧並展望法鼓山僧伽教育的發展

僧大特展以「回家、出家、入如來家」三個展區,解答大眾對出家的疑惑。

　　2月8日至12月31日,僧大於法鼓山園區第二大樓活動大廳舉行創校十六年特展,回顧法鼓山僧伽教育的發展歷程,引領參訪者「僧」入其境,認識並體驗僧眾的學習與養成。

　　特展以「回家」、「出家」、「入如來家」三個展區,從創建的因緣和理念,到圖文創作、影像紀實,呈現學僧修行和奉獻的身影,也以互動式的「出家修行二十問」,解答大眾對出家的疑惑,了解弘法利生的大願。

　　展區並播放「僧伽大學試學教室」影片,帶領眾人跨越時空,回到聖嚴師父於僧大的教學現場,掬飲佛法的清涼甘露。

● 03.05

僧大舉辦「國際‧關懷‧教育」座談會
惠敏法師、常啟法師、曾柏文對談佛法與國際觀

　　為提昇學僧國際視野,僧大於3月5日在階梯教室舉辦座談會,邀請端傳媒評論總監曾柏文,與法鼓文理學院校長惠敏法師、僧大教務長常啟法師,以「國際‧關懷‧教育」為題,探索交流佛法與國際觀。

　　面對人口高齡化的世界趨勢,惠敏法師指出,高齡化社會不能僅著重在醫療或安養等設施,運動、健康等預防性的身心健康才是重要關鍵。而值此教育趨勢從注重高等或專業取向,逐漸朝向跨領域發展之際,法師進一步提出「工字型」人才的培育,即是以博雅教育為基礎,重視身心健康、養成終身學習的習慣。

　　常年推廣禪修、至海外弘化關懷的常啟法師分享,當年進僧大求學,總是聽從師長的教導,如今重返學校當老師,隨著時代演進,教學觀念轉變,改以啟發、引導方式,如同朋友般陪伴學僧成長。法師鼓勵學僧常觀察、多覺照,拓展學習視野,並運用佛法觀念加以融攝,培養自己記錄、延伸、整合的能力。

惠敏法師（中）、常啟法師（左）、曾柏文（右）於座談會中，探索交流佛法與國際觀。

扮演「搭橋者」角色的曾柏文總監提醒，網路瓜分了媒體的話語權和資源，資訊來源愈來愈個人化，形成「媒體視野的部落化」現象，立場相反的社群，就會產生批評對立的現象；許多人書寫的目的，已從溝通變為攻擊，閱讀不是為了理解，而是尋求認同。當社會共同體被瓦解切割，需要有人縫合，因此安頓情緒的能力很重要，也認同發展博雅教育，涵蓋不同領域，廣泛學習如何思辨、表達與採取行動，可以「讓人成為更完整的人」。

● 03.13

僧大舉辦招生說明會
邀請青年加入僧眾培育

僧大於3月13日在法鼓山園區舉辦「105年度招生說明會」，由副院長果肇法師、常順法師等師長介紹辦學精神及課程規畫，共有二十九位來自臺灣、新加坡、越南等地青年參加。

會中首先觀看《續佛慧命》影片，了解僧大的學制與教育理念。常順法師引用聖嚴師父的期許：「以發大悲願心的起點來報考，成為大宗教家」，勉勵學子「願願相續」，在僧大中尋找生命的著力點，為未來世界服務奉獻，延續佛法慧命。

「師長大堂問答」單元，與會者提出各種問題，包括出家的心路歷程、如何與父母的溝通等，果肇法師一一予以回答，建議家長尊重與接納孩子到僧大接受完整人格養成教育，成為眾生的心理醫生，終身都有奉獻的出路，期勉家長為孩子祝福。

小組分享時，一位甫參加生命自覺營的學員，分享從社會運動的街頭走進寺院，感受到社會不公，其實來自於人心的不平衡，也在生命自覺營學習到化解煩惱的方法，發願與眾人一起做有意義

參加僧大招生說明會的考生們，在「僧伽大學創校十六週年特展」展場，聆聽聖嚴師父開示影片「創辦人的精神」。

的事;一位學建築的青年表示,參與法鼓山佛學課程、擔任義工,感受法師的行誼而決心出家。

活動最後,法師們分組帶領考生參訪僧大的學習環境,以及「僧伽大學創校十六週年特展」。坐在特展中的教室裡,聆聽聖嚴師父開示影片「創辦人的精神」,考生彼此打氣,能夠承先啟後,順利入如來家。

● 03.23

僧大師長對談梵唄與禪修
分享梵唄的禪修體悟

果元法師(右)和果慨法師(左)與僧大學僧分享從梵唄中體會、運用禪法的心得。

3月23日,僧大舉辦「禪修與梵唄」座談會,由僧團副住持果元法師、弘化發展專案召集人果慨法師,以「修持的國際觀」為題,分享禪修、梵唄與修行,共有五十多位學僧及法師參加。

於僧大教導梵唄多年的果慨法師,分享學習梵唄是因為一場課誦,觸發學習梵唄的誓願。法師說明梵唄與禪修密不可分,梵唄方法以默照為本,唱誦必須先放鬆身心,再觀照自身、他人、環境;以領眾的維那為例,不能任意將聲音壓過眾人之上,必須時時覺察整體,先和眾,才能領眾。

果元法師也勤練梵唄,某次聽到一位法師打鐘鼓,恍然領悟:「原來法器的音聲也可以攝受人心。」從此投入每年的大悲心水陸法會,運用禪修的方法,唱出具有穿透力的梵唄音聲。

果慨法師最後提醒學僧,出家前十年,會就做,不會就學,不要太早定型在某一專長上,才能安住僧團,讓出家的生命精彩有厚度,實踐隨緣學習,盡分奉獻的願心。

● 03.24

禪文化研修中心舉辦法鼓講座
果元法師講說音聲修行

法鼓文理學院禪文化研修中心3月24日舉辦法鼓講座,由僧團副住持果元法師主講「缽音洄瀾——照見內在的聲音」,講析以音聲為助緣的禪法修行,共

有一百多人參加。

果元法師從〈楓橋夜泊〉詩句「夜半鐘聲到客船」說起，介紹中國禪宗祖師聞聲入道的有趣故事，例如：香巖智閑禪師掃地時掃到小石子，聽到石子敲擊竹子發出的聲音，因而悟道；無門慧開禪師參「無」字話頭，參到心無雜念之際，忽然聽到

果元法師於法鼓講座中，分享音聲的禪法修行。

齋堂排山倒海而來的鼓聲，胸中豁然清朗而頓悟，留下「青天白日一聲雷，大地群生眼豁開」偈語；而禪師使用香板，以棒喝方式使人放下執取，亦是相同效用。

法師並分享觀音菩薩耳根圓通法門，由聆聽外在的聲音到內在的聲音，從聲音的起滅了解音聲本身是因緣和合，從而超越了能聽與所聽，入空性之流。

講座最後，果元法師並輕敲頌缽，引導大眾隨著缽音的迴盪與起滅，體驗耳根與音聲的交融。

● 03.30～06.30期間

法鼓文理學院擴大校慶系列活動
博雅教育展現活力

3月30日至6月30日期間，法鼓文理學院舉辦校慶系列活動，包括與佛光大學首度聯合舉辦的校際友誼賽、社團成果展、禪韻國畫成果展、綜合語言競賽和春季五分鐘書評等，體現博雅教育的豐碩成果。

於3月30日與佛光大學合辦的佛法盃友誼賽，有男子

綜合語言競賽，同學以鼓聲伴奏，以梵文唱誦經典，展現印度佛教的傳統文化。

籃球、男女桌球、男女羽球、趣味競賽、拔河，以及太鼓、樂器演奏、演唱等表演。兩校藉著各項比賽，相互觀摩學習，從中獲得新啟發，並將以這次賽事

為起點，於未來開展多層次的交流與互動。

　　社團成果展於4月1至10日舉行，規模最大的是行願社，社員在課業繁忙之餘，積極走出校園，關懷長者與弱勢族群，並與書畫社受邀參加3月教育部所舉辦的「全國大專校院社團評鑑暨觀摩」，同時榮獲甲等獎殊榮，也於成果展中，與大眾分享一年來的成長喜悅。

　　於4月6日舉行的「春季書評比賽」中，學生們各自發表對書籍獨到的評論與心得；「綜合語言競賽」於13日進行，其中一組參賽者唱誦古印度受戒比丘必背的《一百五十讚佛誦》梵文經典，象徵回皈佛陀本懷的精神，回響熱烈。

　　「禪韻國畫成果展」則於4月22日至6月30日，分別於校區綜合大樓一樓和臺大醫院金山分院北海藝廊舉辦，並特別納入佛教學系學士班的畢業成果展，期盼以禪韻畫接引偏鄉民眾親近佛法，也體現出文理學院學生回饋社會、融入社區，奉獻所學的願心。

● 04.08

法鼓文理學院大願橋、校史館啟用
感恩大眾護持願心

方丈和尚果東法師（左）、校長惠敏法師（右），與大眾一同走過大願橋，感恩大眾護持、共同成就聖嚴師父的興學大願。

　　法鼓文理學院於4月8日校慶日，舉辦新落成建築「大願橋」、「大願‧校史館」啟用典禮，由方丈和尚果東法師、校長惠敏法師、校董代表今能長老，以及佛研所榮譽所長李志夫、法鼓山社大校長曾濟群、護法總會總會長張昌邦、副總會長黃楚琪等共同剪綵，共有六百多位各界代表觀禮祝福。

　　方丈和尚致詞時，特別向護持興學的大眾致意，感念各種因緣適時成就，點滴在心頭，並引用《華嚴經》：「菩提心燈，大悲為油，大願為柱，光照法界。」肯定眾人發願、行願，開發自心光明，照亮人間的菩薩行，鼓勵大眾續發「大願同行，利益眾生」之願，從而不忘報答師恩，發揚聖嚴師父以生命實踐佛法的精神。

　　「大願興學，度脫百八煩惱。橋渡眾生，菩薩慈眉觀照。」校長惠敏法師以四句詩偈為導，介紹連接東西校區、以「大願」為名的人行橋。大願橋跨距

一百零八公尺，寓意祈願眾生度脫百八煩惱纏縛，往返自在，到達彼岸，橋身兩端窄、中間寬的弧形造型，猶如菩薩慈眉，慈眼觀照世間眾生，藉由此橋象徵不忘社會大眾的護持願心。

設於綜合大樓中心位置的「大願・校史館」，記述聖嚴師父自1978年擔任中華學術院佛學研究所所長起的興學歷程，呈現法鼓山大學院教育沿革縮影，其中，透過「聚沙興學・微塵淨土」互動式虛擬沙盤平台，記錄每一則動人的勸募故事，永續感恩從2007年2月起，圓滿「5475大願興學專案」的二十六萬五千多位民眾。

● 04.08

舞台劇《玄奘》校慶日演出
虛實場景再現玄奘求法心路

4月8日法鼓文理學院校慶日，圓滿大願校史館、大願橋啟用儀式後，於法鼓山園區祈願觀音殿前平台，安排由導演蔡明亮執導，長達兩個多小時的舞台劇《玄奘》，包括教職師生與各界來賓，共有兩百多人觀賞演出。

舞台劇《玄奘》於校慶日演出，大眾體驗玄奘的求法心路。

以就地平鋪的白色畫布為布景，演員李康生身穿紅袈裟睡眠、跏趺、漫行，黑衣畫家高俊宏則手持炭筆，在布景上反覆塗畫擦抹，緩慢鋪展玄奘大師西行的時空意象。

這場應校慶之邀的露天演出，以法鼓山自然環境為襯景，虛實場景融合為一，藝術家在其中細細演繹求法大願，觀者在慢與靜之中專注微觀求法的無路之路，領略孤僧萬里行的壯闊心志。

● 04.16

僧大講經交流法鼓山園區舉行
法海涵泳 學僧展現學習成果

僧大第八屆講經交流會於4月16日在法鼓文理學院大教室舉行，男眾部副院長常順法師、教務長常啟法師、果興法師、果傳法師等師長皆出席聆聽。五位

講者中，四位以佛教經典為主題，一位介紹聖嚴師父的學思歷程。

常順法師期勉學僧，透過自己的獨立思考與表達，分享法義及學習成果，呈現漢傳佛教兼容並蓄、平等互重的特色。

講述《佛說五蘊皆空經》的演一法師，運用科學實驗、影片觀賞，直接讓聽眾體驗無常、無我；演輪法師因參加佛七起了疑惑，藉由講述《六祖壇經·疑問品》，提出三個問題來釐清內心疑問，並願自己走過除疑的過程，讓佛法能夠自受用、他受用。

演寶法師以「修證藥帖終極版《佛遺教經》」為題，活潑生動地介紹佛陀圓寂前心繫眾生，勸勉弟子一心勤求出離、嚴守戒律的遺教，提醒大眾走入戒律的精神，而非拘泥和現況因緣不符的戒條。

真光法師就《普門品》分享「念觀音、求觀音、學觀音、做觀音」的修行法門，不僅是遇到逆境時的最佳陪伴，每當情緒起伏時，稱誦「觀音菩薩」就能讓心安定下來，將觀音法門融入生活中，從而學習觀音「慈眼視眾生」、大慈大悲的精神。

講經交流圓滿，學僧捧著獎項，歡喜地與師長合影。

演戲行者以聖嚴師父的一生為主題，從狼山出家的小故事說起，到赴日留學時「絕不改裝、絕不放棄素食、絕不以做散工來換取生活費」的堅持，清晰的口語、理性又感人的講述，廣獲肯定。

● 04.29～05.01

法鼓文理學院「佛教史研修體驗營」
跨越時空 優游四大佛教史

4月29日至5月1日，法鼓文理學院禪文化研修中心開辦「佛教史研修體驗營」，逾百位法師與信眾於印、中、藏、日等四大佛教史中優游共學。校長惠敏法師以《三國演義》及《三國志》為喻，提醒學員歷史接近後者，不如前者精彩有趣，更需用廣闊的心胸去學習；勉勵學員不只體驗課程，更要藉著「學慢」、「學簡單」，踏實地體驗生活。

講授第一堂「印度佛教史」的助理教授莊國彬，幽默地引導學員思考，如何從佛傳得到「法」的啟示，並從部派佛教、大乘佛教、密教的演變，體認佛教

與文化不可分割，以及佛教度化眾生的本質：從無常、苦、空、無我的此岸，到常樂我淨的彼岸，未曾改變。

「中國佛教史」、「西藏佛教史」與「日本佛教史」，則由施凱華、蘇南望傑、藍吉富老師分別授課。三位老師學養豐厚，教學活潑生動，學員在法喜洋溢中，一窺佛教於異時空、異文化下開展出的不同面貌。

有於行願館擔任義工的學員表示，歡

上百位學員於「佛教史研修體驗營」中，不只體驗課程，同時藉著「學慢」、「學簡單」，踏實地體驗生活。

喜有緣深入認識佛教，期待未來有更多學習體驗的機會；也有法青學員分享，除了對佛教史有興趣，也期望在文理學院的清淨校園中，體驗學習的感受。

04.30

法鼓文理學院、人基會合辦社會企業論壇
省思企業的社會價值

法鼓文理學院、人基會聯合舉辦「社會價值&社會企業影響力論壇」，4月30日於張榮發基金會國際會議廳展開，邀集三十多位社企領域的專家代表，探討社會企業的現況、趨勢，提昇其對公民社會的價值和影響力，有近三百人參加。

開幕式上，方丈和尚果東法師致詞表示，法鼓山提倡「心五四」與「心六倫」運動，融貫四攝、六度的核心要旨，對於社會價值有重要提醒；而二十一世紀新興的社會企業，自發承擔為世人解決問題的使命，與菩薩道有相應之處。

法鼓文理學院校長惠敏法師也發表專題演講「心靈環保與社會價值」，以博學雅健的生活型態與銀光經濟為例，提出法鼓山「心靈環保」理念、佛教「慈悲喜捨」四無量心、慈悲禪修與腦神經科學研究等，都可以內化與擴充「社會價值」的意義，對於尚在啟蒙階段的臺灣社企，更能創造自利利人的行動實踐。

當天論壇進行四場論文發表、兩場實務對談。論文發表就「社會價值」、「社會影響力」兩大主軸，探討社企定義、個案研究、管理倫理、籌資途徑、影響力評估等主題。靜宜大學吳成豐教授以里仁公司與諾樂犛牛織品手工作坊（Norlha）為研究個案，探討兩家社企同具佛教背景，在法令未周延、起步晚

等情形下，開創華人社企發展的有利模式，並提出法鼓文化致力心靈教育，「由心出發」解決社會問題，亦具備社企特質。

實務對談由光原、臺灣好夥伴、臺灣尤努斯基金會等社企參與。心六倫宣講團團長林知美於對談中介紹人基會的「心藍海策略」課程，是將禪法觀念導入企業管理，提昇企業對社會責任的自覺，創造共享價值。

政治大學江明修（左起）、中央大學沈建文、臺灣師範大學鄭勝分等學者，於論壇中分享社會企業學術與實務經驗。

結合學術和實務的智慧結晶，「社會價值&社會企業影響力論壇」建立對話平台，強調務實的經驗分享，讓會後交流格外熱烈。

● 05.24～27

典藏聖嚴師父史料專案小組訪日
訪談師友與資料蒐集

5月24至27日，中華佛學研究所所長果鏡法師率同「聖嚴法師文物史料數位典藏暨理念推廣計畫專案」執行主持人——法鼓文理學院圖資館館長洪振洲、大願校史館主任辜琮瑜等人，前往日本立正大學，拜訪聖嚴師父留日期間的老師、同學、友人，蒐集資料，並進行訪談。

參訪首站為聖嚴師父的母校立正大學，與理事長古河良皓、校長齊藤昇、佛教學部部長寺田英智等，就專案內容、發展方向交換意見，古河理事長特別表示聖嚴師父為該校之光，同時感謝法鼓山提供獎學金嘉惠學子。

透過寺田英智部長安排，專案成員並拜訪聖嚴

典藏聖嚴師父史料專案小組採訪師父日本好友三友健容教授（右三），以及北川前肇教授（右二）、庵谷行亨教授（右一）。

師父好友三友健容教授，以及北川前肇教授、庵谷行亨教授，庵谷教授並提供當年的照片，也分享參與中華佛研所舉辦國際佛學會議時，臺灣與日方的相關報導、個人著書等資料，贈予專案收藏。

26日拜訪山喜房佛書林淺地康平時，淺地先生以當年出版聖嚴師父的博士論文相贈，書冊印刷於四十一年前，極具史料價值。

專案人員於27日前往本納寺，拜訪前住持桐谷征一，桐谷先生將多張未曾公開的聖嚴師父留日時期照片、當年申請博士論文審核的申請書正本贈予專案，並對法鼓山四眾弟子如此重視師父的足跡，感到十分欣慰。

● 05.30

社會價值與影響力國際論壇
心靈環保發揮企業價值

法鼓文理學院於5月30日，在臺北市松山文創園區舉辦「社會價值與社會企業影響力國際論壇」及工作坊，邀請臺灣、英國、日本、香港、新加坡、中國大陸等地專家，探討如何創造與評估企業的社會價值和影響力。

本次論壇共有六場講座，探討範圍包括：政府部門、第三部門、企業、社會企業，如何發展適合在地的企業社會責任、行動與評量方法等。

第一屆社會價值與影響力國際論壇

僧團都監果光法師於論壇上，說明心靈環保的推動，能協助企業找到未來轉型的可能性。

其中，第二場「佛法、企業社會責任與社會責任投資」講座上，主持人法鼓山僧團都監果光法師提到，過去在傳統經濟價值觀的主導下，企業一味追求財富成長，卻對環境造成嚴重破壞，由此可見發心的重要；法師說明心靈環保能夠提供企業不同的觀點，從中看到更多轉型的可能性。

主講人臺北大學金融與合作經營學系教授池祥麟表示，在社會責任方面的投資，往往需要長時間才能回收，必須從利他的心態出發，才能真正看見社會的需求。

與談人富邦證券董事長許仁壽談到人的需求，往往被無窮的欲望所撩撥，不斷創造許多無意義的消費，而社會責任的履行，應從個人開始做起，「心五四」運動的四要、四它、四安等，正是幫助個人做到少欲知足、降低環境破壞的好方法。

　　文理學院校長惠敏法師表示，聖嚴師父提倡的心靈環保，能為生命教育、社區再造、社會企業、環境發展等行動指引明燈，不論選擇哪一種衡量社會價值的指標，企業都可以用來向社會證明自己的績效，或是用來投入社會服務，社會責任仍要回歸心靈層面來探討，才能真正發揮社會價值。

● 05.30

洪振洲老師中研院講佛典數位研究
分享數位研究平台整合成果

　　5月30日，法鼓文理學院圖資館館長洪振洲應中央研究院數位文化中心邀請，以「佛典數位研究資源與整合型數位研究平台之建置」為題，介紹數位人文研究運用於佛典文獻的發展現況，並分享校內數位典藏小組進行的數位研究平台整合工作成果，現場提問熱烈。

洪振洲館長應中研院之邀，分享佛典數位研究現況。

　　洪振洲館長表示，CBETA電子佛典集成，是臺灣最具代表性的佛學數位研究資源，帶起佛學研究方法的翻轉，隨著數位技術研發提昇，研究者已開始思考如何藉助數位工具分析結果，尋找相關研究理論，發掘過去無從觀察的議題與脈絡。

　　最後，洪館長強調，若要發揮數位資料的潛力，不在於將單一資源做到最好，發展成整合型數位研究平台，對佛學研究將可帶來更多貢獻，也願將資源成果分享各界，提昇研究效益。

● 06.01

法鼓文理學院專題講座
學者俞永峯講聖嚴師父禪法

　　6月1日，法鼓文理學院舉辦專題講座，邀請美國佛羅里達州立大學（Florida State University）宗教學系副教授俞永峯主講「聖嚴法師漢傳禪佛教的建立與

意涵」，分享聖嚴師父創立中華禪法鼓宗的背景和歷史意義，引起師生的熱烈回響與討論。

長期研究聖嚴師父禪法思想的演變，俞永峯老師以1998年師父繪製的一張判教圖，探討師父如何定位漢傳禪佛教。當時師父即將與達賴喇嘛進行「漢藏佛教大對談」，在準備的過程中，師父重新爬梳佛教典籍，將漢傳佛教與空、緣起、如來藏等思想接軌，並銜接放鬆身心、四它等當代應用。

俞永峯老師進一步分析聖嚴師父早期著作與判教圖指出，1990年代的臺灣，各種宗教團體如雨後春筍，教內又有南傳及藏傳佛教的興起，加上師父在美國觀察到日本佛教提倡的公案禪，已逐漸偏離佛法精神，感受到漢傳佛教面臨空前危機，因此如何重新詮釋漢傳佛教，成了師父最關切的議題。

開放問答時，師生不僅探討禪宗思想的演進，也針對太虛大師、印順長老，以及聖嚴師父對於漢傳佛教定位的異同提出看法，現場互動熱烈。

● 06.03～04

生命教育學程舉辦多元型態會議
探索生命實踐關懷

法鼓文理學院生命教育學程以「生命教育與社會關懷」為主題，6月3至4日於德貴學苑舉辦結合論壇、研討會以及工作坊等多元型態的會議，共有兩百多人次參加。

3日的學術論壇，邀請政治大學教育學系教授馮朝霖、高雄師範大學教育系教授張淑美，以及法鼓文理學院人文社會學程學群長陳伯璋、禪文化研修中心主任果鏡法師，分別從教育、美學、哲學、禪修等四個層面，探討生命關懷的省思與實踐。

在「生死觀妄」工作坊中，學員熱烈交流互動，分享從中獲得的啟發。

馮朝霖教授指出，西方社會的世界觀以「人類」為中心，以致各領域失衡，而有學習東方文化「共生智慧」的思想；維持與大自然接觸、奉獻與服務的精神、藝術與美學的體驗、向內關照的宗教生活，均能開啟共生的智慧。果鏡法師呼應馮教授的觀點，認為佛教的禪修觀念，是對自他生命與其苦難深廣透徹的關懷，能使人重新認識生命的意義與價值。

4日的兩場研討會,第一場以佛法為核心,探討在正念教育、哲學諮商、禪修弘化等面向的研究。第二場則以社會關懷為著眼,分享社福機構如何推展生命教育的實踐。

另一方面,「生死觀妄」、「夢與生涯探索」工作坊,分別由生命教育學程主任辜琮瑜、鄭曉楓老師帶領。辜琮瑜老師透過安心牌卡,分組討論個人於生命盡頭,在醫療、財務、心靈、人際關係等方面,需要有哪些省思,找出應先安排的課題,學習自在地談論生死,也嘗試說出對死亡的想法。

陳伯璋學群長表示,為改變以往追求成功、競爭的價值觀,生命教育逐漸為社會所重視,這次會議即是生命教育理念的建構、社會關懷行動的出發,期望將社會價值、生命教育的擴展,建立在對人群的關懷上。

● 06.06～07

僧大畢業製作暨禪修專題發表
展現圖文創意 省思與研究並呈

學僧的畢業製作,充分運用數位科技與圖文傳播。

一年一度法鼓山僧伽大學畢業製作暨禪修專題發表,6月6至7日於法鼓山園區階梯教室舉行,二十三位學僧以圖文書、繪本、教學影片、口述歷史、教案手冊等方式,展現新世代弘化的創意。

其中,演廣法師以實際帶領學童禪修經驗,編寫《幸福禪——兒童禪修教學》,提供兒童營或親子禪教案運用,帶領孩童認識幸福、體驗幸福。《甘露茶會手冊》由演中法師、演地法師從學習泡茶到善用心理諮商的技巧,提供僧眾弘化參考,透過茶會與茶談,傳遞佛法修行的安定力量。

整理自聖嚴師父的《沙彌律儀》課程,演謙法師畢業作品《四大威儀彙編》,以輕鬆、有趣的編輯方式,介紹出家生活細行,指導老師果高法師講評時表示,爾後入學的學僧與行者,從此有了傳承「法鼓家風」的參考依據。

從韓國海印寺至僧大參學的心空法師,因發願將《大悲懺》儀軌帶回韓國,透過師長與同學的協助,在五個月內,從一字一音學起,記誦〈大悲咒〉、疏文、獨白等,畢業呈現即是擔任維那,完整呈現一部《大悲懺》。

副院長果肇法師表示,畢業製作不只是呈現作品成果,更是一段修行歷程,

學僧在過程中訓練統合、分析、溝通等能力，同時培養時間管理與自我管理，是未來領執的豐厚資糧。

● 06.15

繼程法師安和分院講禪
分享老實修行最實在

6月15日，法鼓文理學院生命教育學程於德貴學苑舉辦專題講座，邀請聖嚴師父法子繼程法師主講「老實是禪」，分享老實修行，有近五百人參加。

「每個人的心態都有不老實的成分，卻不喜歡被說破！」繼程法師幽默地點出一般人對「老實」的盲點。為何不老實？法師指出很多人是「心存僥倖」，例如健康有問題時，不去醫院檢查，而迷信特效藥；又或是想不勞而獲，而以小搏大，甚至是去賭博、買彩券等；表

繼程法師說明，禪修終究要一次一次往內探索，實實在在地反省與檢視，才能擁有踏實的自在。

現在修行上，就是想免去修行的過程，只想「即刻開悟」。人不願老實修行，因此容易與不老實相應，隨有心人起鬨、操作而不自知。

法師指出，修行就是要真實面對自己，如實、老實地修行。藉由一次又一次往內觀照，一次又一次清理雜染、障礙，看見自己錯誤的知見，一層一層地撥開以自我為中心的執著；並進一步說明，修行就是如實面對自己的不老實，在理性上自知不足，在感性上老實修行。

對於在現實的生活中，太老實會不會被欺負的提問，繼程法師期勉大眾，老實不怕被人欺負，只要信因果，老實去做，不心存僥倖，善念一定引發善業。

● 06.18

大學院畢結業典禮
四十位畢結業生踏出利生步伐

法鼓文理學院、僧大6月18日於法鼓山園區國際會議廳舉辦畢結業典禮，方丈和尚果東法師、校長惠敏法師等師長出席祝福四十位畢結業生，勇發菩薩誓願，承擔莊嚴淨土、利益眾生的大任，共有四百多人參加。

僧大師長為畢結業生搭菩薩衣，並點亮鉢燈。

有別於四方帽、學位袍、高唱驪歌的傳統儀式，畢業典禮在〈三寶歌〉吟唱聲中揭開序幕，畢結業生穿著袈裟、海青登壇，依序搭菩薩衣、傳燈發願，呈現佛教教育著重解行並重、涵養菩薩心行的精神。

文理學院校長惠敏法師表示，畢業生穿上海青，如著最勝衣，當發最勝心，透過典禮儀式，提醒畢業生志於菩薩行永不退轉。校長也以梵語念誦〈獻香偈〉：「我以妙香，供養如來，身行言語，德香無邊。」勉勵學生以言行的德香，利人利己。

「時時以佛法、心法，修正身語意的偏差。」方丈和尚果東法師致詞時，提醒畢結業生時時感恩善法因緣，於完成個人學業後，更以「四攝六度菩薩行，光明遠大圓滿行」，圓滿成就福業慧業。

典禮之外，在校學生也籌備畢業午宴、感恩之夜，以音樂會、祈福卡、禮物交換、感恩影片等方式，歡送學長邁向光明遠大的未來。

● 06.24～26

法鼓文理學院「心靈成長研修體驗營」
深化地區悅眾心靈環保的體認

6月24至26日，法鼓文理學院禪文化研修中心於園區舉辦「心靈成長研修體驗營」，由主任果鏡法師帶領，共有七十多位地區悅眾參加。

首堂課程邀請臺大名譽教授柯永河，講授「業力與習慣心理學」，柯教授說明習慣、刺激與反應間的關係，以及正向思考如何培養自利利他的良好習慣，並以「四它」、「四安」為例，表示如能鼓勵及增強自己的信念，好習慣的培養更能恆久常持。

「共修與團體動力學」邀請輔大社會科學院院長夏林清主講，說明社會生活中的修行、社會與個人的改變、身心復原、互助共學與群體組織文化，強調做中學、做中覺，唯有「停」掉舊習慣，才有改變的可能，以及新的機會。

第二天的課程，由文理學院校務顧問梅瑤芳講授「合作與組織學習」，梅顧問從當下「我們這一班」緣起，說明合作學習的重要性；再以學習型組織，分

別介紹各種理論，也分組討論「瞎子摸象」與「三個臭皮匠勝過一個諸葛亮」的差別，反思「蕭規曹隨」，是安全第一？還是冷水煮青蛙？各組學員討論熱烈，呈現不同的思維模式。

最後的大堂分享，學員重溫兩天課程的重點，感恩法師、義工的成就，讓心靈充飽電，並發願分享所學，服務更多的人；果鏡法師也期勉學員，將營隊所學與校園境教的體驗帶回地方，接引更多人前來學習。

大堂分享時，學員除了複習上課重點，也思考心靈環保的生活運用。

● 06.25

大專佛學社團訪法鼓文理學院
方丈和尚勉學佛青年行菩薩道

臺灣大學晨曦社、國防醫學院曉鐘社、輔仁大學大千社等四十多位大專社團青年，6月25日由慧炬機構董事長莊南田帶領，參訪法鼓文理學院。

方丈和尚果東法師以「佛法在生活上的實踐與修持」為題，勉勵來訪學佛青年，需具不受誘惑打擊、汙染的出離心與菩提心，還要不忘自覺覺他、行菩薩道。

一行人在校長惠敏法師、佛教學系主任果暉法師、鄧偉仁老師接待下，認識文理學院的辦學理念和校園境教。惠敏法師與學生們分享佛學的跨領域整合，以及如何培養博雅生活；果暉法師、鄧偉仁老師則分別就佛學系課程生活，以及佛學在國際交流的契機，進行專題討論。

莊南田董事長向學生介紹融合禪修與境教的校園，建築樸實具禪味，是聖嚴師父發願要為社會大眾建設一所不一樣、實踐心靈環保的學校，因此即使興建、辦學過程萬分艱辛，仍致力創辦。

行程圓滿前，學生們特地前往生命園區，透過義工解說，實地觀察聖嚴師父倡導的自然環保葬，感受佛法在生活上的應用，以及對生命的深刻啟發。

慧炬機構董事長莊南田（第一排左一）帶領大專學佛青年，參訪法鼓文理學院，與惠敏法師（第二排左一）歡喜互動。

● 06.29～30

聖基會舉辦第四屆「法鼓山信眾論壇」
四眾共同續寫法鼓山的歷史

面對當代的挑戰，僧團法師說明在跨宗教、青年、環保、和平等領域，如何發揚聖嚴師父的悲願。

聖基會於6月29日至7月3日在臺灣大學集思國際會議中心舉辦「第六屆聖嚴思想國際學術研討會暨第四屆法鼓山信眾論壇」，29至30日進行信眾論壇，以「心靈環保‧光明遠大」為主軸，深入探討聖嚴師父禪修理念的傳承與當代挑戰、心靈環保的推廣、國際發展，以及漢傳禪法的國際傳播，共有六百多人參加。

方丈和尚果東法師於開幕致詞時表示，聖嚴師父曾說：「佛教的中心思想是『心』，是從心做起、從心去開發、從心去推廣，最後成就的也是自己的心。」說明心靈環保實際就是佛法精要，是為適應當代社會需求的新名詞；期勉大眾實踐心靈環保，不論修行、淨化人心、淨化社會，都要從「心」開始。

「誰，續寫法鼓山？」由文化中心副都監果賢法師敘說《聖嚴法師年譜》出版，深富啟迪後人、傳承師願的意義；編撰者林其賢闡述年譜呈現聖嚴師父平凡一生的不平凡人生；全球寺院管理副都監常寬法師則分享擔任師父侍者期間領受的身教、言教與悲願。

禪修中心副都監果元法師與傳燈院法師們在「聖嚴師父禪修理念的傳承與當代挑戰」主題中，舉例分享，全民禪修活動的推廣，以及海外固定至墨西哥、印尼、波蘭等地指導禪修的經驗；此外，美國、加拿大、香港、馬來西亞等各地道場也積極舉辦禪修、禪藝課程，接引年輕世代。

「漢傳禪法之國際傳播」由馬來西亞道場監院常藻法師與阿格斯（Agus Santoso）分別介紹馬來西亞、印尼等地禪修狀況，以及因應當地文化背景，發展出活潑、多元的禪修內容，例如在印尼，視禪眾需求，搭配動禪、瑜伽等舒展活動，學習放鬆專注，接引不少南傳佛教僧侶，以及不同宗教的信仰者。

果禪法師、常濟法師，以及曾擔任聖嚴師父英譯的李世娟教授則於「漢傳禪法之國際傳播」主題中，分享跟隨師父參與各種國際會議的所見所聞，感受到師父無私分享漢傳佛教的智慧，至今仍令國際人士感念不已。

有資深信眾表示，在宗教素質良莠不齊的時代，僧團努力弘揚正信佛教，堅持聖嚴師父的禪修理念與漢傳禪佛教，令人感動。

● 07.01～03

第六屆「聖嚴思想國際學術研討會」集思會議中心展開
回應當代需求 持續對話

由聖基會主辦的「聖嚴思想國際學術研討會」，7月1起，一連三日於臺灣大學集思國際會議中心舉行，穩健邁入第六屆，也迎接自2006年首辦以來的第一個十年。

本屆以「歷史想像與現代性語境下之漢傳佛教與聖嚴思想」為主題，聚焦於漢傳佛教與當代社會的連結與對話，共有近百位來自臺灣、中國大陸、北美、歐洲等地學者與會，發表論文七十四篇，更有六百多位民眾參與，共同關注聖嚴思想研究的發展。

方丈和尚果東法師於開幕式致詞，感恩學術界以聖嚴思想為研究起點，深入探究漢傳佛教對當代社會的貢獻，共同為佛教在人間推動而努力；並期許透過今年出版的《聖嚴法師年譜》，以及持續擴增的「聖嚴法師數位典藏網站」，讓漢傳佛教的智慧為現代社會所用。

本屆主題強調現代性，初始投稿的上百篇論文中，多數來自中國大陸與西方國家，說明聖嚴研究在國際間受重視的程度，以及佛教研究的新動向。通過審核的論文，除了佛法義理與文獻研究，更關注於佛教在當代的發展與應用，內容涵蓋教育、經濟、思想、生態環保、比較宗教等。此外，三十多篇與聖嚴思想及法鼓山教團直接相關的論文，則深入探究聖嚴師父教法與當代實踐、創作出版，以及法鼓山園區境教設施、校園禪修教育推廣等，成果可觀。

聖基會執行長楊蓓表示，現代社會生活多元，近現代佛教研究需仰賴跨界交流，透過聖嚴思想研究，增進各學科領域的互動，共同探求適合當代人需求的佛教修學方法，正是聖嚴師父當初對聖嚴思想國際學術研討會的定位與期許。

來自各國的學者，透過跨領域的對談與交流，對論文提出回應。

回應當代，持續對話
第六屆聖嚴思想國際學術研討會

第六屆聖嚴思想國際學術研討會於 7 月 1 至 3 日，在臺灣大學集思國際會議中心展開。不同於以往著重傳統佛學研究的徵稿範圍，本屆以「歷史想像與現代性語境下之漢傳佛教與聖嚴思想」為主題，聚焦於漢傳佛教與當代社會的連結與對話，研討子題包括「正統性與歷史想像」、「現代性語境下之漢傳佛教／聖嚴思想」兩大主軸，探究佛教傳統與正統性如何在特定歷史時空形成，如何進行跨時空、跨文化的延續、重建與轉變，並從宗教、制度、社會等面向，探討佛教現代性建構、反思與因應，由此開啟佛學與當代學門跨領域討論空間。

專題演講為主題定調

有別於以往單一場次主題演說，本屆研討會共提出六場專題演講，探討的時空橫跨佛教千餘年軌跡，演講間彼此相互呼應、對話，包括加拿大英屬哥倫比亞大學（University of British Columbia）亞洲研究學系教授陳金華〈中國聖地的建立與重建〉，從南北朝石城大佛的建造，談聖地的形成與轉變，勾勒宗教的神聖性建構；佛教現代主義學者大衛・麥克馬漢（David McMahan），進一步從現代性談佛教傳入西方社會時，在神聖與世俗之間，不斷揀擇、揉合，開演出當代繁花盛開的樣貌；史學家杜贊奇（Prasenjit Duara）再從西方文明影響中國社會切入，關注佛教團體如何回應當代社會，引起現場熱烈討論。

法鼓文理學院教授杜正民教授以〈聖嚴法師的如來藏教法與時代意義〉為題，進行聖嚴師父如來藏思想體系梳理，完備的資料整理與分析，希望以此引領更多元的聖嚴思想研究，並持續深化。法鼓文理學院圖書資訊館館長洪振洲、屏東大學中文系副教授林其賢及中山大學哲學研究所副教授越建東的主題演說，則分別透過《聖嚴法師年譜》、數位典藏系統，深入歷史想像的空間，同時也建構了一個歷史想像的過程。

跨界應用 提昇研究廣度

本屆會議另一項特色，是新增「醫學與佛學」、「近現代佛教」、「佛教經濟學」三場論壇，藉由學者們的跨領域研討，為當代社會關注的議題注入佛法思惟。

醫學與佛學論壇

在首場醫學與佛學論壇中，臺北榮民總醫院家庭醫學部醫師林明慧以興起於歐美的正念減壓療法（Mindfulness-Based Stress Reductio, MBSR）為例，說明以身心安適為目標的正念療法，與佛法解脫智慧仍有一大段差距；和信治癌中心醫院臨床心理師石世明則認為，為了將「正念」納入主流醫療而去宗教化，並非就此放棄佛法義理與信仰，當人更深入內在時，終究還是要回到佛法的脈絡下解釋。

而在臨床醫學上，佛法觀念更已運用在失智症與臨終照護上，臺大醫院精神醫學部主治醫師黃宗正鼓勵患者以最單純的四字念佛來安心；著力推展安寧醫療的陽明大學附設醫院胸腔內科主治醫師陳秀丹表示，醫生常以醫療手段介入病人生命，但若具佛法的素養，就會以「有效醫療」、協助善終為前提。

近現代佛教論壇

2 日的近現代佛教論壇，四位學者以佛教傳統研究為基礎，探討佛教現代化發展的需求與因應。中國大陸廣州中山大學哲學系教授龔雋從歷代維摩經疏，包括太虛大師、聖嚴師父的詮解，闡述人間淨土思想的現代發展；越建東老師以《牛的印跡》為本，對照當前禪修走向世俗化、淺薄化的趨勢，直陳頓漸禪修結合而成的靈活教法，實為現代人的真正所需。

華東師範大學社會學系教授李向平從聖嚴師父建設教團的思想，提出佛教信仰是透過社會互動來修練，弘法利生須兼具神聖建構與世俗關懷；政治大學宗教研究所副教授李玉珍以人類學調查方法，觀察法鼓山教團在美

方丈和尚果東法師（中）與各國學者合影，感恩學者們透過聖嚴思想研究，增進不同領域的互動，共同探求適合當代人需求的佛教修學方法。

國的發展,除了指導西方眾禪修,並進入大學講說佛法,更透過英文著作、禪修與國際法脈,在美國開展出漢傳佛教新天地。

佛教經濟學論壇

3 日進行的佛教經濟學論壇,多位經濟學者探討如何以佛法觀念,平衡主流經濟學的偏失。成功大學經濟學系副教授許永河從因果和因緣觀,分析主流經濟學導致市場亂象的惡因;東海大學國際經營與貿易學系副教授謝俊魁研究理性的「四要」消費觀,願意以較高價格購買真正需要的商品,帶來了良善的供需循環;臺北大學金融與合作經營學系副教授詹場指出,金融市場是反映貪、瞋、癡的明鏡,「心安」才是穩健金融市場的關鍵;臺北大學金融與合作經營學系池祥麟教授則將佛法利他觀念融入財務金融學,指出企業若能將專業能力結合內在利他動機,達成資源分配最佳化,企業本身也會因此穩定獲利。

東華大學公共行政學系教授高長回應時表示,佛法能夠導正世間以苦為樂的行為準則;與會的富邦證券董事長許仁壽則分享回應,佛法可讓業界生起「自覺」,從而有修正進步的機會,若能如此,理財本身就是一種修行。

開展聖嚴思想的多元對話

會議發表的七十四篇論文,展現出佛教當代發展與應用,例如美國加州大學(University of California)亞洲語言與文化學系副教授賀耐嫻(Natasha Heller)從佛教兒童繪本,探討當代父母如何以佛法教育下一代;銘傳大學經濟與金融學系助理教授江靜儀考察佛經淨土描述與思想,研擬全球面臨的經濟、社會與環境困境的解決之道;以《心經》為媒介,北京外國語大學英語系副教授趙冬嘗試融通佛教與基督教觀念,透過學術研究展開宗教對話。

另一方面,亦有多篇與聖嚴師父思想與法鼓山教團相關的論文,華梵大學中文系副教授胡健財從法鼓山的一景一物,談禪法現代化、佛法生活化、佛教人間化;美國哥倫比亞大學(Columbia University)宗教學系博士王宣曆發表〈聖嚴思想與漢傳佛教傳統之融合〉,對聖嚴思想體系的全面整理,發掘了更多研究線索;透過《遊心禪悅》墨跡,嘉義大學中文系副教授陳靜琪分析聖嚴師父戒、定、慧三學的深厚涵養,別具研究新意。

佛教學術研究的時代走向

本屆研討會不僅從多元面向研究聖嚴師父的思想,時代性的議題研討、跨領域的研究方法,還原並彰顯漢傳佛教的豐富面貌,足以為當代大眾提供更豐富的精神資糧。在繼承傳統之餘,又能突破創新,為聖嚴研究注入源源不絕的活水。

2016 第四屆法鼓山信眾論壇議程

日期	主題	與談人
6月29日	開幕式：方丈和尚果東法師致詞	
	主題：誰，續寫法鼓山？──從《聖嚴法師年譜》展望未來願景	主持人：釋果賢（法鼓山文化中心副都監） 發表人：釋常寬（法鼓山全球寺院管理副都監） 林其賢（屏東大學中文系副教授）
	對談與回應	
	主題：聖嚴法師禪修理念的傳承與當代挑戰	發表人：常乘法師（法鼓山禪堂研教室主） 常願法師（法鼓山傳燈院監院） 常源法師（法鼓山禪堂監院） 果元法師（法鼓山禪修中心副都監）
	主題：心靈環保理念推廣──廣東中山大學、香港、四川	主持人：常悅法師（法鼓山僧伽大學女眾學務長） 發表人：果鏡法師（中華佛學研究所所長） 常展法師（法鼓山香港道場監院） 果品法師（法鼓山僧團副住持）
	結語	
6月30日	主題：心靈環保理念之國際發展──跨宗教、青年、環保、和平	主持人：常悟法師（法鼓山溫哥華道場監院） 發表人：果禪法師（法鼓山僧團法師） 常濟法師（法鼓山僧團法師） 李世娟（Rebecca Li）（聖嚴師父西方弟子）
	對談與回應	
	主題：漢傳禪法之國際傳播	主持人：常展法師（法鼓山香港道場監院） 發表人：果元法師（法鼓山禪修中心副都監） 常藻法師（法鼓山馬來西亞道場監院） 阿格斯（Agus Santoso）（印尼禪修社Chan Indonesia Community負責人）
	綜合座談	主持人：果暉法師（法鼓文理學院佛教學系主任） 與談人：果元法師（法鼓山禪修中心副都監） 果品法師（法鼓山僧團副住持） 李世娟（Rebecca Li）（聖嚴師父西方弟子） 阿格斯（Agus Santoso）（印尼禪修社Chan Indonesia Community負責人）
	閉幕式：方丈和尚果東法師結語	

2016 第六屆聖嚴思想國際學術研討會議程

7月1日

地點	論文主題暨專題演講／發表人／論壇	主持人／回應人
國際會議廳	開幕式：方丈和尚果東法師致詞、聖基會董事長蔡清彥致詞	
	【專題演講】中國聖地的建立與重建──以石城為例 主講人：陳金華（加拿大哥倫比亞大學亞洲研究學系教授） 回應與綜合討論	主持人：釋惠敏（法鼓文理學院校長） 回應人：釋昭慧（玄奘大學宗教與文化研究所社會科學院院長）
	【專題演講】聖嚴法師的如來藏教法與時代意義 主講人：杜正民（法鼓文理學院教授） 回應與綜合討論	主持人：廖肇亨（中央研究院中國文哲研究所副所長） 回應人：蔡耀明（臺灣大學哲學系教授）
	【論文發表】 1.聖嚴法師的觀音思想與法門研究 　發表人：黃國清（南華大學宗教學研究所所長） 2.聖嚴法師的觀音感應書寫與觀音法門教學 　發表人：王晴薇（臺灣佛教圖像學研究中心副研究員） 分組討論	主持人：釋果暉（法鼓文理學院佛教學系主任） 回應人： 1.龔雋（中國大陸中山大學哲學系教授） 2.曾稚棉（佛光大學佛教學系助理教授）

地點	論文主題暨專題演講／發表人／論壇	主持人／回應人
國際會議廳	【論文發表】 1.聖嚴法師禪學詮釋中的倫理向度 　發表人：嚴瑋泓（東海大學哲學系副教授） 2.念佛禪法的安心學理 　發表人：陳平坤（臺灣大學哲學系助理教授） 分組討論	主持人：蔡耀明（臺灣大學哲學系教授） 回應人： 1.俞永峯（美國佛羅里達州立大學宗教學系副教授） 2.越建東（中山大學哲學研究所副教授）
柏拉圖廳	【論文發表】 1.佛教史學史——一封晚明佛教信札中的騙局 　發表人：艾靜文（Jennifer Eichman）（英國倫敦大學亞非學院助理研究員） 2.比丘是否有乞食的義務？從第一批傳入中國並譯為漢文的律（Vinaya）來探討 　發表人：尼可拉斯・維克瓦思奇（Nicholas Witkowski）（日本東京大學研究員） 分組討論	主持人：俞永峯（美國佛羅里達州立大學宗教學系副教授） 回應人： 1.賀耐嫻（Natasha Heller）（美國加州大學洛杉磯分校副教授） 2.釋融道（美國南加州大學助理教授）
	【論文發表】 1.中國中古佛教動物成佛敘事初探 　發表人：陳懷宇（美國亞利桑那大學副教授） 2.聖嚴法師的淨土思想——綜合傳統與現代的教門 　發表人：周文廣（美國天主教大學副教授） 分組討論	主持人：賀耐嫻（Natasha Heller）（美國加州大學洛杉磯分校副教授） 回應人： 1.韋聞笛（Wendi Adamek）（加拿大卡爾加里大學副教授） 2.任博克（Brook Ziporyn）（美國芝加哥大學神學院教授）
洛克廳	【論文發表】 1.當代佛教僧侶年譜的編寫研究——以聖嚴法師為例 　發表人：林其賢（屏東大學中文系副教授） 2.現代性與禪的心靈實踐——中華禪法鼓宗的入世社會建構意涵 　發表人：劉怡寧（臺灣大學社會學研究所博士候選人） 分組討論	主持人：陳劍鍠（香港中文大學人間佛教研究中心主任） 回應人： 1.廖肇亨（中央研究院中國文哲研究所副所長） 2.嚴瑋泓（東海大學哲學系副教授）
	【論文發表】 1.漢傳佛教美術中乘象菩薩圖像和尊格的演變略論 　發表人：殷博（敦煌研究院美術研究所助理館員） 2.從戒定慧三學研析聖嚴法師《遊心禪悅》書法風格與意涵 　發表人：陳靜琪（嘉義大學中國文學系副教授） 分組討論	主持人：黃國清（南華大學宗教學研究所所長） 回應人： 1.陳靜琪（嘉義大學中國文學系副教授） 2.廖肇亨（中央研究院中國文哲研究所副所長）
阿基米德廳	【論文發表】 1.法鼓山禪悅境教的教育功能及其理想之實現 　發表人：胡健財（華梵大學中國文學系副教授） 2.漢傳禪佛教的實用活用——禪修進校園 　發表人：釋演德（美國德州大學教育科技學系博士） 分組討論	主持人：陳伯璋（法鼓文理學院講座教授） 回應人： 1.林朝成（成功大學中文系教授） 2.陳伯璋（法鼓文理學院講座教授）
	【論文發表】 1.當代漢傳佛教發展之新探索 　發表人：桑寶靖（中國大陸南開大學漢語言文化學院副教授） 2.《楞伽經》與聖嚴禪學——定慧雙修的傳統與當代性 　發表人：林佩瑩（美國加州柏克萊大學博士後研究員）	主持人：龔雋（中國大陸中山大學哲學系教授） 回應人： 1.李向平（中國大陸華東師範大學社會發展學院教授） 2.胡健財（華梵大學中國文學系副教授）
蘇格拉底廳	【醫學與佛學論壇一】 1.佛教禪修活動對人類身心療癒力量之實證回顧 　發表人：林明慧（臺北榮民總醫院家庭醫學部主治醫師） 2.正念減壓與慈悲焦點治療在癌症心理調適之運用 　發表人：石世明（和信治癌中心醫院臨床心理師）	主持人：陳維熊（陽明大學醫學院院長）

地點	論文主題暨專題演講／發表人／論壇	主持人／回應人
蘇格拉底廳	【醫學與佛學論壇二】 1.佛法在失智症照顧的運用 　發表人：黃宗正（臺大醫院精神醫學部一般精神科主任） 2.佛法在臨終照護的運用 　發表人：陳秀丹（陽明大學附設醫院內科加護病房主任）	主持人：陳榮基（臺灣安寧照顧協會理事長）

7月2日

地點	論文主題暨發表人／專題演講／論壇	主持人／回應人
國際會議廳	【專題演講】 主題一：世界格局之下的佛教，世俗主義和現代化 主講人：大衛・麥克馬漢（David McMahan） 　　　（美國富蘭克林・馬歇爾學院教授） 主題二：在世昇華──亞洲傳統與永續的未來 主講人：杜贊奇（Prasenjit Duara）（美國杜克大學教授） 回應與綜合討論	主持人：鄧偉仁（法鼓文理學院助理教授）
	【論文發表】 1.智顗對觀音的處理──幻想與現實之外，有神論與無神論之外 　發表人：任博克（Brook Ziporyn）（美國芝加哥大學神學院教授） 2.玄奘的神格化──初期 　發表人：班・布羅斯（Ben Brose）（美國密西根大學助理教授） 分組討論	主持人：陳金華（加拿大哥倫比亞大學亞洲研究學系教授） 回應人： 1.巴特・德賽恩（Bart Dessein）（比利時根特大學教授） 2.王晴薇（臺灣佛教圖像學研究中心副研究員）
	【近現代佛教論壇一】 1.漢傳佛教的《維摩經》疏傳統與聖嚴法師的維摩經思想 　發表人：龔雋（中國大陸中山大學哲學系教授） 2.聖嚴法師結合漸禪法門與頓禪法門之教法和宗風意義 　發表人：越建東（中山大學哲學研究所副教授）	主持人：廖肇亨（中央研究院中國文哲研究所副所長）
	【近現代佛教論壇二】 1.佛教信仰方式及其現代性建構──以聖嚴法師佛教建設的相關理念為中心 　發表人：李向平（中國大陸華東師範大學社會發展學院教授） 2.跨地同坐一門禪修──法鼓山的國際法脈觀 　發表人：李玉珍（政治大學宗教研究所副教授）	主持人：鄧偉仁（法鼓文理學院助理教授）
柏拉圖廳	【論文發表】 1.漢傳禪宗「無情說法」之真意及其現代應用──以聖嚴法師為例 　發表人：釋果鏡（中華佛學研究所所長） 2.試論聖嚴法師對「空性」與「佛性」之詮解與貫通 　發表人：林建德（慈濟大學宗教與人文研究所副教授） 分組討論	主持人：廖肇亨（中央研究院中國文哲研究所副所長） 回應人：蔡耀明（臺灣大學哲學系教授）
	【論文發表】 1.學僧與近代中國佛教的歷史書寫 　發表人：釋融道（美國南加州大學助理教授） 2.圓融與排他──漢傳大乘佛教的特性與蘭莘學佛會的族裔融合 　發表人：胡曉蘭（美國底特律大學副教授） 分組討論	主持人：俞永峯（美國佛羅里達州立大學宗教學系副教授） 回應人： 1.韋聞笛（Wendi Adamek）（加拿大卡爾加里大學副教授） 2.杜贊奇（Prasenjit Duara）（美國杜克大學教授）

地點	論文主題暨發表人／專題演講／論壇	主持人／回應人
柏拉圖廳	【論文發表】 1.進步與自由意志──佛教的時間、解脫道的概念及其現代化的可能性 　發表人：巴特‧德賽恩（Bart Dessein）（比利時根特大學教授） 2.聖嚴法師與「宗教學」──探討而判斷中國佛教之「世界宗教觀」 　發表人：史蒂芬妮‧特拉法寧（Stefania Travagnin）（荷蘭格羅寧根大學助理教授） 分組討論	主持人：俞永峯（美國佛羅里達州立大學宗教學系副教授） 回應人： 1.任博克（Brook Ziporyn）（美國芝加哥大學神學院教授） 2.俞永峯（美國佛羅里達州立大學宗教學系副教授）
洛克廳	【論文發表】 1.開山宗長與「寰遊自傳」的角色意識 　發表人：吳光正（中國大陸武漢大學文學院特聘教授） 2.聖嚴法師旅行書寫中的病與佛法 　發表人：王美秀（臺灣師範大學東亞學系助理教授） 分組討論	主持人：涂艷秋（政治大學中文系教授） 回應人： 1.蕭麗華（佛光大學中國文學與應用學系教授） 2.吳光正（中國大陸武漢大學文學院特聘教授）
	【論文發表】 1.人間性與世俗性──聖嚴法師的日本佛教研究 　發表人：朱坤容（中國大陸中山大學人文高等研究院助理教授） 2.從《入唐五家傳》看九世紀中葉來華的日本真言宗僧人 　發表人：姚瀟鶊（中國大陸上海師範大學人文與傳播學院歷史系副教授） 分組討論	主持人：釋果鏡（中華佛學研究所所長） 回應人： 1.釋果暉（法鼓文理學院佛教學系主任） 2.釋果鏡（中華佛學研究所所長）
	【論文發表】 1.民國佛教慈善團體的資金募捐研究（1912-1949） 　發表人：明成滿（中國安徽工業大學馬克思主義學院教授） 2.中國近世佛教清規中的金錢觀 　發表人：徐維里（美國加州大學洛杉磯分校亞洲語言與文化系博士研究生） 分組討論	主持人：釋果光（法鼓山僧團都監） 回應人： 1.許永河（成功大學經濟系副教授） 2.謝俊魁（東海大學國際經營與貿易學系副教授）
阿基米德廳	【論文發表】 1.聖嚴法師倡導的念佛方法及對「念佛禪」的詮釋 　發表人：陳劍鍠（香港中文大學人間佛教研究中心主任） 2.聖嚴法師於「漢傳佛教」中之傳統與創新──由《大乘止觀法門之研究》談起 　發表人：胡順萍（元智大學中國語文學系副教授） 分組討論	主持人：李向平（中國大陸華東師範大學社會發展學院教授） 回應人： 1.釋果暉（法鼓文理學院佛教學系主任） 2.黃國清（南華大學宗教學研究所所長）
	【論文發表】 1.蘇北僧人在江南──民國時期的僧人流動及其影響兼以聖嚴法師為例 　發表人：邵佳德（中國大陸南京大學哲學系助理研究員） 2.生態佛學視域下聖嚴法師心靈環保思想研究 　發表人：陳紅兵（中國大陸山東理工大學法學院教授） 分組討論	主持人：林佩瑩（美國加州大學柏克萊分校博士後研究員） 回應人： 1.蔡伯郎（法鼓文理學院佛教學系助理教授） 2.商能洲（臺北科技大學兼任助理教授）
	【論文發表】 1.關於漢傳佛教修學體系的反思與重建 　發表人：林嘯（中國大陸北京大學哲學系博士研究生） 2.佛教全球化下的禪修培育模式轉型──以法鼓山道場為例 　發表人：釋常諗（法鼓文理學院兼任助理教授） 分組討論	主持人：越建東（中山大學哲學研究所副教授） 回應人： 1.陳平坤（臺灣大學哲學系助理教授） 2.釋融道（美國南加州大學助理教授）

7 月 3 日

地點	論文主題暨發表人／專題演講／論壇	主持人／回應人
國際會議廳	【專題演講】 主題一：聖嚴法師文物史料數位典藏理念與技術開發 主講人：洪振洲（法鼓文理學院副教授） 主題二：聖嚴法師年譜數位化的展望與文史資料數位典藏的 　　　　時代意義 主講人：林其賢（屏東大學中文系副教授） 　　　　越建東（中山大學哲學研究所副教授） 綜合討論	主持人：杜正民（法鼓文理學院教授） 回應人：釋果鏡（中華佛學研究所所長）
	【論文發表】 1.演揚瑜伽──中華帝國晚期儀式佛教正統性之建構 　發表人：楊朝華（美國哥倫比亞大學助理教授） 2.繪本和佛教育兒 　發表人：賀耐嫻（Natasha Heller）（美國加州大學洛杉磯 　　　　　分校副教授） 分組討論	主持人：杜贊奇（Prasenjit Duara）（美國 　　　　杜克大學教授） 回應人： 1.賀耐嫻（Natasha Heller）（美國加州大 　學洛杉磯分校副教授） 2.釋融道（美國南加州大學助理教授）
	【論文發表】 1.禪宗與基督教之間的深度學習──弗朗西斯‧克魯尼比較 神學下融通聖嚴法師與約翰‧基南的《心經》評論 　發表人：趙冬（中國大陸北京外國語大學英語系副教授） 2.敵友與亞洲佛教國家家族的創造（30年代至50年代） 　發表人：史瑞戈（Gregory AdamScott）（蘇格蘭愛丁堡大 　　　　　學研究員） 分組討論	主持人：任博克（Brook Ziporyn）（美國 　　　　芝加哥大學神學院教授） 回應人： 1.胡曉蘭（美國底特律大學副教授） 2.任博克（Brook Ziporyn）（美國芝加哥 　大學神學院教授）
	【論文發表】 1.「常樂我淨」在淨影慧遠（523-592）的「大乘義章」 　發表人：韋聞笛（Wendi Adamek）（加拿大卡爾加里大學 　　　　　副教授） 2.神聖的誕生──中古漢地佛傳與僧傳中的產孕場景 　發表人：林欣儀（美國哥倫比亞大學博士候選人） 分組討論	主持人：楊朝華（美國哥倫比亞大學助理教 　　　　授） 回應人： 1.王晴薇（臺灣佛教圖像學研究中心副研 　究員） 2.楊朝華（美國哥倫比亞大學助理教授）
柏拉圖廳	【論文發表】 1.永續發展與建設淨土──全球倫理架構 　發表人：江靜儀（銘傳大學經濟系助理教授） 2.「四種環保」理念與當代人間淨土的建立 　發表人：崔紅芬（中國大陸河北師範大學歷史文化學院 　　　　　教授） 分組討論	主持人：李向平（中國大陸華東師範大學 　　　　社會發展學院教授） 回應人： 1.嚴瑋泓（東海大學哲學系副教授） 2.釋果光（法鼓山僧團都監）
	【佛教經濟學論壇一】 1.幸福社會的經濟幸福──佛教的幸福經濟學 　發表人：許永河（成功大學經濟系副教授） 2.「四要」消費者的需求函數 　發表人：謝俊魁（東海大學國際經營與貿易學系副教授） 分組討論	主持人：高長（東華大學公共行政學系 　　　　教授） 回應人： 1.高長（東華大學公共行政學系教授） 2.李婗瑋（東華大學經濟學系副教授）
	【佛教經濟學論壇二】 1.佛法與金融市場 　發表人：詹場（臺北大學金融與合作經營學系副教授） 2.佛法、企業社會責任與社會責任投資 　發表人：池祥麟（臺北大學金融與合作經營學系教授） 分組討論	主持人：薛富井（臺北大學會計學系 　　　　教授） 回應人： 1.薛富井（臺北大學會計學系教授） 2.沈大白（東吳大學會計學系教授）

地點	論文主題暨發表人／專題演講／論壇		主持人／回應人
洛克廳	【論文發表】 1.聖嚴法師與南通狼山廣教禪寺──兼論聖嚴法師早期佛教思想的形成 　發表人：葉憲允（中國大陸華東師範大學諸子研究副教授） 2.試論聖嚴法師戒學思想的早年人生因緣 　發表人：李萬進（中國大陸四川師範大學文理學院副教授） 分組討論		主持人：林其賢（屏東大學中文系副教授） 回應人： 1.杜正民（法鼓文理學院教授） 2.林其賢（屏東大學中文系副教授）
	【論文發表】 1.唐宋時代慧遠傳記的衍生與慧遠形象的變遷 　發表人：李勤合（中國大陸九江學院廬山文化研究中心副教授） 分組討論		主持人：吳光正（中國大陸武漢大學文學院特聘教授） 回應人：李玉珍（政治大學宗教研究所副教授）
	【論文發表】 1.宗派、宗風與北宋後期曹洞宗的傳承 　發表人：李熙（中國大陸四川省社會科學院文學研究所副研究員） 2.聖嚴思想與漢傳佛教傳統之融合 　發表人：王宣曆（美國哥倫比亞大學博士） 分組討論		主持人：鄧偉仁（法鼓文理學院助理教授） 回應人： 1.陳金華（加拿大哥倫比亞大學亞洲研究學系教授） 2.桑寶靖（中國大陸南開大學漢語言文化學院副教授）
阿基米德廳	【論文發表】 1.漢傳禪佛教之起源與開展──中華禪法鼓宗話頭禪修行體系之建構 　發表人：釋果暉（法鼓文理學院佛教學系主任） 分組討論		主持人：陳劍鍠（香港中文大學人間佛教研究中心主任） 回應人：俞永峯（美國佛羅里達州立大學宗教學系副教授）
	【論文發表】 1.聖嚴法師提倡「漢傳禪佛教」之考察──從中國禪法源流、天台宗與禪宗交涉的歷史脈絡述之 　發表人：釋宏育（華梵大學佛教學系兼任助理教授） 2.五代時期主要禪系──以《景德傳燈錄》為文本的考察 　發表人：張琴（中國大陸北京師範大學宗教學博士研究生） 分組討論		主持人：林其賢（屏東大學中文系副教授） 回應人： 1.陳平坤（臺灣大學哲學系助理教授） 2.涂艷秋（政治大學中文系教授）
	【論文發表】 1.翻轉妙蓮華──聖嚴法師《絕妙說法：法華經講要》在現代性語境裡的傳統與創新 　發表人：蔡淑慧（中國文化大學中文研究所博士） 2.漢傳佛教歷史寫作與敘事文本之探討──以聖嚴法師《摩根灣牧牛》為例 　發表人：林孟蓉（東吳大學哲學系兼任助理教授） 分組討論		主持人：廖肇亨（中央研究院中國文哲研究所副所長） 回應人： 1.王美秀（臺灣師範大學東亞學系助理教授） 2.陳劍鍠（香港中文大學人間佛教研究中心主任）

綜合討論
主持人：楊蓓（聖基會執行長）
與談人：釋果鏡（中華佛學研究所所長）
　　　　陳金華（加拿大哥倫比亞大學亞洲研究學系教授）
　　　　廖肇亨（中央研究院中國文哲研究所副所長）

閉幕式：聖基會執行長楊蓓致詞

● 07.10〜12

法鼓文理學院「生命美學研習營」
近百位高中生放鬆體驗禪生活

　　7月10至12日，法鼓文理學院首度為高中學子舉辦「生命美學研習營」，課程規畫以生命教育、美學教育為主軸，內容包括禪坐、茶禪與基礎佛學課程，由文理學院教師、法鼓山僧團法師授課，有近百位學子參加。

　　每日清晨，由禪堂常乘法師帶領法鼓八式動禪與靜坐，放鬆身心；生命教育學程主任辜琮瑜引領學員朗讀禪詩，發揮青春的想像力。禪文化研修中心主任

學員練習泡茶、奉茶、品茶，以茶會友，體驗輕鬆慢調的生活。

果鏡法師主持的茶禪，學員圍著茶席就坐，學習泡茶、奉茶、品茶，以茶會友，體驗輕鬆慢調的生活。

　　佛教學系助理教授鄧偉仁以生動有趣的問答，介紹「佛教」這一門現代學科，並指導學員練習巴利文唱誦；《心經》課程中，常啟法師與學員合演情境劇，從個人自由發揮的肢體表演，理解《心經》的無我觀念。

　　營隊開營前四天，三十多位擔任義工的高中學生，已先入住校園接受培訓。有華僑中學二年級同學分享，每年暑假都護持兒童營，2016年首次擔任高中營小隊輔，服務不一樣的人，更能同理他人，期待能有更多奉獻學習的機會，認識新朋友，交換不同的學習經驗。

● 07.22

電子佛典2016年成果發表
CBETA線上閱讀上線

　　中華電子佛典協會（Chinese Buddhist Electronic Text Association, CBETA）於7月22日，在德貴學苑舉辦「2016年成果發表會」，由法鼓文理學院校長惠敏法師主持，共有一百多位法師、學者與會，共同關注華文佛典電子化新進展。

　　新版電子佛典除了前版資料庫外，並完整收錄《大藏經補編》三十六冊，內容囊括中、日、韓多部古佚佛典，如《玉琳國師語錄》、《均如大師華嚴學全

身兼中華電子佛典協會主委的惠敏法師，向大眾發表電子佛典未來的擴充計畫。

書》、《禪林象器箋》、《判比量論》等，以及「中國佛寺志」十五部，史料價值相當高。

發表會上，協會主委惠敏法師，從協會的成立因緣，回顧《大正藏》、《卍新續藏》、歷代藏經補輯、善本佛典、元亨寺版漢譯南傳《大藏經》等資料庫建置的各階段歷程，表示2018年CBETA成立二十週年時，計畫擴增「中國佛寺志」兩百多部、《嘉興藏》拾遺、續藏，以及《印順法師佛學著作全集》。

因應數位閱讀工具變革，協會也和法鼓文理學院合作，推出跨作業系統的CBETA線上閱讀，並提供「整合經典閱讀」、「深度資料搜尋」、「數位量化分析」等操作功能，外部連結「臺大佛學數位圖書館研究文獻查詢」等。文理學院圖書資訊館館長洪振洲期望經由整合數位工具，提昇研究效率，激盪出不同以往的佛學研究視野。

● 08.01～10

「禪文化研習營」園區舉行
兩岸大學教師體驗漢傳禪風與跨界學習

8月1至10日，法鼓文理學院於法鼓山園區舉辦「2016年兩岸大學校院教師禪文化研習營」，有近二十位來自臺灣與中國大陸的教師與博士生，深度體驗漢傳禪風與跨界學習。

研習營前五天安排禪修課程，由禪文化研修中心主任果鏡法師詳細解說禪修的基礎觀念與方法，學員透過練習坐姿、調息、放鬆、經行、動禪等基礎，邁出禪修第一步；初級禪訓結業後，接著展開精進禪三，包括禁語、出坡禪、聽溪禪、吃飯禪等多元活潑的禪法運用，進一步體驗禪修的安定與放鬆。

其他課程，包括邀請屏東大學中文系教授李美燕分享「琴道與禪道」、佛光大學中國文學與應用學

兩岸大學教師於「禪文化研習營」中，深度體驗漢傳禪風。

系蕭麗華講說「茶文化的東傳」、臺灣大學藝術史研究所教授黃蘭翔介紹「佛教寺院美術館」等禪藝課程，以及成功大學經濟系教授許永河講析「佛教的幸福經濟」、實踐大學家庭研究與兒童發展研究所副教授謝文宜講授「教育工作中的心理健康與自我觀照」等，整合佛學與人文社會相關領域，透過跨領域的交流與學習，增進知識涵養。

研習營期間，學員每日晚間齊聚參加晚課，在禪堂外平台體驗月光禪、戶外經行等，聆聽叩鐘擊鼓，感受法鼓山的一天活動，身心因此沉澱放鬆。

● 08.01～26

法鼓文理學院漢語佛教文獻英語研修班
培養漢典英譯弘法人才

法鼓文理學院於8月1至26日，首度舉辦暑期漢語佛教文獻英語研修班，由助理教授鄧偉仁、中華佛學研究所研究員王晴薇帶領，共有十五位來自不同國家的佛學研究生，以及漢傳與南傳的僧眾參加。

研修班安排《大乘入楞伽經》、《注大乘入楞伽經》、《法華三昧懺儀》等三類文獻的選讀，其中《法華三昧懺儀》課程，由僧團弘化發展專

來自不同國家的佛學研究生，熱烈地討論漢傳佛典經句的意涵。

案召集人果慨法師指導拜懺，幫助學生從實修中體會經句意涵。上課前，學員並進行分組討論，將原文翻譯成英文，再於課堂上分享，透過老師與其他同學的回饋，增進對經文的理解。

參與研修的法鼓山東初禪寺監院常華法師、美國萬佛聖城淨傳法師，以及泰國法身寺智譽法師，在課堂上與同學們分享修行經驗，學員也提出問題和觀察，課堂討論熱烈。智譽法師表示，雖然來自南傳寺院，但閱讀漢譯經典時，會發現不同傳承其實是殊途同歸，都是回歸佛陀本懷的智慧導引；來自烏克蘭的學員也分享，同學們因過去學習經驗、修行方法等差異，對於經文有著多元的解讀方式，從中可以看到自己的不足之處，因此獲益良多。

鄧偉仁老師表示，提昇漢傳佛教研究品質及研究國際化，是聖嚴師父致力推動的目標，為了加強國際學生閱讀佛教文獻的能力，並且培養以英文弘法、翻譯的人才，首先開辦暑期研修班，也會列入文理學院的專修課程。

● 08.26～29

佛教藝術暨佛教在歐洲的傳播高峰論壇
鄧偉仁老師分享研究方法與理論

於西班牙馬德里舉行的佛教論壇，受邀學者多能用中文交流，可以自由以中文或英文發表。

8月26至29日，法鼓文理學院受邀參加中國大陸廣東天柱慈善基金會、歐盟歐中友好協會與加拿大英屬哥倫比亞大學佛學論壇（University of British Columbia, Buddhist Studies Forum）等學術研究機構，共同於西班牙馬德里舉辦的「當喜馬拉雅山與阿爾卑斯山相遇——佛教藝術暨佛教在歐洲的傳播國際高峰論壇」（When the Himalaya Meets with Alps: International Forum on Buddhist Art & Buddhism's Transmission to Europe），由助理教授鄧偉仁代表參加，並於會中發表論文。

鄧偉仁老師發表的論文，主題是「佛教研究在西方的展開與其在東方的再語境化」，主要探討現代西方佛教研究的方法與理論，如何適用於東方的佛教教育；也介紹法鼓文理學院佛教學系的課程特色與未來展望。

會中，關於漢傳佛教在歐洲發展的現況，多位學者指出，近年來中國大陸的寺院於歐洲建立道場，但仍受到文化語言的局限，佛法在地弘化仍有很大的挑戰。

該場高峰論壇邀請五十位漢傳佛教及中國宗教相關研究領域的學者，發表佛教藝術、佛教在歐洲傳播的歷史與現況等相關論文。由於論壇在西班牙舉行，半數學者來自歐美著名大學，就西方佛教與佛教藝術的發展，進行對話交流。

● 09.02～04

大專佛教青年培訓營園區展開
未來領袖建構時代新品格

法鼓文理學院、中華佛教青年會於9月2至4日，在法鼓山園區舉辦「2016全國大專佛教青年領袖培訓營」，共有五十多位佛教社團負責人、學佛新手透過培訓課程，建立人生願景，為社會公益、佛教未來發展盡心力。

營隊授課主題包括生死教育、環境保育、發揮影響力、創造佛教未來等，以

講座、工作坊、打坐、動禪、座談等方式進行，協助學員自我成長，建構新時代的核心品德。文理學院校長惠敏法師與學員分享「時代新品格與青年」，提出「品格」的「因緣鍊」觀念，說明思想、行為、習慣、性格與命運，有密不可分的關係。

實踐大學社會工作學系副教授楊蓓，以「團隊心靈與領導」為主題，分享領導不是一種權力，也不是上對下的關係，而是在團隊中發揮「影響力」；文理學院助理教授鄧偉仁就自身觀察世界佛教發展的心得，提出「佛教接引青年的挑戰與展望」，引導學員明白肩負佛教未來發展的責任。

「孵夢座談會」則邀請臺灣青年氣候聯盟創辦人張良伊，分享到世界各地推動環保的見聞，鼓勵青年學員以實際的行動，改變世界。

4日的綜合座談，邀請中華佛教青年會理事長明毓法師、人間福報社長金蜀卿、慈濟大學宗教與人文研究所副教授何日生，與福智青年教育發展課長林金枝、前考選部長邱華君等，分享舉辦活動的理念與經驗，期勉年輕朋友從佛法找到生命著力點，樂於投入社會參與及義工服務。

許多學員們認為，培訓營課程觀念豐富、多元，會運用所學，把佛法活用在社會和人心的需求上。

學員在培訓營中建構人生願景，期許能為社會公益與佛教的未來盡一分心力。

● 09.09～10

「漢傳佛教青年學者論壇」論文發表
展開跨學科、跨世代的經驗傳承與交流

中華佛學研究所主辦，法鼓文理學院、聖嚴教育基金會協辦的「2016漢傳佛教青年學者論壇」，9月9至10日於法鼓山園區國際會議廳進行第二階段論文成果發表，來自臺灣、新加坡、日本、德國、中國大陸等地青年學者，共發表二十一篇論文，由各領域專家、學者主持及講評，展開跨學科、跨世代的經驗傳承與交流。

開幕典禮上，方丈和尚果東法師說明漢傳佛教具有包容、接納、適應等特色，因此創辦人聖嚴師父對於漢傳佛教的未來深具信心，鼓勵青年學者深入佛學研究，護持正法；佛研所所長果鏡法師表示，發表論文的六組海內外青年學

通過進階甄選的六組青年學者,發表「漢傳佛教青年論壇」第二階段研究成果。

者,都是通過第一階段審核的菁英,希望青年學者們累積紮實的學術根柢,奠定發揚漢傳佛教的基礎。法鼓文理學院校長惠敏法師則幽默地表示,學術研究條件需要「福祿壽」,提醒青年學者重視身心健康、終身學習。

二十一篇論文主題含括漢地禪修的文本實踐、日唐漢傳佛教文化交流、民間佛教與女性文化等,契合論壇強調「新文獻、新視野、新方法」的研究精神。論壇委員中央研究院中國文哲研究所研究員廖肇亨期勉參與論壇的青年學者,善用己身優勢,進行更多研究交流;首次參與的臺灣佛教史學者闞正宗認為,臺灣佛教因歷史、地理、民俗等時空因素,十分值得深入研究,鼓勵青年學者下次論壇也能提出相關研究主題。

● 09.21

法鼓校友會舉辦校友論文發表論壇
鼓勵終生學習

法鼓學校校友會於9月21日,在法鼓文理學院舉辦「2016法鼓學校校友會校友論文發表論壇」,共發表五篇論文,包括校長惠敏法師,以及蔡伯郎、見弘法師、鄧偉仁、莊國彬、洪振洲等師長都出席與會,歡迎校友回母校,共有五十多人參加。

歷屆法鼓學校畢業校友持續從事佛學研究,落實「終生學習」的精神。

論壇發表的論文共有五篇,發表人陳宗元、劉興松曾就讀中華佛研所,目前分別在法鼓文理學院、政治大學攻讀博士班;如一法師、黃舒鈴、徐鳴謙則是法鼓佛教學院校友。劉興松就哲學典範的概念,剖析佛教的禪、淨是否可成為修行的典範;徐鳴謙運用學校的數位資料庫,研究清代臺灣佛寺的樣貌;黃舒鈴將四無量心的佛典義理,與正念理論的實踐做連結;如一法師則運用日本文

獻，探討觀待緣起的意義；陳宗元根據《佛母般若圓集要義》，考察陳那的教說立場。

惠敏法師表示，設立論壇是為鼓勵畢業校友繼續投入佛學相關研究，也為校友與在校生搭起學術交流的橋樑，鼓勵校友「終生學習」。

● 09.24～25

雲南大理崇聖寺舉辦論壇
鄧偉仁老師發表「佛教中國化」

法鼓文理學院助理教授鄧偉仁於9月24至25日，應邀出席於中國大陸雲南大理舉行的「第六屆崇聖論壇」，發表論文分享佛教漢地發展研究成果。

論壇主軸為「時代特色人間佛教的理論與實踐」，主題有三：全球化時代的佛教、絲綢之路上的佛教，以及佛教經典、歷史與文化。鄧偉仁老師針對第三個主題發表「佛教中國化」的種種意涵，並回應學界對其偏狹的評析。

崇聖論壇由大理崇聖寺主辦，是雲南佛教界和學界合作的佛教論壇，過去參與者主要來自中國大陸、臺灣及東南亞，本屆擴大規模，首次邀請歐美學者與會，有近百位學者發表論文。

● 10.20

法鼓文理學院獲新北市優良環評開發肯定
校長惠敏法師代表受獎

法鼓文理學院獲新北市政府「105年新北市環境影響評估優良開發案評選計畫」表揚優良環評開發案肯定，榮獲「營運階段」銀級獎，校長惠敏法師於10月20日出席頒獎典禮，並代表受獎。

頒獎人新北市環保局長劉和然說明，永續發展除考量世代公平，亦應顧及世代正義，為達到環境保護與經濟發展兼顧，各種開發行為在規畫階

法鼓文理學院獲新北市優良環評開發肯定，惠敏法師代表接受劉和然局長頒獎。

段應同時考量環境因素；劉局長肯定受獎單位預防及杜絕開發行為對環境造成的不良影響，落實環評承諾。

　　惠敏法師表示，承續法鼓山自然環保理念，學院在開發建設時，即致力降低環境影響，在經營階段更以創造「境教化育」之綠色校園為期許，也將持續秉持友善環境、與環境共存共榮的理念，賡續推動綠色校園之營運，實踐「自然倫理」。

● 10.22～23

惠敏法師浙江大學分享數位研究成果
探討新世代佛學數位研究資源的發展趨勢

各國學者齊聚中國浙江大學，交流數位佛學研究新趨勢。

　　法鼓文理學院校長惠敏法師、圖書資訊館館長洪振洲等於10月22至23日，受邀前往中國大陸浙江大學，參加該校佛教資源研究中心、美國哈佛燕京學社（Harvard-Yenching Institute）共同舉辦的「佛教研究新趨勢國際學術研討會」，包括日本國際佛教大學院大學校長落合俊典、哈佛大學南亞系系主任帕替爾（Parimal Patil）、萊頓大學佛教研究中心主任司空竺（Jonathan Silk）、德國漢堡大學（University of Hamburg）佛教研究中心主任多吉旺秋（Dorji Wangchuk）等近四十位學者及研究員與會。

　　惠敏法師與洪振洲老師以「新世代佛學數位研究資源發展趨勢：整合協作與量化分析」為題，分享歷年來參與中華電子佛典協會（Chinese Buddhist Electronic Text Association, CBETA）、佛教文獻數位化研究相關計畫之經驗，並探討有關新世代佛學數位研究資源的發展趨勢。

　　惠敏法師認為，建構包含梵、巴、漢、藏等佛典語言與英、日、德、法等現代語言的「佛典平行語料庫」是未來佛學研究的重要工作，而數位研究資源的發展極具挑戰，必須善用現有的資源和經驗，並經常關注「數位人文」（Digital Humanities）的發展，才可能達到「跨界合作與專業分工」、「多人共享與版本管理」這兩大目標。

　　洪振洲老師則分享，CBETA已完成超過一億六千萬字的藏經內容數位化，不僅節省使用者查找的時間，從巨觀角度，也可找出傳統語言學研究方法不易發現的語言特徵。CBETA團隊正著手建置佛典文獻之數位整合研究平台，未

來將有助於學者進行更完整的數位資料分析。

　　此會議緣起於浙江大學慶祝新成立佛學資源與研究中心，而召開的國際學術會議。惠敏法師表示，中國大陸的佛學研究有歷史久遠、地域廣大、人口眾多的資源優勢，值得關注；臺灣的佛學界如何調整定位，截長補短，合作交流，是必須思考的議題。

● 11.25

法鼓文理學院舉辦「社區活力再造論壇」
社區再造學程打造愛與希望

　　11月25日，法鼓文理學院社區再造碩士學位學程，與新北市政府、法鼓山社會大學於總本山聯合舉辦「愛與希望社區活力再造論壇」，邀請公益平台文化基金會董事長嚴長壽、文理學院校長惠敏法師，以及多位長期投入社區服務者，與近五百位鄰里長、社區工作者，一同探討如何結合理論與實務，創造共生利他的社會價值。方丈和尚果東法師、新北市市長朱立倫、法鼓山社大校長曾濟群、護法總會總會長張昌邦等，也到場聽講。

　　論壇首先進行兩場講座，「心靈環保與社區淨土」講座中，惠敏法師別開生面，邀請聽眾朗讀宮澤賢治的詩作〈無畏風雨〉，藉此提醒個人生活習慣的養成，與社區的人際互動密不可分。嚴長壽董事長在「我所看到的未來」講座中，說明臺灣的優勢與價值，不是阿里山、日月潭，而是文化，社區再造必須了解自己的優勢，才能創造新局。

　　六場交流分享，包括臺北市「南機場」里長方荷生介紹如何透過送、供、共餐關懷長者，以及社區食物銀行的機制，實踐照顧弱勢、社區互助的理想；夢之湖——鍊工場日間照顧中心執行長楊慰芬提出「減法照護」，讓人重新思考長者的需要與被需要，以及生而為人的尊嚴。

　　法鼓山僧團副住持果祥法師談「心靈環保農法」、嵩山社區發展協會總幹事陳國志講農村再造與環境教育、弘道老人福利基金會執行長李若綺分享不老騎士如何圓夢，以及立凱電能

長期從事社區關懷的人士、關注社區議題的民眾，齊聚法鼓山參與「社區活力再造論壇」。

董事長張聖時談創業經驗，結合佛法與生活實踐，獲得熱烈回響。

社區再造碩士學程主任章美英表示，會將各場論壇內容上傳學校網站，讓更多人認識社區再造，共享資源，創造美好家園。

● 12.10

桐谷征一教授僧大演講
感懷聖嚴師父　發表石刻經研究

桐谷征一教授於僧大分享石刻經研究。

僧大於12月10日舉辦專題講座，邀請日本石刻經專家、聖嚴師父好友桐谷征一主講「感懷摯友——聖嚴法師以及我的個人研究」，有近八十人參加。

講座中，桐谷教授對聖嚴師父治學認真用心，以及竭力弘法的精神，推崇備至。教授並分享研究石刻經四十年來的心得，表示進入房山石窟研究時，受到很大的震撼，因為佛教在日本的發展相對安定，於中國則遭受過數次大規模滅佛事件，對於末法時代之說感受深刻，保存經典更是刻不容緩。

桐谷征一教授與聖嚴師父的因緣極深。1967年師父出關，應邀於善導寺講經時，當時教授與夫人來臺新婚旅行，正好到善導寺聽經，在了中法師介紹下，與師父結下一面之緣。後來師父赴東京立正大學攻讀博士，桐谷教授亦任職於該校圖書館，兩人互為彼此的語言家教，往來密切。此行是應中研院之邀來臺，發表最新研究「天台山國清寺新發現的隋唐石刻」。

● 12.10～12.19

佛教與東亞文化密集研修班園區舉行
青年學者跨界交流

12月10至19日，法鼓文理學院承辦的「佛教與東亞文化密集研修班」，於園區舉行，共有一百二十多位來自美國、加拿大、義大利、以色列、斯里蘭卡及兩岸三地等十四國的青年佛教學者與研究生參加，展開跨界交流。

十天密集的課程，邀請加拿大英屬哥倫比亞大學（University of British Columbia）教授陳金華、英國劍橋大學（University of Cambridge）敦煌學專家高奕睿（Imre Galambos）以及法國社會科學高等學院（École des Hautes Études en Sciences Sociales）漢學家高萬桑（Vincent Goossaert）擔任系列講座，主題包含科技創新與佛教傳播、寫本與佛教文化、清代菁英的宗教觀等，呈現佛教與社會各層面的連結。

另一方面，中央研究院中國文哲所副所長廖肇亨、法鼓文理學院助理教授鄧偉仁、洪振洲、政治大學哲學系副教授耿晴等學者亦參與演講，分別從史學、語言學、數位工具切入，帶領學員認識東亞宗教與文化，也增進與在地學者的互動。

除了解門的學習，研修班並規畫早晚課、茶禪、寺院參訪等行門課程，學員體現實地研習的理念，包括15至16日，學員自組的「青年論壇」，主題涉及「政教與儒釋之爭」、「佛教藝術與文學」等，由法鼓文理學院教師及僧團常啟法師、常慧法師擔任講評，提供多元對話。

文理學院校長惠敏法師表示，真正的學問不在課堂上，而在宗教的神聖空間，研修班跨領域的交流，為佛學研究帶來新視野。

系列講座邀請國際學者分享，陳金華教授從科技創新談漢傳佛教傳播，深受學員歡迎。

● 12.18～20

聖基會舉辦「第二屆近現代漢傳佛教論壇」
探討佛教教育傳承與現代化新契機

聖基會於12月18至20日，在臺中寶雲寺舉辦「第二屆近現代漢傳佛教論壇」，近二十位來自臺灣、中國大陸、香港、法國、美國等地學者，從佛教教育出發，共同探討漢傳佛教現代化的問題與危機，以及未來的契機和方向。

18日「佛教辦學特色」圓桌論壇上，法鼓文理學院校長惠敏法師分享該校以「心靈環保」為教學主軸，培養「悲智和敬」兼備的博雅人才，研究上則以禪修和現代社會的連結為方向；佛光大學佛教學院院長萬金川，說明於佛學課程外，該校還設置經典、文化與應用、素食等學程，並重視學生做早晚課、進大

寮烹飪等的日常生活體驗。

19、20日的論文發表，法鼓文理學院助理教授鄧偉仁、法國東方語言文化學院汲喆、美國佛羅里達州立大學顧立德、南加州大學融道法師、廣州中山大學

賴嶽山等五位學者，則分別從西方佛教學的開展，探討東方二十世紀佛教教育的現代化歷程。

綜合討論會上，聖基會執行長楊蓓感謝與會學者們的分享，開啟新的研究視野；學者們也肯定論壇聚焦於「教育」的用心，得以深入思考佛教教育的定位和發展。

近現代漢傳佛教論壇上，學者分享研究成果，開啟新的研究視野。

● 12.23

生命教育共修法會
感念前副校長杜正民教授

12月23日，法鼓文理學院於國際會議廳舉辦「生命教育共修法會」，緬懷11月27日捨報往生的前副校長杜正民，共有五百多位來自各地的佛教學者、僧俗四眾與文理學院師生，在校長惠敏法師帶領下，誦念《心經》、《無常經》，共結法緣。

法會上，惠敏法師說明舉辦法會的因緣，杜正民教授不僅是好老師，在人生旅途上亦是一位好的旅行家，即使是療養疾病，也能像規畫行程一樣，隨時掌握身心變化，一步一步順著因緣前進；法師並解說《無常經》的經文，體會杜教授盼請大眾把握因緣、共修佛法的願心。

杜正民教授1978年參加聖嚴師父在文化館舉辦的第一場禪七後，深受啟發，放下高薪工作轉而就讀中華佛學研究所；佛研所畢業後，接續投入中華電子佛典（CBETA）、《法鼓全集》等多項數位建置計畫；師父捨報後，更主持「聖嚴法師文物史料數位典藏與理念推廣研究計畫」，是師父教法的重要推手。十年前生病後，杜老師深入佛教醫學的研究，並推動「法的療癒」佛典數位專案，期能將初期佛法到大乘佛典中，相關的經、律、論做一統整，廣與大眾分享。

肆【國際弘化】

為落實對全世界、全人類的整體關懷，
透過多元、包容、宏觀的弘化活動，
經由禪修推廣、國際會議、宗教交流……
消融世間的藩籬及人我的對立與衝突，
成就普世淨化、心靈重建的鉅大工程。

步步踏實
多元推廣漢傳禪佛教

國際弘化於2016年，持續以參與國際會議、座談，以及參訪、觀摩，
拓展四眾的國際視野，同時導向經驗傳承及實務切磋；
也積極接引年輕新世代認識佛法的慈悲與智慧。
歐、亞、美洲弘傳禪佛教接力不斷，
更帶動、活絡全球修習禪法的風潮。
海外據點的多元弘化，表徵法鼓山以心靈環保的實踐，
為全人類的心安平安做貢獻。

與國際各界交流，不僅可互相學習、了解彼此、促進和諧，更是提昇漢傳佛教能見度的重要一環。2016年法鼓山在參與國際會議、與各國來訪人士互動外，並前往不同傳承的道場參訪學習，盼為佛法弘化教育的推廣，注入新的思考與活力。

順應不同世代和社會的需求，法鼓山於世界各地的弘化方式，日趨多元。關懷新世代、推廣生活佛法，是全球各分支道場的弘化重心，從兒童、青年、社區居民、一般大眾到專業人士，都舉辦相關活動及課程，期使漢傳佛教的安心方法，普遍為各年齡、各領域民眾所認識運用。

國際交流　觀摩學習並進

本年在國際會議參與方面，主要包括：9月方丈和尚果東法師出席中國大陸福州「二十一世紀海絲佛教・福建論壇」，分享創辦人聖嚴師父倡導的「心五四」運動；11月，出席中國大陸西安「漢傳佛教祖庭文化國際學術研討會」，分享師父倡導求同存異的「全球倫理」，並期盼漢傳、藏傳、南傳佛教共同將本身優點，奉獻給整體佛教和人類。

10月加拿大多倫多大學（University of Toronto）「應用佛學發展計畫論壇」、11月馬來西亞吉隆坡「佛教當代關懷研討會」、12月韓國首爾「第九屆佛教儀禮文化國際論壇」，分別由各地道場法師代表出席。其中，弘化發展專案召集人果慨法師、常智法師，受邀於首爾的論壇上，分享法鼓山的大悲心水陸法會，深受韓國佛教學者重視，當地寺院更表達來臺觀摩的意願，顯見水陸法會的文化價值，已跨越不同國度。

在各國來賓參訪方面，本年有來自柬埔寨、法國、印度、梵諦岡、美國，以及索羅門群島等國的政府人士、宗教團體、大學師生和網路媒體，前往法鼓山園區、北投農禪寺、臺中寶雲寺，與美國東初禪寺進行參訪，其中，梵諦岡天主教教團於2月聖嚴師父圓寂七週年傳燈法會前夕來訪，拜會方丈和尚果東法師，延續雙方跨宗教的情誼，格外珍貴有意義。

本年僧團也組成觀摩團隊，由普化中心副都監果毅法師率同六位僧團法師，前往美國參訪一行禪師、西方內觀禪、日本禪、藏傳佛教的道場，透過實地觀察和體驗，了解佛教各傳承和禪法在北美的發展，對法鼓山在西方推廣弘化工作，深具啟發。

關懷新世代　學做自己主人

關懷新世代，引導兒童、青年建立正向的人生價值觀，全球各道場於原有的法青會活動外，開辦各種營隊、成長課程、禪修活動，並接受當地學校、團體邀請，到各地帶領禪修體驗，協助新世代從佛法和禪修的學習體驗中，學習了解自己，面對外在環境變化，能做自己身心的主人。

各道場為新世代舉辦的活動，包括：6月美國加州洛杉磯道場首度舉辦「兒童心靈環保體驗營」，全程以英語進行，課程中融入心五四、心六倫的內涵，透過專注和放鬆練習，引導兒童好動浮躁的心慢慢沉靜與安定。6至12月，馬來西亞道場開辦「兒童生命教育」課程，以家庭倫理、自然倫理為主軸，小學員學習感恩孝順、知福惜福、愛護地球，以及尊重生命。

7月初，香港道場於香港中文大學舉辦青年五日禪，從「轉念」的角度出發，帶領青年朋友學習禪修的基礎觀念和方法，引導年輕人探索內在的自我，進而與自己、與他人、與環境、與不同世代和諧相處。7月中，法鼓山和國際扶輪社合辦「國際青少年宗教體驗營」，十二國的青少年朋友在課程中，認識佛門禮儀、基礎禪修觀念，體驗禪坐、戶外經行、托水缽，體會來自內心的安定。

除了專為新世代舉辦活動，馬來西亞道場還應各方邀請，前往沙亞南佛教會、八打靈精武華小、丹絨士拔佛教會、理科大學，進行禪修指導、帶領青年營、舉辦禪修講座，在年輕世代的心田裡，播下行善學佛、安定身心的菩提種子。

推廣生活佛法　接引社會大眾

對於社會大眾的關懷，各地道場從現代人的需求著眼，以對談、講座、書展、禪藝活動、心靈課程等方式，接引民眾親近生活化的佛法和禪法。

對談方面，洛杉磯道場舉辦「活出生命的力量」跨界對談，由方丈和尚果東法師和音樂人段鍾沂、廣播人謝德莎，分享生命的成功密碼；而香港道場舉行「游藝戲禪」座談會，則由聖嚴師父法

子繼程法師、舞蹈家梅卓燕、設計師黃炳培，分享以禪心優游於藝術領域，兩場跨界對談，都獲得廣大回響。

講座方面，1至3月，香港道場舉辦三場「禪法療癒」講座，就「病得自在」、「從安心到安家」、「佛法與調解醫心」等主題，分享佛法的觀點；3至10月，馬來西亞道場舉行「禪思與禪行」、「當心臟專科遇到禪修」、「減少臨終前的痛苦」等與各界合辦的講座，其中結合佛曲創作分享的「聽見自己，世界才會聽見你」講座，由馬來西亞法青學員擔綱表演，展現新世代推廣心靈環保的活力。

書展和禪藝活動方面，香港道場以「心靈環保──四安」為主題，參加「2016香港書展」；北美護法會多倫多分會首次參與加拿大「街頭文字」（Word on the Street）年度書籍雜誌展，接引民眾認識法鼓山的理念。融合禪修、文化體驗、藝文展演的禪藝活動，包括：加拿大溫哥華道場「敦親睦鄰慶新年」、香港道場「約咗佛陀喫茶

去」和「一人曰神」茶禪活動，生活化的禪法體驗，廣受當地居民喜愛。

心靈課程方面，馬來西亞道場亦舉辦「從心出發」心靈環保工作坊、教師佛學研修班「悅教悅輕鬆」課程，以及針對管理階層和專業人士的「心靈環保禪修營」，將禪法分享給不同領域的民眾。

漢傳禪佛教　逐步弘揚

禪修中心副都監果元法師、聖嚴師父法子繼程法師、吉伯·古帝亞茲（Gilbert Gutierrez）、查可·安德列塞維克（Žarko Andričević），本年弘揚漢傳禪佛教的足跡，遍及印尼、新加坡、墨西哥、美國、波蘭、加拿大等地，5至10月間，於各地主持默照、話頭、念佛等各項禪修活動，同時進行禪修講座，引領各國禪眾體驗漢傳禪法，乃至深入修證。

除了僧團法師、聖嚴師父法子，本年海外各道場、分會和聯絡處，推廣漢傳禪法的腳步同樣積極。在北美，美國洛杉磯道場、加拿大溫哥華道場，以及北

法鼓山2016年於加拿大溫哥華首辦第一屆在家菩薩戒，近三百位新戒佛子圓滿受戒，一同迎接生命的新開始。

美護法會華盛頓州西雅圖分會、安省多倫多分會，於2至8月先後舉辦禪七、禪五、禪三等精進禪修活動，其中，溫哥華道場和當地班揚（Banyen）書店合辦禪法講座，由果元法師弘講「禪的源流與修行方法」，並實地帶領東、西方聽眾體驗禪坐，感受禪修對於安定身心的益處。

在歐洲，盧森堡聯絡處於7、8月首度開辦禪修入門課程，向比利時、德國、盧森堡等地學員介紹漢傳禪法和中華禪法鼓宗；英國倫敦聯絡處於9、10月舉行初級禪訓班、禪三，前往主持的常悟法師並受英國佛教會（Buddhist Society）之邀，講說《金剛經》及生活運用，引導西方聽眾生起對禪修的興趣。

在東南亞及澳洲，馬來西亞道場舉辦中級1禪訓密集班，新加坡護法會也首度開辦初級禪訓密集班；澳洲墨爾本分會、雪梨分會則分別舉行《華嚴經‧淨行品》講座、英文禪五，不同階段的禪修活動，帶領各地禪眾逐步體驗漢傳禪法。

此外，聖嚴師父資深禪修弟子、美國佛羅里達州立大學（Florida State University）宗教學系副教授俞永峯於7月，帶領西方禪眾回臺灣尋根，認識中華禪法鼓宗的源頭。

護法弘法　開展新里程

各地道場和分會的護法、弘法及關懷活動，本年也多所進展。弘化開展方面，繼1991年聖嚴師父於美國傳授第一屆在家菩薩戒後，5月底，僧團首度於加拿大溫哥華舉行第一屆在家菩薩戒，近三百位東、西方信眾受戒，參與人數和規模乃海外地區首見，為漢傳佛教海外弘化的新里程。

另一方面，亦有多位僧團法師巡迴海外弘法，其中，關懷院監院常綽法師於泰國、馬來西亞、新加坡講授「大事關懷」課程；弘化發展專案召集人果慨法師至加拿大、美國主講觀音法門，從不同面向弘講正信、正見的漢傳佛法。

信眾關懷上，2至3月，北美護法會分別於紐約象岡道場、加州舊金山分會，舉辦首屆悅眾成長營，凝聚悅眾學佛護法的初心；2至8月，美國、馬來西亞、新加坡、香港等地，先後舉辦《聖嚴法師年譜》新書分享會，僧團法師、編著者林其賢引領信眾追隨聖嚴師父弘法利生的腳步；5月及10月起，方丈和尚果東法師於美國展開巡迴關懷，感恩悅眾、義工和信眾，勉勵大眾做建設人間淨土的鼓手。

結語

自2006年起，方丈和尚果東法師接續聖嚴師父步履，每年固定兩次至北美巡迴關懷，本年已圓滿第十年。不只在北美，僧團法師和所有法鼓山弟子們，以同樣的堅實腳步在東南亞、澳洲、歐洲等地，以一個十年、二個十年，乃至更多個十年，前後相續，一步一腳印至全球各地分享漢傳禪法，無數護法弘法的力量，一點一滴地累積，匯聚成漢傳佛教在國際上弘化的無限動力。

● 01.01

馬來西亞道場「生升不息法青祈福會」
分享正面能量　讓世界更美麗

馬來西亞法青利用環保物資，製作吉祥物「悟寶熊」，象徵
透過正面能量，可以讓世界變得更美麗。

馬來西亞道場於1月1日舉辦「生升不息法青祈福會」，由演祥法師帶領為世界各地平安祈福，共有五十二位青年參加。

迎接新年，法青首先於大寮搓湯圓，再於禪堂進行茶禪。演祥法師提醒，不論是搓湯圓，或是觀茶色、聞茶味，都要保持禪心，清楚當下每個動作，體驗真正的幸福，來自於純樸，而非物質享受。

參與2015年臺灣參學、全球信眾大會的法青們，也分享旅程見聞，學員們表示，心中最大、最多的體驗是感動──感動聖嚴師父的堅持、臺灣菩薩的熱情，從中領略法青肩負佛法傳承的重任。

會中並觀賞傳達保育海洋、愛護自然等主題的短片，引導青年了解，雖然地球生病了，但人類要用正面的態度去面對，學會賦予生命重生的力量；演祥法師也期勉眾人，透過正面能量，改變世界，就能讓世界變得更美麗。

活動最後，學員在褐色小卡寫下新年新願，希望達成自利利他的心願；法青悅眾也帶領誦念「心靈環保全民宣言」，發願為青年建立安心自由的學佛空間。

● 01.05

柬埔寨宗教部參訪法鼓山
受聖嚴師父啟發推廣植存

柬埔寨宗教部部長辦公室總執行長坎蒂斯（Min Chandyneth）、國際宗教事務部副總執行長安那（Say Amnann）一行，1月5日在柬埔寨大般若寺住持道院法師陪同下，參訪法鼓山園區，並與僧團副住持果祥法師就南、北傳佛教的歷史、文化及現狀進行交流。

座談中，果祥法師以四種環保為主軸，分享法鼓山推廣的各項教育及關懷工作，其中佛化奠祭與植存，獲得現場熱烈回應。道院法師表示，在柬埔寨推廣植存、回歸自然的環保觀念，便是受到聖嚴師父的啟發。

此行參訪，坎蒂斯總執行長一行人並於大殿禮佛，參觀祈願觀音殿、開山紀念館，對於法鼓山質樸道風與禪悅境教，留下深刻的印象。

● 01.09～10

馬來西亞道場舉辦心靈環保工作坊
學員學習以佛法照顧身心

馬來西亞道場於1月9至10日，以「從心出發」為主題舉辦心靈環保工作坊，由法鼓文理學院生命教育碩士學程主任辜琮瑜主持，藉由分組討論、互動遊戲等課程，帶領八十三位學員了解心靈環保的理念，學習以佛法照顧身心。

工作坊首先說明法鼓山如何以三大教育、四種環保來落實聖嚴師父心靈環保的理念，接著進行分組活動，「四十心詞」單元，九個小組分別抽到明心、觀心、掃心、聽心、洗心、默心、覺心、鬆心、不住心等，討論如何在生活中照顧好自己的心；辜老師也在「打開心結」活動中，提醒學員，先把自己的心照顧好，才有力量去照顧別人。

10日以「打造一顆黃金的心」為主題，辜老師鼓勵學員在生活及任何學習過程中，時時重新歸零，學習體驗生活、享受生命，抱著感恩與回饋的心，把所長、所能、所有，以及快樂與人分享，珍惜每次相遇的任何人，也會因此感到自己的存在價值。

最後在「大限來臨的那一天」課程中，則透過安心卡、願望清單、慈悲卡等，與內在心靈對話，有些心願在現場立即獲得回應。

有大學生分享，工作坊課程豐富有趣，自己的心宛如經過深層的潔淨，煥然一新。

心靈環保工作坊中，透過分組討論、互動遊戲等豐富課程內容，讓學員收穫豐碩。

● 01.13

直貢澈贊法王再訪農禪寺
期許漢藏佛教進一步交流

藏傳佛教直貢噶舉、第三十七任澈贊法王於1月13日參訪北投農禪寺，曾就讀漢藏文化交流班的阿里仁波切、國安局前局長蔡得勝等十多人同行，由方丈和尚果東法師代表接待，進行交流。

直貢澈贊法王（左）在方丈和尚陪同下，參訪農禪寺。

座談中，方丈和尚述及澈贊法王與聖嚴師父、農禪寺的結緣，始於法王1991年來臺造訪中華佛學研究所、農禪寺；2000年，師父在美國參加世界宗教領袖會議，與法王交流；同年10月，法王再度來臺拜會師父。這些經過，師父都寫入《抱疾遊高峰》一書。

法王表示，鑑於亞洲青年佛教徒的流失，在法會中加入四聖諦、十二因緣說法，以及與不同地區進行佛教文化藝術交流等作法，可以吸引年輕人加入學佛行列，希望未來能與法鼓山進一步交流。

澈贊法王致力佛教教育，創立直貢噶舉佛學院，2003年並興建松贊圖書館，為西藏與喜馬拉雅地區的研究中心。

● 01.14

法國方開寺淨信禪師參訪法鼓山園區
感佩聖嚴師父弘揚漢傳佛教法脈

1月14日，法國方開寺住持淨信禪師（Rev. Joshin L. Bachoux）由臺灣佛教善女人協會陪同參訪法鼓山園區，並與僧團副住持果暉法師進行茶敘。

一行人首先參訪各殿堂，在開山紀念館，了解創辦人聖嚴師父致力在東、西方傳承漢傳佛教法脈，深刻體會歐美弘法不易的淨信禪師，內心非常感動，表示聖嚴師父部分禪修著作翻譯成法文版，是重要的參考書籍。

茶敘交流時，果暉法師致贈淨信禪師一套《聖嚴研究》，並讚歎禪師道心堅定，致力弘揚佛法。

在法國、南美洲弘揚禪法的淨信禪師，曾追隨日本曹洞宗丹羽廉芳、森山大行禪師門下，對於漢傳禪佛教在臺灣的發展，尤其兼備曹洞、臨濟宗風的法鼓山，特別感佩，因此做為來臺首座參訪的道場。

淨信禪師參訪開山紀念館，了解聖嚴師父與法鼓山的理念。

● 01.16～02.14期間

果徹法師美西弘法關懷
主持佛學講座並帶領禪修

1月16日至2月14日，僧大副教授果徹法師前往美西弘法關懷，分別於北美護法會華盛頓州西雅圖分會、加州舊金山分會弘講觀音法門、止觀法門，並帶領禪修活動。

果徹法師美西弘法關懷。圖為於舊金山分會弘講「觀音妙智」。

在「止觀法門」講座上，果徹法師說明妄念不起叫作「止」，念念分明叫作「觀」。學習禪修，首先面臨的是心境的浮動散亂，再來是模糊昏沉，修觀可以對治昏沉，修止對治散亂；最初收攝散心，繫止於一境，但也不能僅僅止於一境，止的目的是要再起智慧觀照，擴大心性，然後再止下來，再起觀照，止了又觀、觀了又止，猶如攀登樓梯，往上爬一層，再停一停，往上爬是觀，停下來是止，假如停止不動，就不能進步，必須止觀並用，工夫才能日漸進步。

除了解門課程，法師並帶領止觀禪一，提醒禪眾時時不斷回到方法，練習安住於一境。

「觀音妙智」課程，法師講析觀音法門即是耳根圓通法門，利用耳根，反聞聞自性，體證萬法自性本空，達到圓通的大智慧境界；初學耳根圓通時，是有相的聽聲，之後便成為自己與聲音合而為一，此時已不用耳根但還是在聽，亦即「反聞聞自性」。

課程中，果徹法師反覆舉例說明反聞聞自性的境界：「空」的三個層次，一是杯子無水，「杯是空」；二是「沒有」杯子空的觀念；三是沒有杯是空的觀念，也沒有要把「杯是空」給空掉。此時即是「無分別智、有寂照之功」。法師勉勵大眾，除了「自度」，更要進一步做到「聞聲救苦」的「度人」。

此行弘法，法師並帶領舊金山分會於2月6日舉辦「法鼓傳燈日」活動，包括半日禪、大悲懺法會、傳燈發願等。果徹法師說明「傳燈」就是將佛法、禪法帶給更多人，使自己與他人都身心安定；大悲懺法會則是以觀音法門來傳承佛陀的慧命、聖嚴師父的悲願，期勉大眾「學觀音、做觀音」，所到之處都能帶給他人身心安定和佛法的利益。

2016 果徹法師美西弘法一覽

時間	地點	弘法內容
1月16至24日	北美護法會華盛頓州西雅圖分會	・「止觀法門」講座 ・「觀音妙智」講座 ・止觀禪一
1月29日至2月14日	北美護法會加州舊金山分會	・「止觀法門」講座 ・「觀音妙智」講座 ・止觀禪一 ・「法鼓傳燈日」活動 ・新春祈福法會

● 01.20

印度那爛陀中華佛寺住持參訪法鼓山

讚歎靈山勝境　肯定心靈環保

印度那爛陀中華佛寺住持Prajnalankara與臺灣法爾禪修中心一行六人，於1月20日參訪法鼓山園區，由僧團常學法師、常寂法師接待，進行交流。

常學法師解說園區內的一草一木皆是境教設計，在此修習佛法能體會佛陀的慈悲與智慧，同時也說明法鼓山以「心靈環保」為主軸的辦學精神，設立僧大、佛研所及法鼓文理學院等教育單位，期能為國內外培養大慈悲、大智慧的各種專業人才。

參訪時，Prajnalankara比丘在大殿的「本來面目」匾額下駐足良久，也在開山紀念館聖嚴師父所撰的「開山」前，讚歎「開山是開啟眾人心中的寶山」一語，並表示只要人人從心做起，淨土就在眼前，也符合「心靈環保」的精神。

● 01.30　02.20　03.05

香港道場「醫心──禪法療癒」系列講座

探討佛法與心靈療癒

1月30日至3月5日期間，香港道場於九龍會址舉辦三場「醫心──禪法療癒」專題講座，分享佛法與禪修，共有六百多人次參加。

1月講座，由禪修中心副都監果元法師主講「病得自在」，法師指出否認生病、對死亡的忌諱，常讓人在生病的時候，感到焦慮和無助，導致身心皆苦，不但無助於身體康復，還加深心理的不安，如果能不執著於「我」，了解並接受身體狀況並非永恆不變，便能減輕心理上的痛苦。法師提醒，若能將病視為菩薩，便能減少患病時所產生的瞋心，在逆緣中保持正念正知。

香港大學家庭研究院創辦總監李維榕於2月20日「從安心到安家」講座中，表示家庭關係首重安心，而主要安心對象即在家庭的核心──父母，如果父母想要子女快樂，就要先照顧好自己的心，因為父母的念頭、情緒、舉動，都會直接影響孩子；李維榕總監也以個案示範的影片，帶動聽眾互動

果元法師於「醫心──禪法療癒」專題講座中，勉勵大眾感恩罹病因緣，長養病中的堅強意志。

及分享意見，看似單一的個案，卻是很多家庭的寫照，並從中反思自己在家庭中的角色，進一步化為與伴侶溝通的行動。

3月5日由律師阮陳淑怡主講「佛法與調解醫心」，結合佛學與心理學的理論，以及談判專家與家庭治療師的技巧，令調解衝突成為一種菩提道的修行方法。阮陳淑怡強調靜觀調解法可用以處理自己和他人家庭及工作上的問題，有助突破人際關係的困境，使人變得融通，學會如何與他人建立共識，進而達到自我平衡、人我兼利。

● 02.06～14

海外道場共修活動迎新春
普佛拜懺法會同精進

2月6日（小年夜）至14日新春期間，除了全臺各分支道場規畫系列慶祝活動外，海外包括美國紐約東初禪寺、加拿大溫哥華道場、馬來西亞道場，以及北美、亞洲各護法會，也同步舉辦迎猴年新春活動，以祈福法會、拜懺精進，邀請信眾度過一個充滿法味的好年。

美洲地區，美國紐約東初禪寺於7日（除夕）舉辦新春普佛法會，由住持果醒法師主法，法師開示「猴吉不急，猴急不吉」，提醒大眾只要回到修行方法，常保六根清淨，「外現猴急也吉祥」，共有兩百多人參加。加州洛杉磯道場自6日起，一連四天舉行法會共修，並為臺灣南部地震受災民眾祈福；新春活動「吉祥茶禪與法師有約」，由常住法師帶領信眾一同體驗茶禪、分享學佛因緣；「法青回心家」以包水餃來連結年輕學佛者的心；並以結合祈願、搓湯圓、聯合祝壽的「新春樂齡關懷聯誼」，溫馨關懷長者。

加拿大溫哥華道場於8日（初一）及9日（初二），分別舉辦普佛、藥師法

溫哥華道場「敦親睦鄰慶新年」，西方民眾帶著孩子體驗擊鼓。

會，大眾闔家回道場禮佛祈福；廣受歡迎的英語「敦親睦鄰慶新年」於13日（初六）舉行，內容包括禪修、中華文化體驗、民俗童玩、茶禪心靈對話等，並有法青舞獅、合唱團和親子園小朋友快閃獻唱、鼓隊撼動擊鼓等表演，為新年帶來光明能量，包括列治文市長馬保定（Malcolm Brodie）、當地民意代表等，共有四百多位東、西方人士參加。

亞洲的馬來西亞道場於8日舉辦普佛法會，上百人齊心拜願、供燈，監院常藻法師開示，透過禪修學習觀照內心，專注當下，是猴年最好的安心禮物；泰國護法會同日也舉辦新春普佛法會，由僧團副住持果祥法師主法，帶領大眾禮敬諸佛，稱佛名號拜願。

香港道場於9日舉行新春普佛及祈福法會，六百六十多位信眾與會並於佛前供燈祈福，僧團副住持果品法師開示，供燈除了禮敬諸佛，也祈願以燈光點亮自己、照亮他人，讓光明遠大的好願遍照人間。

2016 海外分支道場新春主要活動一覽

區域	地點	日期	活動名稱／內容
北美	紐約東初禪寺	2月7日	新春普佛法會、講座、藝文表演、茶會
		2月8至12日	新春藥師法會
	加州洛杉磯道場	2月6日	新春藥師法會、法青回心家
		2月7日	新春大悲懺法會
		2月8日	《金剛經》共修
		2月8至11日	吉祥茶禪與法師有約
		2月9日	念佛共修、新春樂齡關懷聯誼
	加拿大溫哥華道場	2月8日	新春普佛法會
		2月9日	新春藥師法會
		2月13日	敦親睦鄰慶新年
	北美護法會新澤西州分會	2月7日	新春普佛法會、茶禪
	北美護法會加州舊金山分會	2月7日	新春祈福法會
	北美護法會華盛頓州西雅圖分會	2月7日	新春大悲懺法會
	北美護法會安省多倫多分會	2月13日	新春祈福法會

亞洲	馬來西亞道場	2月7日	除夕拜懺法會
		2月8日	新春普佛法會
	香港道場	2月10日	新春普佛暨祈福法會
	泰國護法會	2月8日	新春普佛法會
	新加坡護法會	2月14日	新春祈福法會

● 02.06～28期間

海外分支道場緬懷師恩
以傳燈、禪修傳承聖嚴師父教法

聖嚴師父圓寂七週年，法鼓山海外分支道場、分會於2月6至28日期間，舉辦傳燈法會及禪修活動，緬懷師恩、傳承聖嚴師父的教法。

美國紐約東初禪寺與北美護法會新澤西州分會，首先於6日舉辦傳燈禪一，分別由東初禪寺住持果醒法師、象岡道場監院常襄法師帶領，皆有四十多人參加。果醒法師並開示聖嚴師父的默照、話頭禪法，勉眾以無我、放捨諸相，契入禪法。

北美護法會華盛頓州西雅圖分會、加州舊金山分會也於同日展開傳燈半日禪。西雅圖分會以練習觀音法門耳根圓通的方式禪修，資深悅眾們並分享聖嚴師父的小故事及行誼，有年輕信眾表示，閱讀師父的著作，仿佛親身聆聽師父說法，了解法鼓山的理念，希望大眾發起願心，共同建設人間淨土。

美國加州洛杉磯道場與北美護法會安省多倫多分會於13日舉辦傳燈暨新春活動。洛杉磯道場首度嘗試以採訪義工的方式，拍攝「師父與義工有約」影片，以緬懷創辦人聖嚴師父，影片不但真實呈現義工們無私的奉獻，更分享了各自與師父的因緣，充分傳達出傳燈的意義。多倫多分會以《金剛經》讀書會，在經典中與佛、師父相遇；讀書會圓滿後，在《菩薩行》的樂曲中，大眾點燃手中的蠟燭，提起初發心，感念在修行的生命中得遇明師、發願傳承佛陀的智慧，點亮自性的光明。

14日，亞洲的馬來西亞道場由監院常藻法師主持傳燈儀式，並由悅眾分享親近法鼓山的心路歷程；新加坡護法會也

多倫多分會以《金剛經》讀書會，在經典中與佛、聖嚴師父相遇。

舉辦新春祈福暨緬懷師恩法會及皈依典禮，由僧團副住持果祥法師主法，大眾懷抱感恩、報恩的心，點燃象徵「續佛慧命、承先啟後」的缽燈，發願以奉獻利他的精神，傳承聖嚴師父的悲願。

位於大洋洲的澳洲雪梨分會則於28日舉辦傳燈活動，由護法總會副都監常續法師帶領，法師勉勵大眾，紀念聖嚴師父最好的方式，就是如法修行，以成就「提昇人的品質、建設人間淨土」。

2016 海外分支道場「法鼓傳燈日」活動一覽

地區	主辦單位	日期	活動內容
北美	美國紐約東初禪寺	2月6日	禪一
	美國加州洛杉磯道場	2月13日	傳燈發願、法青成立週年回顧
	加拿大溫哥華道場	2月20日	傳燈法會
	北美護法會新澤西州分會	2月6日	禪一
	北美護法會加州舊金山分會	2月6日	半日禪、大悲懺法會、傳燈發願
	北美護法會華盛頓州西雅圖分會	2月6日	半日禪、悅眾分享
	北美護法會伊利諾州芝加哥分會	2月7日	半日禪
	北美護法會安省多倫多分會	2月13日	《金剛經》讀書會、悅眾分享
亞洲	馬來西亞道場	2月14日	傳燈發願、悅眾分享
	香港道場	2月19日	傳燈法會
	新加坡護法會	2月14日	新春祈福暨緬懷師恩法會
大洋洲	澳洲墨爾本分會	2月21日	傳燈發願
	澳洲雪梨分會	2月28日	傳燈發願、佛法開示

● 02.19

梵蒂岡天主教教團來訪法鼓山
跨國際交流 延續互動情誼

梵蒂岡教廷宗座宗教交談委員會副祕書長英都尼神父（Fr. Indunil Janakaratne Kodithuwakku Kankanamalage）、顧問戴比利（Most Rev. Thomas Dabre）主教與天主教臺灣主教團主席洪山川、神父鮑霖（Batairwa Kubuya, Paulin）等八人，於2月19日參訪園區，由副住持果元法師代表接待，進行交流。

在果元法師陪同下，一行人參訪大殿，認識「傳燈」意涵；也於開山紀念館認識法鼓山承先啟後的歷史，了解聖嚴師父的理念與海外弘化歷程。法師並分享受邀參與天主教活動的感想，指出不同宗教間應保持溝通，可以避免誤解。

天主教教廷代表一行人來訪，副住持果元法師（右五）致贈聖嚴師父書法「光明遠大」，象徵雙方情誼的永固和延續。

戴比利主教表示，2016年是天主教的慈悲禧年，法鼓山同樣長期在世界各地推動慈悲和關懷，期望持續增進雙方的合作交流；鮑霖神父則分享，聖嚴師父和天主教多位神父情誼深厚，這次教廷代表拜會法鼓山，延續雙方情誼。

聖嚴師父對於跨國際、跨宗教交流，一向不遺餘力。天主教教團此行來訪，除了延續與法鼓山教團的情誼，雙方於師父圓寂七週年、舉辦傳燈法會前夕，持續交流互動，格外有意義。

● 02.20～21

新加坡首辦初級禪訓密集班
推廣禪修入門

20至21日，新加坡護法會首度舉辦初級禪訓密集班，由通過培訓的資深學長帶領，有近五十位學員參加。

課程包括禪修的架構與功能、坐禪介紹、體驗放鬆和呼吸、數息，並有各式動禪，如吃飯禪、走路禪的練習。

第二天分享時，許多學員表示，「禪」並不神祕，也不是高不可攀，而聖嚴師父的影音開示，更是非常受用；也有基督教信仰的學員認為，禪修是一種很好的自我認識方法，若能推廣至學校，對學生一定會有很大的助益，因為禪修可以提高專注力，盡而提昇學習能力。

課程圓滿前，有近一半的學員報名參加2月28日的禪一，進一步練習並應用禪修的觀念及方法。

新加坡護法會首度舉辦初級禪訓密集班，學員學習禪修的心法。

● 02.21　03.13

馬來西亞道場推廣入門禪修活動
播撒禪修種子

Fun鬆一日禪中，兩百多位學員在法師與義工帶領下，體驗「身在哪裡，心在哪裡」。

　　馬來西亞道場於2月21日應當地沙亞南佛教會之邀，指導該會禪修課程，由監院常藻法師、演祥法師及義工帶領，學習法鼓八式動禪心法，有近四百位兒童及青少年參加。

　　沙亞南佛教會的學員分成初、中、高階等八個班級，課程中，學員首先學習法鼓八式動禪心法，「身在哪裡，心在哪裡；清楚放鬆，全身放鬆」，義工再依照學員的年齡，以不同的方式進行動禪教學。

　　放鬆練習時，義工先引導學員想像石頭的質地，體驗緊繃的感覺，然後再想像白雲飄浮在天空的樣子，以此來感受、練習放鬆。小學員練習放鬆後，都說要當輕鬆柔軟的白雲，不要當緊張僵硬的石頭；再做完頭部運動、放鬆身體開始打坐，漸漸呈現出寧靜祥和的氣氛。

　　3月13日，馬來西亞道場另於八打靈精武華小舉辦Fun鬆一日禪，共有兩百三十九位學員參加，其中有三十多位遠從柔佛麻坡聖安德烈中學來的學生，一起體驗禪修，學習放鬆禪法，回響熱烈。總護常藻法師也期勉學員，學習禪修是為了更了解自己，做自己身心的主人，能安定、喜悅地面對生活中的順境和逆境。

● 02.24

法國在臺代表訪法鼓山園區
觀摩理念與建設

　　2月24日，法國在臺協會主任紀博偉（Benoît Guidée）伉儷率同協會人員來訪法鼓山園區，由方丈和尚果東法師、法鼓文理學院人文社會學群長陳伯璋等陪同參訪，紀博偉不時對學校目前的教學理念、未來各類課程設計提出問題，同時表達未來在各類學術及佛學研討上合作的興趣。

　　方丈和尚引導一行人繞行大殿、開山紀念館、祈願觀音殿，依序介紹園區景觀與特色，說明法鼓山硬體建設歷時十多年完工，但是如同創辦人聖嚴師父所言，法鼓山以「心靈環保」為核心理念的建設早已完成，只要親近法鼓山、認

同法鼓山，願意共同推動「提昇人的品質，建設人間淨土」，則處處都有法鼓山的道場存在。

茶敘時，方丈和尚進一步解說園區的禪悅境教，是落實「心靈環保」的辦學精神，並分享「境隨心轉」的要領，即是慈悲與智慧。用智慧的眼睛看世界，充滿光明；用慈悲的眼睛看世界，充滿溫馨和諧。只要心能夠安定，遇到各種境界學習不慌亂，同時用智慧處理、不起煩惱，即使遇到逆境也不困擾，禪悅也就由心而生。

法國在臺協會主任紀博偉（左一）由方丈和尚陪同參訪開山紀念館。

紀博偉讚歎法鼓山在海內外的貢獻和影響，認為法鼓山是一座寶庫，有許多值得觀摩效法之處。

● 02.24　03.05　07.24　08.06　08.07

《聖嚴法師年譜》海外分享會
與聖嚴師父的生命同願同行

為分享《聖嚴法師年譜》，除國內各地，海外分支道場亦接續舉辦《聖嚴法師年譜》分享會，邀請信眾一起分享聖嚴師父理念，以及走進法鼓山的歷程。

海外首場分享會，2月24日於美國紐約象岡道場舉行，追隨聖嚴師父學佛二十餘年的資深信眾，包括美國護法會前總幹事龔天傑同修吳淑芳、首任念佛會會長陳麗貞等，與文化中心副都監果賢法師循著年譜記事，回顧和師父在東初禪寺相遇的生命足跡，感念師恩的同時，更發願追隨師父腳步，繼續前進。

果賢法師於象岡道場，與北美信眾分享《聖嚴法師年譜》的出版過程和意義。

3月5日，近五十位信眾齊聚北美護法會加州舊金山分會，絕大多數都是未曾見過聖嚴師父的年輕悅眾，經由果賢法師介紹，走入師父不同的生命階段：四十歲到日本留學、五十歲到美國弘化、六十歲創建法鼓山、七十歲開展國際弘化、

八十歲捨報圓寂。年譜中載錄許多師父發人深省的開示，大眾現場閱讀朗誦，彷彿重述著師父的叮嚀，從自心的安定與提昇出發，承續師父的悲願，共同建設人間淨土。

亞洲方面，馬來西亞道場、新加坡護法會分別於8月6、7日舉辦新書分享會，由編著者林其賢分享聖嚴師父與南洋的因緣。其中，於馬來西亞的分享會上，並播放繼程法師、前召委林忠彪分享師徒因緣的影片，法青也以手語表演創作歌曲〈世界公民〉，象徵推廣漢傳佛教及心靈環保的年輕生命力。

許多信眾表示，聖嚴師父的行誼風範，仍然活在心中，也願意做師父理念的化身。誠摯的分享交流，讓人深刻感受師父的思想行誼，在無限時空中，仍持續散發著影響力，啟迪無數人的生命。

2016《聖嚴法師年譜》海外地區分享會一覽

地區	時間	地點	主題	分享者
北美	2月24日	美國紐約東初禪寺	感念有您的日子	果賢法師 （文化中心副都監）
	3月5日	北美護法會加州舊金山分會	感念有您的日子	
亞洲	7月24日	香港道場九龍會址	風雪足跡痕猶在	林其賢 （《聖嚴法師年譜》 編著者）
	8月6日	馬來西亞八打靈精武華小	聖嚴法師與南洋的因緣	
	8月7日	新加坡護法會	聖嚴法師與南洋的因緣	

● 02.27～28

馬來西亞「兒童生命教育義工共識營」
推動心靈環保的生命教育

馬來西亞道場兒童生命教育課程義工於互動遊戲中，培養團隊默契。

為推動心靈環保的生命教育理念，馬來西亞道場於2月27至28日，在當地松岩休閒農莊舉辦「兒童生命教育義工共識營」，由演祥法師等帶領，以「以心傳心、以法印心」為主題，有近二十人參加。

法師說明與孩童相處，要注意說話的語氣，不要頤指氣使，也不要大聲訓斥；孩童的信心更需要呵護和培養，以平

等的態度交流，不僅是長輩，也可以是朋友，耐心鼓勵，有助於健康性格養成。法師強調，傾聽尤其重要，要用一顆專注、同理的心聆聽。

共識營中並播放聖嚴師父「心六倫」相關的開示影片，另有遊戲互動、手作藝術等，帶領學員學習守分、盡責、奉獻，在生活中實踐心六倫。

● 02.27～28　03.05～06

首屆北美護法會悅眾成長營
悅眾堅定護法信念

首屆北美護法會悅眾成長營分別於2月27至28日在美國紐約象岡道場，以及3月5至6日於加州舊金山分會舉行，由東初禪寺暨象岡道場住持果醒法師、文化中心副都監果賢法師，北美護法會輔導法師常華法師帶領。

成長營中，常華法師以一段影片，引導悅眾深入思考：一場成功的演出應歸功於誰？道場與職場的區別又是什麼？法鼓山的悅

北美東岸的悅眾成長營於象岡道場舉行，在「夢想花園」單元中，各組畫出理想家園，並上台分享。

眾要傳達什麼樣的理念？又應如何傳達？法師分享融會世學與《法華經》，而歸納出的領導哲學，說明前導型、輔助型、後盾型的領導特色，也指出聖嚴師父對悅眾的期許——不是領導，而是領眾：使大眾從內心產生喜悅，歡喜地共同學佛修行。

果賢法師則是先請大眾分享，擔任悅眾以來最大的考驗，以及過程中的成長，藉由大眾的親身經歷，深化「悅眾」的意涵。法師表示，道場是因為佛法而存在，所以擔任悅眾的目的，是與眾生結善緣；在人格成長上，是消融自我；在方法上，是讓每個人安住在道場學佛，把握因緣來成就大眾。法師勉勵眾人，擔任悅眾，最重要是鍊心，除了要能承擔責任，也要有雅量尊重大家共同的決定，彼此尊重、關懷，沒有對立衝突，和光同塵，自然交融，更能發揮弘法利生的功能。

在「夢想花園」的單元中，常華法師請各組畫出理想家園的樣子，再至其他小組的作品中，添上讓其作品更美好的元素。分享時，大眾發現，無論最初的圖畫為何，到最後都會非常類似，原來在實踐自我的理想時，也有集體共業需

要承擔，就如同華嚴境界，因陀羅網層層相扣，重重無盡，沒有任何個體能自絕於外。

成長營最後，果賢法師以善巧的問答，解開悅眾的諸多疑惑，帶給眾人繼續修行的動力與希望；常華法師也期勉悅眾化感動為行動，同心同願在菩薩道上相互扶持，不斷前行。

● 03.05

馬來西亞道場舉辦「禪思與禪行」講座
繼程法師分享禪法修心、修行的運用

繼程法師分享禪法在修行上的應用，透過放鬆身心、提起正念，就能慢慢放下妄念。

馬來西亞道場於3月5日與當地思特雅大學（University College Sedaya International, UCSI）佛學會、馬佛青總會共同舉辦「禪思與禪行」講座，於思特雅大學禮堂舉行，邀請繼程法師分享禪法在修心、修行上的應用，有近四百五十人參加。

繼程法師說明，日常生活中，人們很容易妄念紛飛，這時都會不自覺地認為是心被妄念干擾，認為是外境干擾自己；妄念累積久了就成為慣性、形成輪迴，把習氣視為理所當然，甚至認為是外境造成自己的情緒起伏。

法師表示，透過禪修放鬆身心、提起正念，就能慢慢放下妄念；當正念凝聚、心產生力量時，身心自然就不會受到習氣牽動。禪修能培養慈悲心，讓心愈來愈安定，面對人、事、物時，就可以了了分明、不受干擾。

繼程法師勉勵大眾，學習禪修內攝及放鬆的方法，不只能轉化知識為智慧，也能化繁為簡，在生活中淨化與安定身心。

● 03.15～29期間

果醒法師西雅圖弘法
主持佛學講座、帶領禪修

3月15至29日，美國紐約東初禪寺住持果醒法師於北美護法會華盛頓州西雅圖分會弘法關懷，內容包括佛學講座、禪修等，共有四百多人次參加。

佛學講座方面，包括15日的「默照與四念處」、17日的「緣起與十二因

緣」、22至23日的「緣起性空與真空妙
有」，果醒法師從「我與非我」、「性
與相」和禪宗直指人心的方式切入，說
明以身體為我、以感受為我，都只是運
用自己本有佛性的「能所」功能而已，
也因無明業力的牽引，習慣以執著心運
作，因此有了貪、瞋、癡等煩惱，不斷
造業。法師提醒學員於生活中時常觀照
自己的身心狀態，練習心不與外境對
立，不執著於形相，才能避免迷失在現
象界中。

果醒法師引導學員以吸管托乒乓球，體驗放鬆身心。

禪修活動上，19日的生活禪一，藉由「美女與猩猩接吻」影片的播放，帶領
學員體會感官對現前境界的反應，微調心的頻率，感受分分秒秒，如實體驗心
在不同的狀態，所呈現出不同的世界，提醒學員時時將注意力拉回到身體上，
放鬆身心、體驗呼吸。

「話頭禪」講座於20日進行，法師講析「話」是語言，「頭」是根源，話頭
是對生命的問題追根究柢，引導修行者打破頭腦的慣常運作模式，直到領悟尚
未有語言文字之前的本來面目；話頭禪五則於25至29日舉行，禪期中播放聖嚴
師父的開示影片，教導認識默照的修行觀念及實踐方法，果醒法師也在小參指
導中，調整禪眾的修行，期勉捨下身心覺受與情緒，念念不離話頭。

許多禪眾表示，果醒法師提點了許多禪修義理與生活運用，希望法師再來西
雅圖弘法，分享禪修的智慧與方法。

● 04.01起

美國西岸再添弘化新據點
南加州橙縣聯絡處成立

法鼓山於美國西岸再添護法弘法新據點，4月於加州洛杉磯南方的橙縣
（Orange County）正式成立聯絡處，將法鼓山理念與漢傳禪佛教，深入推廣
至南加州地區。

橙縣聯絡處成立後，隨即於4月16、23日舉辦第一場初級禪訓密集班，由常
俱法師帶領，有近二十人參加。

橙縣是目前美國發展快速的地區之一，華人增加迅速，1993年聖嚴師父曾應
加州大學爾灣分校（University of California, Irvine）的邀請，於該校弘講「禪

橙縣聯絡處舉辦第一場初級禪訓密集班,常俱法師帶領學員體驗生活禪法。

與悟」,開啟當地與法鼓山的因緣;2005至2006年間,法鼓山曾於當地的中華文化中心舉辦活動,受到民眾歡迎。

聯絡處成立後,由悅眾徐洛鈞擔任聯絡人,活動地點為南海岸中華文化中心爾灣中文學校(Irvine, CA),在固定的讀書會之外,也陸續推廣禪坐共修等活動,接引更多民眾來體驗漢傳禪法。

● 04.05

韓國曹溪宗來訪總本山
交流現代弘化心得

韓國曹溪宗本山住持協議會正念法師、頂宇法師等十三位法師,4月5日參訪法鼓山園區,由方丈和尚果東法師、副住持果元法師代表接待,就讀法鼓文理學院的韓籍學僧們,亦隨行擔任翻譯。由於參訪成員為韓國各教區區長,甚至肩負向軍隊弘法、安定軍心的任務,此行期望了解臺灣佛教團體的道風與管理方式,分享現代弘化心得。

一行人先於大殿禮佛後,由方丈和尚陪同參訪園區,體驗法鼓山處處蘊涵的禪悅境教;雙方也就禪修指導方式、現代化佛寺空間的管理運用等議題,進行交流。

韓國法師們表示,園區的建築和自然環境融為一體,呈現出莊嚴、安定的修行氛圍,令人留下深刻印象;正念法師並邀請方丈和尚前往韓國參訪,期盼更多韓國僧人來法鼓山留學,讓兩地佛教有更多的合作發展。

方丈和尚(右)致贈參訪團聖嚴師父著作韓文譯本、「光明遠大」墨寶等結緣品,由正念法師(左)代表接受。

04.17～05.08期間

果啟法師澳洲弘法關懷

帶領體驗放鬆法喜的禪悅

4月17日至5月8日，僧團果啟法師與常先法師於澳洲弘法關懷，內容包括帶領法器練習、共修指導與禪修活動，帶領雪梨、墨爾本的信眾體驗放鬆法喜的禪悅。

法師首先於17至20日在墨爾本分會帶領禪坐與唸佛共修，並講說《華嚴經·淨行品》、《阿彌陀經》，以日常生活的小故事為例，在生動有趣的解說中，將經文與生活連結起來，引領大眾領略法益。

果啟法師指導雪梨信眾執掌法器的要領與技巧。

22至27日，舉行英文禪五，除了教導禪坐，並帶領體驗吃飯禪、臥禪及經行；鼓勵大眾修持「戒、定、慧」，練習觀照自己心念，不隨外境起伏，進而在修定過程中產生智慧。果啟法師深入淺出的說明、漸進式的引導，搭配輕鬆的互動，讓首次接觸禪修的人士了解禪修一點也不神祕，而是很活潑、自然、生活化的，隨時隨地都可以運用。

兩位法師於29日轉往雪梨，隨即帶領四堂課的念佛法器練習，介紹法器的基本認識與執掌觀念、態度、威儀等，並示範執掌法器技巧與要領，說明使用法器並不是在於好不好聽，而是注意整體的和合。5月2日課程圓滿後，雪梨分會也成立了法器小組，引領大眾體驗念佛的法喜。

另一方面，5月4至7日，果啟法師於雪梨華僑文教中心弘講《華嚴經·淨行品》、《佛說阿彌陀經》，包括中心主任黃國梆，有近四十人參加。

8日，分會於當地帕拉馬塔（Parramatta）公園舉辦結合母親節和浴佛節的慶祝活動，由果啟法師與常先法師帶領唱誦《三寶歌》，祝福普天下的母親，也圓滿此行弘法。

04.21～05.01期間

果元法師溫哥華弘法

接引西方眾認識漢傳禪佛教

僧團副住持果元法師於4月21日前往加拿大溫哥華弘法關懷，內容包括禪七、禪法講座，接引西方人士認識漢傳禪佛教。

果元法師於溫哥華班揚書店弘講，由溫哥華道場監院常悟法師（右）引介，接引西方人士接觸漢傳禪佛教。

22至29日，法師首先於溫哥華道場主持話頭禪七，帶領認識與體驗話頭禪的修行方法，說明「話」是語言，「頭」是根源，話頭是對生命的問題追根究柢，協助修行者打破頭腦的慣常邏輯；期許禪眾隨時回到當下、提起話頭，隨時在方法上用功。

5月1日，溫哥華道場於當地班揚（Banyen）書店，舉辦禪法講座，由果元法師弘講「禪的源流與修行方法」。講座中，法師介紹漢傳佛教的發展歷程，闡述第一階段純禪時代，以菩提達摩、道信、法融和六祖惠能為代表人物；第二階段禪機時代，禪師們發展出各種幫助修行者開悟的方法，例如棒打、揚眉張目、喝斥等；第三階段是禪的轉變時期，除了永明延壽大師倡導誦經、拜佛、持咒等修行方法，話頭、默照兩種禪修方法也於此時興起。

講座中，法師並帶領現場近八十位中、西聽眾體驗禪坐，實際感受瞬息萬變的念頭，明白禪修對於安定現代人心念的重要性。

● 04.23

馬來西亞「開心印心」對談會
常藻法師分享禪修提昇生命品質

由馬來西亞道場、馬來西亞佛教青年總會共同主辦，《光明日報》協辦的「開心印心——當心臟專科遇到禪修」講座，4月23日於檳城光明日報禮堂展開，由馬來西亞道場監院常藻法師、心臟專科醫師陳昌賜對談，有近兩百人參加。

常藻法師從悲智雙運的角度，釐清聽眾對禪修的迷思

常藻法師以淺顯易懂的譬喻，在對談中說明禪修如何提昇生命的品質。

與誤解，說明禪修必須時時保持放鬆與清楚覺察，而非只是靜坐；此外，禪修能提高專注力，體會當下的每一刻都是唯一的，從而學會活在當下，並意味深長地提點聽眾，學習禪修不是期待一帆風順，而是要能夠在風浪中學會衝浪，在無常的世間，快樂地生存下去。

陳昌賜醫師則生動幽默地分享自己的體驗，表示學習禪修後，更能以平靜不亂的心，面對醫院中各種緊急的狀況。肯定禪修有助於調解心臟專科高壓力、長工時的工作型態，讓人得以恢復精神，從容不迫地迎接每一天。

● 04.30～05.02　05.07～05.08

馬來西亞兩場青年禪修活動
提起覺照的心　踏實圓夢

為接引更多馬國青年認識漢傳禪法的實用，馬來西亞道場於4月底至5月初接續舉辦兩場禪修活動，共有一百五十多人參加。

4月30日至5月2日，道場於丹絨士拔佛教會舉辦「真心聯盟青年營」，由監院常藻法師、演祥法師帶領，主要包括禪修與心靈成長等活動，有近七十位馬來西亞與新加坡青年學員參加。

營隊主要安排禪修及心靈成長課程。在心靈成長活動中，以工作坊進行的「英雄何處尋」、「夢在不遠處」等單元，藉由「心目

法師帶領學員思索夢想與現實的抉擇智慧。

中的英雄」、「有沒有可能成為自己心目中的英雄」、「佛教徒可以有夢想嗎」、「佛教徒的夢想一定要少欲知足嗎」等提問，法師帶領學員思索夢想與現實的抉擇智慧；「心靈茶禪」則引導青年更珍惜與人相聚的因緣，感恩身邊的人成就自己。

另一方面，營隊也安排禪修活動，讓學員從行住坐臥中，體驗身心的放鬆與安定，過程中，常藻法師不時提醒「身在哪裡，心就在哪裡」，並透過法鼓八式動禪、戶外經行、托水缽、吃飯禪等練習，帶領學員活用禪修方法，培養專注力。

「舒活二日禪」則於5月7至8日在當地雲頂清水巖寺（Genting Highlands Chin Swee Caves Temple）舉辦，由常尊法師帶領，期間全程禁語，學員練習靜坐、瑜伽運動，以及動禪的體驗，了解禪修的方法、心態和生活禪的實踐。

● 05.04

美國查塔姆大學師生訪寶雲寺
認識漢傳佛教 體驗走路禪

美國查塔姆大學師生訪寶雲寺，在法師引導下，體驗走路禪。

美國賓州匹茲堡查塔姆大學（Chatham University）亞洲文化學程教授金斯伯里（Karen S. Kingsbury）帶領十五位師生，在東海大學外文系助理教授吳凱琳的陪同下，參訪臺中寶雲寺，由常勳法師、演義法師等代表接待，引導師生認識臺灣的佛教文化，體驗生活化的漢傳禪法。

一行人首先觀看英文版《大哉斯鼓》，了解法鼓山與寶雲寺的建築特色和弘法理念。常勳法師分享，因家中長輩病故，對生命的無常深感徬徨，而佛法提供了最好解答；法師說明人生變化無常，但只要有正向的態度和方法，就可以幫助自己面對，以佛教徒而言，禪修便是其中的一帖良方。

午齋時，法師帶領眾人誦念英文版〈供養偈〉，說明打雲板的意義、用齋的禮儀；下午的動禪體驗，常勳法師解說走路禪的要點，以及「清楚當下的每一口呼吸，從鼻端進、從鼻端出」、「清楚當下的每個腳步，腳在走路，心也在走路」的心法，並帶領眾人繞行寶雲寺前公園，體驗在行走中去除雜念的專注感受。

有學生表示，過去從未接觸佛教寺院，此行參訪，促進對亞洲佛教文化的認識，也對禪法的放鬆與安定，印象深刻。

● 05.12～22期間

果元法師印尼弘法行
弘講、主持禪修、參與衛塞節活動

5月12至22日，禪修中心副都監果元法師展開第八次印尼弘法行，偕同禪堂常乘法師、常興法師於雅加達法喜精舍（Vihara Pluit Dharma Sukha）展開弘講、參與衛塞節（Waisak Day）活動，以及於郊區洽威（Ciawi）的蔚拉會館

（Villa Honoris）主持禪五。

果元法師此行係應法喜精舍管理委員會會長江健梅（Mediarto Prawiro）邀請，一行人抵達雅加達後，隨即於精舍展開一系列演講，12日首先由果元法師主講「禪的源流」，介紹印度禪到中國禪的演變，不時穿插許多生動、活潑的小故事來說明；14日及21日，常乘法師分享「聖嚴法師談漢傳佛教」，介紹默照禪法、話頭禪法及念佛禪。常興法師則於13日與20日，分享法鼓八式動禪及禪修放鬆方法，許多聽眾對動禪有濃厚興趣，表示會繼續練習。

禪五於16日起在洽威舉行，二十六位學員都是第一次接觸漢傳禪法，因此前三天以初級禪訓班的課程為主，後二天進行禪二。禪期中，法師們帶領學員到戶外草地撿拾垃圾，從整齊清潔的環境做起，練習將禪法落實在生活上。20日果元法師並以印尼語為學員授三皈五戒，圓滿五天的禪修活動。

印尼弘法期間，適逢當地舉行一年一度衛塞節慶典活動，22日法喜精舍特別邀請果元法師開示祝福，法師以「心五四」運動為主軸，分享如何將佛法運用於生活上，許多聽眾表示，法師講述的內容淺顯易懂，可在生活當中實踐，符合現代社會的需要。

果元法師於印尼帶領禪五學員體驗生活化的漢傳禪法。

● 05.14

新州分會落成啟用
多項活動邀請大眾同霑法喜

北美護法會新澤西州分會於5月14日舉辦新會所落成啟用典禮，同時進行皈依典禮、浴佛慶典及園遊會。典禮由方丈和尚果東法師主持，副住持果品法師、東初禪寺住持果醒法師、護法總會副總會長黃楚琪、北美護法會會長王九令，以及來自北美各地、臺灣等四百多位來賓及信眾，共同以喜悅感恩的心參與勝會。

落成典禮首先安排觀看聖嚴師父開示影片《從零開始》，敘述師父於1970年代，在篳路藍縷中，於紐約展開弘傳漢傳禪法的歷程。新州分會召集人郭嘉蜀藉由回顧影片，分享1993年新州護法會成立，二十餘年來，信眾跟隨師父的大悲願行，同修佛法、同心護法、同願弘法。

方丈和尚果東法師（左）、果醒法師（右）與護法悅眾共同為
新州分會的佛像揭幔，也揭開分會弘法的新里程。

大殿佛像揭佛幔儀式後，方丈和尚開示，說明佛具有平等、慈悲、清淨、智慧，無時不在放光說法，儀式中的持巾、持鏡、執筆，正寓含「拭除無名煩惱塵垢，展現本來面目；照破無明，心如明鏡；萬德莊嚴，光明遠大」的勉勵和期許。

黃楚琪副總會長祝福新州分會，接引更多人修學佛法；王九令會長感恩有聖嚴師父的願力、僧團法師的輔導和信眾的護持，才有今日的殊勝因緣。隨後，東初合唱團獻唱〈菩薩行〉、〈四眾佛子共勉語〉、〈水月頌〉、〈法鼓山〉等佛曲，以歌聲傳達師父的期勉，以及法鼓山的精神理念。

下午的皈依典禮由果醒法師主持，法師說明最究竟的皈依，是皈依自性三寶，也就是覺性、正法、清淨，期許大眾成為三寶弟子後，學佛路上認真修行。與會大眾並到戶外浴佛，感恩佛陀為生命導航，園遊會現場並進行佛像文物義賣、鼓隊表演等，在輕鬆喜悅的氣氛中，圓滿新會所的落成活動。

● 05.15

波士頓普賢講堂浴佛法會
方丈和尚親往關懷

方丈和尚果東法師北美關懷行中，5月15日前往位於美國東部麻薩諸塞州波士頓的普賢講堂，關懷祝福參與浴佛法會的民眾。

法會圓滿後，方丈和尚特別期勉當地一百多位與會大眾，共同學佛、護法、弘法，讓法鼓山的理念和漢傳佛法深耕於當地。

普賢講堂法務甫由法鼓山承接，當天所舉行的浴佛法會，由美國紐約東初禪寺住持果醒法師主持。

普賢講堂浴佛法會，方丈和尚親往關懷。

● 05.15

香港道場社區禪藝活動
廣邀大眾體驗禪心浴佛

　　5月佛誕月，香港道場於15日走入社區，與饒宗頤文化館共同舉辦「約咗（了）佛陀喫茶去」禪藝活動，內容包括浴佛、茶禪、鈔經、講座等，廣邀大眾體驗「禪心浴佛」。

香港道場於饒宗頤文化館舉辦浴佛活動，大眾前來體驗「禪心浴佛」。

　　僧團全球寺院管理副都監常寬法師首先以一曲〈祝佛生日快樂〉，紀念佛陀誕生，勉勵眾人將禪心融入日常生活。念誦祈願文後，大眾一一出列浴佛，清淨心靈。

　　在百年庭園裡，有民眾捧著竹杯漫步綠蔭間，感受禪心浴佛的清淨；也有民眾駐足於聖嚴師父書法復刻旁，靜心鈔經、畫禪畫；或參加小遊戲學習「動中禪」、或欣賞演奏家譚寶碩的洞蕭表演。

　　活動也邀請香港中文大學文學院國學中心主任鄧立光、香港皇冠出版社總經理麥成輝與常寬法師對談「佛誕的當代意義」。常寬法師表示，很多人的假期都是忙著旅遊，但遇上塞車就心塞，無法放鬆，法師鼓勵大眾學習放鬆，才能放下，無論做任任何事，心都會安定自在。

● 05.19～22　05.24～27

東初禪寺、溫哥華道場傳授菩薩戒
近四百位戒子圓滿受戒

　　承續聖嚴師父弘化西方的願心和願力，5月24日至27日，僧團於加拿大溫哥華首傳第一屆在家菩薩戒，這是繼1991年，師父於美國紐約東初禪寺傳授第一屆在家菩薩戒之後，在北美第二個國度舉辦，近三百位新戒佛子，發願共修止惡、修善、利益眾生的菩薩道；另一方面，僧團也先於19至22日，在紐約象岡道場舉辦第七屆菩薩戒，美國、加拿大兩處共近四百位新戒佛子圓滿受戒。

　　溫哥華道場的菩薩戒，因參與人數踴躍，於英屬哥倫比亞大學（University of British Columbia）舉行，全程採用中、英雙語並行，由方丈和尚果東法師、

於象岡道場受戒的東、西方戒子，正授當天發願受持無盡戒，盡未來際利益眾生。

東初禪寺暨象岡道場住持果醒法師、僧團副住持果品法師擔任傳戒師。求受戒的菩薩們，透過聆聽聖嚴師父的開示影片，了解菩薩戒的精神和意涵；演禮過程中，隨著法師學習威儀、練習唱誦、收攝心念，至誠懇切地感恩、懺悔、發菩提心。

最後一天正授圓滿，方丈和尚恭喜所有受戒者「生日快樂」，並期勉新戒菩薩在紅塵中修菩薩行，與人方便，廣結善緣；在煩惱中修菩薩行，常思己過，慚愧懺悔；在困苦中修菩薩行，深信因果，感恩發願；在幸福中修菩薩行，知福惜福，培福種福。

溫哥華舉行的菩薩戒會，歷經一年多籌備和努力，動員義工近百位，參與人數和規模，為海外地區首見。從場地的尋覓、協調、佛像和戒壇設計，到莊嚴物的準備、布置，除了溫哥華地區的義工們全力投入，臺灣、北美各地也提供人力、物力支援。有義工表示，參與籌備工作，不僅是一場佛法的體驗，更是道心的堅定和凝聚。

● 05.21

索羅門總督訪法鼓山園區
期盼不同宗教、種族的交流互動

索羅門群島總督卡布衣爵士（Sir Frank Kabui）伉儷一行，5月21日由外交部駐索羅門群島大使于德勝陪同，參訪法鼓山園區，由僧團首座和尚惠敏法師、副住持果暉法師、都監果光法師等代表接待，進行交流。

惠敏法師向參訪團介紹法鼓山對於「心靈環保」、「人間淨土」等理念的教育和實踐，同時展示七年前收藏的一篇新聞報導，內容記載莫拉克風災時，索國偏遠部落酋長史坦力（Stanley Tabeva），號召全族捐款賑災，以報答臺灣長期給予生活協助的動人故事。

惠敏法師展示索國協助臺灣賑災的報導，感恩索國人民相助。

藉由難得的交流因緣，惠敏

法師請託于德勝大使轉達感謝函,以及臺灣茶葉等結緣品,表達對史坦力酋長與族人們的感恩。卡布衣總督則讚歎法鼓山義工的奉獻精神,盼望世界各種族之間,都能夠互助互愛,朝人間淨土的方向前進。

于德勝大使表示,索國人民以信奉基督教為主,目前正力求經濟發展,由於當地諸多政令,常需透過教會傳達,因此,宗教也需承擔更多任務。此行參訪法鼓山,感受到宗教還肩負了淨化人心的社會責任,並對佛教與人民、社會的互動所展現的活力,有了更多認識。

● 05.30～06.03

馬來西亞教師佛學研修班
常藻法師帶領學習觀音精神

5月30日至6月3日,馬來西亞道場監院常藻法師應當地太平佛教會之邀,於該會舉辦的全國教師佛學研讀進修班,擔任課程講師,共有五十多位老師和師範學院學生參加。

研修班以「悅教悅輕鬆」為主題,常藻法師以《普門品》為主軸,帶領學員深入認識經文記載的觀世音菩薩,引導眾人生起信心,進而學習觀音精神。法師引用許

常藻法師在教師佛學研修班課程中,以《普門品》為主軸,引導教師們一同學習觀音精神。

多教師生涯的相關例子,深入淺出說明如何在不斷變化的外境當中,運用佛法觀念,轉化為安頓身心的淨土。

於每晚兩小時的禪修時段,常藻法師偕同三位禪修組義工,與大眾分享禪修的功能、方法,以及生活中的實踐,未曾接觸禪修的學員,都表示有初步體驗。最後一天,法師並為十五位學員主持三皈五戒儀式。

● 06.03～19期間

多倫多分會舉辦系列弘法活動
果醒法師主持佛學講座、禪修活動

北美護法會安省多倫多分會於6月3至19日舉辦系列弘法活動,由美國紐約東初禪寺住持果醒法師主持佛學講座、禪修活動等,共有三百多人次參加。

7至17日期間的佛學講座,由法師導讀《教觀綱宗》,共三堂。果醒法師說

明所謂教觀，便是義理的指導以及禪觀的修證，也就是「從禪出教」與「藉教悟宗」的一體兩面，相輔相成。課堂中，法師重點介紹天台學的理論和方法，例如五時的通別、八教的教儀及教法、一念三千、一心三觀、三身佛法的組織體系及實踐步驟。

禪修活動方面，包括3至5日的念佛禪三，法師說明，禪修是鍊心，「念佛禪」是用佛號來收攝六根，念佛時，念頭只有阿彌陀佛，沒有其他雜亂的妄想心，一心專念阿彌陀佛，即能修成「念佛三昧」。

10至12日於當地諾森博蘭高地會議暨避靜中心（Northumberland Heights Conference & Retreat Centre）舉辦止觀禪三，果醒法師詳說初習禪的人，首先面臨的是心境的浮動散亂，再來是模糊昏沉，觀可以對治昏沉，修止對治散亂，當克服了散亂心和昏沉心，便可逐漸妄念不起，念念分明。禪期中並安排小參，由法師針對禪眾個別的疑問點，提出對治之道。

果醒法師手持木偶，提醒時時讓自心不隨外境轉動。

生活禪於18至19日舉行，果醒法師帶領學員運用一分視覺、九分感覺觀看圖片和影片，也透過手持人偶、乒乓球和彈珠、頭頂識別卡的「三寶加持」等不同形式的活動，引導學員嘗試用細膩的心，觀察自己的想法和感受。

學員表示，透過果醒法師由淺入深的解說和分享，體驗到禪法的活潑實用和盎然的生命能量，也期待法師再來多倫多弘法。

● 06.04～05

洛杉磯道場首屆英語兒童營
寓教於樂學習心靈環保

6月4至5日，美國加州洛杉磯道場首度舉辦英語兒童心靈環保體驗營，由常俱法師帶領，共有二十三位小學員參加。

營隊內容豐富，除了靜態的心六倫課程，讓孩童學習環保、慈悲、惜福、尊重、信任，並藉由影片與話劇演出，引導孩童了解如何在生活中實踐；動態活動包括：托水缽、法鼓八式動禪、蒙眼闖關等，透過專注和放鬆練習，小學員逐步將好動和浮躁的心，慢慢地沉靜下來。

見到孩子們的轉變，有家長分享，希望藉由托水缽、禪修等活動，幫助雙胞

胎兒子安定身心；也有家長從活動影片中，感受到子女的改變與成長，因此發願明年當義工，護持兒童營。

監院果見法師表示，這次營隊以「寓教於樂」的方式進行，融入心五四、心六倫的內涵，希望學童快樂放鬆學習，並將學習所得運用在生活中，在未來人生道路上，走得更平穩、更安定。

洛杉磯道場首辦英語兒童心靈環保體驗營，小學員藉由托水缽，學習在生活中把心靜下來。

● 06.04〜05　12.11〜12

馬來西亞兩梯次兒童生命教育課程
小學員學習家庭與自然倫理

6月4至5日、12月11至12日，馬來西亞道場開辦「2016兒童生命教育」課程，主題是家庭倫理與自然倫理，由監院常藻法師及專業師資帶領，學習感恩孝順、知福惜福、愛護地球、尊重生命，每梯次皆有三十位學童參加。

活動首日在道場禪堂進行，透過「動物的育幼」，了解動物的哺育及成長，也培養團隊精神、信心與膽量；繪本《朱家故事》引導小學員學習及時感恩、分擔家務，並進行手語帶動唱〈孝順不能等〉。「小家事達人」由學童學習做家務，分擔父母的辛勞。另一方面，也藉由靜心圓、學佛行儀等課程，學習專注與放鬆，培養穩定的性格。

學童於有機農場體驗自然環保的實踐。

第二日於有機農場學習落實自然環保的意涵，農場主人首先說明有機農場運用大自然的生存法則，是讓小昆蟲來代替農藥，自然循環使用來自製堆肥，利用停耕和輪耕的種植讓大地回復生機；接著分組進行堆肥的製作與採集蔬果，體驗自然環保。

最後，小學員們把親手種植的小盆栽帶回家，藉由觀察樹苗成長的過程，延續環保意識的實踐。

● 06.05

方丈和尚西雅圖關懷
勉勵大眾以佛法開發智慧

5、6月期間，方丈和尚果東法師前往美國紐約、新澤西州、波士頓，以及加拿大溫哥華，展開一連串弘化關懷行程。5月底溫哥華道場菩薩戒圓滿後，方丈和尚於6月5日轉往西雅圖，關懷當地信眾並主持皈依典禮，東初禪寺監院常華法師、護法總會副總會長黃楚琪也隨同前往。

皈依典禮上，方丈和尚除了開示三皈五戒的意義和內容，同時鼓勵大眾，學習常懷感恩、慚愧、懺悔心，放下自我執著，幸福不是等著別人給予，而是從自己開始、給別人幸福，每個人都有無限的智慧，需要努力去開發。

皈依典禮後，黃楚琪副總會長以「護法因緣，代代相傳」為題，分享法鼓山從開山以來，推廣各種建設、教育文化、護法活動，讓身在海外的信眾，更加了解法鼓山的理念，凝聚所有護法信眾的努力和願心。甫於溫哥華道場圓滿受菩薩戒的新戒子，也分享受戒的學習和體驗，其中溫哥華所有義工全心全力護持，更讓人無比感恩和感動。

當天十八位新皈依弟子中，有三位西方人士，由義工即席協助翻譯說明，更深入了解皈依的殊勝意義。

方丈和尚鼓勵西雅圖信眾，學習常懷感恩、慚愧、懺悔心，努力開發自己的智慧。

● 07.01～05

香港護法會舉辦「青年五日禪修營」
以禪修轉念　從心出發

7月1至5日，香港道場於香港中文大學舉辦青年五日禪，主題是「轉念」，由常順法師、常格法師等帶領，共有一百三十四位青年學員參加。

禪修營內容以初級禪訓班的課程為主，輔以心靈成長的團康活動。透過學習禪修的基礎觀念和方法，包括法鼓八式動禪、打坐、托水缽、茶禪、書法禪等，體驗禪法在生活中的活潑與實用；動靜皆備的心靈活動，則引導學員從自

學員在「青年五日禪修營」中，體驗禪法的活潑與實用。

我認知，探索內在的自我，進一步與自己和好、與他人和諧、與環境平衡、與世代一起，由最初的「我」，慢慢地融入和轉化，最終成為「我們」。

眾多學員表示，禪修營運用多元的禪修與團康活動，引導調整身心、檢視自我；也有大學生分享，在營隊中學習到其實一切都剛剛好，善緣讓我們感恩，逆緣讓我們進步，只要轉念，所有事情都不成煩惱。

● 07.02～10期間

關懷院東南亞推廣大事關懷
常綽法師分享佛教生命觀

7月2至10日，關懷院監院常綽法師前往泰國、馬來西亞、新加坡，弘講「大事關懷」課程，與東南亞地區民眾分享正信、正知的佛教生命觀。

兩天的課程，主要涵蓋三個面向：生死的根本與大事關懷、如何做好大事關懷，以及大事關懷與修行的關係。常綽法師從四聖諦、十二因緣切入，引領學員了解生命流轉的根源，建立三世因果觀念。法師指出，死亡就是這期生命應受的業報已受盡，而捨報往生。因此，一生受報的種種樣貌，即是這一期生命型態的呈現。

課堂上，常綽法師介紹佛教的助念關懷、對臨終者和往生者的重要性，並帶領學員練習法器，包括執掌法器的姿勢與威儀、助念時念佛的音調和速度等，對於往生助念、慰問關懷、佛化奠祭等，學員不僅有了正確的認識，更深深感受到佛化奠祭莊嚴的攝受力。

在馬來西亞、新加坡的講座，民眾踴躍參與，各有上百人聆聽，反映了生死大事，是眾人迫切關心的課題。

常綽法師於新加坡弘講大事關懷，同時教導信眾使用法器，需要時便能承擔關懷助人的任務。

常綽法師提醒大眾，唯有勇敢認真地了解生死，才能在無常人生中，以歡喜心珍惜生命的每一個當下。

2016 關懷院東南亞推廣大事關懷一覽

時間	地點
7月2至3日	泰國護法會
7月6至7日	馬來西亞道場
7月9至10日	新加坡護法會

● 07.05～17

西方禪眾來臺巡禮
在禪七、參訪中認識法鼓山的理念

西方禪眾巡禮農禪寺，透過英文導覽，認識《金剛經》牆的意涵。

7月5至17日，二十九位來自美國、加拿大、波蘭、克羅埃西亞等地的西方禪眾，在聖嚴師父資深禪修弟子、美國佛羅里達州立大學宗教學系副教授俞永峯帶領下，抵臺展開巡禮尋根之旅。

巡禮團5日抵達總本山後，隨即於6至14日參加禪七，雖然半數以上團員第一次到總本山，甚至初次接觸漢傳禪法，在禪修中心副都監果元法師指導下，都能在禪法上有所領會。

解七出堂後，方丈和尚果東法師前往關懷，除了感謝海外悅眾護持，也勉勵眾人從禪法受益後，繼續將感動化為行動，先安自己的心，而後共同努力淨化人心，提昇人品。

一行人於15至17日，依序參訪北投雲來寺、農禪寺及三峽天南寺，分別從行政組織、法脈源流、禪修推廣等面向，深入法鼓山的理念及發展脈絡。

資深悅眾恩尼（Ernie Heau）自聖嚴師父1997年在美國紐約弘法時，便跟隨師父學習，負責翻譯、出版許多師父的著作，此行首度來總本山，表示師父傳下來的法還在，看到法等於見到師父；曾學習日本禪的禪眾也分享，相較於日本禪，法鼓山先引導禪眾放鬆、認識身心，打好基礎，再選擇適合自己的方法持續精進，特別相應。

　　為了接引更多西方眾認識中華禪法鼓宗，俞永峯老師每兩年舉辦一次法鼓山巡禮，2016年首度開放歐美一般大眾報名，此行成員除了護法悅眾、海外禪眾，還包括其他宗派的西方佛教徒，成員們都對法鼓山建築莊嚴攝受的境教、方法清楚的禪修指導，留下深刻的印象。

● 07.06～08.03

果慨法師北美弘法關懷
弘講觀音法門的修學

　　弘化發展專案召集人果慨法師，7月初展開北美弘講行程，進行為期一個月的弘法關懷。延續2015年全球信眾大會「學觀音、做觀音」的期許，果慨法師此行以觀音法門為主軸，透過演講、大悲懺法會、專題研習等，帶領北美信眾認識法鼓山觀音道場的意義，進而實踐觀音法門的修學方法。

果慨法師於東初禪寺演講，引領大眾了解法鼓山觀音道場的意義。

　　7月6日，果慨法師首場公開弘講於加拿大多倫多大學（University of Toronto）展開，以「佛教徒的生死觀」為題，透過同步口譯，與西方聽眾分享漢傳佛教的生死觀；9至10日，法師於北美護法會安省多倫多分會主持觀音法門專題研習，首先介紹觀音法門的修行方法與層次，再進行大悲懺法會、持誦〈大悲咒〉等行門實踐，帶領大眾體驗解行並重的修學方式。

　　13日及15日，法師以「從觀音道場走入聖嚴師父的內心世界」為題，分別於美國紐約東初禪寺、北美護法會新澤西州分會，分享師父一生以堅定的觀音信仰與大悲願心，度過種種難關，並從法鼓山園區的開山觀音、祈願觀音和來迎觀音談起，闡述法鼓山是觀音道場的深刻意涵。

　　22至27日期間，果慨法師於加州舊金山分會帶領《法華三昧懺儀》研習營、主持「《梁皇寶懺》總說」等佛學講座；研習營中，法師以說故事的方式，介紹智者大師及相關祖師的生平事蹟，帶領學員追溯原典，了解懺儀的儀軌出處、演變過程和修行內涵，並引用聖嚴師父的身教及言教鼓勵學員，提振學員的道心及毅力。

　　7月29日至8月3日於北美護法會華盛頓州西雅圖分會，果慨法師除了分享觀音法門，並指導禪坐、帶領戶外禪、培訓讀書會帶領人等。

　　果慨法師此行，將佛法的甘露遍灑於北美東、西岸，也堅定大眾對佛法的信心。

2016 果慨法師北美弘法關懷行程一覽

時間	地點	內容
7月6日	加拿大多倫多大學	・佛學講座：「佛教徒的生死觀」
7月8至11日	北美護法會安省多倫多分會	・觀音法門專題研習 ・佛學講座：「梵唄與修行」 ・佛學講座：「《金剛經》與無悔的人生」
7月13日	美國紐約東初禪寺	・佛學講座：「從觀音道場走入聖嚴師父的內心世界」
7月15日	北美護法會新澤西州分會	・佛學講座：「從觀音道場走入聖嚴師父的內心世界」
7月17日	美國麻塞諸塞州波士頓普賢講堂	・佛學講座：「觀音法門介紹」
7月22至27日	北美護法會加州舊金山分會	・《法華三昧懺儀》研習營 ・佛學講座：「梵唄與修行」 ・佛學講座：「《梁皇寶懺》總說」
7月29日至8月3日	北美護法會華盛頓州西雅圖分會	・觀音法門專題研習 ・佛學講座：「梵唄與修行」 ・讀書會帶領人培訓課程 ・戶外禪

● 07.09～10

常惺法師舊金山導讀《雜阿含經》
帶領學員了解佛陀在世的修行

常惺法師導讀《雜阿含經》，幫助大眾了解聖嚴師父對原始佛典的重視。

　　7月9至10日，北美護法會加州舊金山分會舉辦佛學講座，由美國紐約象岡道場監院常惺法師導讀《雜阿含經》，有近六十人參加。

　　常惺法師首先介紹《雜阿含經》結集因緣、研讀的理由、經文宗旨架構，初步認識歷史背景後，便開始導讀《雜阿含經》。「《雜阿含經》說法的對象以人為主，內容都在人的

經驗範圍內。」法師說明選《雜阿含經》來分享討論的原因，並以〈五陰誦第一〉為例，經文闡述對色、受、想、行、識五蘊的正見，正觀無常、苦、無我，而得到解脫的義理；又在〈雜因誦第三〉中，說明生命的緣起與還滅，包括十二因緣、四聖諦等。

法師指出，《雜阿含經》對聖嚴師父的影響很大，例如《正信的佛教》等學佛三書，便是以《雜阿含經》為理論依據所寫，師父也主張在行持上，應該採用原始佛教的精神，也就是戒、定、慧三學並重。

有學員表示，感恩法師翔實解說，得以一窺佛陀在世時修行的樣貌。

● 07.14～09.16期間

果元法師國際弘法行
帶領禪修活動、主持禪講

7月14日至9月16日，僧團副住持果元法師，率領僧伽大學禪學系學生演廣法師及演建法師，前往新加坡、印尼、墨西哥、美國等地，展開為期兩個月的跨洲禪修弘法之旅。

禪修活動方面，法師首先於7月16、17日，在新加坡郊區舉辦英文禪一、中文禪

果元法師於墨西哥市帶領禪二。

一，帶領學員練習禪坐，並引導學習呼吸和體驗放鬆。22至24日，則於印尼棉蘭蓮花村莊（Lotus Village）主持禪三；30日至8月7日於茂物（Bogor）主持的禪九，由聖嚴師父印尼籍弟子阿格斯（Agus Santoso）擔任印尼文翻譯，共有四十五人參加，禪期圓滿，十四位禪眾發心皈依，成為三寶弟子。

8月13至20日，果元法師於墨西哥納亞特州（Nayarit）的玉堂海灣禪修中心（Mar de Jade Holistic Center）帶領禪七，法師以英文開示禪修觀念和方法，並講說「四聖諦」等佛法，由該禪修中心負責人蘿拉（Laura Del Valle）擔任西班牙文翻譯，有近五十位動物保育者、教師、醫生參加；9月3至4日，並於首都墨西哥市帶領禪二。

9月10至16日，果元法師於美國加州洛杉磯道場舉辦禪七，禪期中播放聖嚴師父的開示影片，讓禪眾對禪法有進一步的認識，除了當地的西方眾，也有來

自印尼、越南、中國大陸、臺灣等地學員,共四十人參與。

四場禪修講座主要於印尼進行,包括7月20至29日期間,分別於亞齊的大亞齊佛學會(Vihara Buddha Sakyamuni Banda Aceh)、棉蘭的勝利法寺(Vihara Dharma Wijaya),以及雅加達的廣化一乘禪寺(Wihara Ekayana Arama)舉辦,以「心五四」的觀念,分享禪修在生活中的應用,由廣化一乘禪寺學志法師擔任印尼文翻譯。

果元法師此行弘法,在推廣法鼓山漢傳禪法的同時,更與當地民眾結下深厚法緣。

2016 果元法師亞洲、美洲弘法行程一覽

時間	國家	內容
7月15至17日	新加坡	• 禪學講座:「音聲洄瀾」 • 英文禪一 • 中文禪一
7月20日至8月7日	印尼	• 禪三 • 禪九 • 禪學講座:「禪修生活應用」 • 禪學講座:「真正的平安」
8月13日至9月4日	墨西哥	• 禪七 • 禪二
9月10至16日	美國	• 禪七

● 07.16　07.23

新州分會佛學講座
果醒法師弘講《天台心鑰》

果醒法師新州弘講《天台心鑰》,勉勵大眾精進修行,尋找真心。

7月16日及23日,北美護法會新澤西州分會舉辦佛學講座,由美國紐約東初禪寺住持果醒法師導讀聖嚴師父著作《天台心鑰》,有近六十人參加。

藉由天台的判教,果醒法師介紹藏、通、別、圓各家特色,以及五停心觀、四念住等觀念和方法。課程中,法師詳說「性」和「相」的

概念，「相」是能夠感知、會生滅的現象，「性」是不生不滅的覺性，或稱佛性、空性、真心。

　　法師提醒，禪宗的修練就是要超越現象，明心見性，到最後只有心，沒有現象，或者說現象就是心，心外無法，禪宗的教法，就是要引導直接去尋找這顆真心；法師期勉學員，修行的關鍵是要有正確的知見，然後在正知見的指導下精進。

● 07.19

扶輪社宗教體驗營齋明寺舉行
國際青少年認識漢傳佛教文化

　　法鼓山、國際扶輪社三五二〇地區於7月19日，在桃園齋明寺共同舉辦「國際青少年宗教體驗營」，由常寂法師、常受法師等帶領，共有三十六位來自歐、美、亞三洲，十二個國家的青少年參加。

　　體驗營的課程內容，包括認識佛門禮儀、基礎禪修觀

活潑好動的青少年於托水缽中學習動禪的安定與放鬆。

念、禪坐、戶外經行、托水缽等，活潑好動的學員從合掌、問訊、禮佛、用齋等基本禮儀學起，也從恭敬認真做好的每個動作中，逐步體會身心自在的要訣，即來自內心的安定。

　　學員們對法鼓山將禪法融入生活的理念，十分好奇，也和法師交換對宗教信仰的看法。來自德國的學員表示，寺院生活讓自己更深入佛教傳統文化，回國後會持續練習，並分享給親友。

● 07.20～26

香港道場參加「2016香港書展」
以「四安」為主題　分享法鼓山的理念

　　7月20至26日，香港道場參加於灣仔香港會議展覽中心舉行的「2016香港書展」，以「心靈環保——四安」為主題，展出聖嚴師父著作與法鼓山出版品，

香港道場以「四安」為主題，參加2016年的香港國際書展，與民眾分享安心的力量。

推廣心靈環保理念。

僧團副住持果品法師於20日開幕當日到場關懷時，引用聖嚴師父法語「安心在於少欲、安身在於勤儉、安家在於敬愛、安業在於廉正」，勉勵眾人運用「四安」與看展民眾結緣。

24日並於會議中心舉辦「心安的力量──聖嚴法師的生命智慧」講座，由文化中心副都監果賢法師主講，分享只要心安，生活便能不受影響；如果能用因緣及因果理解一切，從中看見希望、創造快樂、擁抱幸福，心就會有力量，共有一百多人參加。

今年書展的重點之一，是舉辦《聖嚴法師年譜》新書推介會，23日的推介會，由資深悅眾郭永安分享聖嚴師父的生命歷程。

這次展區也特別設立「心靈處方籤」，每張載有一句中英對照的「108自在語」，大眾跟隨義工引導，走進展區前先閉眼靜下心，不少民眾選取一張後，立即法喜地與身邊朋友分享聖嚴師父的智慧法語。

● 07.23～31期間

果暉法師溫哥華道場弘法
帶領學員體驗禪法修學

僧團副住持果暉法師於7月23至31日在加拿大溫哥華道場弘法，講授《圓覺經》的智慧、次第禪觀與默照話頭，並帶領「數息觀」禪三。

23至24日的《圓覺經》佛學講座，法師藉由簡要的圖解和巧妙的譬喻，將佛陀和十二位大菩薩之間的問答，轉化為生活中隨處可用的智慧，導引大眾認識經典的智慧。

「次第禪觀」禪修講座於26至27日舉行，果暉法師說明如何在禪修上用方法。法師以圖像分析數息時，數字應放在什麼位置，再搭配呼吸長短，才能省力放鬆、清楚專注在方法上，不讓妄念有機可乘，也不致於因緊張

溫哥華道場首次都市禪三，果暉法師指導禪眾練習數息觀。

而去控制呼吸。從數息、隨息，再銜接默照和話頭，為大眾建構了止觀同時、默照同時、定慧等持的基本觀念和方法。

29日起進行的「數息觀」禪三，為方便禪眾作息，禪眾可隨喜參加一日、二日，共有四十七人全程參加。禪三期間，果暉法師以長蘆宗賾禪師的〈坐禪儀〉為主，對於禪修者容易忽略的細節和常見的錯誤，每天開示提點。法師強調禪修重點在於調心、開啟智慧，如果只專注深入定境、盤腿時間長短，或汲汲尋求開悟，就偏離了正確的禪修心態和方法。

許多禪眾表示，從正確的佛法觀念入門，輔以次第清楚的修行方法，再實地進入禪堂用功，是一次完整的禪修體驗。

● 07.23～08.13期間

盧森堡聯絡處首辦禪修活動
推廣安定身心的漢傳禪法

7月23日至8月13日，歐洲盧森堡聯絡處每週六於普慈方濟修女會（Sisters of Mercy of St. Francis）的瑜伽教室，首度舉辦禪修入門課程。課程以法語進行，共有二十二位來自比利時、德國、盧森堡等地的學員參加。

負責帶領的悅眾首先向與會者介紹漢傳禪法、中華禪法鼓宗的淵源，並帶領眾人至戶外庭園練習法鼓八式動禪，體

學員於普慈方濟修女會的庭園練習經行與動禪。

驗「身在哪裡，心在哪裡；清楚放鬆，全身放鬆」。

承續聖嚴師父將漢傳佛教推廣至西方的願心，盧森堡聯絡處於2015年以「法鼓山佛教協會——盧森堡」（DDMBA-LUX）為名，在當地登記立案，期盼透過推廣活動，讓歐洲民眾也能分享安定身心的漢傳禪法。

● 07.30～08.21

繼程法師波蘭弘法
應邀演講、帶領禪二十一

7月30日至8月21日，聖嚴師父法子繼程法師代表僧團，應波蘭禪宗協會（The Chan Buddhist Union of Poland）邀請，前往波蘭弘揚漢傳禪法，內容包

禪二十一期間，常襄法師帶領禪眾戶外經行。

括佛法講座、帶領禪二十一。

法師首先於7月30日，於波蘭華沙亞太博物館（The Asia and Pacific Museum），以「佛法的修行——修行佛法的次第」為題演講，與上百位波蘭聽眾分享，佛教的修行是從根本來解決人心的問題，所以必須回到生活中覺照與實踐，而非僅是禪坐。最後更以「諸惡莫作，眾善奉行，自淨其意，是諸佛教」，鼓勵聽眾在生活中時時留意起心動念，更有助於禪修。

聽眾大多對東方宗教、文化感到好奇，因此講座後繼程法師一一回答聽眾的踴躍提問，包括佛教與道教的異同、佛教如何看待男女平等、何謂未來佛、以及出家僧尼頭頂戒疤的含義等。

7月31日至8月21日的禪二十一於華沙藝術學院（Academy of Fine Art in Warsaw）舉行，由繼程法師主七和小參，僧團常襄法師擔任總護，陳維武擔任英文翻譯；主七法師並以永嘉大師的《證道歌》為主題開示，共有二十七位來自歐洲各國禪眾全程參與。

禪期間，繼程法師釐清禪修心態觀念，說明禪修基礎原則，也指導基礎放鬆、覺照與專注等方法，並講解如何把禪修期間練習的方法，融入日常生活，轉化為實際可運用的智慧。

● 08.02　08.10

馬來西亞、新加坡生命關懷講座
郭惠芯老師分享探病的藝術

馬來西亞道場、新加坡護法會分別於8月2、10日舉辦生命關懷講座，邀請臺灣屏北社區大學生死學講師郭惠芯分享「生病與探病的藝術」。

郭惠芯老師說明，生病的人對他人的關心具有很高的敏銳度，探病的人懷著什麼信念與表情，決定了對病人是否有增上的影

郭惠芯老師於馬來西亞道場分享生病與探病的藝術。

響，並以自身臨終關懷的實例提醒，探病的人應具有傳達愛的信心，平時多接觸禪修，一來讓禪修安定自己，二來讓自己時時刻刻活在當下，才能使病人感覺到探病的人與他同在。

最後，郭老師勉勵大眾，練習當下只有一個念頭，便能進而透過分享、讚歎、感恩與祝福，陪伴患病的人。

● 08.03～05

馬來西亞三場漢傳佛教講座
林其賢講漢傳佛教發展方向

8月3至5日，馬來西亞道場舉辦「漢傳佛教的起源與開展」系列課程，邀請《聖嚴法師年譜》編著者、臺灣屏東大學中文系副教授林其賢主講「漢傳佛教之建立與特色」、「現代漢傳佛教的復興──人生佛教與人間佛教」、「聖嚴法師與人間淨土」。

課程中，林其賢老師從歷史發展和宗教信仰兩個層面，帶領聽眾掌握佛教史，了解漢傳佛教未來的發展方向。林

林其賢老師於馬來西亞道場講授「漢傳佛教的起源與開展」課程，帶領聽眾了解漢傳佛教未來的發展方向。

老師表示，佛教於漢魏時期傳入中國，唐宋臻至顛峰，禪宗更結合諸家精華，成為漢傳佛教的主流表徵，到了明清時，卻因政治等諸多因素，逐漸式微。

林其賢老師透過圖表，說明太虛大師倡議「人生佛教」，為當時中國佛教帶來蓬勃生機，影響力至今猶存；後繼者印順導師提出「人間佛教」，以及聖嚴師父的「人間淨土」思想。林老師強調，「人生佛教」以中國佛教為本位，「人間淨土」則有消融性、包容性、適應性、普及性等特質，深具開展佛教未來的潛能；期許海內外弟子接續聖嚴師父的腳步，續寫弘揚漢傳佛教的歷史。

● 08.06～10.08期間

新加坡護法會首辦初級梵唄課程
認識音聲弘法的修行意涵

為推廣法器的基本認識，8月6日至10月8日，新加坡護法會首度舉辦初級梵唄課程，共十堂課，由資深悅眾帶領，共有三十三人參加。

課程中，學長引領學員練習法器，掌握要訣。

課程主題是念佛共修的梵唄讚頌，內容包括認識各式法器執掌規矩、板眼說明、拜懺、念佛等梵唄讚頌教唱、殿堂禮儀以及念佛共修流程演練等，說明要以恭敬心、信心、同理心，以及不生慢心、不起偏心的觀念和心態，執掌法器。

課程中，除了悅眾講解、授課，學員並由學長帶領，分組練習小木魚、引磬及鐘鼓，進一步認識法器及讚頌；學長也一一調整學員姿勢，掌握執掌法器要訣，引領大眾安心念佛。

● 08.17

常藻法師分享佛教生死觀
善終無憾　放下不執著

馬來西亞監院常藻法師應《星洲日報》之邀，8月17日於該報社禮堂，以「減少臨終前的痛苦——適時放手，善終無憾」為題，與馬大醫藥中心腦神經科醫師盛曉峰對談，共有兩百多人參加。

座談會由《星洲日報》副執行總編輯曾毓林主持。對於如何面對生命的最後、推廣器官捐贈的難處等議題，盛曉峰醫師說明，許多家屬不捨病患，要求醫師盡可能運用藥物及醫療設備，延長重症病患的壽命，卻往往讓病患最後的生命更加受苦。

常藻法師表示，每一期生命都有不同的目標，應積極地讓每一期的生命，發揮對人群有益的價值，以「不怕死、不等死、不追求死」的樂觀心態生活，而當生命無法延續時，就要放下身體、不執著色身。透過器官捐贈可以造福他人，讓有限的生命發揮無限的功能。

在曾毓林副總編輯主持下，常藻法師（中）與盛曉峰醫師（右）對談佛教與醫學的「善終觀」。

● 08.18～26期間

舊金山分會舉辦弘法活動
果醒法師分享生活禪

　　北美護法會加州舊金山分會於8月18至
26日，舉辦弘法活動，包括講座、法會
等，由美國紐約東初禪寺住持果醒法師帶
領，共有四百多人次參加。

　　法師首先於18日及23日帶領法鼓八式動
禪師資培訓課程，說明動禪的心法是默照
禪，以「清楚、放鬆」導入，將身體當作
一個骨架、眼睛不用力，當心念專注覺照
身體的連續動作和不斷放鬆中，就不易產

果醒法師於舊金山分會，分享生活禪法。

生妄想；期勉學員隨時隨地身體放鬆、情緒安定、發大悲心推廣法鼓禪法。

　　「生活禪修的四個層次」講座，於19日及26日舉行。果醒法師講析依「身心
覺察」、「對境何心」、「夢幻無我」和「心湖倒影」四層次來修行、觀照，
能讓身心保持寧靜與穩定。「身心覺察」，隨時隨地觀照身心狀況，盡量不讓
情緒因外在環境而起波動；「對境何心」，練習以平等心、包容心待人處事，
讓心不與外境對立；「夢幻無我」，觀察世間的萬事萬物都是因緣和合，一切
現象都是因緣所產生；「心湖倒影」，就是將心象徵為一座湖，湖面上會生起
種種現象，但一切都只是倒影，是假象。

　　24日的「生活處處皆是禪」講座中，法師則引導大眾從走路、吃飯、工作，
在語默動靜、行住坐臥中，時時察覺念頭的升起，清楚自己的身心狀態，即使
面對生活的挑戰，也能平安自在度過每一天。

　　另一方面，分會於20日、21日舉辦《地藏經》講座、地藏法會，果醒法師則
勉勵大眾學習地藏菩薩的深心悲願，轉輪迴業為菩薩業。

● 08.22～09.06期間

僧團法師北美參學觀摩
交流佛法推廣弘化工作

　　普化中心副都監果毅法師、加拿大溫哥華道場監院常悟法師、青年院監院常
炬法師、信眾教育院監院常用法師，以及常導法師、常照法師等六位法師，於
8月22日啟程，前往北美西岸走訪八個道場，包括：一行禪師道場、內觀禪、

普化中心副都監果毅法師一行人，於「精神磐石中心」與創辦人傑克·康菲爾德（右四）合影。

日本禪以及藏傳佛教道場，實際參與活動，並分別進行交流對談。

在日本禪的參訪系列中，主要為由鈴木俊隆禪師所創辦的「柏克萊禪中心」（Berkeley Zen Center）、「舊金山禪中心」（Sam Francisco Zen Center），及其所屬的「綠谷農場」（Green Gulch Farm）；也參訪了由前角博雄禪師所創立的「洛杉磯禪中心」（Zen Center of Los Angeles）。這些道場目前均已由西方弟子主持，充分展現佛法在地化的特色。

果毅法師、常悟法師等亦參訪位於加州北部山區的「夏斯塔修道院」（Shasta Abbey），該修道院是少數日本禪系統的西方出家僧團，由英國籍女禪師法雲慈友（Master Jiyu-Kennett），於日本得到曹洞宗傳承後所創立。一行人除了參加半天一夜的僧團生活，體驗非常有特色的西方式出家僧團，並與資深僧眾就創辦人圓寂後的僧團管理、僧眾養成教育、年輕化，以及僧眾如何自修、如何對外弘化等面向，進行深入交流。

另一個拜會的出家僧團，是一行禪師於洛杉磯創立的「鹿野苑」（Deer Park Monastery）。一行人參加其活動與作息，並與僧眾廣泛討論僧團老中青三代傳承，以及東西方文化的接納與包容等議題。

此外，內觀禪與藏傳系統道場方面，前者參訪加州舊金山「精神磐石中心」（Spirit Rock Insight Meditation Center），拜會創辦人傑克·康菲爾德（Jack Kornfield），就科學與宗教體驗、信仰、傳法、傳統與創新等問題，進行深刻討論；藏傳道場則為邱揚創巴仁波切（Chögyam Trungpa Rinpoche）所創辦的「香巴拉禪修中心」（Shambhala Meditation Center），借鏡其完整的師資養成計畫。

團隊法師們表示，藉由實地觀察和體驗，收穫非常豐碩，對佛教在地化、僧俗合作、性別平權、多元社會中如何把握佛教核心等議題，多所探討，對佛法的推廣與弘化工作，相當具有啟發意義及參考價值。

參訪洛杉磯禪中心時，現任住持溫蒂·中尾慧玉（左）向果毅法師（右）等介紹由女藝術家創作的觀音木雕像。

● 08.23

洛杉磯道場舉辦專題講座
果毅法師講析法鼓山的宗風與道風

美國加州洛杉磯道場於8月23日舉辦
專題講座，由普化中心副都監果毅法師
主講「從大普化教育看法鼓山的宗風與
家風」，介紹聖嚴師父對大普化教育的
看法、內容、功能及特色，也讓未能親
炙師父的信眾，對法鼓山有進一步的認
識，有近六十人參加。

法師引用《中阿含・林品》的經文，
說明大普化教育的重要性，一個團體若

果毅法師於洛杉磯道場講法鼓山的宗風與道風。

能提供正確的修行方法、指導正確的修行觀念，四眾就可安心地依眾靠眾，在
團體當中安住和學習。

果毅法師說明聖嚴師父創立「中華禪法鼓宗」，目的是希望禪修與義理能互
通。法鼓宗具有結合各系的優點及在「頓」中開出次第化的漸修法門這二大特
色；為了讓佛法能「現代運用，人人受益」，進而改善社會，法鼓山更積極推
動「人間化的佛教」、「生活化的佛法」及「人性化的佛學」。

何謂「法鼓山的家風」？法師以「學習奉獻」、「悲智和敬」、「現代百
丈」等三項聖嚴師父的教誨來詮釋「農禪家風，聖嚴家教」，勉勵大眾以佛法
普遍薰陶，展現法鼓宗風。

● 08.27　10.15

《和心在一起》CD大馬巡迴分享
新世代音聲推廣心靈環保的理念

馬來西亞道場與當地音樂人合作的專輯《和心在一起》CD，8月由法鼓文化
發行，並於8月27日、10月15日，由馬來西亞道場舉辦心靈講座暨佛曲創作分
享會，共有一百五十多人參加。

首場分享會於怡保共修處舉行，主題是「聽見自己，世界才會聽見你」，法
青先以「寶可夢遊戲」（Pokemon Go）為序曲，引導大眾進入心靈環保的世
界。接著，監院常藻法師以兩則小故事，帶領思考如何把心帶回來？法師指
出，生活是因心境而改變，要做生命的主人，把心交給自己，感受並感恩生命

分享會上,馬來西亞法青們合唱〈和心在一起〉,傳達心靈環保的歌聲。

的每一刻;法師將禪修當做「把心帶回來」的方法,分享「身在哪裡,心在哪裡」的祕訣,引領眾人體驗簡單的禪修方法。

10月15日於彭亨州勞勿佛教會的分享會,以「再忙也不煩」為主題,常藻法師說明,忙其實只是一種現象,忙的時候會覺得不快樂、不耐煩,其實都不是因為一件事或一個人,而是我們沒有把心照顧好,任由外境影響;學習放鬆,享受每個當下,再忙也不會煩。

每場分享會尾聲,法青分享與主題相關的生活戲劇、歌唱和手語表演,展現新世代接力推廣心靈環保的願力。

● 09.02

方丈和尚受邀出席海絲佛教論壇
開幕式致詞並發表專題「一缽千家飯」

方丈和尚果東法師於9月2日,受邀出席在中國大陸福州舉辦的「21世紀海絲佛教‧福建論壇」,除於開幕式致詞,也於論壇發表「一缽千家飯——讓佛法普及社會大眾」,共有佛教三大傳承、十多國等百餘位諸山長老,以及數千名僧俗弟子與會。

開幕式中,方丈和尚致詞表示,佛教從印度經西域傳入中原地區,融合當地文化,形成漢傳佛教迄今,落實佛法生活化而為大眾共同分享,影響深遠;不僅回歸佛陀本懷,同時走出漢傳佛教的新局面。

下午的論壇專題,方丈和尚發表「一缽千家飯——讓佛法普及社會大眾」,說明佛住世

方丈和尚於開幕式致詞,表示漢傳佛教重視智慧的開發,生活的體用。

時，佛陀與比丘們的托缽生活，同時具消融自我中心與積極傳遞佛法雙重意義；而佛教傳入中國後，顯現出涵容性、包容性及消融性，從適應而被接納，進而普及，形成漢傳佛教的特色。

論壇中，方丈和尚並分享創辦人聖嚴師父倡導的「21世紀生活主張——心五四精神啟蒙運動」，表示人間化、人性化、生活化的佛法，才能普及、利益社會大眾。

● 09.03

香港道場舉辦佛教藝術講座
崔中慧主講「佛教藝術的起源與內涵」

香港道場於9月3日在港島會址舉辦「靈山尋寶——佛教藝術講座」，邀請香港大學佛學中心講師崔中慧主講「佛教藝術的起源與內涵」，以佛陀的原鄉為起點，從石窟、壁畫、雕像中，探索佛教藝術的起源與內涵，有近百位聽眾到場聆聽。

講座中，崔中慧老師以中國與印度的歷史簡表做對照，讓聽眾認識印度的佛教藝術的起源與發展，說明西元前兩百

香港道場佛教藝術講座，邀請崔中慧老師介紹佛教藝術的起源與內涵。

多年秦漢時期，佛教藝術已經出現，由於文化與社會變遷，佛教藝術在造型和題材上也產生了變化，印度皇朝亦曾大力推動佛教藝術，相傳阿育王即建立了八萬四千座佛塔。

崔老師表示，佛塔的意義，不單是保存珍貴的佛舍利，更是佛教藝術「無像時期」的佛陀象徵，佛塔的圖像和造型，反映出當代人對美學的追求，及當時佛教的興盛蓬勃。

● 09.03～12.17期間

溫哥華道場首辦北美經典共修課程
大眾學習《金剛經》的生活智慧

9月3日至12月17日，加拿大溫哥華道場隔週週六舉辦《金剛經》共修課程。首次課程由信眾教育院監院常用法師帶領，共有一百多人參加。

溫哥華道場首辦北美經典共修課程，大眾共學《金剛經》的生活智慧。

共修課程包括靜坐與誦經，並於誦經之後，聆聽聖嚴師父的「解經」，最後是繞佛與迴向。「解經」以聖嚴師父1993年在臺北國父紀念館「《金剛經》生活系列講座」的開示為主，引導大眾運用《金剛經》的智慧，面對浮動不安的社會，安住自己的身心。

常用法師說明，在禪修中學會觀照自我，「認識」我究竟是什麼？「肯定」了自我的價值後，就可以經由利益他人，「成長」自我，最終在無所求的付出中達到「消融」自我。

共修後的大堂分享，普化中心副都監果毅法師、青年院監院常炬法師等到場關懷，果毅法師勉勵大眾，學習《金剛經》的智慧消融自我，身心清淨、少煩少惱，學佛之路一定踏實又穩健。

● 09.14

網路媒體鳳凰網參訪東初禪寺
交流美國佛教發展現況

網路媒體鳳凰網北美佛教交流團一行，於9月14日參訪美國紐約東初禪寺，由監院常華法師代表接待，並為交流團成員詳細介紹了漢傳禪法在美國的發展歷程。

常華法師首先介紹東初禪寺的創建緣起，也是法鼓山在美國發展的原點，並說明美國佛教的發展與現狀，隨著漢傳佛教道場日益增多，近年來美國聯邦政府將佛教列為制定政策前，必須聽取建言的宗教團體。

法師指出，美國本土佛教修學團體「去僧團化、去宗教化和去傳統化」傾向，十分明顯，加上西方長期物質化的思維模式，修行者往往難以跳出腦科學，以及思維經驗的理解範疇，故有片面擷取禪修技巧，進行工具化應用的傾向，反而難以契入禪宗修行的本質。

雙方交流時，鳳凰網佛教交流團代表明賢法師表示，若要增廣佛教在西方弘法的普及性，關鍵在於其理性智慧帶給人心的啟迪；而語言不同並不是核心障礙，最重要的是道場教理系統完善，以及修學者的真參實證。

● 09.18～26期間

常悟法師英國推廣漢傳禪法
舉辦《金剛經》講座 帶領禪修

加拿大溫哥華道場監院常悟法師於9月18至26日，偕同常寂法師前往英國倫敦聯絡處弘法，包括帶領初級禪訓班和禪三。由於當地少見漢傳法師，英國佛教會（Buddhist Society）特地邀請法師前往演講。

常悟法師首先於19日，在英國佛教會演講，介紹《金剛經》各種英譯版本，及其於漢傳佛教的地位。法師從四聖諦的教義，輔以日常生活實例，帶領聽眾

常悟法師（前排左四）、常寂法師（前排左三）於英國倫敦帶領禪修，與禪眾合影。

進入大乘佛法空性、無住、無相的觀念，並分享《金剛經》在生活中的運用。

20至21日，由常寂法師帶領英國倫敦聯絡處舉辦的初級禪訓班，介紹禪修心法，參加的十三位學員皆是每週禪坐共修的成員。22至25日，常悟法師於柏克鄧修道院（Buckden Towers）帶領禪三，法師講解深入淺出，仔細解答疑惑，並連貫方法或現象背後的原因，讓學員對禪修生起更大的信心。

有學員分享，打坐腿痛源於自己對痛的執著，當練習放下執著，痛也就消失了。常悟法師說明，身心環環相扣，這即是從自心下手，進而放鬆身體的體驗；勉勵學員，禪期中的種種身心反應，都是日常生活的縮影，每一次的覺察，都是改變舊習的契機，把握每個覺察的當下轉變自我，就能開啟生命的新頁。

● 09.25

多倫多分會參加街頭書展
接引大眾認識法鼓山

北美護法會安省多倫多分會於9月25日，參與於當地湖濱中心（Harbourfront Centre）舉行的「文字上街頭」（Word on the Street）年度書籍雜誌展，期能接引更多大眾認識法鼓山的理念。

會場上，許多民眾駐足翻閱聖嚴師父的著作，義工也準備了介紹師父生平和法鼓山的結緣書，以及多國語言版「聖嚴法師108自在語」與大眾結緣，並推

廣分會的例行共修活動，分享佛法的生活智慧。

有義工表示，許多民眾主動分享自己的禪坐經驗、詢問漢傳佛教和其他教派的差異，感受到禪修和佛教，在當地受到愈來愈多的關注；也有義工感恩有此因緣，共同成就書展順利圓滿。

多倫多分會首次參與加拿大「街頭文字」（Word on the Street）年度書籍雜誌展，分享法鼓山的理念。

● 09.25　10.05

普賢講堂首辦禪訓班
親子學員增長道情

9月25日、10月5日，美國麻薩諸塞州波士頓普賢講堂舉辦初級禪訓密集班，由紐約東初禪寺果啟法師帶領，共有二十多位親子學員參加。

學員在廣闊的草坪上練習經行，體驗專注放鬆的動中禪。

課程內容包括：禪修的功能與基本觀念、禪坐姿勢、法鼓八式動禪、戶外禪、走路禪、臥禪等，果啟法師除了開示心法，也一一為學員調整動作，結合理論與方法運用的授課方式，領眾體會禪修生活的效用。

有七十歲學員表示，參加禪訓班，體會到禪修不但修心，也能健身；也有年輕學員分享，感恩法師的循循善誘，開啟親近三寶的因緣和學佛之路。

● 09.30～10.03

馬來西亞道場首辦心靈環保禪修營
邀請繼程法師開示禪修心法

馬來西亞道場於9月30日至10月3日，在丹戎馬林（Tanjong Malim）斯普寧斯度假村（Refreshing Spring Resort）首度舉辦心靈環保禪修營，由監院常藻法師帶領，每晚並邀請聖嚴師父法子繼程法師進行禪修開示，有近六十位管理階層和專業人士參加。

活動內容主要是禪坐練習與觀看聖嚴師父的開示影片，師父次第性地介紹禪修的境界與功能，包括經由收心、攝心、安心、放心乃至於無心等層次，逐步消融自我；並從佛教的因緣觀帶出無常無我與感恩的意義，強調透過慚愧懺悔來自我反省、自我提昇，將禪法落實在生活中。

繼程法師開示的重點在於「放鬆」，說明當身體完全放鬆的時候，會自動把體內長久堆積的「垃圾」掏空，心裡的狀況亦然；勉勵學員生活上無論甜頭或苦頭，都是味道，只要以一顆放鬆的身心去面對接受，就會是人生的享受。

禪修營也安排各式動禪體驗，包括法鼓八式動禪、坐姿立姿瑜伽、經行、托水缽等，常藻法師提醒學員，把握此時此刻，活在當下，生活無處不是禪，每一刻都是美好的。

有學員分享，在禪修營中體驗到人群中獨處的自在，也了解到生命的美好就在呼吸間，生活的美麗就在覺知每個起心動念。

學員於禪修營練習體驗放鬆，再活用於日常生活中。

● 10.07～09

多倫多分會系列弘法活動
吉伯‧古帝亞茲指導禪修與演講

北美護法會安省多倫多分會於10月7至9日舉辦弘法活動，邀請聖嚴師父西方法子吉伯‧古帝亞茲（Gilbert Gutierrez）帶領，內容包括禪一及禪修演講，將法鼓山的漢傳禪法，有系統地介紹給當地東、西方信眾。

兩場講座，首先是7日於多倫多大學（University of Toronto）西德尼‧史密斯講堂（Sidney Smith Lecture Hall）舉辦的「從古代禪師淺介禪佛教」講座，吉伯以一個古老的禪公案開場，指出禪的智慧超越語言文字，是在清淨無染的心中，自然呈現；也強調菩提心的重要，並以禪宗「枯木寒岩，婆子燒庵」的公案為例，說明禪法的修行，不是要把自己變成像枯木一樣無感情，而是要在沒有自我煩惱束縛的清淨心中，時時抱有「不為己身求解脫，但願眾生得離苦」的悲願。

9日於分會進行的講座，主題是「聖嚴法師的親身教誨——引領入禪」，吉伯分享1995年於美國洛杉磯聆聽聖嚴師父演講，與師父結緣，跟著師父修學佛

吉伯·古帝亞茲（站立者左六）於多倫多分會帶領禪一，與東、西方禪眾合影。

法，最大的收穫是學會放下自我，懂得善用此生。而法子無論身在何處，面對何種因緣，都有責任確保所傳承的教法是恰當的，並且依正知見，如法修行。

禪一則於8日舉行，吉伯引導眾人以放鬆的態度，將煩惱放在禪堂外；並以電影放映為譬喻，戲院中的白色螢幕有如我們的本來面目，不論是否有影像投射，螢幕本身始終是空白的，以此說明色相不會干擾原本的空性，也就是「色即是空，空即是色」的道理。

● 10.14

香港道場、《人生》雜誌合辦座談會
對談禪藝交融　心中自現真善美

香港道場與《人生》雜誌於10月14日，在九龍會址共同舉辦「游藝戲禪」座談會，由香港皇冠出版社總經理麥成輝主持，邀請聖嚴師父法子繼程法師、舞蹈家梅卓燕與設計師黃炳培（又一山人），分享以禪心優游於藝術領域，共有六百多人參加。

針對禪與藝術的關聯性，繼程法師首先說明，默照禪法能讓心發揮專注與覺照的功能，與藝術創作的心理狀態，有異曲同工之妙，傳統禪法對於因五根接觸五塵所生的美感與染著，持遠離的態度，但大乘禪法卻能借用五塵來修行，從各種藝術中體驗禪法。法師指出，佛法本身即蘊含了真善美，藉由創作和觀賞禪藝，也能達到淨化人心的作用。

黃炳培分享欣賞藝術時，與佛法相應的感動，例如美國藝術家詹姆士·特勒爾（James Turrell）透過特定空間的光影變化來創作，讓觀者身在其中，體悟一切唯心造的意趣；

黃炳培（右起）、繼程法師、麥成輝、梅卓燕對談「游藝戲禪」，分享禪修的專注與放鬆。

也強調透過修行放掉我執，不去喜歡或厭惡，只管用心感受，就能清楚了解作品所要傳達的訊息。

梅卓燕指出，跳舞是當下安於每個動作，運用身根與共舞者、環境溝通，探索最佳平衡點的絕妙歷程，能夠體會禪修時身心合一的感受，所謂的技巧，則是歷經不斷地練習後，身心所培養出的感知能力。

繼程法師回應，藝術家除了技巧之外，身心處在放鬆狀態，覺照能力才會愈發敏銳，得以感受到平常人體會不到的美好。法師期勉大眾，禪修能夠幫助人們放鬆身心，不斷練習方法，以至於熟能生巧、隨心所欲不逾矩，體得「道法自然」，讓任何藝術都能成為修行的方式，從中獲得「遊戲三昧」的自由自在。

● 10.15～16

常華法師參加「應用佛學發展計畫論壇」
分享法鼓山四大面向發展現況

美國紐約東初禪寺監院常華法師於10月15至16日，受邀參加加拿大多倫多大學伊曼紐學院（Emmanuel College）首次舉辦的「應用佛學發展計畫論壇」（Conference on Applied Buddhism: Past and Present），並於「僧伽邁向全球化」論壇中，參與對談。

「僧伽邁向全球化」中文論壇，由加拿大多倫多正覺寺住持見宗法師主持，聯合國世界佛教僧伽青年會祕書長無上法師、臺南僧伽教育院院長法藏法師與談，常華法師於會中分享法鼓山大學院、大普化、大關懷及國際弘化四大面向的發展現況，並觀察到佛教在西方逐漸融入心理學及科學的趨勢。

兩天的論壇，分為中、英兩組，英文論壇的主題包括「佛教結合心理學與心理治療的未來發展」、「加拿大佛教監獄輔導的現況」、「佛教教育——從過去到現在，從東方到西方」、「臨終關懷」等四場；中文論壇的主題則是「僧伽邁向全球化」、「人間佛教」兩場，各專業領域學者、各宗教團體法師，還有青年學子，針

「僧伽邁向全球化」論壇與談人，左起見宗法師、法藏法師、常華法師、無上法師。

對各個主題，提出分享、交流與討論。北美護法會安省多倫多分會並為兩場中文論壇，義務提供英文同步翻譯，方便西方學者以及宗教師，了解漢傳佛教的僧伽邁向國際化，以及推動人間佛教的現況。

● 10. 15～23

溫哥華道場舉辦弘法活動
進行禪七與歐洲佛教發展講座

查可認為漢傳佛教在歐洲弘傳的前景，關鍵在於提高對歐洲社會的參與，以及更善巧的傳達方式。

10月15至23日，加拿大溫哥華道場舉辦弘法活動，邀請聖嚴師父西方法子查可‧安德列塞維克（Žarko Andričević）帶領默照禪七與佛學講座。

默照禪七於15至22日舉行，查可提點禪眾，修行默照的基礎是放鬆身心，覺知自己在打坐，只管打坐，改變平時身心分離的狀態，第一個階段是覺知整個身體；第二個階段是身與心漸漸合而為一，身體的感受消失，接著覺照環境；進入第三個階段時，逐漸體驗到無限的環境，清清楚楚了解到周遭的事物而心不受影響，每個時刻都是在當下。

23日的講座，主題是「歐洲佛教發展的歷史與現況」，查可首先介紹西元前四世紀，古希臘哲學家隨亞歷山大東征到印度研究東方文明，是歐洲最早接觸佛教的開始，其中包括佛教思想，但直至19世紀，歐洲學者才開始研讀、翻譯巴利文佛典；二次大戰結束後，日本禪師到歐洲推廣日本禪法，後來部分西藏僧侶輾轉流亡至歐洲，藏傳佛教因而受到關注。1990年代，聖嚴師父以中國禪師身分，到歐洲弘揚漢傳佛教，先後在英國、德國、波蘭、俄羅斯等國主持禪修，廣泛接引歐洲人士學習漢傳禪法。

來自克羅埃西亞的查可，也介紹了該國的佛教發展現況。1977年查可成立了該國第一個佛教與禪修協會，即是後來的漢傳禪佛教協會（Dharmaloka Chan Buddhist Community），也是克羅埃西亞最大、獲得政府承認的佛教團體。目前協會正在籌建禪修中心，希望能為歐洲的禪修者提供一個良好的修行場所。

對於佛教在歐洲弘傳前景的提問，查可認為關鍵在於提昇佛教對歐洲社會的參與，佛法的核心並非特定的儀軌，而是三法印、四聖諦等義理，要接引西方人歡喜信受、依教奉行，需要更善巧的傳達方式。

● 10.16

洛杉磯道場舉辦跨界對談

方丈和尚、段鍾沂、謝德莎分享生命的成功密碼

美國加州洛杉磯道場於10月16日在當地太平洋棕櫚度假中心（Pacific Palms Resort）舉辦「活出生命的力量──成功三部曲」跨界對談，由方丈和尚果東法師、滾石文化董事長段鍾沂、洛城知名廣播人謝德莎共同與談，分享生命的成功密碼，有近五百人參加。

謝德莎表示成功是多樣的，不一定是存款數字，人生應勇於嘗試，少比較、少計較，善待他人，就能開啟成功的密碼；以音樂製作為畢生職志的段鍾沂，十餘年前，因盜版問題，面臨經營危機時，以聖嚴師父「面對它，接受它，處理它，放下它」自勉，充滿智慧的思惟，讓他受益至今。

「成功是因緣和合的結果，學習坦然面對各種變化，步步踏實，對於結果欣然接受。」方丈和尚從佛法角度，分享人生目的是為受報與還願，在有限生命中盡量奉獻，把自我當成修行道器，成就慈悲與智慧，面對無常人生，保持積極態度。

方丈和尚最後以「正向八望」：「人難免有期望，但要節制欲望；千萬不要奢望，未來要有展望；永遠不要失望，心更不要絕望；堅定永抱願望，才能充滿希望。」勉勵大眾活出生命的力量。

段鍾沂（左起）、謝德莎、方丈和尚與聽眾分享生命的成功密碼。右為主持人張月麗。

● 10.22

馬來西亞道場希望之谷關懷行

義工協助清理環境

馬來西亞道場於10月22日，舉辦「希望之谷關懷行」，前往位於雪蘭莪州的雙溪毛糯療養院（Sungai Buloh Leprosarium）協助清理環境，共有二十四位義工參加。

出發前，監院常藻法師表示，雙溪毛糯療養院有著無數人的奉獻，勉勵大眾抱持感恩心與恭敬心協助清掃，讓它繼續發揮安定人心的功能，並將奉獻過程感受到的法喜，迴向給法界一切眾生。

義工抱持感恩心與恭敬心協助清掃，並將奉獻過程感受到的法喜，迴向給眾生。

清掃結束後，義工們隨療養院專職的導覽，了解早年痲瘋患者與世隔絕的恐懼與寂寞，後來療養院採用人性化的管理，教導病人相處和睦、學習生活技能，自力更生，逐漸成為守護病患的世外桃源。

雙溪毛糯療養院現為國家痲瘋病控制中心，曾收容二千多名痲瘋病患，發揮關懷生命的功能，被稱為「希望之谷」（Valley of Hope）。

● 10.22～23

方丈和尚北美關懷──舊金山分會
關懷萬行菩薩

方丈和尚果東法師美國東西岸弘法關懷行程，繼10月16日於加州洛杉磯參與對談後，22至23日，與北美護法會輔導法師常華法師來到北美護法會加州舊金山分會，與信眾歡喜相聚。

在22日信眾聯誼會上，方丈和尚勉勵義工安心奉獻，成就自己和大眾修行。義工們也藉著共聚一堂的因緣，與方丈和尚熱烈互動，知客、總務、視訊、香積、法務、課程、關懷及多元文化等組，以影音、表演、漫畫等各具創意的方式自我介紹，其中禪修組透過吸管托乒乓球遊戲，讓眾人了解禪修不只在蒲團上，而是生活中時時覺察身心。當天同時舉行「義工身影・道場光影」攝影展，看見萬行菩薩盡心盡力的身影，大眾深深感受回家的溫馨和感動。

23日，方丈和尚出席榮譽董事感恩聯誼會，感恩榮董護持推動法鼓山理念。召委施志龍分享，自分會遷入新會所，在僧團法師帶領下步步踏實、穩定成長；大眾依循聖嚴師父教導，舉辦各項共修學習活動，包括法會、禪坐共修、兒童班、青少年班等，期望在西方社會建立一個清淨的修行家園，持續擊響法鼓。

香積組義工示範演出如何以禪修的精神，落實「身在哪裡，心在哪裡」。

● 10.29

方丈和尚北美關懷——新州分會
分享活出生命價值

方丈和尚果東法師北美
弘法關懷行程，29日於北
美護法會新澤西州分會舉
辦專題講座，主講「活出
生命的價值」，共有一百
多人參加。

方丈和尚提到，要活出
生命的力量，首先需確定
價值觀，我們常常受到環
境的影響，容易被境界拉

新州分會悅眾與方丈和尚於會址前合影，方丈和尚期勉大眾，為護持佛法更精進。

著走，無法作主，順境時忘形自傲，逆境時沮喪自卑，忘了一切都是因緣和
合，藉此期勉眾人凡事沒有好與壞，練習正面解讀、逆向思考，將各種因緣當
成是自己修行的助緣。

講座中，方丈和尚引導大眾思惟：「自己以何因緣來到世間？」佛法所說的
無常、無我、空，是指有為法的生滅變化，但我們不該因此退縮消極，反而應
當反省檢討、慚愧懺悔、坦然接受、泰然處理。方丈和尚期勉眾人，只要活在
當下，佛就在當下。

● 10.29～10.30

馬來西亞道場舉辦中級1禪訓班
引導學員建立對禪修的見解與體驗

馬來西亞道場於10月29至30日舉辦中級1禪訓密集班，由傳燈院監院常願法
師帶領，法師以許多生活譬喻引導學員，建立對禪修更深一層的見解與體驗，
有近八十位禪眾參加。

常願法師說明，禪沒有層次，但人有差別；方法可以彈性，但目標不變；每
個人根性不一，才有多元方法讓人學習，而趨向的目標是一樣的，即是開發智
慧與慈悲，學習自我消融。

法師進一步說明修行的條件：信心、願力、慚愧心、決心和取捨心，隨時保
持清楚、放鬆，身心就能安定，期勉大眾學習與自己獨處，用方法來調伏妄

念、止息煩惱,讓禪修成為一種習慣。

兩天的課程,常願法師一一指導學員,如何觀照呼吸、深入覺察身體的感覺與內心的變化,隨著心與身在一起的練習,身體漸漸放鬆,從局部擴大到全身。法師強調,只有不斷練習、離開妄念,才能提昇鍊心功夫。

中級1禪訓班課程中,學員練習坐姿法鼓八式動禪。

● 10.30

方丈和尚北美關懷——東初禪寺
相續建設道場願心

方丈和尚果東法師北美弘法關懷行程, 30日出席美國紐約東初禪寺於法拉盛牡丹亭(Mudan Banquet Hall)舉行的「願願相續,建設人間淨土」心靈饗宴,包括作家王鼎鈞伉儷、哥倫比亞大學(Columbia University)聖嚴漢傳佛教講座教授楊朝華,與來自紐約、康乃狄克州、新澤西、西雅圖等地東、西方信眾,共有三百多人參加。

方丈和尚說明,法鼓山致力推動心靈環保,運用佛法來導正觀念,心靈淨化了,淨土就在人間,人人都能輕鬆自在過生活;期勉大眾因認同法鼓山的理念而相聚,雖然有些信眾未曾見過聖嚴師父,但因師父的著作而受益,進而認同這些理念。

方丈和尚出席東初禪寺舉辦的「願願相續,建設人間淨土」心靈饗宴,與信眾歡喜合影。

心靈饗宴上並播放聖嚴師父初到紐約、草創東初禪寺的影片,師父提到,建設道場的過程雖然艱辛,但遇到更大的挑戰時,總是回到原點、檢視初心,每次都能帶來無比的動力及願力。

眾人齊聚一堂,共同關心東初禪寺擴建工程進度,希望廣與大眾分享法鼓山的理念和佛法的利益。

方丈和尚北美十年關懷

接續聖嚴師父西方弘化願心

10 月 16 至 30 日，方丈和尚果東法師於美國弘法關懷，從西岸加州洛杉磯、舊金山，再轉往東岸紐約和新澤西州，於各地進行對談、佛法弘講、主持皈依典禮，勉勵叮嚀護法信眾，踏實學佛修行、積極為人奉獻。

方丈和尚的北美關懷行，自 2006 年至今已延續十年。十年前，病中的聖嚴師父無法再長途飛行，方丈和尚接續師父步履，每年固定兩次至美國、加拿大等地弘法關懷，期間雖歷經師父捨報，但隨著方丈和尚間斷不輟的關懷行，北美信眾道心不退，凝聚信願，秉承師父願心弘揚漢傳佛教，推廣法鼓山理念。

十年來，法鼓山在北美各地區的弘化有顯著的發展，硬體上，美國弘法根據地紐約東初禪寺，於 2014 年啟動擴建工程；加州洛杉磯道場，以及北美護法會加州舊金山、新澤西州，以及加拿大安省多倫多等三處分會新會所，也先後落成啟用。

除了道場建設，各項法會、禪修活動，及聖嚴書院佛學班、福田班、佛法講座、佛學課程等普化教育，持續在各地推展開辦。其中，加拿大溫哥華道場更結合當地大學，舉行佛學研討會和演講，提高法鼓山及漢傳佛教在西方的能見度，2016 年 5 月並首度傳授在家菩薩戒；洛杉磯道場也舉辦三百六十度禪修營、法青活動、兒童營，擴大不同階層和年齡的教育關懷。

另一方面，各地分支單位也積極走入家庭和社區，舊金山、多倫多、華盛頓州西雅圖等分會透過開辦敦親睦鄰活動或參加當地社團辦理書展等，接引當地居民認識佛法，親近法鼓山；佛羅里達州塔拉哈西分會的信眾，每兩年相約跨海來臺，到總本山尋根溯源；而分散於各地的聯絡處，以一方小小據點為禪堂，帶領禪坐、讀書會等共修，東、西方信眾學習安定身心的漢傳禪法，為生命帶來自在與清涼。

四十年前，聖嚴師父在紐約大覺寺指導東、西方弟子學習漢傳禪法，猶如在土壤裡埋下一顆顆菩提種子，如今種子已然發芽苗壯，菩提或許尚未成林，但有師徒相續的願心齊耕耘，弘護一體的力量勤灌溉，有朝一日，漢傳佛教將在北美大陸上，蔚然成陰。

● 11.05

香港道場舉辦「一人曰神」活動
果元法師帶領以茶禪接眾

果元法師帶領大眾，聽聲音而不分辨，專注放鬆地品味茶香。

香港道場於11月5日在香港大學陸佑堂舉辦「一人曰神」茶禪活動，由僧團副住持果元法師帶領，有近一百七十人參與體驗茶禪。

活動以音樂貫穿，內容包括：風鑼集眾、法師說法與禪修引導、梵音偈誦、巡茶、靜心、茶菓送餞、回饋分享、心燈互映等，果元法師引導大眾，無論聽到什麼聲音，不需刻意去分辨旋律或唱誦內容，以心聆聽即可。現場同時巡茶三回，穿著海青的茶主人，手捧茶壺，緩步走至每位來賓面前，淨心奉茶，與會者手捧茶杯，聞香觀色，專注細嘗茶的圓潤醇厚，喉韻甘甜，體會茶香與禪意交融。

監院常展法師表示，「一人曰神」的典故，出自明代張源〈茶神論〉：「獨啜曰神、二客曰勝、三四曰趣、五六曰泛、七八曰施。」引申為一人品茶，如同禪修須回到自己內心，學習與自己相處；飲茶是香港人的日常文化，以日常飲茶的經驗為方便，運用禪修方法，讓佛法和禪修走入社區。

為了以好茶接引大眾，道場的義工，籌備數月，用心學習泡茶、奉茶，認真反覆多次練習，希望以安定的身口意，引導大眾體會茶與禪融合的靜謐和安定，也認識禪在生活中的運用。

● 11.12～13

馬來西亞「佛教當代關懷研討會」
惠敏法師、常藻法師分享禪修的社會實踐

11月12至13日，法鼓文理學院校長惠敏法師、助理教授溫宗堃，以及馬來西亞道場監院常藻法師受邀參與馬來西亞佛教青年總會於吉隆坡蕉賴孝恩館舉辦的「2016年佛教當代關懷研討會」，擔任主講人。

研討會以「禪與現代生活」為主題，分別從佛法、社會、科學和療癒等四個議題探討禪與現代生活的關連。惠敏法師在「禪修與科學」議題中，結合佛教的「四念處」以及科學的「三重腦理論」，指出修行的關鍵是培養好習慣，並

分享「身心健康五戒」、「終生學習五戒」等好習慣。法師提到禪宗注重日常生活,有了好習慣才能身心安定,進而得到智慧和解脫。

常藻法師和溫宗堃老師則參與「禪修與社會」議題,法師舉出四個禪修生活妙用:情緒的調和與身心的安定、提得起也放得下、心中無事安住當下、超越對立的慈悲關懷,從個人的淨化,進而達到社會安定;溫老師則以「正念減壓」的角度探討,說明以跨領域研究加強正念的深度和應用方式,利益更多大眾。

惠敏法師(左一)提到禪宗注重日常生活,有了好習慣才能身心安定,進而得到智慧和解脫。

● 11.12～13

西雅圖分會成立十五週年
講座、共修分享法喜

北美護法會華盛頓州西雅圖分會慶祝成立十五週年,於11月12至13日舉辦弘法活動,由東初禪寺常諦法師帶領念佛禪一、佛法講座及聯誼等共修活動,分享法喜。

12日的念佛禪一,法師指導大眾以「今心一念」的專注念佛;13日佛法講座「《法華經》尋寶去」,法師透過敦煌石窟中的《法華經》經變圖,解說經文內容,讓大眾更加了解法義,信受奉行。有禪眾表示,透過方法的練習,對禪修更有信心。

聯誼會中,同時進行新舊任召集人交接,新任召集人林明海,是分會草創時期的資深悅眾,護持願心持續不退,希望藉由建設一處永久的會所,讓大眾有充實的學佛活動與課程的空間,也讓法鼓山的理念在地生根。常諦法師也期勉信眾,弘揚佛法需要大眾共同成就,感恩悅眾長期奉獻,布施時間、智慧,自利利人。

許多信眾皆是闔家參與佛法講座與聯誼,小菩薩也協助場布工作,氣氛溫馨,充滿活力。

西雅圖分會成立十五週年,常諦法師(中)與信眾歡喜合影。

● 11.14　11.15

常藻法師檳城佛法講座
期勉大眾如實觀照自己

馬來西亞道場監院常藻法師，應馬來西亞檳城菩提心園，以及理科大學佛學會之邀，分別於11月14、15日，在檳城舉辦講座。

於菩提心園的講座，常藻法師以「禪修的妙用——從個人到社會」為題，談到禪修應用在人際互動上，若能以誠懇心和直心，不帶著過去的經驗與人相處，不但能減少人我之間的煩惱，社會也會因此而更和諧。

15日理科大學佛學會中，則以「聽見自己，世界才會聽見你」為主題，法師提醒學生們，須從觀照自己的煩惱中來認識自我，更以出家的體驗勉勵學生，學佛路上先從止惡行善做起，一步一腳印，如實地跟自己在一起。

● 11.18

方丈和尚出席漢傳佛教祖庭文化研討會
以「漢傳佛教祖庭與國際交流」為題演講

方丈和尚出席漢傳佛教祖庭文化研討會，期許各傳承將自己的優點奉獻給整體佛教和全世界。

由大陸中國佛教協會、中華宗教文化交流協會聯合主辦的「漢傳佛教祖庭文化國際學術研討會」，11月18日於中國大陸西安市舉行，來自十七個國家和地區的佛教界代表、學者共兩百多人與會，方丈和尚果東法師應邀出席開幕典禮，並以「漢傳佛教祖庭與國際交流」為題發表演說。

方丈和尚表示，法鼓山創辦人聖嚴師父曾談到漢傳佛教具有包容性、消融性、普及性、適應性、人間性等特質，因而能適應中華文化，即使在文化、宗教、族群多元化的現代社會，同樣能被接受，成為普世共同的文化；並說明「心靈環保」是淨化人心的價值觀及實踐方法，以佛法導正人心觀念，提昇人的品質，以健康的心態面對現實，處理問題。

方丈和尚進一步提到聖嚴師父倡導求同存異的「全球倫理」，家庭、職場、族群，乃至社會、國家及自然環境，全都是互依互補的生命共同體。「往未來看，世界佛教將是時勢所趨。」方丈和尚期許，漢傳、藏傳、南傳深入各自傳承的教法，共同思考21世紀人類所關切的問題，將自己的優點奉獻給整體佛教和全世界。

● 12.03～04

多倫多分會首辦佛二暨八關戒齋
學員把握受戒因緣 精進共修

學員珍惜受戒因緣，精進共修。

12月3至4日，北美護法會安省多倫多分會首度舉辦佛二暨八關戒齋，由美國麻薩諸塞州波士頓普賢講堂副寺果啟法師帶領，共有三十多人參加。

兩天的修持解行並重，包括聆聽聖嚴師父的錄音開示，師父詳解念佛方法；也藉由〈讚佛偈〉、繞佛、坐念、止靜、拜佛、晚課、三皈依、拜懺及迴向，練習安定身心。果啟法師引導學員，念念佛號、聲聲彌陀，綿綿密密的聖號，讓身心得以安定及淨化，時時刻刻與佛相應。

聖嚴師父在開示影片中，講解八關戒齋的意義、內容與功德，是佛陀為在家居士有機會體驗出家戒律及簡樸的生活，學習少欲知足斷煩惱，植下出世善因，解脫證道的方便法門。果啟法師叮嚀把握受戒因緣，把每一日都當成生命的最後一天，精進修行。

● 12.22

韓國佛教儀禮文化國際論壇
果慨法師分享水陸法會傳承與創新

弘化發展專案召集人果慨法師、常智法師受邀前往韓國，參加12月22日於首爾曹溪寺韓國佛教歷史文化紀念館舉辦的「第九屆佛教儀禮文化國際論壇」，分享大悲心水陸法會的傳承與創新，共有一百多位韓國佛教學者、寺院代表與會。

論壇上，果慨法師以「法鼓山大悲心水陸法會之傳承與創新」為題，深入介紹法鼓山啟建水陸法會的因緣，並從「佛法與

果慨法師（右四）、常智法師（右五）前往韓國，分享大悲心水陸法會傳承與創新。會後與佛教儀禮文化研究所所長法眼法師（右三）、陳明華教授（右二）等合影。

教育」、「禪法與修行」、「環保與科技」、「人文與藝術」四個面向,分享水陸法會的內涵與願景;長期投入水陸法會研究的常智法師,則說明儀軌修訂的歷程及其修行意涵。

由於韓國傳統水陸齋,只擷取《焰口經》部分儀軌,加上與會信眾逐年減少,對於法鼓山大悲心水陸法會延續佛教傳統,並結合現代數位科技與環保理念,提出雲端牌位、網路共修等接引方式,表示肯定並產生高度興趣,現場提問踴躍,也有寺院表示會前來法鼓山園區觀摩、學習。

此次交流,緣起於韓國佛教儀禮文化研究所教授陳明華,客座法鼓文理學院期間,曾參與大悲心水陸法會,體會到有別於韓國傳統水陸齋的儀式和修行氛圍,因此邀請水陸小組成員赴韓分享。

● 12.24～2017.01.01

馬來西亞法青參學法鼓山
體驗禪悅與境教

參訪法鼓文理學院舉辦的生命體驗工作坊,引導學員深度探索內在。

12月24日至2017年1月1日,馬來西亞法青會青年成員一行近三十人於法鼓山總本山及各分寺院展開參學之旅,體驗觀音道場的禪悅境教。

為期九日的行程,馬來西亞法青參訪了法鼓山園區、北投農禪寺、德貴學苑、三峽天南寺、桃園齋明別苑等。26至27日,並於臺東信行寺,首度至海邊加路蘭做八式動禪、打坐,接著在龍田、鹿野高台、武陵社區的文化及綠野之旅中,體驗休閒與修行的生活。

29日於法鼓文理學院,參加由生命教育碩士學程主任辜琮瑜主持的「生命體驗」工作坊,學員從團體互動中探索自己內心的渴求,再進一步深思本來所擁有的,是否能夠一直保有?辜老師強調,透過自我覺察,才能知道真正有價值、有意義的事物。31日晚間,一行人於農禪寺以持誦《金剛經》共修、叩鐘擊鼓取代元旦跨年煙火,在佛號聲中接受祝福,也為眾生祈福。

參訪期間,一行人與臺灣各地的法青交流,青年院並邀請阿普蛙工作室,透過遊戲激發學員從「心」認識自己、獨立思考,探索人生方向。

有學員分享,練習托水缽時,感受到身心的放鬆與禪悅;也有學員表示,參學之旅體驗到佛法的安定與自在,也對安身立命的方向,不再迷惘。

大事記

1月 JANUARY

01.01

◆ 《人生》雜誌第 389 期出刊，本期專題「共讀《阿含經》」。

◆ 《法鼓》雜誌第 313 期出刊。

◆ 法鼓文化出版新書：《心・光明遠大 —— 念念清淨，遍照光明；步步踏實，前程遠大。》（人間淨土系列，聖嚴法師著，法鼓文化編輯部選編）；《禪與悟》（禪修指引系列，聖嚴法師著）；《聖嚴研究（第七輯）》（聖嚴思想論叢系列，聖嚴教育基金會學術研究部主編）。

◆ 《金山有情》季刊第 55 期出刊。

◆ 《法鼓文理學院校刊》第 6 期出刊。

◆ 《護法季刊》復刊第 5 期出刊。

◆ 1 至 2 日，臺北安和分院舉辦《法華經》共修，每日持誦一部《法華經》，由監院果旭法師帶領，共有五百多人次參加。

◆ 1 至 3 日，三峽天南寺舉辦精進禪二，由監院常哲法師帶領，共有一百一十多人參加。

◆ 桃園齋明寺舉辦佛一暨八關戒齋，由監院果舟法師帶領，共有三百多人參加。

◆ 迎接元旦新年，臺中寶雲寺邀請大眾到寺院做早課，共有五百多位信眾以持誦〈楞嚴咒〉迎接自心第一道曙光。

◆ 1 至 7 日，臺南分院舉辦觀音法會，由監院常嘉法師帶領，共有兩千多人次參加。

◆ 法鼓山網路電視台每月「主題影片」單元，1 月播出「十二因緣觀（二）—— 三世輪迴的因果關係」，精選聖嚴師父相關的開示影片，引領大眾重溫師父的智慧開示。

◆ 慈基會延續 2015 年 12 月 12 日起舉辦的 104 年度「法鼓山歲末大關懷」系列活動，至 2016 年 2 月 28 日期間，陸續於全臺各地分院、護法會辦事處展開，合計十七個關懷據點，共關懷逾兩千七百戶家庭。

◆ 馬來西亞道場舉辦新年大悲懺法會，監院常藻法師勉勵大眾，以懺悔將心地掃除乾淨，運用佛法減少煩惱，共有七十多人參加。

◆ 馬來西亞道場舉辦「生升不息法青祈福會」，由演祥法師帶領，並由參與 2015 年臺灣之行、全球信眾大會的法青，分享參訪見聞，共有五十二位青年學員參加。

◆ 北美護法會安省多倫多分會舉辦新年念佛共修，大眾互相關懷，為新年許下念念清淨、遍照光明的心願，共有四十多人參加。

01.02

◆ 2 至 9 日，禪堂舉辦默照禪七，由常乘法師帶領，有近一百二十人參加。

01.03

◆ 3 至 31 日，臺北安和分院每週日舉辦「熟年真好」系列講座，邀請實踐大學社會工作

學系副教授楊蓓分享步入熟年的心境與體悟，有近七百人參加。

◆ 桃園齋明寺舉辦禪一，由監院果舟法師帶領，共有一百一十多人參加。

◆ 1月3日至12月25日，人基會與教育廣播電台合作製播《幸福密碼》節目，邀請各界知名人士及專家學者，分享生命故事及人生經歷，每季由《點燈》節目製作人張光斗、詩人許悔之、文字工作者胡麗桂與聲樂家張杏月擔任主持人，節目每週日下午於該台各地頻道播出。

◆ 香港道場於九龍會址舉辦禪一，共有七十二人參加。

◆ 北美護法會新澤西州分會舉辦半日禪，由悅眾帶領，共有十多人參加。

◆ 北美護法會伊利諾州芝加哥分會舉辦半日禪，由悅眾帶領，有近二十人參加。

01.04

◆ 因應行動裝置的普及，法鼓山研發「福慧鈔經App」，內容有經文、經名、佛號等，供使用者對應各自需求，鈔寫完成後，可透過E-mail傳給迴向、祝福的對象，簡單、專屬行動網路設計的介面，便利大眾隨時隨地皆可鈔經。

01.05

◆ 方丈和尚果東法師於北投雲來寺大殿，對僧團法師、全體專職精神講話，主題是「心靈環保的『超人』精神」，全臺各分院道場同步視訊連線聆聽開示，有近三百人參加。

◆ 1月5日至4月26日，高雄三民精舍每週二舉辦「《金剛經》共修」，由常啟法師帶領，學習應無所住而生其心的智慧，有近八十人參加。

◆ 柬埔寨宗教部部長辦公室總執行長坎蒂斯（Min Chandyneth）、國際宗教事務部副總執行長安那（Say Amnann）一行，在柬埔寨大般若寺住持道院法師陪同下，參訪法鼓山園區，並與僧團副住持果祥法師就南、北傳佛教的歷史、文化及現狀進行交流。

01.06

◆ 6至20日，信眾教育院每週三晚上於北投農禪寺舉辦「法鼓講堂」佛學課程，由果暉法師主講「次第禪觀——以安般法門為主」；課程同時於「法鼓山心靈環保學習網」線上直播，提供全球學員上網聽講，並參與課程討論。

◆ 法行會於臺北國賓飯店舉辦第一七五次例會，由果興法師主講「二入四行」，共有一百八十多人參加。

01.08

◆ 1月8日至6月24日，高雄紫雲寺每週五舉辦「《金剛經》共修」，由監院常參法師帶領，學習應無所住而生其心的智慧生活，有近一百五十人參加。

◆ 8至10日，傳燈院於法鼓山園區舉辦精進禪二，由監院常願法師等帶領，共有六十多人參加。

◆ 因應智慧行動裝置普及，弘化發展專案小組於法鼓山園區舉辦App製作說明會，國內

外近二十處分院道場,同步透過視訊連線,加入自製專屬 App 的學習行列,為大眾傳遞最即時的學佛訊息。

◆ 法鼓文理學院於臺北安和分院舉辦講座,邀請聖嚴師父法子繼程法師,以「《六祖壇經》的生活智慧」為題,分享禪宗直指人心的禪法,有近一千人參加。

01.09

◆ 1 月 9 日至 5 月 28 日,傳燈院週六於愛群大廈舉辦「遇見心自己」課程,共八堂,由監院常願法師帶領認識情緒,以禪修調柔自心,共有三十多人參加。

◆ 9 至 16 日,僧大於法鼓山園區禪堂舉辦期末禪七,邀請聖嚴師父法子繼程法師帶領,共有九十一位僧眾參加。

◆ 加拿大溫哥華道場舉辦佛一,由監院常悟法師帶領,有近五十人參加。

◆ 9 至 10 日,馬來西亞道場舉辦心靈環保工作坊,主題是「從心出發」,由法鼓文理學院助理教授辜琮瑜主持,透過分組討論、遊戲設計等課程,帶領八十三位學員了解心靈環保的理念,更懂得以佛法照顧身心。

01.10

◆ 臺北中山精舍舉辦 Fun 鬆一日禪,由常法法師帶領,有近六十人參加。

◆ 1 月 10 日至 12 月 11 日,桃園齋明別苑舉辦「心光講堂」系列講座,全年共十一場,10 日進行首場,邀請華人心理治療研究發展基金會執行長王浩威,以「我的青春施工中」為題,分享青少年的特質,以及親子溝通的建議,共有一百三十人參加。

◆ 臺東信行寺舉辦專題講座,由資深悅眾陳武雄主講「『釋放』心的生產力」,共有四十多人參加。

◆ 1 月 10 日至 5 月 29 日,傳燈院週日於德貴學苑舉辦「遇見心自己」課程,共八堂,由常禮法師帶領認識情緒,以禪修調柔自心,有近三十人參加。

◆ 法鼓山社大新莊校區和護法總會新莊辦事處聯合舉辦「感恩有『里』──茶香團圓迎新春,光明遠大賀新年」敦親睦鄰活動,內容包括茶禪、社大學員作品展,僧團副住持果祥法師、社大校長曾濟群到場關懷,感恩社區居民的護持和關懷,共有兩百六十多人參加。

◆ 法鼓山於園區舉辦「第二十一屆佛化聯合婚禮」,邀請伯仲基金會董事長吳伯雄擔任證婚人,並由方丈和尚果東法師授三皈五戒,四十五對新人誓願以佛法面對順、逆境,使家庭成為禮儀環保的實踐場域,為社會注入祥和氣氛。

◆ 1 月 10 日至 12 月 18 日,美國紐約東初禪寺舉辦週日講座,由監院常華法師主講「地藏法門的信解行」,有近五十人參加。

◆ 美國紐約東初禪寺舉辦英文禪一,邀請聖嚴師父西方弟子李祺‧阿謝爾(Rikki Asher)帶領,共有十多人參加。

◆ 1 月 10 日至 12 月 18 日,美國加州洛杉磯道場週日舉辦講經活動,由監院果見法師主講《華嚴經》,介紹並講說《華嚴經》要義,有近五十人參加。

01.11

◆ 為啟發學生探索各知識領域與心靈環保的連結,由法鼓文理學院校長惠敏法師、環境與發展碩士學位學程助理教授黃信勳等共同企畫、專為新生開設的「心靈環保講座」必修課程,11 日進行學期最後一堂課,由學生提出「校園心靈環保教育行動方案」研討成果。

01.13

◆ 藏傳佛教直貢噶舉、第三十七任澈贊法王參訪北投農禪寺,由方丈和尚果東法師代表接待,進行交流。法王曾於 1991 年造訪中華佛學研究所、農禪寺,對照今昔變化,印象深刻。

01.14

◆ 法國方開寺住持淨信禪師(Rev. Joshin L. Bachoux)參訪法鼓山園區,由僧團常慧法師、常寂法師代表接待,進行交流。

01.15

◆ 1 月 15 日至 6 月 17 日,高雄紫雲寺每週五舉辦「《普門品》經典講座」,共十五堂,邀請成功大學經濟學系副教授許永河主講,有近一百六十人參加。

◆ 法鼓文理學院校長惠敏法師應日本岐阜聖德學園大學之邀,以「安寧療護臨床宗教師之養成」為題,分享臺灣臨床宗教師養成,以及佛法於安寧療護、緩和醫療的應用。

01.16

◆ 傳燈院於北投雲來寺舉辦禪一,由監院常願法師帶領,共有七十多人參加。

◆ 1 月 16 日至 2 月 14 日,僧團果徹法師美西弘法關懷,內容包括佛學講座、帶領禪修等。16 日於北美護法會華盛頓州西雅圖分會舉辦禪修講座,主題是「止觀法門」,共有五十多人參加。

01.17

◆ 護法總會及各地分院聯合舉辦「邁向 2016 光明遠大 —— 歲末感恩分享會」,於法鼓山園區、北投農禪寺、三峽天南寺、桃園齋明寺、臺中寶雲寺、臺南分院、雲集寺、高雄紫雲寺、臺東信行寺、馬來西亞道場,以及護法會花蓮辦事處,共十一個地點同步展開,方丈和尚果東法師於主現場紫雲寺關懷大眾,透過視訊與七千多位信眾互勉學觀音、做觀音,菩薩道上共願同行。

◆ 1 月 17 日至 6 月 26 日,美國紐約東初禪寺舉辦週日講座,由住持果醒法師主講「《楞嚴經》講要」,有近七十人參加。

◆ 美國加州洛杉磯道場舉辦歲末感恩聯誼，監院果見法師出席關懷，感恩義工的護持與奉獻，有近七十人參加。

◆ 馬來西亞道場舉辦歲末感恩分享會，內容包括觀看《2015法鼓山大事記》影片、藝文表演等，監院常藻法師出席關懷，感恩義工的護持與奉獻，共有兩百多人參加。

◆ 北美護法會加州舊金山分會舉辦禪一，共有二十多人參加。

◆ 僧團果徹法師美西弘法關懷，17日於北美護法會華盛頓州西雅圖分會帶領止觀禪一，共有三十多人參加。

01.18

◆ 18至26日，禪堂於三義DIY心靈環保教育中心舉辦初階禪七，由常正法師帶領，有近一百人參加。

01.19

◆ 僧團果徹法師美西弘法關懷，19至24日於北美護法會華盛頓州西雅圖分會舉辦佛學講座，主題是「觀音妙智」，講說觀世音菩薩耳根圓通法門，有近六十人參加。

01.20

◆ 印度那爛陀中華佛寺住持Prajnalankara與臺灣法爾禪修中心一行六人，參訪法鼓山園區，由常學法師、常寂法師代表接待，進行交流。

01.21

◆ 慈基會持續關懷2013年中國大陸四川雅安強震後的校園重建，援建損毀的多功小學完成重建，21日於該校舉辦竣工典禮，方丈和尚果東法師、副住持果品法師、慈基會祕書長果器法師、四川省臺辦主任周敏謙等出席關懷，期盼嶄新的硬體設施，讓師生能夠安心教學、安心成長。

◆ 21至28日，教聯會於三峽天南寺舉辦教師禪七，由常興法師擔任總護，共有一百一十人參加。

◆ 北美護法會安省多倫多分會舉辦專題講座，由美國紐約東初禪寺監院常華法師主講「心靈環保與心五四」，共有三十多人參加。

01.22

◆ 慈基會持續關懷2008年中國大陸四川汶川強震後的校園重建，援建安縣秀水鎮民興中學校園設施，22日於該校舉辦圖書館落成暨乒乓球館動土典禮，方丈和尚果東法師、副住持果品法師、慈基會祕書長果器法師出席祝福，與師生歡喜迎接圖書館啟用。

◆ 22至24日，法鼓文理學院校長惠敏法師、助理教授鄧偉仁、圖資館館長洪振洲，應香港教育學院之邀，出席「『漢譯佛經梵漢對比分析語料庫』的使用及修訂學術工作

坊」，就語料庫的運用、發展，與兩岸三地學者進行經驗交流與討論。

01.23

◆ 國際禪坐會（International Meditation Group, IMG）於臺北愛群大廈舉辦英文禪一，由常耀法師帶領，共有十多人參加。

◆ 為鼓勵學員從社會參與中成長自己，法鼓山社大舉辦「點數兌換課程」活動，學員可至各校區辦理「學習悠遊卡」，透過義工服務、參加公益活動儲值點數，自「一〇五秋季班」起，儲值一點可免費報名一門課程。

◆ 1月23日至2月2日，僧大於法鼓山園區舉辦「第十三屆生命自覺營」，於短期出家生活中，透過梵唄、戒律、禪修、出坡等修行體驗，覺醒生命的價值、省思人生的方向，共有一百八十一位青年學員參加。

◆ 美國紐約象岡道場舉辦禪一，由監院常襄法師帶領，有近二十人參加。

◆ 北美護法會加州舊金山分會舉辦歲末感恩分享會，感恩義工的護持與奉獻，共有七十多人參加。

01.24

◆ 臺南分院舉辦禪一，由監院常嘉法師帶領，共有五十多人參加。

◆ 高雄紫雲寺舉辦念佛禪一，由監院常參法師帶領，共有一百七十八人參加。

◆ 加拿大溫哥華道場舉辦禪一，由監院常悟法師帶領，共有二十多人參加。

◆ 新加坡護法會舉辦佛一，有近三十人參加。

01.27

◆ 1月27日至12月28日，人基會每月最後一週週三於德貴學苑舉辦「2016光明遠大心靈講座」，27日進行首場，邀請陽光基金會臉部平權代言人陳美麗主講「蛻變的人生」，分享燒燙傷者復健的心路歷程，有近一百人參加。

01.28

◆ 28至30日，臺南分院舉辦「冬季兒童心靈環保體驗營」，由教聯會師資帶領，藉由融入禮儀、生活、自然、心靈等四種環保的課程，帶領學童快樂成長，共有三十多位國小學童參加。

◆ 28至30日，臺南雲集寺首度舉辦「冬季兒童心靈環保體驗營」，由教聯會師資帶領，藉由融入禮儀、生活、自然、心靈等四種環保的課程，帶領學童快樂成長，共有三十多位國小學童參加。

01.29

◆ 29至31日，傳燈院於高雄紫雲寺舉辦初級禪訓班輔導學長培訓課程，由監院常願法

師帶領,共有二十位學員參加。

◆ 僧團果徹法師美西弘法關懷,29至31日於北美護法會加州舊金山分會舉辦佛學講座,主題是「觀音妙智」,講說觀世音菩薩耳根圓通法門,有近五十人參加。

01.30

◆ 高雄紫雲寺舉辦經典講座,由果謙法師主講「認識生命的真相」,講授唯識學的生命真相,有近一百五十人參加。

◆ 1月30日至2月5日,青年院於三峽天南寺舉辦「冬季青年卓越禪修營」,以「解禪心樂園」為主題,由常義法師帶領,共有一百多位青年學員參加。

◆ 美國加州洛杉磯道場舉辦禪一,由常俱法師帶領,共有四十多人參加。

◆ 香港道場於九龍會址舉辦「醫心 —— 禪法療癒」專題講座,由禪修中心副都監果元法師主講「病得自在」,有近三百四十人參加。

01.31

◆ 1月31日至2月2日,臺北中山精舍舉辦「冬季兒童心靈環保體驗營」,由教聯會師資帶領,主題是「聆‧聽」,透過各種互動課程,一百二十二名親子共同學習家庭倫理的精神。

◆ 法鼓山社大於新北市金山區金美國小舉辦「金山幼童軍歲末感恩團集會」,包括校長曾濟群、幼童軍成員與服務員、家長,有近六十人與會,相互表達祝福與感恩。

◆ 為凝聚新任悅眾與團隊的共識及向心力,護法會文山辦事處舉辦悅眾成長營,內容包括溝通技巧、勸募心法、小組分享等,常應法師出席關懷,並帶領大眾於佛前供燈發願,共有六十二人參加。

◆ 加拿大溫哥華道場舉辦禪修同學會,由悅眾帶領,分享禪修體驗,監院常悟法師到場關懷,有近七十人參加。

◆ 香港道場於中文大學舉辦禪一,共有七十二人參加。

2月 FEBRUARY

02.01

◆ 《人生》雜誌第390期出刊,本期專題「看住心猴」。

◆ 《法鼓》雜誌第314期出刊。

◆ 法鼓文化出版新書:《聖嚴法師年譜》(林其賢編著);《參訪寺院50問》(學佛入門Q&A系列,法鼓文化編輯部編著);《法華經成立的解釋 —— 從漢傳解讀法華經》(法華経成立の新解釈 仏伝として法華経を読み解く)(法鼓文理學院譯叢系列,平岡聰著,釋惠敏譯);《法鼓山之美4—— 步道之美‧義工之美》(影音系列,法鼓文化製作)。

◆ 法鼓山網路電視台每月「主題影片」單元，2月播出「光明遠大（二）── 念念清淨，遍照光明；步步踏實，前程遠大」，精選聖嚴師父相關的開示影片，引領大眾重溫師父的智慧開示。

02.06

◆ 臺灣南部於凌晨發生芮氏規模6.6強震，臺南維冠大樓因而倒塌，造成一百一十七人罹難，五百五十餘人受傷，法鼓山第一時間啟動緊急救援機制，慈基會、臺南地區的法師及義工前往現場關懷，並設置三個服務據點協助救災；位於受災地區的臺南分院，除舉辦祈福平安法會，並暫停新春活動，全力投入關懷、援助行列。

◆ 緬懷聖嚴師父師恩與教誨，美國紐約東初禪寺舉辦「法鼓傳燈日」活動，由住持果醒法師帶領禪一，並開示默照、話頭禪法，共有四十多人參加。

◆ 美國加州洛杉磯道場舉辦新春藥師法會，由監院果見法師帶領，共有五十多人參加。

◆ 北美護法會新澤西州分會舉辦「法鼓傳燈日」活動，由美國紐約象岡道場監院常襄法師帶領禪一，共有四十多人參加。

◆ 北美護法會加州舊金山分會舉辦「法鼓傳燈日」活動，包括半日禪、大悲懺法會、傳燈發願，由果徹法師帶領，共有三十多人參加。

◆ 北美護法會華盛頓州西雅圖分會舉辦「法鼓傳燈日」活動，進行半日禪，資深悅眾也分享師父行誼。

02.07

◆ 法鼓山園區舉辦「除夕祈福撞鐘」活動，方丈和尚果東法師、首座和尚惠敏法師、總統馬英九、副總統吳敦義、新北市長朱立倫等共同敲響第一百零八響法華鐘聲，方丈和尚與馬英九總統共同揭示2016年法鼓山社會關懷主題「光明遠大」，籲請大眾「學觀音、做觀音」，齊心為世界、為臺灣祈願祝福。

◆ 臺中寶雲寺舉辦除夕彌陀普佛法會，由監院果理法師帶領，勉眾學習佛陀的智慧與慈悲，讓自己的善根成長茁壯，有近一百人參加。

◆ 美國紐約東初禪寺舉辦新春普佛法會，由住持果醒法師主法，法師開示「猴吉不急，猴急不吉」，提醒大眾只要回到修行方法，常保六根清淨，「外現猴急也吉祥」，共有兩百多人參加。

◆ 美國加州洛杉磯道場舉辦新春大悲懺法會，由監院果見法師帶領，共有六十多人參加。

◆ 加拿大溫哥華道場舉辦除夕大悲懺法會，由監院常悟法師帶領，共有一百二十多人參加。

◆ 馬來西亞道場舉辦除夕拜懺法會，有近六十人參加。

◆ 北美護法會新澤西州分會舉辦新春活動，內容包括普佛法會、茶禪等，由常惺法師、常護法師帶領，共有七十多人參加。

◆ 緬懷聖嚴師父師恩與教誨，北美護法會伊利諾州芝加哥分會舉辦「法鼓傳燈日」活動，進行半日禪，共有四十多人參加。

◆ 僧團果徹法師美西弘法關懷，7日於北美護法會加州舊金山分會舉辦新春祈福法會，共有一百九十多人參加。

◆ 北美護法會華盛頓州西雅圖分會舉辦新春大悲懺法會，共有六十多人參加。

02.08

◆ 2月8日至5月31日，法鼓山於園區第二大樓活動大廳舉辦「法華梵鐘遍傳法界 —— 法華鐘落成十週年」特展，引導大眾體驗法鼓山與《法華經》的殊勝因緣。

◆ 8至12日，法鼓山園區舉辦新春系列活動，內容包括祈福法會、聆聽方丈和尚果東法師新春祝福、供燈、鈔經、版畫拓印、初心奉茶等，大年初一首場新春祈福法會，有近千位民眾參與，啟動光明遠大的一年。

◆ 2月8日至5月31日，北投農禪寺於開山農舍館展開「百丈農禪家風，千年傳承創新 —— 從百丈禪師到聖嚴法師」特展，回溯百丈禪師生平，引導參訪者認識百丈禪法、百丈清規的核心精神，以及從農禪寺到法鼓山百丈精神的傳承與實踐。

◆ 8至10日，北投農禪寺舉辦新春系列活動，包括祈福法會、裝置藝術與紙黏土、剪紙、手工藝製作等禪藝體驗，傳遞新年的祝福。

◆ 8至10日，北投文化館舉辦新春千佛懺法會，由監院果諦法師帶領以臺語誦經，共有三百多人次參加。

◆ 臺北安和分院舉辦新春普佛法會，由青年院監院常炬法師主法，有近五百位民眾以禮佛、拜懺及善念、善願迎接新年。

◆ 8至10日，三峽天南寺舉辦新春系列活動，內容包括點燈供花祈福法會、禪修體驗及禪悅小吃等，有近三千人次參加。

◆ 8至10日，桃園齋明寺舉辦新春慈悲三昧水懺法會，每日法會圓滿，大眾齊心恭誦〈祈願文〉，為臺南震災傷亡的民眾祈福祝禱。

◆ 桃園齋明別苑舉辦新春普佛法會，由副寺常雲法師帶領，共有一百六十多人參加。

◆ 臺中寶雲寺舉辦新春普佛法會，由監院果理法師帶領，有近九百人參加。

◆ 南投德華寺舉辦新春普佛法會，由副寺果弘法師帶領，有近八十人參加。

◆ 8至9日，臺南分院舉辦祈福平安法會，由果興法師主法，為臺南地震傷亡者及眷屬祝福迴向，也為救災人員、身困險境的民眾祈禱平安，有近四百人次參加。

◆ 8至10日，高雄紫雲寺舉辦新春千佛懺法會，共有五千六百多人次參加；同時間並舉辦園遊會，包括祈福撞鐘、許好願、親子闖關遊戲等。

◆ 臺東信行寺舉辦新春普佛法會暨園遊會，由監院果增法師帶領，共有八百多人參加。

◆ 2月8日至12月31日，僧大於法鼓山園區第二大樓活動大廳舉辦「回家·出家·入如來家 —— 僧伽大學創校16年」特展，引導大眾領略出家真諦，更以互動式「出家修行二十問」，解答對出家的疑惑。

◆ 8至12日，美國紐約東初禪寺舉辦新春藥師法會，由監院常華法師帶領，共有一百五十多人次參加。

◆ 美國加州洛杉磯道場舉辦新春《金剛經》持誦共修，由監院果見法師帶領，共有七十多人參加。

◆ 8至11日，美國加州洛杉磯道場舉辦「吉祥茶禪與法師有約」，分別由監院果見法師及果幸法師、常俱法師、常宗法師與大眾進行交流，分享學佛心得，共有八十多人次參加。

◆ 加拿大溫哥華道場舉辦新春普佛法會，由監院常悟法師帶領，有近兩百人參加。

◆ 馬來西亞道場舉辦新春普佛法會,共有一百一十多人參加。

◆ 泰國護法會舉辦新春普佛法會,由僧團副住持果祥法師主法,帶領大眾禮敬諸佛,稱佛名號拜願,共有八十多人參加。

02.09

◆ 臺北安和分院舉辦新春《藥師經》共修,共有兩百七十多人參加。

◆ 桃園齋明別苑舉辦新春大悲懺法會,由副寺常雲法師帶領,共有一百六十多人參加。

◆ 臺中寶雲寺舉辦新春大悲懺法會,由監院果理法師帶領,近有六百人參加。

◆ 臺東信行寺舉辦新春觀音法會,由監院果增法師帶領,共有五十多人參加。

◆ 9 至 13 日,禪堂舉辦新春禪五,由常興法師帶領,共有一百五十多人參加。

◆ 美國加州洛杉磯道場舉辦新春念佛共修,由常宗法師帶領,共有四十多人參加。

◆ 加拿大溫哥華道場舉辦新春藥師法會,由監院常悟法師帶領,共有一百一十多人參加。

02.10

◆ 臺北安和分院舉辦新春大悲懺法會,由青年院監院常炬法師主法,有近五百人參加。

◆ 臺中寶雲寺舉辦新春慈悲三昧水懺法會,由監院果理法師帶領,有近一千人參加。

◆ 南投德華寺舉辦新春大悲懺法會,由副寺果弘法師帶領,共有五十多人參加。

◆ 臺東信行寺舉辦新春大悲懺法會,由監院果增法師帶領,有近六十人參加。

◆ 香港道場於九龍會址舉辦新春普佛暨祈福法會,由僧團副住持果品法師帶領,法師開示供燈除了禮敬諸佛,也祈願以燈光點亮自己、照亮他人,讓光明遠大的好願遍照人間,共有六百六十多人參加。

02.11

◆ 桃園自立康復之家老師、學員一行九人,參訪齋明別苑,並由副寺常雲法師帶領體驗出坡禪。

◆ 高雄三民精舍舉辦新春普佛法會,共有一百多人參加。

02.13

◆ 13 至 22 日,臺北安和分院舉辦新春《地藏經》共修,由監院果旭法師帶領,共有一千四百多人次參加。

◆ 13 至 14 日,基隆精舍舉辦新春普佛法會,由副寺果樞法師帶領,有近三百人次參加。

◆ 13 至 14 日,高雄紫雲寺舉辦冬季青年營,內容包括初級禪修課程、法鼓青年樂佛趣、互動遊戲、戲劇演出等,青年院監院常炬法師出席關懷,期許學員把佛法帶回生活中,實踐自利利他的菩薩道,共有九十人參加。

◆ 2 月 13 日至 12 月 17 日,高雄紫雲寺週六舉辦「法鼓青年開講」系列講座,共九場。13 日進行首場,邀請電影導演蔡明亮以「好好看電影」為題,與青年們對談戲裡戲外的光影人生,有近兩百三十人參加。

- ◆ 13 至 20 日，禪堂舉辦青年禪七，由監院常源法師帶領，共有六十多人參加。
- ◆ 緬懷聖嚴師父師恩與教誨，美國加州洛杉磯道場舉辦「法鼓傳燈暨法青成立週年紀念」活動，以採訪義工的方式，拍攝《師父與義工有約》影片，表達對師父的追思，有近六十人參加。
- ◆ 加拿大溫哥華道場舉辦「敦親睦鄰慶新年」活動，由監院常悟法師帶領，邀請信眾帶著西方朋友、鄰居和社區團體一起過年，經由節慶活動認識中華文化，也體驗坐禪、茶禪、吃飯禪與園藝禪等生活禪法，共有四百多人參加。
- ◆ 13 至 14 日，香港道場於九龍會址舉辦禪二，有近一百人參加。
- ◆ 僧團果徹法師美西弘法關懷，13 日於北美護法會加州舊金山分會舉辦禪修講座，主題是「止觀法門」，有近一百人參加。
- ◆ 緬懷聖嚴師父師恩與教誨，北美護法會安省多倫多分會舉辦「法鼓傳燈日」暨新春活動，內容包括觀看《2015 年法鼓山大事記》影片、悅眾分享學佛歷程與親近法鼓山的因緣，以及《金剛經》讀書會等，有近六十人參加。

02.14

- ◆ 臺東信行寺舉辦專題講座，由中華佛研所所長果鏡法師主講「茶禪」，並帶領新春茶會，共有六十多人參加。
- ◆ 因強震倒塌的臺南維冠大樓搜救任務圓滿，法鼓山於臺南永大路舉辦「0206 震災祈福平安法會」，由方丈和尚果東法師主法，並與臺南市副市長曾旭正、各界救難代表，至災區灑淨，包括救難消防隊員、國軍官兵、社區居民等千餘人，一起誦念《心經》、觀音菩薩聖號，祈願甘露法水安定震災傷痛，展開重建家園的新生活。
- ◆ 法行會於北投農禪寺舉辦第一七六次例會，進行新春祈福法會，方丈和尚果東法師到場關懷，共有兩百二十多人參加。
- ◆ 美國加州洛杉磯道場舉辦新春樂齡關懷聯誼，由監院果見法師帶領，共有六十多位長者參加。
- ◆ 緬懷聖嚴師父師恩與教誨，馬來西亞道場舉辦「法鼓傳燈日」活動，由監院常藻法師主持傳燈儀式，並由悅眾分享親近法鼓山的心路歷程，共有八十多人參加。
- ◆ 北美護法會新澤西州分會舉辦半日禪，由悅眾帶領，共有十多人參加。
- ◆ 僧團果徹法師美西弘法關懷，14 日於北美護法會加州舊金山分會帶領止觀禪一，有近三十人參加。
- ◆ 新加坡護法會舉辦「法鼓傳燈日」活動，包括新春祈福暨緬懷師恩法會及皈依典禮，由僧團副住持果祥法師主法，共有一百二十多人參加。

02.15

- ◆ 法青會於德貴學苑舉辦「梵音心光祈福晚會」，由常導法師帶領，透過藥師咒、藥師偈、拜願、點燈等，為臺南地震中的傷亡者及家屬祈福。

02.18

- ◆ 南投德華寺舉辦元宵燃燈供佛法會，由副寺果弘法師帶領，有近四十人參加。

02.19

◆ 臺東信行寺舉辦元宵燃燈供佛法會,由監院果增法師帶領,共有三十多人參加。

◆ 緬懷聖嚴師父師恩與教誨,香港道場於九龍會址舉辦傳燈法會,由全球寺院管理副都監常寬法師帶領,有近三百人參加。

◆ 北美護法會加州舊金山分會舉辦禪修講座,邀請聖嚴師父西方法子吉伯・古帝亞茲(Gilbert Gutierrez)主講「禪的源流」,有近四十人參加。

◆ 梵蒂岡教廷宗座宗教交談委員會副祕書長英都尼(Indunil Janakaratne Kodithuwakku Kankanamalage)神父、顧問戴比利(Most Rev. Thomas Dabre)主教與教廷駐華大使館、天主教臺灣主教團主席洪山川一行八人,參訪法鼓山園區,由僧團副住持果元法師代表接待,進行交流。

02.20

◆ 聖嚴師父圓寂七週年,法鼓山園區、北投文化館、農禪寺、臺北安和分院、三峽天南寺、桃園齋明寺、齋明別苑、臺中寶雲寺、南投德華寺、臺南分院、雲集寺、高雄紫雲寺、臺東信行寺,以及基隆精舍,同步舉辦「大悲心起 願願相續 —— 法鼓傳燈法會」,方丈和尚於主現場農禪寺,透過視訊連線對大眾開示,並主持傳燈儀式,共有五千多位信眾共同緬懷聖嚴師父教澤及開啟慧命的法乳深恩。

◆ 文化中心於臺北安和分院舉辦「《聖嚴法師年譜》新書暨數位典藏發表會」,由中華佛研所所長果鏡法師、法鼓文理學院教授杜正民、編著者林其賢分享聖嚴師父實踐佛法的生命歷程;會中同時發表「聖嚴法師文物史料數位典藏與理念推廣研究」專案的最新進度與成果,包括方丈和尚果東法師、護法總會總會長張昌邦、屏東大學校長古源光、中央研究院歐美研究所研究員單德興、前國史館纂修侯坤宏等,共有三百多人參加。

◆ 美國紐約象岡道場舉辦禪一,由監院常襄法師帶領,有近二十人參加。

◆ 緬懷聖嚴師父師恩與教誨,加拿大溫哥華道場舉辦「法鼓傳燈日」活動,由監院常悟法師主持傳燈儀式,共有五十多人參加。

◆ 香港道場於九龍會址舉辦「醫心 —— 禪法療癒」系列講座,邀請家庭治療專家、香港大學家庭研究院創辦總監李維榕主講「從安心到安家」,共有一百三十多人參加。

◆ 北美護法會加州舊金山分會舉辦禪一,邀請聖嚴師父西方法子吉伯・古帝亞茲帶領,有近四十人參加。

◆ 20 至 21 日,北美護法會安省多倫多分會舉辦基礎佛學與修行法門專題研習,由美國紐約東初禪寺常諦法師帶領,包括《法華經》講座、《法華三昧懺》研習,分別有五十多人參加。

02.21

◆ 北投農禪寺舉辦「農禪水月元宵夜」活動,內容包括燃燈供佛法會、藝文活動等,由監院果毅法師帶領,有近九百人參加。

◆ 臺北中山精舍舉辦 Fun 鬆一日禪,由悅眾帶領,有近四十人參加。

◆ 桃園齋明別苑「心光講堂」系列講座，21 日邀請慈濟醫院一般醫學科主治醫師許瑞云主講「身體的答案心知道」，分享健康正知見，共有兩百五十人參加。

◆ 臺東信行寺舉辦禪一，由常全法師帶領，共有二十多人參加。

◆ 文化中心於屏東孫立人將軍行館舉辦「《聖嚴法師年譜》分享會」，由法鼓文化總監果賢法師、年譜編著者林其賢等分享聖嚴師父實踐佛法的生命歷程，共有一百多人參加。

◆ 法鼓文理學院於三峽天南寺舉辦禪七，由禪文化研修中心主任果鏡法師帶領，共有八十七人參加。

◆ 21 至 27 日，僧大於法鼓山園區禪堂舉辦期初禪七，由常順法師帶領，共有七十位僧眾參加。

◆ 馬來西亞道場應當地沙亞南佛教會之邀，指導該會禪修課程，由監院常藻法師、演祥法師及義工帶領，學習法鼓八式動禪心法，有近四百位兒童及青少年參加。

◆ 馬來西亞道場舉辦元宵燃燈供佛法會，共有七十多人參加。

◆ 北美護法會新澤西州分會舉辦半日禪，由悅眾帶領，共有十多人參加。

◆ 緬懷聖嚴師父恩與教誨，澳洲墨爾本分會舉辦「法鼓傳燈日」活動，進行傳燈發願，共有三十多人參加。

02.22

◆ 桃園齋明寺舉辦元宵燃燈供佛法會，由監院果舟法師主法，法師與大眾分享阿那律尊者見感受佛燈光明的力量，放棄偷盜念頭，勉勵大眾清淨自心，體現光明遠大的精神與力量，有近一百三十人參加。

◆ 臺中寶雲寺舉辦元宵燃燈供佛法會，由監院果理法師帶領，有近兩百人參加。

◆ 法鼓山持續關懷南臺震災，僧團常法法師帶領十四位義工為臺南市關廟區社區的獨居長者，清理家園。

02.23

◆ 基隆精舍舉辦元宵燃燈供佛法會，由副寺果樞法師帶領，有近一百人參加。

◆ 行政中心人力資源處於北投雲來寺舉辦專題講座，由悅眾張允雄主講「在團隊中贏得快樂和友誼」，有近六十人參加。

02.24

◆ 人基會「2016 光明遠大心靈講座」，24 日邀請「天空的院子」民宿負責人何培鈞主講「有種生活風格叫小鎮」，分享經營民宿的心路歷程，有近七十人參加。

◆ 美國紐約東初禪寺舉辦「《聖嚴法師年譜》分享會」，跟隨聖嚴師父學佛二十多年的資深信眾，包括美國護法會前總幹事龔天傑同修吳淑芳、首任念佛會長陳麗貞與法鼓文化總監果賢法師循著年譜記事，回顧和師父在東初禪寺相遇的生命足跡，有近四十人參加。

◆ 法國在臺協會主任紀博偉（Benoît Guidée）伉儷率同協會人員參訪法鼓山園區，由方丈和尚果東法師、法鼓文理學院人文社會學群長陳伯璋等，代表接待，進行交流。

02.26

◆ 26 至 28 日，北投農禪寺舉辦精進禪二，由常生法師帶領，有近一百七十人參加。

◆ 26 至 29 日，臺東信行寺舉辦初級禪悅四日營，由常全法師帶領，有近五十人參加。

◆ 2 月 26 日至 4 月 22 日，人基會心劇團每週五於德貴學苑開辦「歸零無限 —— 禪與藝
對話工作坊」，邀請莫比斯圓環創作公社藝術聯合總監張藝生授課，內容包括劇場遊
戲、肢體開發和內在專注力訓練、即興創作等，帶領青年學員回歸自心、認識自己，
從觀照中發掘自己的潛能；並於 4 月 29 日舉辦成果展。

02.27

◆ 臺中寶雲寺舉辦禪一，由監院果理法師帶領，共有一百八十多人參加。

◆ 2 月 27 日至 3 月 4 日，禪堂舉辦話頭禪七，由監院常源法師帶領，有近六十人參加。

◆ 傳燈院於北投雲來寺舉辦 Fun 鬆一日禪，由常乘法師帶領，共有六十多人參加。

◆ 國際禪坐會於臺北愛群大廈舉辦英文禪一，由常耀法師帶領，共有十多人參加。

◆ 臺南市政府於市立體育場舉辦的「0206 臺南震災罹難者聯合奠祭暨追思會」，慈基會
祕書長果器法師帶領臺南地區義工出席，表達祈福與祝福。

◆ 榮譽董事會於法鼓山園區舉辦新春聯誼會，方丈和尚果東法師到場關懷，勉勵大眾從
念念清淨中，讓自己、家庭及社會都能遍照光明，也在做人及修行步步踏實中，開展
遠大的前程，近一千一百人參加。

◆ 法青會於德貴學苑舉辦禪一，由常義法師帶領，有近八十人參加。

◆ 27 至 28 日，北美護法會於美國紐約象岡道場首度舉辦「北美悅眾成長營」，由東初
禪寺暨象岡道場住持果醒法師、文化中心副都監果賢法師，北美護法會輔導法師常華
法師帶領，共有四十多位悅眾參加。

◆ 美國紐約東初禪寺舉辦英文禪一，邀請聖嚴師父西方弟子哈利‧米勒（Harry Miller）
帶領，共有十多人參加。

◆ 27 至 28 日，馬來西亞道場於松岩休閒農莊舉辦「兒童生命教育義工共識營」，由演
祥法師帶領，以「以心傳心、以法印心」為主題，凝聚共識，以心六倫為核心，推動
心靈環保的生命教育，有近二十人參加。

◆ 北美護法會華盛頓州西雅圖分會舉辦半日禪，由悅眾帶領，有近二十人參加。

02.28

◆ 美國紐約東初禪寺舉辦週日講座，邀請聖嚴師父西方弟子李世娟（Rebecca Li）主講
「四弘誓願在生活中的實踐」，共有五十多人參加。

◆ 加拿大溫哥華道場舉辦禪一，由監院常悟法師帶領，有近三十人參加。

◆ 馬來西亞道場舉辦接待禮儀入門培訓課程，由悅眾帶領，常施法師到場關懷，勉勵學
員發揮萬行菩薩精神，一個笑容、一句好話，都是廣結善緣的大布施，共有五十多人
參加。

◆ 香港道場於鶴藪水塘舉辦戶外禪，由演戒法師帶領，有近三十人參加。

◆ 新加坡護法會舉辦禪一，有近三十人參加。

◆ 緬懷聖嚴師父師恩與教誨，澳洲雪梨分會舉辦「法鼓傳燈日」活動，由護法總會副都監常續法師主法，並以「學做觀音，入慈悲門」為題開示，有近五十人參加。

02.29

◆ 馬來西亞道場監院常藻法師應拉曼大學之邀，與馬來西亞佛教青年總會總會長吳青松、前副總會長黃俊達，於該校對談「正信與非正信佛教」，有近五十人參加。

3月 MARCH

03.01

◆《人生》雜誌第391期出刊，本期專題「實踐佛法的生命歷程──《聖嚴法師年譜》」。
◆《法鼓》雜誌第315期出刊。
◆ 法鼓文化出版新書：《學佛群疑（大字版）》（家中寶系列，聖嚴法師著）；《一行禪師說佛陀故事（I、II、III）》（大智慧系列，一行禪師著、何蕙儀譯）；《興盛開展的佛教──中國II隋唐》（ *The Efflorescence and Evolution of Chinese Buddhism: China II, Sui and Tang Dynasties* ）（新亞洲佛教史系列，沖本克己編，釋果鏡譯）。
◆ 法鼓山網路電視台每月「主題影片」單元，3月播出「正信的佛教（一）──導正觀念，探究佛法真義」，精選聖嚴師父相關的開示影片，引領大眾重溫師父的智慧開示。
◆ 3月1日至4月26日，關懷院每週二於臺北中山精舍舉辦大事關懷暨法器培訓課程，內容包括臨終關懷、往生助念、慰問關懷、佛化奠祭的要領，以及助念法器梵唄教學，分別由監院常綽法師、助念團副團長黃欣逸帶領，有近九十人參加。

03.02

◆ 外交部舉辦「NGO新春聯誼茶會」，慈基會因常年協助政府，投入人道關懷、環境保護等國際合作事務，獲頒「國民外交表揚狀」，由副會長柯瑤碧代表接受。

03.03

◆ 3至6日，法鼓山於園區舉辦「第二十一屆在家菩薩戒」第一梯次，由方丈和尚果東法師、首座和尚惠敏法師、副住持果暉法師擔任菩薩法師，共有五百七十八人受戒。
◆ 法鼓文理學院舉辦專題講座，邀請日本學術振興會海外特別研究員柳幹康主講「永明延壽《宗鏡錄》與中國佛教」，共有六十多人參加。
◆ 法行會於臺北國賓飯店舉辦第一七七次例會，由常慧法師主講「無相頌」，有近兩百一十人參加。
◆ 北美護法會加州舊金山分會舉辦讀書會帶領人基礎培訓課程，由護法會輔導法師常華法師帶領，解說有效閱讀四層次，共有二十多人參加。

03.04

◆ 4 至 6 日，傳燈院於三義 DIY 心靈環保教育中心舉辦精進禪二，由常乘法師帶領，有近四十人參加。

◆ 4 至 6 日，護法總會於三峽天南寺舉辦悅眾禪二，由天南寺監院常哲法師帶領，有近一百二十位北四轄區悅眾參加。

◆ 4 至 6 日，美國紐約象岡道場舉辦三日禪修營，邀請聖嚴師父西方弟子李世娟帶領，有近二十人參加。

03.05

◆ 齋明別苑舉辦「青年愛情工作坊」，邀請佳家人際智能開發心理治療所所長洪仲清帶領，分享、討論愛情的各種迷惘與現象，有近三十人參加。

◆ 5 至 12 日，禪堂於臺東信行寺舉辦初階禪七，由演捨法師帶領，有近八十人參加。

◆ 為開拓學僧閱讀層面與生命視野，僧大《法鼓文苑》編輯小組舉辦座談會，邀請端傳媒評論總監曾柏文，與法鼓文理學院校長惠敏法師、僧大教務長常啟法師，以「國際‧關懷‧教育」為題，展開對佛法與國際觀的探索交流。

◆ 5 至 26 日，聖基會每週六舉辦「聖嚴法師經典講座」，由法鼓文理學院教授杜正民講授「聖嚴法師的如來藏教法與實踐」，引導學員領略聖嚴師父如來藏教法，有近六十人參加。

◆ 馬來西亞道場及思特雅大學（University College Sedaya International, UCSI）佛學會合辦、馬佛青總會協辦「禪思與禪行」講座，於思特雅大學禮堂舉行，邀請聖嚴師父法子繼程法師分享禪法在修心、修行上的應用，有近四百五十人參加。

◆ 香港道場於九龍會址舉辦「醫心 —— 禪法療癒」系列講座，邀請香港大學客座教授阮陳淑怡主講「佛法與調解醫心」，共有一百四十多人參加。

◆ 北美護法會加州舊金山分會舉辦「《聖嚴法師年譜》分享會」，由文化中心副都監果賢法師介紹聖嚴師父的生命歷程，有近五十位信眾參加。

03.06

◆ 南投德華寺舉辦佛一暨八關戒齋，由副寺果弘法師帶領，有近五十人參加。

◆ 臺南雲集寺首度舉辦 Fun 鬆一日禪，由監院常嘉法師帶領，共有五十多人參加。

◆ 法鼓文理學院舉辦專題講座，由生命教育碩士學位學程助理教授鄭曉楓主講「語言，力量 —— 談語言和網路霸凌防治」，有近六十人參加。

◆ 6 至 7 日，北美護法會於美國加州舊金山分會舉辦「北美悅眾成長營」，由東初禪寺暨象岡道場住持果醒法師、文化中心副都監果賢法師，北美護法會輔導法師常華法師帶領，共有四十多位悅眾參加。

◆ 3 月 6 日至 7 月 31 日，美國紐約東初禪寺舉辦週日講座，由常諦法師主講《法華經》，有近七十人參加。

◆ 北美護法會新澤西州分會舉辦半日禪，由悅眾帶領，共有十多人參加。

◆ 北美護法會伊利諾州芝加哥分會舉辦半日禪，由悅眾帶領，有近三十人參加。

03.07

◆ 3月7日至7月11日，臺北安和分院每週一舉辦佛學講座，邀請心理諮商專家鄭石岩主講《大般涅槃經》，有近兩百人參加。

03.08

◆ 3月8日至7月12日，臺北安和分院每週二舉辦佛學講座，由僧團副住持果燦法師主講《法華經》，有近三百人參加。

◆ 3月8日至7月5日，臺北中山精舍每週二舉辦佛學講座，邀請華梵大學中文系副教授胡健財主講《維摩經》，有近四十人參加

03.09

◆ 3月9日至7月13日，臺北安和分院每週三舉辦佛學講座，由法鼓文理學院助理教授辜琮瑜主講《法句經》，有近八十人參加。

◆ 3月9日至7月6日，臺北中山精舍每週三舉辦佛學講座，由普化中心佛學課程講師謝水庸主講《法華經》，有近八十人參加

◆ 9至23日，信眾教育院每週三晚上於北投農禪寺舉辦「法鼓講堂」佛學課程，由果傳法師主講「《地藏經》要義」；課程同時於「法鼓山心靈環保學習網」線上直播，提供全球學員上網聽講，並參與課程討論。

03.10

◆ 10至13日，法鼓山於園區舉辦「第二十一屆在家菩薩戒」第二梯次，由方丈和尚果東法師、首座和尚惠敏法師、副住持果暉法師擔任菩薩法師，共有五百八十人受戒。

03.11

◆ 北投農禪寺舉辦半日念佛禪，由監院果毅法師帶領，有近一百三十位義工參加。

◆ 3月11日至7月8日，臺北中山精舍每週五舉辦佛教藝術講座，邀請鹿野苑藝文學會王育坤、鄭念雪老師主講「亞洲佛教藝術」，有近四十人參加。

◆ 11至13日，三峽天南寺舉辦精進禪二，由果峙法師帶領，有近一百一十人參加。

◆ 11至13日，傳燈院於三義DIY心靈環保教育中心舉辦地區助理監香培訓課程，由監院常願法師帶領，共有五十多人參加。

◆ 3月11日至4月29日、5月6日至6月24日，青年院週五於德貴學苑舉辦「禪門第一課」禪坐課程，共七堂，由常義法師帶領，內容包括法鼓八式動禪、瑜伽、打坐、聖嚴師父著作導讀與討論，每梯次有近三十位青年學員參加。

◆ 11日及18日，行政中心人力資源處於北投雲來寺舉辦專題講座，邀請臺灣鐵路管理局企畫處副處長郭冠宏主講「公文簽呈與實務」，有近五十人參加。

03.12

- 法鼓山於園區舉辦「社會菁英禪修營第八十六次共修會」，由男眾副都監常遠法師帶領，共有一百零一人參加。
- 北投農禪寺舉辦戶外禪，由常琨法師帶領，共有一百三十多人參加。
- 3月12日至6月4日、9月10日至12月24日，中山精舍隔週週六開辦「童話‧心視野」課程，每梯次八堂，由教聯會師資帶領，引領學童學習尊重生命價值，每梯次有五十位國小學童參加。
- 國際禪坐會於臺北愛群大廈舉辦英文禪一，由常耀法師帶領，共有十多人參加。
- 文化中心於臺中寶雲寺舉辦「《聖嚴法師年譜》分享會」，由法鼓文化總監果賢法師、年譜編著者林其賢、中央研究院歐美研究所研究員單德興分享聖嚴師父實踐佛法的生命歷程，共有七百多人參加。
- 榮譽董事會於高雄紫雲寺舉辦南區悅眾聯誼會，榮董會會長黃楚琪到場關懷，共有六十多人參加。
- 12至13日，美國紐約象岡道場舉辦禪二，由監院常襄法師帶領，有近二十人參加。
- 美國加州洛杉磯道場於當地卡本峽谷公園（Carbon Canyon Regional Park）舉辦戶外禪，由常俱法師帶領，有近三十人參加。

03.13

- 桃園齋明別苑「心光講堂」系列講座，13日邀請卡內基大中華區執行長黑立言主講「慢養 —— 給孩子一個好性格」，分享教養的智慧，有近兩百人參加。
- 關懷院於北投農禪寺舉辦北區「2016大事關懷成長營」，由護法總會監院常續法師、關懷院監院常綽法師與常持法師授課，方丈和尚果東法師到場關懷，共有四百多位悅眾參加。
- 僧大於法鼓山園區舉辦「105年度招生說明會」，由副院長果肇法師、常順法師等師長介紹辦學精神及課程規畫，共有二十九位來自臺灣、新加坡、越南等地青年參加。
- 加拿大溫哥華道場舉辦專題講座，由常濟法師主講「綠化心靈 —— 馴服人心的貪欲」，有近四十人參加。
- 馬來西亞道場於當地八打靈精武華小舉辦Fun鬆一日禪，由監院常藻法師等帶領，共有兩百七十多位學員參加。
- 北美護法會新澤西州分會舉辦半日禪，由悅眾帶領，共有十多人參加。

03.15

- 15至29日，美國紐約東初禪寺住持果醒法師於北美護法會華盛頓州西雅圖分會弘法關懷，內容包括佛學講座、禪修等。15日舉辦佛學講座，主題是「默照與四念處」，共有五十多人參加。

03.17

◆ 香港道場於九龍會址舉辦禪修講座，由禪修中心副都監果元法師主講「默照銘」，講解默照禪的觀念和方法，有近一百八十人參加。

◆ 美國紐約東初禪寺住持果醒法師北美護法會華盛頓州西雅圖分會弘法關懷，17日舉辦佛學講座，主題是「緣起與十二因緣」，有近五十人參加。

03.18

◆ 18至20日，美國加州洛杉磯道場舉辦禪三，邀請聖嚴師父西方法子吉伯·古帝亞茲帶領，有近三十人參加。

◆ 香港道場於城市大學舉辦禪修講座，由禪修中心副都監果元法師主講「默照銘」，期勉大眾心如虛空一樣寬大，處事如鳥飛過無痕，就沒有罣礙，有近一百九十人參加。

◆ 美國紐約東初禪寺住持果醒法師北美護法會華盛頓州西雅圖分會弘法關懷，18日帶領藥師法會，有近七十人參加。

03.19

◆ 俄國南部羅斯托夫市機場發生杜拜客機墜毀事故，法鼓山於海內外各分院道場，豎立超薦及消災牌位，祈願罹難者往生善處，也籲請大眾為世界祈福。

◆ 3月19至27日、8月20至28日，百丈院每週六、日進行清洗法鼓山園區祈願觀音池，包括洗石、曬石、刷池壁、擦池底、鋪石等作業，每日有近一百五十位民眾及義工參加。

◆ 北投農禪寺舉辦禪一，由常鐘法師帶領，共有一百九十多人參加。

◆ 19至25日，臺南雲集寺舉辦清明報恩地藏法會，由監院常嘉法師帶領，共有七百多人次參加。

◆ 19至26日，禪堂舉辦念佛禪七，由常正法師帶領，共有一百一十多人參加。

◆ 19至20日，法鼓文理學院行願社、書畫社參加教育部於雲林科技大學舉辦的全國大專院校社團評選暨觀摩活動，並從參與評鑑的兩百七十八個社團中，再度獲得甲等獎肯定。

◆ 護法會林口辦事處舉辦幸福茶會，以同學會的方式進行，並透過禪修體驗、相見歡等活動，引導老、中、青三代輕鬆互動，凝聚護法願心，有近四十人參加。

◆ 法青會於法鼓山園區舉辦戶外禪，由常義法師帶領，有近五十人參加。

◆ 教聯會於新北市石碇淡蘭古道舉辦教師心靈環保一日營，由常獻法師帶領，共有七十多人參加。

◆ 美國紐約東初禪寺住持果醒法師北美護法會華盛頓州西雅圖分會弘法關懷，19日舉辦生活禪一，有近六十人參加。

◆ 19至20日，北美護法會安省多倫多分會舉辦基礎佛學與修行法門專題研習，由美國紐約東初禪寺常齋法師帶領，包括「禪修數息」講座、禪一，分別有四十多人參加。

03.20

◆ 3月20日至5月1日，臺北安和分院每週日舉辦佛學講座，由弘化發展專案召集人果慨法師主講「改變的起點 ——《梁皇寶懺》」，講說《梁皇寶懺》的修行意涵，有近七百人參加。

◆ 高雄紫雲寺舉辦禪一，由常律法師帶領，共有一百六十四人參加。

◆ 臺東信行寺舉辦專題講座，邀請馬偕紀念醫院副院長白明忠主講「消化道之疾病與保健」，共有五十多人參加。

◆ 北美護法會新澤西州分會舉辦半日禪，由美國紐約象岡道場常護法師帶領，共有二十多人參加。

◆ 美國紐約東初禪寺住持果醒法師北美護法會華盛頓州西雅圖分會弘法關懷，20日舉辦禪修講座，主題是「話頭禪」，有近六十人參加。

◆ 新加坡護法會舉辦佛學講座，由僧團副住持果燦法師主講「淨土宗傳承」，有近五十人參加。

03.21

◆ 慈基會副祕書長常綽法師受邀出席於淡江大學舉行的「2016春季北區大學校際聯合愛心勸募」活動開幕儀式，法師致詞感謝各校師生對公益活動的熱情和努力，鼓勵學子成長自己，利益他人。

03.22

◆ 美國紐約東初禪寺住持果醒法師北美護法會華盛頓州西雅圖分會弘法關懷，22至23日舉辦佛學講座，主題是「緣起性空與真空妙有」，有近七十人參加。

03.23

◆ 3月23日至5月22日，北投文化館舉辦清明報恩《地藏經》共修，每日均有五十多人參加。

◆ 僧大《法鼓文苑》編輯小組舉辦座談會，由僧團副住持果元法師、弘化發展專案召集人果慨法師，以「修持的國際觀」為題，分享禪修、梵唄與修行，增廣學僧閱讀和學習效益。

03.24

◆ 24至27日，臺東信行寺舉辦清明報恩地藏法會，共有一百八十多人次參加。

◆ 法鼓文理學院禪文化研修中心舉辦法鼓講座，由僧團副住持果元法師主講「缽音迴瀾 ——照見內在的聲音」，講析以音聲為助緣的禪法修行，共有一百多人參加。

◆ 24至26日，新加坡護法會於當地大悲佛教中心舉辦佛三，由僧團副住持果燦法師帶領，有近一百人參加。

03.25

◆ 3 月 25 日至 8 月 26 日，臺北中山精舍每週五舉辦佛學講座，由果舫法師主講《阿彌陀經》，有近一百一十人參加。

◆ 25 至 27 日，三峽天南寺舉辦精進禪二，由常為法師帶領，共有一百一十人參加。

◆ 25 至 27 日，傳燈院於三義 DIY 心靈環保教育中心舉辦坐姿動禪培訓課程，由監院常願法師帶領，有近六十人參加。

◆ 25 至 27 日，加拿大溫哥華道場舉辦禪三，由監院常悟法師帶領，有近四十人參加。

◆ 美國紐約東初禪寺住持果醒法師北美護法會華盛頓州西雅圖分會弘法關懷，25 至 29 日於當地伯頓營地（Camp Burton）舉辦話頭禪五，為方便禪眾作息，禪期分為禪三與禪五，有近三十人圓滿禪五。

03.26

◆ 3 月 26 日至 4 月 2 日，北投農禪寺舉辦清明報恩佛七，由果舫法師主法，方丈和尚果東法師於 27 日親臨關懷，共有四千五百多人次參加。

◆ 桃園齋明別苑舉辦念佛禪一，由副寺常雲法師帶領，有近一百人參加。

◆ 3 月 26 日至 4 月 3 日，臺南分院舉辦清明報恩地藏法會，由監院常嘉法師帶領，共有一千六百多人次參加。

◆ 高雄紫雲寺「法鼓青年開講」系列講座，26 日邀請高雄旗美社區大學校長張正揚主講「農村的韌性與挑戰」，分享人與土地的友善關係，共有八十多人參加。

◆ 3 月 26 日至 4 月 3 日，禪堂首度舉辦粵語初階禪七，由香港道場監院常展法師擔任總護，禪堂堂主果元法師每晚關懷指導，共有一百三十一人參加，其中一百二十多人來自香港；禪期內外護由臺灣與香港兩地義工組成，二十多位義工專程由香港來臺護持，共同成就。

◆ 3 月 26 日起，法鼓山社大新莊校區為推動普化教育、建立公益服務觀念，同時增進學員對法鼓山的認識，於 105 年春季班開始，每個月第四個週六舉辦「預約幸福 —— 耕心田專車」活動，邀請學員及親友到天南寺擔任義工，首次出坡有近三十人參加。

◆ 3 月 26 日至 6 月 18 日，法青會週六於德貴學苑開辦「活著·祝福·告別」生命關懷系列課程，共六堂，邀請蓮花基金會董事張寶方帶領工作坊，並由常導法師主講大事關懷，引領建立正確的助人心態與倫理，有近六十位青年學員參與。

◆ 3 月 26 日、6 月 25 日，以及 9 月 24 日、12 月 24 日，法青會心潮梵音團隊於德貴學苑舉辦祈願晚會，由常義法師帶領，共有四百多人次參加。

◆ 美國紐約東初禪寺舉辦英文禪一，由常齋法師帶領，有近二十人參加。

◆ 北美護法會新澤西州分會舉辦清明報恩慈悲三昧水懺法會，由美國紐約東初禪寺常齋法師帶領，共有八十多人參加。

03.27

◆ 3 月 27 日至 4 月 10 日，臺北安和分院舉辦清明報恩地藏法會，由監院果旭法師帶領，共有三千多人次參加。

◆ 3 月 27 日至 6 月 19 日，臺北安和分院隔週週日開辦「童趣班」，由教聯會師資帶領，內容包括佛曲教唱、繪本故事、創意手作，以及簡易禪修與讀經課程，培養學童的專注力及良好的情緒管理，共有七十位學童參加。

◆ 3 月 27 日至 4 月 3 日，臺北中山精舍舉辦清明報恩地藏法會，有近一千人次參加。

◆ 持續關懷臺南震災的人心重建，3 月 27 日至 5 月 14 日，臺南分院舉辦「安頓身心，轉化生命」系列課程，共六場。27 日進行首場，邀請標竿學院資深顧問陳若玲帶領「創傷後壓力全方位關懷」工作坊，共有三十多位慰訪義工參加。

◆ 3 月 27 日至 4 月 2 日，高雄紫雲寺舉辦清明報恩《地藏經》共修，由常甯法師帶領，共有一千六百多人次參加。

◆ 法鼓山社大於新北市萬里國小舉辦「心靈環保農法分享」座談會，由僧團副住持果祥法師主持，邀請世豐菓園負責人林世豐及八田綠色農莊負責人陳佩雲，與近百位民眾分享環保理念與自然農法介紹，以期帶動鄉親對心靈環保農法理念的認識和了解。

◆ 馬來西亞道場舉辦觀音法會，共有七十多人參加。

◆ 馬來西亞道場監院常藻法師應佛教青年總會之邀，於霹靂金寶近打佛教會舉辦的「佛教寫作營」中，講授「文字般若 Me」，鼓勵學員們經營生命、活用佛法，並以文字協助大眾遠離煩惱，有近五十人參加。

◆ 北美護法會新澤西州分會舉辦半日禪，由悅眾帶領，共有十多人參加。

◆ 新加坡護法會舉辦佛一，有近三十人參加。

◆ 傳燈院於北投雲來寺舉辦禪一，由演道法師帶領，共有六十多人參加。

03.28

◆ 法鼓文理學院舉辦專題講座，邀請臺灣師範大學教育心理與輔導系教授陳學志主講「幽默豁達，正向人生」，共有五十多人參加。

03.30

◆ 3 月 30 日至 6 月 30 日，法鼓文理學院舉辦校慶系列活動，包括與佛光大學首度聯合舉辦的校際友誼賽、社團成果展、禪韻國畫成果展、綜合語言競賽和春季五分鐘書評等，體現博雅教育的豐碩成果。

◆ 人基會「2016 光明遠大心靈講座」，30 日邀請全聯社行銷部協理劉鴻徵主講「創意與生活」，分享創意與生活的連結，有近八十人參加。

4月 APRIL

04.01

◆ 《人生》雜誌第 392 期出刊，本期專題「念佛好好」。

◆ 《法鼓》雜誌第 316 期出刊。

- ◆ 法鼓文化出版新書：《禪門修證指要》（禪修指引系列，聖嚴法師著）；《金山有鑛》（寰遊自傳系列，聖嚴法師著）；《老實是禪》（智慧人系列，繼程法師著）；《心海潮音》CD（法鼓山歌曲系列，李俊賢製作）；《梵網經菩薩道》（智慧人系列，靈源老和尚著）。
- ◆ 《金山有情》季刊第 56 期出刊。
- ◆ 《法鼓文理學院校刊》第 7 期出刊。
- ◆ 《護法季刊》復刊第 6 期出刊。
- ◆ 1 至 4 日，桃園齋明寺舉辦清明報恩佛三暨八關戒齋，由文化中心副都監果賢法師帶領，有近一百八十人參加。
- ◆ 1 至 3 日，臺南分院於雲集寺舉辦「臺南法青二日營」，由青年院監院常炬法師帶領，內容包括專題演講、新潮講堂、農事體驗等，引導青年學習佛法，將心靈環保實踐於日常生活中，共有七十多位學員參加。
- ◆ 法鼓山網路電視台每月「主題影片」單元，4 月播出「正信的佛教（二）── 導正觀念，探究佛法真義」，精選聖嚴師父相關的開示影片，引領大眾重溫師父的智慧開示。
- ◆ 法鼓文理學院校慶系列活動，1 至 10 日，師生社團行願社於佛教學系二樓圓廳舉辦社團成果展，與大眾分享學習與成長的喜悅。
- ◆ 為提昇學子品格教育，教聯會教案編輯小組以聖基會「心靈環保兒童生活教育動畫」為本，研發「心五四教案」，自 4 月起，每月發布一則，提供教師下載運用。
- ◆ 法鼓山於美國西岸再添護法弘法新據點，位於加州洛杉磯南方的橙縣（Orange County）正式成立聯絡處，除了延續原有讀書會共學活動，並於 4 月 16、23 日舉辦首場初級禪訓密集班，將法鼓山理念與漢傳禪佛教，深入推廣至南加州地區。

04.02

- ◆ 2 至 9 日，禪堂於三峽天南寺舉辦初階禪七，由傳燈院監院常願法師帶領，有近一百三十人參加。
- ◆ 桃園齋明別苑「心光講堂」系列講座，2 日邀請作家劉軒主講「幸運關鍵」，分享建構幸運人生的三關鍵：導正、調頻、聯線，共有三百多人參加。
- ◆ 美國紐約東初禪寺舉辦清明報恩地藏法會，由住持果醒法師主法，共有九十多人參加。
- ◆ 2 至 3 日，美國加州洛杉磯道場舉辦清明報恩佛二，由果幸法師、常宗法師帶領，有近四十人參加。
- ◆ 2 至 3 日，加拿大溫哥華道場舉辦清明報恩地藏法會，由監院常悟法師帶領，共有兩百五十多人次參加。
- ◆ 北美護法會加州舊金山分會舉辦清明報恩《地藏經》共修，由悅眾帶領，共有三十多人參加。
- ◆ 北美護法會安省多倫多分會於登打士谷保護區（Dundas Valley Conservation Area）舉辦戶外禪，由美國紐約東初禪寺常諦法師帶領，共有三十多人參加。

04.03

- ◆ 3 至 9 日，臺中寶雲寺舉辦梁皇寶懺法會，方丈和尚果東法師於首日到場關懷，並分

享拜懺的態度及方法，期勉大眾精進用功，誠心慚愧懺悔，心回到淨念，心安就能平安，共有八千多人次參加。

◆ 高雄紫雲寺舉辦清明報恩慈悲三昧水懺法會，法師開示以專心、攝心拜懺，從「事相懺」修「理相懺」，滅除煩惱障、業障與果報障，有近五百人參加。

◆ 傳燈院於北投雲來寺舉辦 Fun 鬆一日禪，由常捷法師帶領，共有四十多人參加。

◆ 傳燈院於臺灣師範大學公館分部舉辦「解禪心風味」心靈環保 SRE 系列活動，由禪修中心副都監果元法師、常乘法師帶領，內容包括互動式演講、法鼓八式動禪、茶禪等，帶領近百位民眾體驗輕鬆有趣的禪法。

◆ 4月3日至5月15日，美國紐約東初禪寺舉辦週日講座，由常震法師主講「十牛圖」，有近六十人參加。

◆ 馬來西亞道場舉辦清明報恩地藏法會，由常尊法師帶領，勉勵大眾了因果、明修行，諸惡莫作、眾善奉行，共有一百多人參加。

◆ 北美護法會新澤西州分會舉辦半日禪，由悅眾帶領，共有十多人參加。

◆ 北美護法會伊利諾州芝加哥分會舉辦半日禪，由悅眾帶領，有近二十人參加。

◆ 北美護法會華盛頓州西雅圖分會舉辦清明報恩大悲懺法會，有近六十人參加。

◆ 北美護法會安省多倫多分會舉辦清明報恩地藏法會，由美國紐約東初禪寺常諦法師帶領，共有四十多人參加。

04.04

◆ 臺南分院舉辦清明報恩慈悲三昧水懺法會，由青年院監院常炬法師主法，有近兩百人參加。

◆ 香港道場於九龍會址舉辦清明報恩佛一，有近兩百人參加。

04.05

◆ 韓國曹溪宗本山住持協議會正念法師、頂宇法師等十三位法師參訪法鼓山園區，由方丈和尚果東法師、副住持果元法師代表接待，一行人除了深入了解臺灣佛教團體的道風與管理方式，也與僧團法師交流現代弘化心得。

04.06

◆ 4月6日至6月8日，桃園齋明寺每週三舉辦佛學講座，由果竣法師主講《金剛經》，講說「空」的智慧，有近一百六十人參加。

◆ 6至27日，信眾教育院每週三晚上於北投農禪寺舉辦「法鼓講堂」佛學課程，由僧大講師法源法師主講「《華嚴經》與菩薩的十地修行」，課程同時在「法鼓山心靈環保學習網」進行線上直播，提供全球學員上網聽講，並參與課程討論。

04.07

◆ 7至10日，法鼓山於園區舉辦第十四屆自我超越禪修營，由僧團副住持果品法師帶

領，共有一百四十三位學員參加。

◆ 法鼓文理學院校慶系列活動，4月7日至6月30日，分別在園區綜合大樓和臺大醫院金山分院北海藝廊舉行「禪韻國畫成果展」，以禪意書畫接引大眾親近佛法的善巧方便。

◆ 法行會於臺北國賓飯店舉辦第一七八次例會，由常慧法師主講「無相頌」，共有一百八十多人參加。

04.08

◆ 8至10日，傳燈院於三義DIY心靈環保教育中心舉辦精進禪二，由常慧法師帶領，有近六十人參加。

◆ 法鼓文理學院校慶系列活動，8日為新落成建築「大願橋」、「大願‧校史館」舉辦啟用典禮，在六百多位各界觀禮代表祝福聲中，由方丈和尚果東法師、校長惠敏法師、校董代表今能長老，以及中華佛研所榮譽所長李志夫、社大校長曾濟群等，共同剪綵，永誌感懷大眾護持願心。

04.09

◆ 北投農禪寺舉辦戶外禪，由常實法師帶領，有近兩百人參加。

◆ 9至10日，桃園齋明別苑舉辦清明報恩地藏法會，由副寺常雲法師帶領，有近四百一十人次參加。

◆ 臺南分院「安頓身心，轉化生命」系列課程，9日邀請心理諮商專家鄭石岩主講「安度難關 —— 面對巨變與困境的因應之道」，共有兩百多人參加。

◆ 臺東信行寺舉辦佛一暨八關戒齋，由果舫法師主法，有近四十人參加。

◆ 北美護法會華盛頓州西雅圖分會舉辦佛學講座，由美國紐約東初禪寺常諦法師主講「大悲懺法門」，講說大悲懺法的意涵，共有五十多人參加。

04.10

◆ 北投農禪寺舉辦半日禪，由監院果毅法師帶領，有近一百三十位義工參加。

◆ 10日及16日，臺北中山精舍舉辦義工成長營，邀請標竿學院資深顧問陳若玲帶領溝通與互動、提昇團隊動力等，兩梯次共有八十多位悅眾參加。

◆ 臺東信行寺舉辦專題講座，邀請慈濟大學人文社會學院院長周德禎主講「超越悲傷，走出傷痛」，共有六十多人參加。

◆ 4月10日至5月29日，慈基會於全臺各地舉辦「第二十八期百年樹人獎助學金」頒發活動，共計四十四場，有一千六百多位學子受獎。

◆ 4月10日至6月5日，法青會週日於德貴學苑開辦「青年佛學系列 —— 佛陀非佛」唯識學課程，共八堂，由普化中心佛學課程講師戴良義授課，有近五十人參加。

◆ 北美護法會伊利諾州芝加哥分會舉辦禪一，由美國紐約東初禪寺常齋法師帶領，有近三十人參加。

◆ 北美護法會華盛頓州西雅圖分會舉辦佛學講座，由美國紐約東初禪寺常諦法師主講「經中之王 ——《法華經》」，有近六十人參加。

04.11

◆ 中台禪寺開山方丈惟覺老和尚於 8 日捨報示寂，方丈和尚果東法師 11 日率同臺中寶雲寺監院果理法師、僧團法師及護法信眾三十人，前往埔里中台禪寺緬懷追思老和尚一生弘法行誼；並於 23 日出席追思讚頌法會，表達對老和尚的緬懷與感念。

◆ 11 日及 18 日，行政中心人力資源處於北投雲來寺舉辦專題講座，由法鼓文理學院學生輔導老師曾麗娟主講「讓第一線的服務成為團體的動力」，有近五十人參加。

04.12

◆ 法鼓文理學院舉辦專題講座，邀請天常法師主講「犍陀羅語《大樹水流喻經》介紹」，共有五十多人參加。

04.13

◆ 傳燈院應李天鐸建築師事務所之邀，於三峽天南寺舉辦企業禪修課程，由監院常願法師帶領禪一，共有二十多位事務所員工參加。

04.14

◆ 人基會與法務部合作推動「生命教育暨技藝扎根實施計畫 —— 心六倫運動」，14 日於宜蘭監獄舉辦音樂會，邀請音樂工作者齊豫演唱，以歌聲關懷收容人。

04.15

◆ 15 至 17 日，北投農禪寺舉辦精進禪二，由監院果毅法師帶領，共有一百六十多人參加。

◆ 15 至 17 日，傳燈院於三義 DIY 心靈環保教育中心舉辦中級 1 禪訓班輔導學長培訓課程，由監院常願法師帶領，有近五十人參加。

◆ 15 至 17 日，青年院於三峽天南寺舉辦「悟吧！二日營」，由常義法師帶領，內容包括禪修體驗、新潮講堂、闖關活動等，共有七十多位青年學員參加。

04.16

◆ 基隆精舍舉辦 Fun 鬆一日禪，由副寺果樞法師帶領，有近八十人參加。

◆ 16 至 23 日，禪堂舉辦默照禪七，由常興法師帶領，共有一百三十多人參加。

◆ 僧大於法鼓文理學院大教室舉辦第八屆講經交流會，除了以佛教經典為主題，另有學僧分享聖嚴師父的生命歷程，共有五位學僧參加。

◆ 教聯會於彰化縣明聖國小舉辦感恩交流活動，感謝五年來參與心靈環保教案編寫、試教及推動的教師，由會長陳美金、副會長丁畢汝帶領，共有五十多人參加。

04.17

◆ 法鼓山於臺南分院舉辦祈福皈依大典,由方丈和尚果東法師授三皈依,共有兩百零四位民眾皈依三寶;方丈和尚並分享「活在當下,佛在當下」的安心、攝心方法,共有六百多人參加。

◆ 高雄紫雲寺舉辦「萬行菩薩成長營」,邀請社會工作師謝云洋講授溝通與傾聽的重要性,文化中心副都監果賢法師到場關懷,共有一百三十多位義工參加。

◆ 4月17日至5月22日,高雄三民精舍每週日舉辦佛學講座,由果竣法師主講《地藏經》,分享地藏菩薩的深心悲願,有近一百一十人參加。

◆ 文化中心於高雄市立圖書館舉辦「《聖嚴法師年譜》分享會」,由法鼓文化總監果賢法師、年譜編著者林其賢等分享聖嚴師父實踐佛法的生命歷程,共有一百多人參加。

◆ 法鼓山社大於法鼓文理學院舉辦「講師共識營」,由校長曾濟群帶領,有近一百位金山、北投、新莊三校區講師及義工參加。

◆ 慈基會於高雄紫雲寺舉辦南區慰訪員進階教育訓練課程,邀請陽光基金會督導陳涼等講授訪視與溝通技巧、社會福利資源,並進行分組演練,有近四十位慰訪員參加。

◆ 法青會於臺中惠蓀林場舉辦戶外禪,由常導法師帶領,共有五十多人參加。

◆ 美國紐約東初禪寺舉辦週日講座,邀請聖嚴師父西方弟子哈利‧米勒主講「執著地微細處」,共有五十三人參加。

◆ 4月17日、5月1日,美國加州洛杉磯道場舉辦梵唄法器訓練課程,由常宗法師帶領,有近三十人參加。

◆ 馬來西亞道場舉辦「兒童生命教育課程說明會」,由演祥法師說明兒童生命教育課程理念與內容,共有三十多位家長參加;會中並進行兒童生活教育寫畫創作頒獎儀式,有十位學童作品獲得海外佳作獎的肯定。

◆ 香港道場於九龍會址舉辦禪一,有近七十人參加。

◆ 北美護法會新澤西州分會舉辦半日禪,由悅眾帶領,共有十多人參加。

◆ 4月17日至5月8日,僧團果啟法師與常先法師於澳洲弘法關懷,內容包括帶領法器練習、共修指導與禪修活動。17至20日於墨爾本分會帶領禪坐與念佛共修,並講說《華嚴經‧淨行品》、《阿彌陀經》。

04.20

◆ 法鼓文理學院舉辦專題講座,邀請莫蘭藏文網路研究室負責人洛桑莫蘭格西主講「開發藏文電子詞典的經驗」,分享學習經驗與軟體創造,共有近七十人參加。

04.21

◆ 方丈和尚果東法師應彰化大葉大學之邀,與該校榮譽講座教授卓伯源對談「對自己的人生負責」,與學生分享人生智慧。

◆ 21至24日,臺東信行寺舉辦中級禪悅四日營,由監院果增法師帶領,有近五十人參加。

04.22

- ◆ 法鼓文理學院舉辦專題講座，邀請臺灣大學醫學系副教授翁昭旼主講「真誠 ── 非營利組織的領導原則」，共有六十多人參加。
- ◆ 4 月 22 日至 5 月 1 日，禪修中心副都監果元法師於加拿大弘法關懷，內容包括禪修、講座等。22 至 29 日，於溫哥華道場舉辦話頭禪七，共有三十多人參加。
- ◆ 北美護法會加州舊金山分會舉辦禪修講座，邀請聖嚴師父西方法子吉伯‧古帝亞茲主講「默照禪」，介紹默照禪的觀念與方法，有近三十人參加。
- ◆ 僧團果啟法師與常先法師澳洲弘法關懷，22 至 27 日於墨爾本分會帶領英文禪五，共有二十多人參加。
- ◆ 大陸中國佛教協會會長學誠和尚率團參訪臺中寶雲寺，方丈和尚果東法師率同僧團法師與上百位信眾，於大殿迎接，並邀請學誠和尚為大眾開示祝福。

04.23

- ◆ 法鼓山於北投農禪寺舉辦祈福皈依大典，由方丈和尚果東法師授三皈依，並開示皈依和學佛的意義。
- ◆ 臺北安和分院舉辦禪一，由監院果旭法師帶領，共有一百五十多人參加。
- ◆ 23 至 24 日，桃園齋明寺舉辦春季報恩法會，由監院果舟法師帶領，有近兩千七百人次參加。
- ◆ 臺中寶雲寺舉辦義工培訓初階課程，由護法總會副總會長陳志明、資深悅眾張允雄、林其賢授課，內容包括法鼓義工修福慧、提昇團隊共識與效率、寶雲寶藏多分享等，監院果理法師到場關懷，有近一百五十位學員參加。
- ◆ 臺南分院「安頓身心，轉化生命」系列課程，23 日邀請實踐大學社會工作學系副教授楊蓓主講「慈悲伴我行 ── 助人者的利他法則及自我照護」，共有一百八十多人參加。
- ◆ 高雄紫雲寺「法鼓青年開講」系列講座，23 日邀請音樂工作者黃瑋傑主講「以歌聲表達土地之情」，分享對人與土地的思索與關懷，有近八十人參加。
- ◆ 馬來西亞道場於檳城《光明日報》禮堂舉辦「開心印心」對談會，由監院常藻法師與心臟科醫師陳昌賜分享禪修體驗，有近兩百人參加。
- ◆ 北美護法會加州舊金山分會舉辦默照禪一，邀請聖嚴師父西方法子吉伯‧古帝亞茲帶領，共有四十多人參加。

04.24

- ◆ 北投文化館舉辦浴佛法會，由監院果諦法師帶領，共有一百多人參加。
- ◆ 臺北中山精舍舉辦 Fun 鬆一日禪，由悅眾帶領，有近六十人參加。
- ◆ 基隆精舍舉辦佛一，由副寺果樞法師帶領，有近九十人參加。
- ◆ 4 月 24 日、8 月 27 日，傳燈院於高雄紫雲寺舉辦兩梯次「吃飯趣」義工師資培訓課程，由監院常願法師帶領分享吃飯趣的理念和體驗，每梯次有近三十位中、小學教師參加。

◆ 法鼓山社大於新北市金山區金美國小舉辦「自然環保友善農耕市集」，推廣友善環境的自然農耕，邀請北海岸金門、三芝、石門、萬里地區的農友共同參與，並安排農友茶敘座談，互相交流分享。

◆ 法青會於新北市淡水區幸福農莊舉辦「禪味下田去」農禪體驗，由常獻法師帶領，藉由挽袖下田插秧，體會動中禪的寧靜，並了解自然農法與生活的密切關係，共有二十多人參加。

◆ 4 月 24 日及 5 月 29 日，馬來西亞道場舉辦心靈環保工作坊，主題是「壓力不壓抑」，由監院常藻法師帶領，有近八十人參加。

◆ 北美護法會新澤西州分會舉辦半日禪，由美國紐約象岡道場常護法師帶領，共有二十多人參加。

◆ 新加坡護法會舉辦禪一，有近三十人參加。

04.25

◆ 25 至 26 日，百丈院於法鼓山園區舉辦「香積禪修二日營」，由演啟法師、演捨法師等帶領，一百多位住山義工、主廚團隊、上下行堂、各地區香積義工參加，平均年齡六十歲以上，亦有高齡九十歲的學員。

04.26

◆ 方丈和尚果東法師於北投雲來寺大殿，對僧團法師、全體專職精神講話，主題是「非營利事業的經營者是誰？」，全臺各分院道場同步視訊連線聆聽開示，有近三百人參加。

◆ 法鼓山持續關懷中國大陸四川震災災後重建工作，26 至 28 日分別於綿陽中學、南山中學、民興中學、秀水第一中心小學舉辦獎助學金頒發，總計一百六十三位學子獲獎。

04.27

◆ 人基會「2016 光明遠大心靈講座」，27 日由禪堂監院常源法師主講「生活禪 —— 覺知與實踐」，分享以禪修的觀念和方法來調心，轉煩惱為菩提，有近一百二十人參加。

◆ 馬來西亞道場舉辦觀音法會，有近六十人參加。

04.28

◆ 方丈和尚果東法師應新竹縣消防局之邀，為消防人員訓練課程進行專題講座，主題是「抱願不抱怨」，期勉消防員面對各種境界時，不以自我中心為執著，持續抱持救人、助人的初衷，便能化解抱怨不平的心。

◆ 28 日及 29 日，傳燈院應中興電工機械股份有限公司之邀，於桃園齋明寺舉辦兩梯次的企業禪修課程，由監院常願法師帶領 Fun 鬆一日禪，共有一百一十多位該公司員工參加。

04.29

◆ 4 月 29 日至 5 月 1 日，臺南雲集寺舉辦精進禪二，由監院常嘉法師帶領，有近三十人參加。

◆ 4 月 29 日至 5 月 1 日，法鼓文理學院禪文化研修中心舉辦「佛教史研修體驗營」，由佛教學系助理教授莊國彬、施凱華、蘇南望傑、藍吉富分別講授印度、中國、西藏與日本佛教史，共有一百多位法師與信眾共學成長。

◆ 4 月 29 日至 5 月 1 日，美國紐約象岡道場舉辦三日禪修營，邀請聖嚴師父西方弟子南茜・波納迪（Nancy Bondari）、李世娟帶領，共有二十多人參加。

◆ 僧團果啟法師與常先法師澳洲弘法關懷，4 月 29 日至 5 月 2 日於雪梨分會帶領法器練習，有近二十人參加。

04.30

◆ 北投農禪寺舉辦禪一，由信眾教育院監院常用法師帶領，共有一百八十多人參加。

◆ 桃園齋明別苑舉辦 Fun 鬆一日禪，由副寺常雲法師帶領，共有七十人參加。

◆ 4 月 30 日至 5 月 1 日，臺中寶雲寺於三義 DIY 心靈環保教育中心舉辦精進禪二，由果雲法師帶領，有近一百人參加。

◆ 臺南分院「安頓身心，轉化生命」系列課程，30 日邀請嘉南療養院臨床心理科主任杜家興、前高雄甲仙區愛鄉協會理事長陳敬忠與常法法師對談「看見心中的藍天 —— 溫馨陪伴迎向生命新契機」，共有一百多人參加。

◆ 4 月 30 日至 5 月 7 日，禪堂於三峽天南寺、臺東信行寺舉辦初階禪七，分別由常襄法師、演正法師帶領，各有一百三十多人、九十多人參加。

◆ 傳燈院於北投雲來寺舉辦禪一，由常禮法師帶領，有近六十人參加。

◆ 國際禪坐會於臺北愛群大廈舉辦英文禪一，由常耀法師帶領，共有十多人參加。

◆ 關懷院於臺中寶雲寺舉辦大事關懷培訓課程，由常健法師帶領，內容包括大事關懷七項服務、助念法器梵唄教學等，共有一百一十多位中部地區助念團成員參加。

◆ 法鼓文理學院、人基會於張榮發基金會國際會議廳舉辦「社會價值＆社會企業影響力論壇」，邀集三十多位社企領域的學者專家，探討社企的現況、趨勢，提昇對公民社會的價值和影響力，有近三百人參加。

◆ 4 月 30 日至 7 月 9 日，護法會豐原辦事處隔週週六舉辦「歡喜唱佛曲班」，有近一百人體驗演唱佛曲的清涼與法喜。

◆ 美國紐約東初禪寺舉辦英文禪一，由常齋法師帶領，有近二十人參加。

◆ 美國加州洛杉磯道場舉辦禪一，由常俱法師帶領，有近三十人參加。

◆ 加拿大溫哥華道場舉辦專題講座，由美國紐約東初禪寺常濟法師主講「永續發展 —— 開創成功的大逆轉」，介紹水資源與足跡，有近五十人參加。

◆ 4 月 30 日至 5 月 2 日，馬來西亞道場於丹絨士拔佛教會舉辦「真心聯盟青年營」，由監院常藻法師、演祥法師帶領，主要包括禪修與心靈成長等活動，有近七十位青年學員參加。

◆ 北美護法會華盛頓州西雅圖分會舉辦佛學講座，由美國紐約東初禪寺常盛法師主講「念佛法門」，講說念佛法門的緣起與殊勝，有近五十人參加。

◆ 僧團果啟法師與常先法師澳洲弘法關懷，30 日於雪梨北方近郊的芒特科拉（Mount Colah）社區活動中心舉辦禪一，共有三十多人參加。

5月 MAY

05.01

◆ 《人生》雜誌第 393 期出刊，本期專題「熟年好好」。

◆ 《法鼓》雜誌第 317 期出刊。

◆ 法鼓文化出版新書：《佛教中陰身思想之源流與發展》（智慧海系列，釋常延著）；《明代觀音信仰之研究》（漢傳佛教論叢系列，徐一智著）；英文書《動靜皆自在》（*Liberated in Stillness and Motion*）（法鼓全集英譯禪修系列，聖嚴法師著）。

◆ 高雄紫雲寺舉辦浴佛法會，由青年院監院常炬法師主法，共有七百多人參加；法會圓滿後並舉行祈福皈依大典，共有六百多人皈依三寶。

◆ 法鼓山網路電視台每月「主題影片」單元，5 月播出「正信的佛教（三）——導正觀念，探究佛法真義」，精選聖嚴師父相關的開示影片，引領大眾重溫師父的智慧開示。

◆ 榮譽董事會於北投農禪寺舉辦北一區關懷聯誼會，慈基會祕書長果器法師、榮董會會長黃楚琪到場關懷，有近三百人參加。

◆ 禪修中心副都監果元法師加拿大弘法關懷，1 日於溫哥華班揚（Banyen）書店弘講「禪的源流與修行方法」，為該書店四十五年來，首次邀請漢傳佛教出家眾演講，共有七十餘位中、西方聽眾參加。

◆ 馬來西亞道場首度舉辦佛一暨八關戒齋，共有七十多人參加。

◆ 北美護法會新澤西州分會舉辦半日禪，由悅眾帶領，共有十多人參加。

05.03

◆ 行政中心人力資源處於北投雲來寺舉辦專題講座，由悅眾張允雄主講「聽與說的技巧」，有近五十人參加。

05.04

◆ 美國賓州匹茲堡查塔姆大學（Chatham University）亞洲文化學程教授金斯伯里（Karen S. Kingsbury）帶領十五位師生，在東海大學外文系助理教授吳凱琳陪同下，參訪臺中寶雲寺，並由常勳法師帶領體驗走路禪。

◆ 4 至 25 日，信眾教育院每週三晚上於北投農禪寺舉辦「法鼓講堂」佛學課程，由雲來寺監院果會法師主講「認識朝暮課誦」，課程同時在「法鼓山心靈環保學習網」進行線上直播，提供全球學員上網聽講，並參與課程討論。

◆ 法鼓文理學院舉辦專題講座，邀請臺灣師範大學學輔中心諮商心理師陳淑琦主講「心時代，新覺醒——談兩性溝通力」，分享兩性溝通技巧，共有五十多人參加。

◆ 僧團果啟法師與常先法師澳洲弘法關懷，4至5日於雪梨華僑文教中心弘講《華嚴經‧淨行品》，有近七十人參加。

05.05

◆ 法行會於臺北國賓飯店舉辦第一七九次例會，由果徹法師主講「永嘉大師證道歌」，有近一百九十人參加。

05.06

◆ 方丈和尚果東法師應新竹縣消防局之邀，為消防人員訓練課程進行專題講座，主題是「救苦救難，心安平安」，期勉消防員凡事正面解讀，逆向思考，持續奉獻、利他、行大願。

◆ 5月6日至6月24日，法青會週五於德貴學苑開辦「青年禪學系列──禪門第一課」，共七堂，由常義法師帶領，有近七十人參加。

◆ 行政中心於人力資源處北投雲來寺舉辦認識經典課程，由護法總會副都監常續法師導讀《心經》，共有一百一十人參加。

05.07

◆ 桃園齋明別苑舉辦浴佛法會，由副寺常雲法師帶領，共有一百四十多人參加。

◆ 臺南分院「安頓身心，轉化生命」系列課程，7日邀請臺南市政府特種搜救隊分隊長林育碩主講「義工在災害現場應有之心態與地震防災知識」，共有一百多人參加。

◆ 高雄三民精舍舉辦浴佛法會，由紫雲寺監院常參法師帶領，共有一百二十多人參加。

◆ 青年院於北投農禪寺舉辦全臺法青聯誼活動，由高雄法青組成的「純淨樂團」和臺北法青的「純心樂坊」進行交流演出，有近一百五十位法青參加。

◆ 7至22日，護法總會花蓮辦事處每週六、日舉辦「佛教徒的生死觀講座」，由弘化發展專案召集人果概法師主講，共四堂，有近八十人參加。

◆ 榮譽董事會於北投農禪寺舉辦北區榮譽董事聘書頒發暨聯誼會，方丈和尚果東法師、慈基會祕書長果器法師、榮董會會長黃楚琪等出席關懷，共有六百二十多人參加。

◆ 護法會員林辦事處舉辦浴佛法會，有近一百人參加。

◆ 7至8日，馬來西亞道場於當地雲頂清水巖寺（Genting Highlands Chin Swee Caves Temple）舉辦舒活二日禪，由常尊法師帶領，共有七十多人參加。

◆ 北美護法會伊利諾州芝加哥分會舉辦專題研習，由美國紐約東初禪寺常震法師主講「觀音法門」，並帶領觀音法會，有近五十人參加。

◆ 僧團果啟法師與常先法師澳洲弘法關懷，7日於雪梨華僑文教中心弘講《阿彌陀經》，包括中心主任黃國柟，有近四十人參加。

05.08

◆ 法鼓山於臺北國父紀念館中山公園廣場舉辦「心靈環保 Stop‧Relax‧Enjoy」活動，

內容包括浴佛、鈔經、撞鐘、法鼓八式動禪與生活禪體驗等，臺北市長柯文哲、民政局長藍世聰、國父紀念館館長王福林等各界來賓，以及方丈和尚果東法師、法鼓文理學院校長惠敏法師、護法總會總會長張昌邦等到場參與，數千民眾及遊客透過生活化的禪法放鬆身心，以感恩心為母親及世界祝福。

◆ 臺中寶雲寺舉辦浴佛法會，由監院果理法師帶領，有近五百人參加。

◆ 美國紐約東初禪寺舉辦浴佛法會，由住持果醒法師主法，法師並開示「初心浴佛 ── 法身無垢」，期勉大眾不取捨、不執著，便能感受到法水遍滿，有近兩百人參加。

◆ 北美護法會伊利諾州芝加哥分會舉辦浴佛法會，由美國紐約東初禪寺果乘法師帶領，有近六十人參加。

◆ 北美護法會加州舊金山分會舉辦浴佛法會，由常齋法師帶領，共有一百二十多人參加；同時間進行園遊會，內容包括禪修體驗、禪藝作品展示、感恩奉茶等。

◆ 僧團果啟法師與常先法師澳洲弘法關懷，8 日參與雪梨分會於帕拉瑪塔（Parramatta）公園舉辦的浴佛節活動，帶領合唱三寶歌。

05.09

◆ 5 月 9 日至 6 月 20 日，慈基會舉辦端午關懷活動，除攜帶應景素粽前往關懷家庭表達祝福外，慰訪義工並分別至各地社福機關、安養機構，與院民歡度佳節，共計關懷兩千兩百多人。

05.10

◆ 法鼓文理學院舉辦專題講座，邀請比利時根特大學（Ghent University）佛學中心研究員安東平（Christoph Andrel）主講「研究早期口語幾個問題」（Some Issues Concerning the Study of Early Colloerquial Chinese: With Examples from Dunhuang Manuscript Material），有近五十人參加。

◆ 5 月 10 日至 8 月 23 日，合唱團輔導法師常獻法師、團長許美智偕同團本部悅眾，展開地區合唱團巡迴關懷。5 月 10 日於羅東辦事處參與羅東團練唱共修，交流演唱技巧。

◆ 5 月 10 日至 6 月 28 日，法青會週二於德貴學苑舉辦「身心 SPA」，共八堂課，由常義法師帶領，有近五十人參加。

05.12

◆ 12 至 22 日，禪修中心副都監果元法師於印尼展開第八次弘法行，偕同禪堂常乘法師、常興法師展開弘講、主持禪修、參與衛塞節活動等。12 日於雅加達法喜精舍（Vihara Pluit Dharma Sukha）舉辦專題講座，由果元法師主講「禪的源流」，介紹印度禪到中國禪的演變。

05.13

◆ 北投雲來寺舉辦浴佛法會，有近兩百人參加。

◆ 13 至 15 日，傳燈院於三義 DIY 心靈環保教育中心舉辦精進禪二，由監院常願法師帶領，有近八十人參加。

◆ 果元法師、常乘法師、常興法師印尼弘法行，13 日及 20 日於雅加達法喜精舍舉辦禪修活動，由常興法師分享法鼓八式動禪及放鬆方法。

‖ O5.14

◆ 14 至 15 日，法鼓山園區舉辦「朝山・浴佛・禮觀音」活動，有近兩千人次參加。

◆ 北投農禪寺舉辦浴佛法會，由監院果毅法師帶領，有近九百人參加。

◆ 臺南分院「安頓身心，轉化生命」系列課程，14 日邀請花藝老師卓月蘭、茶禪老師方麗雲帶領花藝與茶禪，有近一百二十人參加。

◆ 臺南雲集寺舉辦浴佛法會，由監院常嘉法師帶領，法師開示浴佛的意義不只是洗浴太子法像，更是洗滌自身的塵垢，讓身心潔淨與輕安，共有四百多人參加。

◆ 臺東信行寺舉辦浴佛法會，由護法總會副都監常續法師主法，並邀請近三百五十位幼兒園孩童體驗浴佛活動。

◆ 美國加州洛杉磯道場舉辦浴佛節暨母親節感恩慶祝活動，包括法會、親子園遊會與茶禪，共有兩百多人參加。

◆ 加拿大溫哥華道場舉辦浴佛法會，由監院常悟法師帶領，共有兩百一十多人參加。

◆ 北美護法會新澤西州分會舉辦新會所落成啟用典禮，方丈和尚果東法師、美國紐約東初禪寺住持果醒法師、護法總會副總會長黃楚琪、北美護法會會長王九令、新州分會召集人郭嘉蜀等人共同揭幔，共有四百多位來自北美各地、臺灣等來賓及信眾參加；下午進行皈依典禮，由果醒法師授三皈依，同時進行浴佛、園遊會等活動。

◆ 北美護法會安省多倫多分會舉辦禪一，由悅眾帶領，共有十多人參加。

◆ 果元法師、常乘法師、常興法師印尼弘法行，14 日及 21 日於雅加達法喜精舍舉辦專題講座，由常乘法師主講「聖嚴法師談漢傳佛教」，介紹默照禪法、話頭禪法及念佛禪。

‖ O5.15

◆ 臺北安和分院舉辦浴佛法會，由果舫法師主法，法師勉勵大眾，平常多念佛，時時抱持念佛的清淨身心，當下一念即如身處淨土，共有八百多人參加。

◆ 桃園齋明寺舉辦浴佛法會，由監院果舟法師主法，法師期勉眾人修學佛法，開啟內在光明，共有八百多人參加。

◆ 臺中寶雲寺舉辦義工培訓進階課程，由監院果理法師、資深悅眾蕭舜子、林其賢帶領，內容包括悅眾的理念與責任、關懷領導心要等，有近一百二十位義工參加。

◆ 南投德華寺於日月潭青蛙步道舉辦戶外禪，由副寺果弘法師帶領，有近二十人參加。

◆ 臺南分院舉辦浴佛法會，由監院常嘉法師帶領，藉由供燈、讚佛、拜願、迴向及浴佛儀式，感念三寶恩、父母恩及眾生恩，共有四百多人參加。

◆ 臺東信行寺舉辦專題講座，由護法總會副都監常續法師主講「生活、生命、生死的歡喜與自在」，共有六十多人參加。

◆ 15 至 24 日，禪堂舉辦念佛禪九，由常學法師帶領，有近八十人參加。

◆ 香港道場於九龍會址舉辦浴佛法會，共有四百三十多人參加。

◆ 香港道場與饒宗頤文化館共同舉辦「約咗（了）佛陀喫茶去」禪藝活動，內容包括浴佛、茶禪、鈔經、講座等；其中講座活動，邀請香港中文大學文學院國學中心主任鄧立光、香港皇冠出版社總經理麥成輝與僧團常寬法師對談「佛誕的當代意義」，共有一百多人參加。

◆ 北美護法會新澤西州分會舉辦半日禪，由美國紐約象岡道場常護法師帶領，共有二十多人參加。

◆ 北美護法會加州舊金山分會舉辦禪一，由悅眾帶領，共有十多人參加。

◆ 美國麻薩諸塞州波士頓普賢講堂舉辦浴佛法會，由紐約東初禪寺住持果醒法師主持，方丈和尚果東法師出席關懷祝福，期勉大眾，共同學佛、護法、弘法，推廣法鼓山理念和漢傳佛法，共有一百多人參加。

05.16

◆ 果元法師、常乘法師、常興法師印尼弘法行，16 至 20 日於雅加達郊區洽威（Ciawi）的蔚拉會館（Villa Honoris）主持禪五，共有二十六人參加。

05.17

◆ 基隆精舍舉辦浴佛法會，由副寺果樞法師帶領，有近一百人參加。

05.19

◆ 19 至 22 日，美國紐約東初禪寺於象岡道場舉辦第七屆在家菩薩戒，由方丈和尚果東法師、副住持果品法師、東初禪寺住持果醒法師擔任菩薩法師，全程中、英雙語進行，共有一百零四人圓滿受戒。

05.20

◆ 20 至 22 日，傳燈院於三義 DIY 心靈環保教育中心舉辦地區助理監香成長營，由監院常願法師帶領，共有三十多人參加。

◆ 5 月 20 日至 11 月 18 日，人基會週五於德貴學苑開辦「心藍海策略 —— 企業社會責任」系列課程，主題是「提昇企業全方位績效的幸福領導」，共五場。20 日進行首場，邀請前中華郵政董事長許仁壽、心六倫宣講師副團長林柏樺主講「企業價值創新 —— 中華郵政經驗談」，有近五十人參加。

05.21

◆ 北投農禪寺舉辦佛一暨八關戒齋，由監院果毅法師帶領，共有五百六十多人參加。

◆ 三峽天南寺舉辦慈悲三昧水懺法會，由果興法師主法，有近七百人參加。

◆ 法鼓山社大於新北市金山高中舉辦「北海小創客」研習活動，邀請專業 3D 列印講師、享印學堂創辦人賴信吉指導，共有近四十位北海岸地區三至九年級學子與家長參加。

◆ 馬來西亞道場舉辦浴佛法會，由監院常藻法師帶領，共有四百二十多人參加；法會圓滿後舉行皈依儀式，共有五十四人皈依三寶。

◆ 新加坡護法會舉辦浴佛法會，由僧團副住持果燦法師帶領，共有七十多人參加。

◆ 索羅門群島總督卡布衣爵士（Sir Frank Kabui）伉儷一行，由外交部駐索羅門群島大使于德勝陪同，參訪法鼓山園區，由僧團首座和尚惠敏法師、副住持果暉法師、都監果光法師等代表接待，進行交流。

05.22

◆ 三峽天南寺舉辦浴佛法會，由果興法師帶領，共有七百三十多人參加。

◆ 桃園齋明別苑「心光講堂」系列講座，22日邀請田野錄音師范欽慧主講「傾聽寂靜．傾聽自己」，分享大自然的聲音，有近一百三十人參加。

◆ 高雄紫雲寺舉辦佛一暨八關戒齋，由慈基會祕書長果器法師主法，法師勉眾不管過去、未來，把握當下，用清淨的戒體精進用功，共有兩百八十多人參加。

◆ 慈基會於臺南分院舉辦慰訪員進階教育訓練課程，邀請諮商師蔡詩詩、臺南市政府安康區家庭福利服務中心社工督導蘇育賢、高雄少年法院心理輔導員蘇益志，分別傳授照顧自我的實用方法與介紹公部門社會福利資源內容，共有五十多位雲林、嘉義、臺南地區慰訪義工參加。

◆ 法青會於德貴學苑舉辦禪一，由常導法師帶領，有近七十人參加。

◆ 教聯會於北投農禪寺舉辦心靈環保一日營，由常獻法師帶領，共有八十多位教師參加。

◆ 美國紐約東初禪寺舉辦週日講座，邀請聖嚴師父西方弟子李世娟主講「擁抱混沌——動盪時代的禪修功夫」，有近四十人參加。

◆ 香港道場於九龍會址舉辦禪一，共有七十多人參加。

◆ 新加坡護法會舉辦佛一，有近三十人參加。

◆ 果元法師、常乘法師、常興法師印尼弘法行，22日參與雅加達法喜精舍舉辦的衛塞節（Waisak）慶典活動，果元法師並主講「新五四」，分享佛法的生活運用。

05.24

◆ 24至31日，禪堂舉辦話頭禪七，由監院常源法師帶領，有近六十人參加。

◆ 24至27日，中華佛研所所長果鏡法師率同「聖嚴法師文物史料數位典藏暨理念推廣計畫專案」執行主持人法鼓文理學院圖資館館長洪振洲、大願校史館主任辜琮瑜等，前往日本立正大學、山喜房佛書林、本納寺，拜訪聖嚴師父留日期間的老師、同學、友人，蒐集資料並進行訪談。

◆ 24至27日，法鼓山首度於加拿大英屬哥倫比亞大學（University of British Columbia）舉辦菩薩戒，由方丈和尚果東法師、僧團副住持果醒法師、果品法師擔任傳戒三師，共有兩百九十二人圓滿受戒，其中年紀最小者為十九歲，最年長者為八十八歲。

05.25

◆ 普化中心於臺中寶雲寺舉行「聖嚴書院佛學班中區聯合結業典禮」，寶雲寺監院果理

法師到場關懷，共有七十七位學員圓滿三年初階課程。

◆ 人基會「2016 光明遠大心靈講座」，25 日邀請社團法人公益採購協會理事長吳錫昌主講「樂齡與正念」，分享正念的樂齡生活，有近九十人參加。

◆ 合唱團團本部地區合唱團巡迴關懷，25 日於基隆精舍參與基隆團練唱共修，交流演唱技巧。

05.26

◆ 行政中心人力資源處於北投雲來寺舉辦專題講座，邀請花蓮地檢署檢察官李子春主講「不可不知的法律概念」，有近六十人參加。

05.27

◆ 27 至 29 日，桃園齋明寺舉辦精進禪二，由監院果舟法師帶領，共有一百二十多人參加。

◆ 27 至 29 日，傳燈院於三義 DIY 心靈環保教育中心舉辦輔導學長成長營，由監院常願法師帶領，有近六十人參加。

◆ 法鼓文理學院舉辦專題講座，邀請臨床心理師林克能主講「預約一個沒有阿茲海默的未來」，共有五十多人參加。

◆ 5 月 27 日至 6 月 5 日，美國紐約象岡道場舉辦默照禪十，邀請聖嚴師父西方法子賽門‧查爾德（Simon Child）帶領，有近三十人參加。

05.28

◆ 北投農禪寺舉辦念佛禪一，由監院果毅法師帶領，共有兩百二十多人參加。

◆ 基隆精舍舉辦禪一，有近五十人參加。

◆ 臺中寶雲寺舉辦勸募會員關懷聯誼會，由果雲法師帶領，共有八十多人參加。

◆ 高雄紫雲寺「法鼓青年開講」系列講座，28 日邀請膠彩畫家鍾舜文主講「家族記憶與情感」，分享創作歷程中的鄉土記憶與情感，有近七十人參加。

◆ 傳燈院於北投雲來寺舉辦禪一，由演道法師帶領，共有六十人參加。

◆ 國際禪坐會於三義 DIY 心靈環保教育中心舉辦英文禪一，由常禮法師帶領，共有二十多人參加。

◆ 慈基會於臺南雲集寺舉辦慰訪員初階教育訓練課程，並邀請諮商心理師曾仁美主講「同理心與情緒管理」，共有一百四十多位雲林、嘉義、臺南地區慰訪義工參加。

◆ 法青會於北投貴子坑步道舉辦戶外禪，由常導法師帶領，共有六十多人參加。

◆ 美國紐約東初禪寺舉辦英文禪一，邀請聖嚴師父西方弟子南茜‧波納迪帶領，共有十多人參加。

◆ 北美護法會安省多倫多分會舉辦浴佛法會暨母親節慶祝活動，內容包括禪修體驗、親子生活禪闖關遊戲等，由美國紐約東初禪寺常襄法師帶領，有近六十人參加。

05.29

◆ 臺北中山精舍舉辦 Fun 鬆一日禪，由悅眾帶領，共有六十人參加。

◆ 臺中寶雲寺舉辦悅眾培訓課程，由悅眾張莉娟、陳若玲分別講授「勤務帶領，善指導」、「人才寶庫，法永傳」，監院果理法師到場關懷，期勉悅眾「積極做事，心中無事」，過程中時時調整自己，才能提昇服務品質，精進修行，共有一百三十多人參加。

◆ 南投德華寺舉辦浴佛法會暨園遊會，由副寺果弘法師帶領，共有七十多人參加。

◆ 臺南雲集寺舉辦 Fun 鬆一日禪，由監院常嘉法師帶領，有近五十人參加。

◆ 榮譽董事會於法鼓山園區舉辦北七區關懷聯誼會，僧團副住持果燦法師、榮董會會長黃楚琪到場關懷，共有六十多人參加。

◆ 護法會高雄北區辦事處於澄清湖畔舉行悅眾戶外聯誼活動，有近四十人參加。

◆ 合唱團團本部地區合唱團巡迴關懷，29 日於桃園齋明別苑與桃園團練唱共修，交流演唱技巧。

◆ 馬來西亞道場於怡保公園舉辦戶外禪，由演祥法師帶領，共有二十多人參加。

◆ 香港道場於港島太平山頂舉辦戶外禪，由演戒法師帶領，共有三十多人參加。

◆ 北美護法會新澤西州分會舉辦半日禪，由悅眾帶領，共有十多人參加。

05.30

◆ 法鼓文理學院於臺北市松山文創園區舉辦「社會價值與社會企業影響力國際論壇」，共六場講座，邀請臺灣、英國、日本、香港、新加坡、中國大陸等地專家，探討如何創造與評估企業的社會價值和影響力。

◆ 法鼓文理學院圖資館館長洪振洲應中央研究院歷史語言研究所數位人文學研究室之邀，以「佛典數位研究資源與整合型數位研究平台之建置」為題，介紹數位人文研究運用於佛典研究的發展現況，並分享文理學院數位典藏小組的數位研究平台整合工作。

◆ 5 月 30 日至 6 月 3 日，馬來西亞道場監院常藻法師應當地太平佛教會之邀，於該會舉辦的全國教師佛學研修班，擔任課程講師，講授《普門品》，共有五十多位老師和師範學院學生參加。

6月 JUNE

06.01

◆ 《人生》雜誌第 394 期出刊，本期專題「佛法致富」。

◆ 《法鼓》雜誌第 318 期出刊。

◆ 法鼓文化出版新書：《佛教入門（大字版）》（家中寶系列，聖嚴法師著）；《念佛50 問》（學佛入門 Q&A 系列，法鼓文化編輯部編著）；《聖嚴研究（第八輯）》（聖嚴思想論叢系列，聖嚴教育基金會學術研究部主編）；《「佛教禪修傳統 —— 比較與對話」2014 國際研討會論文集》（法鼓文理學院論叢系列，法鼓文理學院主編）。

◆ 1 至 28 日，僧團於法鼓山園區大殿舉行結夏安居，先以拜懺調整身心；接著展開精進禪七，邀請聖嚴師父法子繼程法師擔任主七法師；最後以禪十四圓滿，每梯次皆有一

百多位僧眾參加。

◆ 法鼓山網路電視台每月「主題影片」單元，6 月播出「禪悅蔬食──吃素健康有佛力」，精選聖嚴師父相關的開示影片，引領大眾重溫師父的智慧開示。

◆ 法鼓文理學院舉辦專題講座，邀請美國佛羅里達州立大學（Florida State University）宗教學系副教授俞永峯主講「聖嚴法師漢傳禪佛教的建立與意涵」，共有四十多人參加。

06.02

◆ 法行會於臺北國賓飯店舉辦第一八○次例會，由北投農禪寺監院果毅法師主講「入道安心要方便門」，共有一百九十多人參加。

06.03

◆ 3 至 4 日，法鼓文理學院於德貴學苑舉辦「生命教育與社會關懷」系列講座，內容包括論壇、研討會、工作坊。3 日進行「生命關懷的省思與實踐」論壇、「生死觀妄」工作坊，分別有六十位、五十位學員參加。

◆ 3 至 19 日，美國紐約東初禪寺住持果醒法師於北美護法會安省多倫多分會弘法關懷，內容包括帶領禪修活動、舉辦佛學講座等。3 至 5 日帶領念佛禪三，有近四十人參加。

06.04

◆ 法鼓文理學院「生命教育與社會關懷」系列講座，4 日進行研討會、「夢與生涯探索」工作坊，分別有六十位、五十位學員參加。

◆ 4 至 5 日，美國加州洛杉磯道場首度舉辦兒童心靈環保體驗營，全程以英語進行，由常俱法師帶領，共有二十三位小學員參加。

◆ 6 月 4 至 5 日、12 月 11 至 12 日，馬來西亞道場開辦「2016 兒童生命教育」課程，主題是家庭倫理與自然倫理，由監院常藻法師及專業師資帶領，學習感恩孝順、知福惜福、愛護地球、尊重生命，每梯次皆有三十位學童參加。

06.05

◆ 6 月 5 日至 9 月 25 日，美國紐約東初禪寺舉辦週日講座，由果乘法師主講「學觀音，做觀音」，有近五十人參加。

◆ 北美護法會新澤西州分會舉辦半日禪，由美國紐約象岡道場常護法師帶領，共有二十多人參加。

◆ 北美護法會伊利諾州芝加哥分會舉辦半日禪，由悅眾帶領，有近二十人參加。

◆ 北美護法會加州舊金山分會舉辦禪一，由悅眾帶領，共有二十多人參加。

◆ 方丈和尚果東法師北美弘法關懷，5 日於北美護法會華盛頓州西雅圖分會關懷當地信眾，並主持皈依典禮，除為十八位新皈依弟子開示三皈五戒的意義和內容，同時鼓勵大眾，學習常懷感恩、慚愧、懺悔心，放下自我執著。

06.06

◆ 法鼓文理學院舉辦專題講座，邀請政治大學中文系特聘教授竺家寧主講「談佛經語言學的性質與方法」，共有六十多人參加。

◆ 6 至 7 日，僧大於園區階梯教室舉辦「2016 畢業製作暨禪修專題發表」，發表的主題聚焦於兩大類，一是藉由文獻與史料重現，研究聖嚴師父的禪法；另一類則是從生活出發，讓修行深耕於生活中，共有二十三位學僧參加，展現學習成果。

06.07

◆ 美國紐約東初禪寺住持果醒法師北美護法會安省多倫多分會弘法關懷，7 日、14 日及 17 日舉辦佛學講座，主題是「教觀綱宗」，有近四十人參加。

06.08

◆ 6 月 8 日至 8 月 31 日，臺北中山精舍週三舉辦「樂活學堂」課程，共八堂，內容包括基礎佛學課程、念佛共修、動禪保健等，由常法法師等帶領，有近一百一十位長者參加。

06.10

◆ 美國紐約東初禪寺住持果醒法師北美護法會安省多倫多分會弘法關懷，10 至 12 日於諾森博蘭高地會議暨避靜中心（Northumberland Heights Conference & Retreat Centre）帶領止觀禪三，共有二十多人參加。

06.11

◆ 11 至 12 日，臺北安和分院舉辦「迎接美好晚年」講座，邀請臺北市立聯合醫院總院長黃勝堅、臺北榮總高齡醫學中心主任陳亮恭、揚生基金會執行長許華倚，與法鼓文理學院校長惠敏法師、教授杜正民、助理教授辜琮瑜，分別從佛法、醫學、文學、哲學等不同領域，以及老人關懷案例、身體伸展減壓、觀看影片等活動，探討高齡化生活型態的改變與契機，共有一千八百多人次參加。

◆ 高雄紫雲寺「法鼓青年開講」系列講座，11 日邀請獨立紀錄片工作者黃淑梅主講「給親愛的孩子」，分享臺灣百年的林業發展對於本土生態、人文與環境的變遷影響，有近六十人參加。

◆ 美國紐約象岡道場舉辦禪一，由常護法師帶領，有近二十人參加。

06.12

◆ 美國紐約東初禪寺舉辦週日講座，由常護法師主講「《大智度論》初探」，有近七十人參加。

◆ 加拿大溫哥華道場舉辦禪一，由監院常悟法師帶領，共有三十多人參加。

◆ 北美護法會新澤西州分會舉辦半日禪，由悅眾帶領，共有十多人參加。

06.15

◆ 法鼓文理學院於德貴學苑舉辦專題講座，邀請聖嚴師父法子繼程法師主講「老實是禪」，分享老實修行，有近五百人參加。

06.16

◆ 16 至 27 日，禪堂舉辦精進禪七，邀請聖嚴師父法子繼程法師帶領，共有一百七十多人參加。

06.17

◆ 人基會「心藍海策略──企業社會責任」系列課程，17 日邀請政治大學法律系教授劉連煜、法鼓山護法總會總會長張昌邦主講「從企業倫理到取財有道」，有近五十人參加。
◆ 17 至 26 日，美國紐約象岡道場舉辦話頭禪十，邀請聖嚴師父西方法子查可·安德列塞維克（Žarko Andričević）帶領，共有四十多人參加。

06.18

◆ 法鼓文理學院、僧大於法鼓山園區國際會議廳舉辦畢結業典禮，方丈和尚果東法師、校長惠敏法師等師長出席祝福，為四十位畢結業生搭菩薩衣、授證，並點亮象徵智慧光明的缽燈，共有四百多人參加。
◆ 18 至 19 日，榮譽董事會於法鼓文理學院首度舉辦全球悅眾成長營，藉由多元課程，認識法鼓山的興學與建築理念，凝聚護法共識，共有四十五位悅眾參加。
◆ 美國紐約東初禪寺住持果醒法師北美護法會安省多倫多分會弘法關懷，18 至 19 日帶領生活禪二，有近四十人參加。

06.19

◆ 臺中寶雲寺舉辦新進勸募會員聯誼會，由悅眾分享學佛心得與勸募心法，共有五十多人參加。
◆ 美國紐約東初禪寺舉辦週日講座，邀請聖嚴師父西方弟子哈利·米勒主講「空性簡單，人性複雜」，共有五十多人參加。
◆ 香港道場於九龍會址舉辦佛一，有近兩百人參加。
◆ 北美護法會新澤西州分會舉辦半日禪，由悅眾帶領，共有十多人參加。

06.21

◆ 美國紐約東初禪寺舉辦英文禪一，由住持果醒法師帶領，共有四十多人參加。

06.22

◆ 6 月 22 日至 7 月 28 日，美國紐約東初禪寺舉辦佛學講座，由住持果醒法師講授《教觀綱宗》，共十五堂，有近五十人參加。

06.24

◆ 6 月 24 日至 8 月 19 日，臺北安和分院週五舉辦「觀生觀死觀自在」大事關懷系列講座，從臨床醫學、心理學與佛法的面向，探討臨終心靈轉化的歷程，以及正向面對死亡的觀念與方法，共七堂。首場於 6 月 24 日進行，由僧團常延法師主講「佛教的生死關懷」，有近一千一百人參加。

◆ 24 至 26 日，法鼓文理學院禪文化研修中心舉辦「心靈成長研修體驗營」，由主任果鏡法師擔任營主任，共有七十多位體系地區悅眾參加。

06.25

◆ 法鼓山社大於北投雲來寺舉辦專題講座，由法鼓文理學院助理教授辜琮瑜主講「改變，迎向心幸福」，分享「四它」的活用，共有一百三十多人參加。

◆ 慧炬機構董事長莊南田帶領臺灣大學晨曦社、國防醫學院曉鐘社、輔仁大學大千社等四十多位大專社團青年，參訪法鼓文理學院，由校長惠敏法師、佛教學系系主任果暉法師、助理教授鄧偉仁教授代表接待，認識文理學院的辦學理念和校園境教。

◆ 助念團於北投農禪寺舉辦北區悅眾聯誼座談，交流推動大事關懷的經驗，以及地區共修的現況，關懷院監院常綽法師到場關懷，共有一百三十位助念悅眾參加。

06.26

◆ 護法會北投辦事處於貴子坑水土保持教育園區舉辦戶外禪，共有一百二十多人參加。

◆ 法青會於德貴學苑舉辦「轉變我們的世界 —— 世界公民領導力工作坊」（Transforming Our World: Global Citizen Leadership Workshop），由常濟法師英文主講，果禪法師中譯，藉由氣候變遷、水資源與消費三項全球性議題，關心世界與行菩薩道，並進一步探索內在潛能、開拓視野、啟發及提昇生命的目標並超越自我，盡到世界公民的責任，共有三十人參加。

◆ 加拿大溫哥華道場舉辦禪一，由常玄法師帶領，有近四十人參加。

◆ 北美護法會新澤西州分會舉辦半日禪，由悅眾帶領，共有十多人參加。

◆ 新加坡護法會舉辦禪一，有近三十人參加。

06.29

◆ 人基會「2016 光明遠大心靈講座」，29 日邀請作家鄧美玲主講「飲食覺醒」，分享人與食物以及食物與自然的省思，有近八十人參加。

◆ 6 月 29 日至 7 月 3 日，聖基會於臺灣大學集思會議中心舉辦「第六屆聖嚴思想國際學

術研討會暨第四屆法鼓山信眾論壇」。6月29至30日進行信眾論壇，議程共有「誰，續寫法鼓山？從《聖嚴法師年譜》展望未來願景」、「聖嚴法師禪修理念的傳承與當代挑戰」、「心靈環保理念推廣」、「心靈環保之國際發展」、「漢傳佛法的國際傳播」等五個場次，由僧團法師分享法鼓山的發展。

06.30

◆ 傳燈院應新極限廣告股份有限公司之邀，於三峽天南寺舉辦企業禪修課程，由監院常願法師帶領放鬆禪，共有四十多位該公司員工參加。

7月　JULY

07.01

◆ 《人生》雜誌第 395 期出刊，本期專題「讀懂《六祖壇經》關鍵『智』」。

◆ 《法鼓》雜誌第 319 期出刊。

◆ 法鼓文化出版新書：《動靜皆自在》（禪修指引系列，聖嚴法師著）；《天地西藏 —— 孤寂阿里》（人生 DIY 系列，邱常梵著）；《東方初白 —— 東初老人傳》（琉璃文學系列，鄭栗兒著）；《佛教的東傳與中國化 —— 中國 I 南北朝》（*The Propagation of Buddhism to East Asia and Its Reception: China I, Northern and Southern Dynasties*）（新亞洲佛教史系列，沖本克己編，辛如意譯）。

◆ 《金山有情》季刊第 57 期出刊。

◆ 《法鼓文理學院校刊》第 8 期出刊。

◆ 《護法季刊》復刊第 7 期出刊。

◆ 臺北安和分院「觀生觀死觀自在」大事關懷系列講座，1 日展開第二場，邀請佛教蓮花基金會董事張寶方分享「臨終陪伴與關懷的藝術」，共有八百三十多人參加。

◆ 1 至 3 日，三峽天南寺舉辦精進禪二，由果峙法師帶領，有近一百二十人參加。

◆ 法鼓山網路電視台每月「主題影片」單元，7月播出「放鬆禪 —— 如何舒壓與放鬆」，精選聖嚴師父相關的開示影片，引領大眾重溫師父的智慧開示。

◆ 1 至 5 日，香港道場於香港中文大學舉辦青年五日禪，主題是「轉念」，由常順法師、常格法師等帶領，共有一百三十四位青年學員參加。

◆ 聖基會「第六屆聖嚴思想國際學術研討會暨第四屆法鼓山信眾論壇」，1 至 3 日進行聖嚴思想國際學術研討會，本屆會議以「歷史想像與現代性語境下之漢傳佛教與聖嚴思想」為主題，聚焦於漢傳佛教與當代社會的連結與對話，有近百位來自臺灣、中國大陸、北美、歐洲等地學者與會，發表七十四篇論文。

07.02

◆ 臺中寶雲寺舉辦義工培訓初階課程，由護法總會副總會長陳志明、資深悅眾陳若玲、

林其賢授課，內容包括法鼓義工修福慧、提昇團隊共識與效率、寶雲寶藏多分享等，監院果理法師到場關懷，有近一百九十位學員參加。

◆ 傳燈院於北投雲來寺舉辦 Fun 鬆一日禪，由監院常願法師帶領，共有八十多人參加。

◆ 2 至 3 日，關懷院於高雄紫雲寺舉辦大事關懷培訓課程，由常健法師帶領，內容包括大事關懷七項服務、助念梵唄法器教學等，有近兩百位南部地區助念團成員參加。

◆ 2 至 3 日、9 至 10 日、16 至 17 日，人基會心劇團於德貴學苑舉辦「幸福體驗親子營」，以戲劇演出方式，帶領體驗心靈環保在日常生活的運用，三梯次共有兩百二十多位五至七歲的幼童與家長參加。

◆ 7 月 2 日至 9 月 3 日，護法會花蓮辦事處每週六舉辦佛學課程，由常慧法師主講「學佛五講」，有近六十人參加。

◆ 2 至 4 日，美國紐約東初禪寺舉辦念佛禪三，由住持果醒法師帶領，有近五十人參加。

◆ 2 至 10 日，關懷院監院常綽法師於東南亞弘法關懷，主要弘講「大事關懷」系列課程，分享正信、正知的佛教生命觀。2 至 3 日於泰國護法會帶領「圓滿生命的無限延伸——生死兩相安」課程，內容包括法鼓山禮儀環保理念、法鼓山大事關懷作法與細則、助念梵唄法器教學等，有近三十人參加。

07.03

◆ 臺南分院舉辦幸福講座，主題是「不只一場戲」，由僧大教務長常啟法師、人基會心劇團團長蔡旻霓、社工師謝云洋分享實踐佛法、弘揚佛法的生命經驗，共有一百四十多人參加。

◆ 北美護法會伊利諾州芝加哥分會舉辦半日禪，由悅眾帶領，共有十多人參加。

07.04

◆ 4 至 6 日，慈基會於北投雲來寺舉辦「2016 兒童心靈環保體驗營」，由教聯會師資帶領，共有五十位受關懷家庭的學童參加。

07.05

◆ 7 月 5 日至 8 月 9 日，弘化院每週二於北投雲來寺舉辦佛學講座課程，由果傳法師主講《法華經》，有近一百位參學導覽義工參加。

◆ 5 至 16 日，二十二位來自美國、加拿大、波蘭、克羅埃西亞等地西方禪眾，在聖嚴師父資深禪修弟子、美國佛羅里達州立大學宗教學系副教授俞永峯帶領下，於臺灣展開巡禮尋根之旅。7 至 14 日於法鼓山園區禪堂參加英文禪七；15 至 17 日則依序參訪北投雲來寺、農禪寺及三峽天南寺，分別從行政組織、法脈源流、禪修推廣等多個面向，深入法鼓山的理念及發展脈絡。

07.06

◆ 6 至 27 日，信眾教育院每週三晚上於北投農禪寺舉辦「法鼓講堂」佛學課程，由果竣

法師主講「《金剛經》與生活」，課程同時在「法鼓山心靈環保學習網」進行線上直播，提供全球學員上網聽講，並參與課程討論。

◆ 法鼓文理學院舉辦專題講座，邀請導演章大中主講「紀錄片的社會影響力」，有近七十人參加。

◆ 關懷院監院常綽法師東南亞弘法關懷，6至7日於馬來西亞道場帶領「圓滿生命的無限延伸 —— 生死兩相安」課程，內容包括法鼓山禮儀環保理念、法鼓山大事關懷作法與細則、助念梵唄法器教學等，有近一百三十人參加。

◆ 7月6日至8月3日，弘化發展專案召集人果慨法師於北美弘法關懷。7月6日於加拿大多倫多大學（University of Toronto）舉辦專題講座，主題是「佛教徒的生死觀」，透過同步口譯，與西方眾分享漢傳佛教的生死觀，有近五十人參加。

07.07

◆ 7至10日，臺東信行寺舉辦初級禪悅四日營，由監院常全法師帶領，有近四十人參加。

◆ 7至14日，禪堂舉辦英語初階禪七，由禪修中心副都監果元法師帶領，有近一百一十人參加。

◆ 7至10日，教聯會於三峽天南寺舉辦教師心靈環保自我成長營，由常獻法師帶領，有近一百一十人參加。

◆ 北美護法會加州舊金山分會舉辦茶禪，由美國紐約象岡道場監院常惺法師帶領，共有三十多人參加。

07.08

◆ 臺北安和分院「觀生觀死觀自在」大事關懷系列講座，8日展開第三場，邀請臺大醫院家庭醫學部主任蔡兆勳主講「面對死亡的恐懼」，有近六百人參加。

◆ 8至10日，臺北安和分院舉辦「2016兒童心靈環保體驗營」，由教聯會師資帶領，有近一百七十位國小中、高年級學童參加。

◆ 弘化發展專案召集人果慨法師北美弘法關懷，8日於北美護法會安省多倫多分會舉辦專題講座，主題是「梵唄與修行」，共有三十多人參加。

07.09

◆ 9至10日，臺南分院舉辦「2016兒童心靈環保體驗營」，由教聯會師資帶領，共有七十四位國小學童參加。

◆ 9至10日，臺南雲集寺舉辦「2016兒童心靈環保體驗營」，由教聯會師資帶領，共有七十位國小學童參加。

◆ 9至10日，高雄紫雲寺舉辦「2016兒童心靈環保體驗營」，由法青會員帶領，有近一百二十位國小中、高年級學童參加。

◆ 9至17日，傳燈院每週六、日於北投雲來寺舉辦「遇見心自己」課程，由常願法師帶領認識情緒，以禪修調柔自心，有近五十人參加。

◆ 7月9日至9月10日，傳燈院週六於臺中寶雲寺舉辦「遇見心自己」課程，共八堂，

由常禮法師帶領認識情緒，以禪修調柔自心，有近八十人參加。

◆ 普化中心於北投農禪寺舉行「聖嚴書院佛學班北區聯合結業典禮」，副都監果毅法師到場關懷，共有農禪、安和、中山、中正、基隆等九個班級，八百零七位學員圓滿三年初階課程。

◆ 9 至 12 日，法鼓文理學院首度為高中生舉辦「生命美學研習營」，課程規畫以生命教育、美學教育為主軸，內容包括禪坐、茶禪與基礎佛學課程，由文理學院教師、法鼓山僧團法師授課，有近百位學子參加。

◆ 9 日及 23 日，人基會於臺北安和分院舉辦「快樂婚享班」課程，以家庭倫理為核心，內容包括「快樂生活」、「實用新知」、「用心生活」、「幸福密碼」等，傳遞落實家庭倫理的心法，並由常持法師提點禪修觀念在婚姻生活的應用，共有五十多位學員參加。

◆ 美國紐約象岡道場舉辦禪一，由常護法師帶領，有近二十人參加。

◆ 9 至 10 日，北美護法會加州舊金山分會舉辦佛學講座，由美國紐約象岡道場監院常惺法師導讀《阿含經》，有近六十人參加。

◆ 弘化發展專案召集人果慨法師北美弘法關懷，9 至 10 日於北美護法會安省多倫多分會主持觀音法門專題研習，有近七十人參加。

◆ 關懷院監院常綽法師東南亞弘法關懷，9 至 10 日於新加坡護法會帶領「圓滿生命的無限延伸 —— 生死兩相安」課程，內容包括法鼓山禮儀環保理念、法鼓山大事關懷作法與細則、助念梵唄法器教學等，有近一百一十人參加。

07.10

◆ 南投德華寺舉辦佛一暨八關戒齋，由副寺果弘法師帶領，有近六十人參加。

◆ 10 至 14 日，慈基會於中國大陸四川江油羅漢寺舉辦「生命教育心靈環保體驗營」，由僧團副住持果品法師、寺院管理副都監常寬法師及僧大學僧帶領授課，共有六十多位大學新鮮人參加。

◆ 強烈颱風尼伯特 7 日從臺灣東部登陸，造成臺東縣市嚴重災情，法鼓山於第一時間啟動緊急救援系統，於 10 日召開緊急會議，並於 11 至 15 日，由僧團法師帶領義工，分組前往受損的卑南國中國小、豐源國小、復興國小、南王國小、臺東女中、臺東大學等十一所學校，協助清理校園；慈基會祕書長果器法師、關懷院監院常綽法師、信行寺監院果增法師等，也率同慰訪義工，共探視六十三戶受災家庭。

◆ 美國紐約東初禪寺舉辦週日講座，由常震法師主講「世親菩薩淨土論」，有近五十人參加。

◆ 北美護法會新澤西州分會舉辦半日禪，由悅眾帶領，共有十多人參加。

07.11

◆ 11 至 12 日，臺中寶雲寺舉辦「2016 兒童心靈環保體驗營」第一梯次，由教聯會師資帶領，共有八十位國小高年級學童參加。

◆ 合唱團團本部地區合唱團巡迴關懷，11 日於護法會豐原辦事處參與豐原團練唱共修，交流演唱技巧。

◆ 弘化發展專案召集人果慨法師北美弘法關懷，11 日於北美護法會安省多倫多分會舉辦專題講座，主題是「《金剛經》與無悔的人生」，共有七十多人參加。

07.12

◆ 12 至 16 日，法鼓山於園區舉辦「2016 兒童心靈環保體驗營」第一梯次，由教聯會師資帶領，有近一百二十位國小高年級學童參加。

07.13

◆ 13 至 14 日，臺中寶雲寺舉辦「2016 兒童心靈環保體驗營」第二梯次，由教聯會師資帶領，共有八十位國小中年級學童參加。

◆ 弘化發展專案召集人果慨法師北美弘法關懷，13 日於美國紐約東初禪寺舉辦專題講座，主題是「從觀音道場走入聖嚴師父的內心世界」，共有八十多人參加。

07.14

◆ 法行會於臺北國賓飯店舉辦第一八一次例會，由法鼓文理學院校長惠敏法師主講「『心靈環保』與企業社會影響力」，有近兩百人參加。

◆ 7 月 14 日至 9 月 16 日，僧團副住持果元法師率領僧伽大學禪學系學僧演廣法師、演建法師，前往新加坡、印尼，以及墨西哥、美國等地弘法，主持禪修活動及禪講課程。

07.15

◆ 合唱團團本部地區合唱團巡迴關懷，15 日於護法會員林辦事處參與員林團練唱共修，交流演唱技巧。

◆ 弘化發展專案召集人果慨法師北美弘法關懷，15 日於北美護法會新澤西州分會舉辦專題講座，主題是「從觀音道場走入聖嚴師父的內心世界」，共有六十多人參加。

◆ 僧團副住持果元法師亞、美兩洲弘法，15 日於新加坡護法會舉辦專題演講，主題是「音聲洄瀾」，分享音聲對身心的影響，共有九十多人參加。

07.16

◆ 法鼓山於三峽天南寺舉辦「社會菁英禪修營第八十七次共修會」，由天南寺監院常哲法師帶領，共有七十五人參加。

◆ 7 月 16 日至 11 月 5 日，傳燈院週六於高雄紫雲寺舉辦「遇見心自己」課程，共八堂，由紫雲寺監院常參法師、悅眾甘玲華帶領認識情緒，以禪修調柔自心，有近三十人參加。

◆ 16 至 23 日，禪堂舉辦青年初階禪七，由演捨法師帶領，共有六十多人參加。

◆ 16 日、23 日，北美護法會新澤西州分會舉辦佛學講座，由美國紐約東初禪寺住持果醒法師導讀聖嚴師父著作《天台心鑰》，有近六十人參加。

◆ 僧團副住持果元法師亞、美兩洲弘法，16 日於新加坡郊區舉辦英文禪一，共有五十多人參加。

07.17

◆ 桃園齋明別苑「心光講堂」系列講座，17 日邀請重度自閉症患者游高晏主講「我和地球人相處的日子」，分享以鍵盤與外界溝通的心路歷程，共一百二十多人參加。

◆ 臺東信行寺舉辦專題講座，由法鼓文理學院教授杜正民主講「法的療癒 —— 佛典的療病觀與生死觀」，共有五十多人參加。

◆ 合唱團團本部地區合唱團巡迴關懷，17 日於臺南分院參與臺南團練唱共修，交流演唱技巧。

◆ 17 日及 24 日，法青會於德貴學苑舉辦覺情工作坊，分別邀請成大中文系助理教授陳弘學、實踐大學社會工作學系副教授楊蓓主講「從覺『有情』到『覺有情』—— 生命情感課題的觀照與超越」、「相愛容易相處難 —— 烽火家人」，共有一百二十多人次參加。

◆ 17 至 24 日，美國紐約東初禪寺舉辦週日講座，由住持果醒法師主講「《楞嚴經》與天台心鑰」，有近八十人參加。

◆ 17 至 26 日，美國紐約象岡道場舉辦禪十，邀請聖嚴師父法子繼程法師帶領，有近五十人參加。

◆ 香港道場於港島會址舉辦禪一，有近五十人參加。

◆ 北美護法會新澤西州分會舉辦半日禪，由悅眾帶領，共有十多人參加。

◆ 北美護法會加州舊金山分會舉辦禪一，由悅眾帶領，共有二十多人參加。

◆ 弘化發展專案召集人果慨法師北美弘法關懷，17 日於美國麻薩諸塞州波士頓普賢講堂舉辦專題講座，主題是「觀音法門介紹」，共有七十多人參加。

◆ 僧團副住持果元法師亞、美兩洲弘法，17 日於新加坡郊區舉辦中文禪一，有近六十人參加。

07.18

◆ 18 至 21 日，北投農禪寺舉辦「2016 兒童心靈環保體驗營」，由教聯會師資帶領，藉由學佛行儀、手作創意、團康遊戲等課程，學習四種環保，共有一百一十七位國小中年級學童參加。

◆ 18 至 22 日，北美護法會伊利諾州芝加哥分會舉辦禪修營，由悅眾帶領，內容包括禪坐、經行、法鼓八式動禪等，每日有近三十人參加。

07.19

◆ 19 至 23 日，法鼓山於園區舉辦「2016 兒童心靈環保體驗營」第二梯次，由教聯會師資帶領，共有一百多位國小高年級學童參加。

◆ 7 月 19 日至 8 月 30 日，臺北安和分院週二舉辦佛教人文藝術講座，邀請畫家楊雪梅主講「一溪初入千花明」，有近九十人參加。

◆ 國際扶輪社三五二〇地區於桃園齋明寺舉辦「國際青少年宗教體驗營」，由常寂法師等帶領，共有三十六位來自歐、美、亞等十二個國家的青少年體驗漢傳禪佛教。

07.20

◆ 20 至 26 日，香港道場參加於香港會議展覽中心舉行的「2016 香港書展」，以「心靈環保──四安」為主題，展出聖嚴師父著作與法鼓山出版品，推廣心靈環保理念。24 日並於會議中心舉辦「心安的力量──聖嚴法師的生命智慧」講座，由文化中心副都監果賢法師主講，共有一百一十多人參加。

◆ 美國佛羅里達州立大學宗教系副教授俞永峯，應國家圖書館漢學研究中心之邀，以「承先啟後的正統漢傳佛教──聖嚴法師的中華禪法鼓宗」為題，與聽眾分享聖嚴師父創宗的背景及時代意義，共有六十多人參加。

◆ 僧團副住持果元法師亞、美兩洲弘法，20 日於印尼亞齊的大亞齊佛學會（Vihara Buddha Sakyamuni Banda Aceh）舉辦專題講座，主題是「禪修生活應用」，由廣化一乘禪寺（Wihara Ekayana Arama）學志法師擔任印尼文翻譯，共有三十多人參加。

07.21

◆ 僧團副住持果元法師亞、美兩洲弘法，21 日於印尼棉蘭的勝利法寺（Vihara Dharma Wijaya）舉辦專題講座，主題是「禪修生活應用」，由廣化一乘禪寺學志法師擔任印尼文翻譯，共有四十多人參加。

07.22

◆ 22 至 24 日，北投農禪寺舉辦精進禪二，由常修法師帶領，有近一百七十人參加。

◆ 臺北安和分院「觀生觀死觀自在」大事關懷系列講座，22 日展開第四場，邀請臺大醫院家庭醫學部主任蔡兆勳分享「善終的典範」，共有六百多人參加。

◆ 22 至 24 日，三峽天南寺舉辦精進禪二，由常為法師帶領，共有一百一十多人參加。

◆ 中華電子佛典協會（Chinese Buddhist Electronic Text Association, CBETA）於德貴學苑舉辦「2016 年成果發表會」，由法鼓文理學院校長惠敏法師主持，呈現新收錄的《大藏經補編》三十六冊及「中國佛寺志」十五部，CBETA 線上閱讀網站──CBETA Online Reader 也正式上線，共有一百多人參加。

◆ 人基會「心藍海策略──企業社會責任」系列課程，22 日邀請倍盛美傳媒董事長陳韋仲、資深悅眾戴萬成主講「企業倫理與全方位績效」，有近五十人參加。

◆ 弘化發展專案召集人果慨法師北美弘法關懷，22 至 24 日於北美護法會加州舊金山分會舉辦《法華三昧懺儀》研習營，帶領禮懺、禪觀等修行活動，共有五十多位學員參加。

◆ 僧團副住持果元法師亞、美兩洲弘法，22 至 24 日於印尼棉蘭蓮花村莊（Lotus Village）主持禪三，共有三十六人參加。

07.23

◆ 臺北安和分院舉辦禪一，由監院果旭法師帶領，有近一百四十人參加。

◆ 蘭陽精舍於上午舉行落成啟用大典，方丈和尚果東法師、僧團法師、宜蘭縣長林聰賢、羅東鎮長林姿妙、蘭陽精舍籌建團隊以及信眾代表，共同圓滿佛像揭幔儀式，

共有一千多人參加；下午舉辦祈福皈依大典，由方丈和尚果東法師授三皈依，有近
三百位民眾成為三寶弟子。

◆ 23 至 24 日，桃園齋明寺舉辦「2016 兒童心靈環保體驗營」，由教聯會師資帶領，共
有七十五位國小中年級學童參加。

◆ 臺中寶雲寺舉辦佛一，由監院果理法師帶領，共有三百多人參加。

◆ 23 至 24 日，美國加州洛杉磯道場舉辦禪二，由常宗法師帶領，有近四十人參加。

◆ 23 至 31 日，僧團副住持果暉法師於加拿大弘法，23 至 24 日於溫哥華道場舉辦專題講
座，主題是「《圓覺經》的智慧」，藉由經文中佛陀和十二位大菩薩的問答，學習禪
的人生觀和在日常生活中的運用，有近一百人參加。

◆ 盧森堡聯絡處於當地普慈方濟修女會（Sisters of Mercy of St. Francis）的瑜伽教室首度
舉辦禪修活動，共有二十二位來自比利時、德國、盧森堡等地禪眾參加。

07.24

◆ 7 月 24 日至 8 月 31 日，北投中華佛教文化館舉辦中元報恩《地藏經》共修，由監院
果諦法師帶領，每日均有五十多人參加。

◆ 臺東信行寺舉辦禪一，由監院常全法師帶領，共有二十多人參加。

◆ 傳燈院於三義 DIY 心靈環保教育中心舉辦地區助理監香成長營，由監院常願法師帶
領，並邀請實踐大學社會工作學系副教授楊蓓老師分享領眾三願心：觀音心、請教心
與學習心，有近三十人參加。

◆ 24 至 31 日，教聯會於法鼓山園區禪堂舉辦教師禪七，由禪堂監院常源法師、常獻法
師等帶領，有近一百二十人參加。

◆ 香港道場於九龍會址舉辦「《聖嚴法師年譜》分享會」，由文化中心副都監果賢法師
介紹聖嚴師父的生命歷程，有近一百二十位信眾參加。

◆ 北美護法會新澤西州分會舉辦半日禪，由悅眾帶領，共有十多人參加。

◆ 新加坡護法會舉辦佛一，有近三十人參加。

07.26

◆ 26 至 31 日，慈基會於中國大陸四川江油羅漢寺舉辦「生命教育心靈環保體驗營」，
由僧團副住持果品法師、寺院管理副都監常寬法師及僧大學僧帶領授課，有近一百位
大學生參加。

◆ 僧團副住持果暉法師加拿大弘法，26 至 27 日於溫哥華道場舉辦專題講座，主題是「次
第禪觀」，以三學的次第、禪定的次第、次第禪觀，講授禪宗無次第的意義與受用，
有近七十人參加。

◆ 弘化發展專案召集人果慨法師北美弘法關懷，26 日於北美護法會加州舊金山分會舉辦
專題講座，主題是「梵唄與修行」，共有八十多人參加。

◆ 行政中心人力資源處於北投雲來寺舉辦專題講座，邀請實踐大學社會工作學系副教授
楊蓓主講「自在溝通從心出發」，有近一百一十人參加。

07.27

◆ 人基會「2016 光明遠大心靈講座」，27 日邀請達一廣告公司董事長徐一鳴主講「快樂的捷徑」，分享快樂心法，有近七十人參加。

◆ 7 月 27 日、8 月 3 日，香港道場於九龍會址舉辦《地藏經》講座，由果謙法師詳釋《地藏經》的意涵，共有三百九十多人次參加。

◆ 弘化發展專案召集人果慨法師北美弘法關懷，27 日於北美護法會加州舊金山分會舉辦專題講座，主題是「《梁皇寶懺總說》」，共有九十多人參加。

07.28

◆ 僧團副住持果元法師亞、美兩洲弘法，28 日於印尼雅加達的廣化一乘禪寺舉辦專題講座，主題是「禪修生活應用」，由學志法師擔任印尼文翻譯，共有四十多人參加。

07.29

◆ 29 至 31 日，北投中華佛教文化館舉辦中元報恩地藏法會，由監院果諦法師帶領，有近三百人次參加。

◆ 臺北安和分院「觀生觀死觀自在」大事關懷系列講座，29 日展開第五場，由關懷院監院常綽法師主講「幫助臨終者及往生者往生西方極樂世界」，共有六百多人參加。

◆ 29 至 31 日，桃園齋明寺舉辦「2016 兒童心靈環保體驗營」，由教聯會師資帶領，共有一百零二位國小中、高年級學童參加。

◆ 29 至 31 日，高雄紫雲寺舉辦佛學講座，由果謙法師主講「地藏菩薩的大願法門」，有近三百人參加。

◆ 29 至 31 日，傳燈院於三義 DIY 心靈環保教育中心舉辦立姿動禪學長培訓課程，由監院常願法師帶領，有近六十人參加。

◆ 僧團副住持果暉法師加拿大弘法，29 至 31 日於溫哥華道場舉辦「安那般那數息觀」禪三，為方便禪眾作息，禪眾可隨喜參加一日、二日，共有四十七人全程參加。

◆ 弘化發展專案召集人果慨法師北美弘法關懷，29 日於北美護法會華盛頓州西雅圖分會帶領禪坐共修，共有四十多人參加。

◆ 僧團副住持果元法師亞、美兩洲弘法，29 日於印尼雅加達的廣化一乘禪寺舉辦專題講座，主題是「真正的平安」，由學志法師擔任印尼文翻譯，共有五十多人參加。

07.30

◆ 臺中寶雲寺舉辦悅眾培訓課程，邀請資深顧問陳若玲講授，主題是「勤務帶領，善指導」、「人才寶庫，法永傳」，共有六十多人參加。

◆ 聖嚴師父法子繼程法師應波蘭禪宗協會（The Chan Buddhist Union of Poland）邀請，於當地華沙亞太博物館（The Asia and Pacific Museum），以「佛法的修行 —— 修行佛法的次第」為題演講，共有一百多人參加。

◆ 美國紐約東初禪寺舉辦英文禪一，邀請聖嚴師父西方弟子哈利・米勒帶領，共有十多

人參加。

◆ 30至31日,馬來西亞道場舉辦義工成長課程,由監院常藻法師導讀聖嚴師父著作《心在哪裡》,有近六十位義工參加。

◆ 北美護法會伊利諾州芝加哥分會舉辦專題研習,由美國紐約東初禪寺常震法師主講「地藏法門」,並帶領中元報恩地藏法會,有近五十人參加。

◆ 弘化發展專案召集人果慨法師北美弘法關懷,30日於北美護法會華盛頓州西雅圖分會舉辦專題講座,主題是「觀音法門」,共有八十多人參加。

◆ 僧團副住持果元法師亞、美兩洲弘法,7月30日至8月7日於印尼茂物(Bogor)主持禪九,由聖嚴師父印尼籍弟子阿格斯(Agus Santoso)擔任印尼文翻譯,共有四十五人參加;禪期圓滿,十四位禪眾發心皈依,成為三寶弟子。

O7.31

◆ 7月31日、8月21日、9月11日、10月31日、12月11日,北投農禪寺舉辦佛曲教唱,由護法會合唱團團長李俊賢、賴玨好老師等分享唱歌技巧,並進行練唱指導,共有四百多人次參加。

◆ 7月31日至8月28日,基隆精舍舉辦中元報恩《地藏經》共修,由副寺果樞法師帶領,每日有近七十人參加。

◆ 7月31日至8月7日,臺南雲集寺舉辦中元報恩地藏法會,由監院常嘉法師帶領,共有八百五十多人次參加。

◆ 7月31日至12月25日,傳燈院週日於德貴學苑舉辦「遇見心自己」課程,共八堂,由常禮法師帶領認識情緒,以禪修調柔自心,有近四十人參加。

◆ 普化中心於臺中寶雲寺舉辦「普化教育關懷員中區聯合培訓」課程,由信眾教育院監院常用法師、寶雲寺監院果理法師帶領,有近一百位快樂學佛人、長青班、福田班、佛學班、禪學班等課程的關懷員參加。

◆ 法鼓山社大於園區舉辦「法鼓童軍團萬里幼童軍」成立活動,由校長曾濟群、僧團男眾副都監常遠法師、童軍總團長張瑞松、萬里童軍團團長林子龍等師長,為二十六位幼童軍,別上法鼓童軍團的領巾與布章,共有一百多人參加。

◆ 7月31日至8月21日,聖嚴師父法子繼程法師應波蘭禪宗協會邀請,於華沙藝術學院(Academy of Fine Art in Warsaw)指導禪二十一,由僧團常啟法師、常襄法師擔任總護與小參;並以永嘉大師的《證道歌》為主題開示,共有二十七位來自歐洲各國禪眾參與全程禪期。

◆ 北美護法會新澤西州分會舉辦半日禪,由悅眾帶領,共有十多人參加。

◆ 北美護法會伊利諾州芝加哥分會舉辦Fun鬆一日禪,由美國紐約東初禪寺常震法師帶領,有近五十人參加。

◆ 弘化發展專案召集人果慨法師北美弘法關懷,31日上午於北美護法會華盛頓州西雅圖分會帶領大悲懺法會,下午進行戶外禪。

◆ 北美護法會安省多倫多分會舉辦中元報恩地藏法會,由美國紐約東初禪寺常廣法師帶領,共有四十多人參加。

8月 AUGUST

08.01

◆ 《人生》雜誌第 396 期出刊，本期專題「禪心禪畫」。

◆ 《法鼓》雜誌第 320 期出刊。

◆ 法鼓文化出版新書：《本來面目 ——〈觀心銘〉講記》（大智慧系列，聖嚴法師著）；《聖嚴說禪》（清心百語系列，聖嚴法師著）；《熟年真好》（般若方程式系列，楊蓓著）；《和心在一起》CD（法鼓山歌曲系列，法鼓文化製作）。

◆ 法鼓山網路電視台每月「主題影片」單元，8 月播出「安心禪 —— 如何安心自在」，精選聖嚴師父相關的開示影片，引領大眾重溫師父的智慧開示。

◆ 1 至 10 日，法鼓文理學院禪文化研修中心於園區舉辦「2016 年兩岸大學院校教師研修體驗營」，內容包括初級禪訓班、禪三與跨領域課程等，有近二十位來自臺灣與中國大陸的教師與博士生，深度體驗漢傳禪風。

◆ 1 至 26 日，法鼓文理學院首度舉辦暑期漢語佛教文獻英語研修班，由助理教授鄧偉仁、中華佛學研究所研究員王晴薇帶領，共有十五位來自不同國家的佛學研究生，以及漢傳與南傳的僧眾參加。

◆ 弘化發展專案召集人果慨法師北美弘法關懷，1 至 2 日於北美護法會華盛頓州西雅圖分會舉辦讀書會帶領人培訓課程，有近四十人參加。

08.02

◆ 馬來西亞道場舉辦專題講座，邀請臺灣屏北社區大學生死學講師郭惠芯主講「生病與探病的藝術」，有近一百四十人參加。

08.03

◆ 3 至 6 日，臺東信行寺舉辦「2016 兒童心靈環保體驗營」，由教聯會師資帶領，共有五十多位國小學童參加。

◆ 馬來西亞道場舉辦專題講座，邀請臺灣屏東大學中文系副教授林其賢主講「漢傳佛教之建立與特色」，共有一百多人參加。

◆ 弘化發展專案召集人果慨法師北美弘法關懷，3 日於北美護法會華盛頓州西雅圖分會舉辦專題講座，主題是「梵唄與修行」，共有六十多人參加。

08.04

◆ 法行會於臺北國賓飯店舉辦第一八二次例會，由方丈和尚果東法師主講「法鼓悅眾光明行」，共有兩百二十多人參加。

◆ 馬來西亞道場舉辦專題講座，邀請臺灣屏東大學中文系副教授林其賢主講「現代漢傳

佛教的復興 —— 人生佛教與人間佛教」，有近一百六十人參加。

08.05

◆ 臺北安和分院「觀生觀死觀自在」大事關懷系列講座，29 日展開第六場，由關懷院監院常綽法師主講「佛教生死學 —— 認識生死到解脫生死」，有近四百六十人參加。
◆ 5 至 7 日，三峽天南寺舉辦精進禪二，由果峙法師帶領，有近一百一十人參加。
◆ 5 至 7 日，美國紐約象岡道場舉辦禪三，邀請聖嚴師父西方弟子李世娟帶領，有近二十人參加。
◆ 馬來西亞道場舉辦專題講座，邀請臺灣屏東大學中文系副教授林其賢主講「聖嚴法師與人間淨土」，有近兩百人參加。

08.06

◆ 6 至 12 日，高雄紫雲寺舉辦中元報恩《地藏經》共修，由監院常參法師帶領，共有兩千三百多人次參加。
◆ 馬來西亞道場於八打靈再也精武華小視聽館舉辦「《聖嚴法師年譜》分享會」，由編著者林其賢分享聖嚴師父與南洋的弘法因緣與歷程，共有一百六十多人參加。
◆ 北美護法會華盛頓州西雅圖分會舉辦佛學講座，由美國紐約東初禪寺果乘法師主講《地藏經》，共有六十多人參加。
◆ 8 月 6 日至 10 月 8 日，新加坡護法會每週六舉辦「初級梵唄班課程」，由悅眾帶領，有近三十人參加。

08.07

◆ 7 至 13 日，北投農禪寺啟建梁皇寶懺法會，方丈和尚果東法師於首日到場關懷，當日有逾七千位信眾及義工參加；一連七日的法會，有近四萬人次參加。
◆ 桃園齋明寺舉辦禪一，由常灌法師帶領，有近九十人參加。
◆ 南投德華寺舉辦中元報恩地藏法會，由副寺果弘法師帶領，共有八十多人參加。
◆ 7 至 14 日，禪堂舉辦中階禪七，由僧團副住持果暉法師帶領，有近一百四十人參加。
◆ 美國紐約東初禪寺舉辦週日講座，邀請聖嚴師父西方弟子哈利·米勒主講「自我與他的異同，或不異不同」，有近五十人參加。
◆ 馬來西亞道場舉辦禪一，由常施法師帶領，有近四十人參加。
◆ 北美護法會新澤西州分會舉辦半日禪，由悅眾帶領，共有十多人參加。
◆ 北美護法會伊利諾州芝加哥分會舉辦半日禪，由悅眾帶領，有近二十人參加。
◆ 北美護法會加州舊金山分會舉辦禪一，由悅眾帶領，有近二十人參加。
◆ 北美護法會華盛頓州西雅圖分會舉辦中元報恩地藏法會，由美國紐約東初禪寺果乘法師帶領，共有六十多人參加。
◆ 新加坡護法會舉辦「《聖嚴法師年譜》分享會」，由編著者林其賢分享聖嚴師父與南洋的弘法因緣與歷程，共有一百多人參加。

08.09

◆ 9 至 16 日，臺南分院舉辦中元報恩地藏法會，由監院常嘉法師帶領，法師勉勵大眾以無所求的純淨願力持誦經典，共有一千四百多人次參加。

◆ 9 至 14 日，美國紐約東初禪寺於象岡道場舉辦親子營，由住持果醒法師及臺灣教聯會師資帶領，共有八十位親子參加。

08.10

◆ 新加坡護法會舉辦專題講座，邀請臺灣屏北社區大學生死學講師郭惠芯主講「生病與探病的藝術」，有近八十人參加。

08.11

◆ 11 至 13 日，臺東信行寺舉辦中元報恩慈悲三昧水懺法會，由果興法師主法，共有一百七十多人次參加。

08.12

◆ 12 至 14 日，三峽天南寺舉辦精進禪二，由常為法師帶領，有近一百一十人參加。

◆ 12 至 14 日，臺中寶雲寺舉辦中元報恩地藏法會，由文化中心副都監果賢法師主法，期勉眾人把握法會共修因緣，學習地藏菩薩的精神，修五戒、十善，在人世間好好修行，有近一千人次參加。

◆ 12 至 14 日，加拿大溫哥華道場舉辦青年英文禪修營，邀請聖嚴師父西方弟子李世娟帶領，有近二十人參加。

08.13

◆ 高雄紫雲寺舉辦中元報恩三時繫念法會，共有九百多人參加。

◆ 僧團副住持果元法師亞、美兩洲弘法，13 至 20 日於墨西哥納亞特州（Nayarit）的玉堂海灣禪修中心（Mar de Jade Holistic Center）帶領禪七，由該禪修中心負責人蘿拉（Laura Del Valle）擔任西班牙文翻譯，有近五十位學員參加。

◆ 美國加州洛杉磯道場舉辦專題講座，由監院果見法師主講《地藏十輪經》，共有九十多人參加。

◆ 北美護法會安省多倫多分會舉辦禪一，由悅眾帶領，共有十多人參加。

08.14

◆ 蘭陽精舍舉辦戶外禪，由常峪法師帶領，共有三十人參加。

◆ 桃園齋明別苑「心光講堂」系列講座，14 日邀請慈濟醫院一般醫學主治醫師許瑞云主講「轉念，和自己和解」，分享轉念的真義，勉勵大眾以心能量創造幸福家庭關係，

共有六百多人參加。

◆ 臺東信行寺舉辦中元報恩三時繫念法會，由三峽天南寺監院常哲法師主法，有近一百人參加。

◆ 傳燈院於臺北愛群大廈舉辦「吃飯趣」分享活動，由監院常願法師帶領，共有二十多位學校教師參加。

◆ 慈基會於北投雲來寺舉辦北區慰訪員進階教育訓練課程，邀請心理師林烝增、資深讀書會帶領人方隆彰講授訪視與溝通技巧，並進行實務演練，共有一百五十二位慰訪員參加。

◆ 美國加州洛杉磯道場舉辦中元報恩地藏法會，由監院果見法師帶領，期許大眾把握共修機會，精進不懈，學習地藏菩薩的慈悲精神，讓自己惡業不造，善因不斷，共有一百二十多人參加。

◆ 14 至 20 日，香港道場於九龍會址舉辦中元報恩「都市地藏週」活動，期間共修七部《地藏經》，20 日圓滿日並舉辦皈依儀式，由僧團副住持果品法師授三皈依，共有一百多人皈依三寶。

◆ 北美護法會新澤西州分會舉辦半日禪，由悅眾帶領，共有十多人參加。

08.15

◆ 15 至 20 日，桃園齋明寺舉辦中元報恩地藏懺法會，由監院果舟法師主法，有近一千五百人次參加。

◆ 15 日、16 日及 18 日，桃園齋明別苑舉辦佛學講座，由禪堂監院常源法師主講「佛教入門」共有三百多人次參加。

08.16

◆ 中國國家宗教事務局副局長蔣堅永一行九人，參訪北投農禪寺，由方丈和尚果東法師、僧團副住持果品法師，以及護法總會副總會長許仁壽等，代表接待，進行交流。

08.17

◆ 17 至 30 日，臺北安和分院舉辦中元祈福法會，由監院果旭法師帶領，內容包括《地藏經》共修和地藏法會，共有兩千兩百多人次參加。

◆ 17 至 24 日，青年院於法鼓文理學院舉辦夏季青年卓越禪修營，由監院常炬法師等帶領，共有兩百多位來自新加坡、馬來西亞、香港、大陸、美國及臺灣的青年學員參加。

◆ 馬來西亞監院常藻法師應《星洲日報》之邀，於該報社禮堂，以「減少臨終前的痛苦——適時放手，善終無憾」為題，與馬大醫藥中心腦神經科醫師盛曉峰對談，共有兩百多人參加。

08.18

◆ 內政部於新北市政府集會堂舉辦「105 年宗教團體表揚大會」，法鼓山所屬佛教基金

會、北投農禪寺、雲來寺以及中華佛教文化館等四單位獲獎，由天南寺監院常哲法師、果仁法師代表出席受獎。

◆ 18 日及 23 日，北美護法會加州舊金山分會舉辦法鼓八式動禪師資培訓課程，由美國紐約東初禪寺住持果醒法師帶領，有近三十人參加。

08.19

◆ 臺北安和分院舉辦「觀生觀死觀自在」大事關懷系列講座，19 日展開第七場，由關懷院監院常綽法師主講「大事關懷與修行——增長慈悲及智慧」，有近三百九十人參加。

◆ 19 至 21 日，傳燈院於法鼓山園區舉辦精進禪二，由監院常願法師帶領，有近八十人參加。

◆ 19 日及 26 日，北美護法會加州舊金山分會舉辦生活禪講座，由美國紐約東初禪寺住持果醒法師主講「生活禪修的四個層次」，共有一百四十多人次參加。

08.20

◆ 臺中寶雲寺舉辦勸募基礎培訓課程，由常應法師、悅眾等帶領，分享勸募心法與團體動能，監院果理法師到場關懷，共有九十五位新進勸募鼓手參加。

◆ 臺南分院於臺南二中舉辦中元報恩慈悲三昧水懺法會，共有八百多人參加。

◆ 高雄紫雲寺「法鼓青年開講」系列講座，20 日邀請作家索菲亞主講「如何不怕鬼」，有近三百人參加。

◆ 20 至 27 日，禪堂於三義 DIY 心靈環保教育中心舉辦初階禪七，由常興法師帶領，共有九十多人參加。

◆ 為了感恩親友、師長、各方善緣的成就，僧大於園區國際宴會廳為七位即將剃度的行者舉辦溫馨茶會，與親友們分享在法鼓山上的學習和成長，方丈和尚果東法師到場關懷，感恩成就子女出家慧命。

◆ 教聯會於北投農禪寺首度舉辦「教師心靈環保自我成長營」聯誼會，常獻法師出席關懷，共有六十多人參加。

◆ 加拿大溫哥華道場舉辦中元報恩地藏法會，由監院常悟法師主法，共有一百三十多人參加。

◆ 20 至 21 日，馬來西亞道場於吉隆坡蕉賴孝恩館舉辦「法水沁涼——《慈悲三昧水懺》法會」，由常空法師主法，共有四百多人次參加。

◆ 北美護法會加州舊金山分會舉辦佛學講座，由美國紐約東初禪寺住持果醒法師主講《地藏經》，共有九十多人參加。

◆ 護法會文山辦事處舉辦擴建灑淨啟用典禮，由護法總會副都監常遠法師主法，共有兩百六十多位信眾參加。

08.21

◆ 桃園齋明寺舉辦中元報恩地藏法會，由監院果舟法師主法，共有五百多人參加。

◆ 桃園齋明別苑舉辦禪一，由副寺常雲法師帶領，有近九十人參加。

◆ 臺南分院於臺南二中舉辦中元報恩三時繫念法會，由常學法師帶領，共有八百三十多人參加。

◆ 高雄紫雲寺舉辦專題講座，邀請學者楊郁文主講「活用佛法」，有近三百人參加。

◆ 臺東信行寺舉辦專題講座，由弘化發展專案召集人果慨法師主講「《法華經》與圓滿的人生」，有近五十人參加。

◆ 護法會花蓮辦事處於太魯閣國家公園舉辦戶外禪，共有六十人參加。

◆ 加拿大溫哥華道場舉辦中元報恩慈悲三昧水懺法會，由監院常悟法師主法，共有一百五十多人參加。

◆ 北美護法會新澤西州分會舉辦半日禪，由悅眾帶領，共有十多人參加。

◆ 北美護法會加州舊金山分會舉辦中元報恩地藏法會，由美國紐約東初禪寺住持果醒法師帶領，共有七十多人參加。

08.22

◆ 22 至 24 日，臺北中山精舍舉辦「2016 兒童心靈環保體驗營」，由教聯會師資帶領，共有七十二位國小高年級學童參加。

◆ 合唱團團本部地區合唱團巡迴關懷，25 日於高雄紫雲寺參與高雄團練唱共修，交流演唱技巧。

◆ 8 月 22 日至 9 月 6 日，普化中心副都監果毅法師、加拿大溫哥華道場監院常悟法師、青年院監院常炬法師、信眾教育院監院常用法師等一行六人，參學觀摩北美西岸八個道場，包括：一行禪師、內觀禪、日本禪以及藏傳佛教的道場，進行交流對談，並實際參與活動，為佛法弘化教育的推廣，注入新的思考方向與活力。

08.23

◆ 三十五位課後輔導班的小一學童在師長帶領下，參訪桃園齋明別苑，並學習佛門禮儀和基礎禪修。

◆ 合唱團團本部地區合唱團巡迴關懷，23 日於護法會屏東辦事處參與屏東練唱共修，交流演唱技巧。

◆ 美國加州洛杉磯道場舉辦專題講座，由普化中心副都監果毅法師主講「從大普化教育看法鼓山的宗風與家風」，有近六十人參加。

◆ 行政中心人力資源處於北投雲來寺舉辦健康講座，邀請振興醫院神經外科主治醫師吳孟庭主講「脊椎保健樂生活」，有近一百二十人參加。

08.24

◆ 北美護法會加州舊金山分會舉辦生活禪講座，由美國紐約東初禪寺住持果醒法師主講「生活處處皆是禪」，共有七十多人參加。

08.25

◆ 北投農禪寺舉辦禪一，由常懿法師帶領，有近一百八十人參加。

◆ 25 至 27 日，臺北中山精舍舉辦中元報恩地藏法會，共有三百五十多人次參加。

08.26

◆ 26 至 28 日，高雄紫雲寺舉辦精進禪二，由傳燈院監院常願法師帶領，有近一百二十人參加。

◆ 26 至 29 日，法鼓文理學院受邀參加中國大陸廣東天柱慈善基金會、歐盟歐中友好協會與英屬哥倫比亞大學佛學論壇（University of British Columbia, Buddhist Studies Forum）等學術研究機構，共同於西班牙馬德里舉辦「當喜馬拉雅山與阿爾卑斯山相遇 —— 佛教藝術暨佛教在歐洲的傳播國際高峰論壇」（When the Himalaya Meets with Alps: International Forum on Buddhist Art & Buddhism's Transmission to Europe），由助理教授鄧偉仁代表參加，並於會中發表論文。

◆ 26 至 28 日，義工團於三峽天南寺首度舉辦跨組悅眾成長營，由護法總會副都監常遠法師、常應法師等授課，共有一百多位悅眾在課程、禪修、出坡、角色扮演等活動中，交流學習，並提起初發心。

◆ 8 月 26 日至 9 月 23 日，行政中心人力資源處週五於北投雲來寺舉辦認識經典課程，由常迪法師導讀《普門品》，有近五十人參加。

08.27

◆ 27 至 28 日，桃園齋明別苑舉辦中元報恩地藏法會，由副寺常雲法師帶領，法師勉眾把握因緣多做佛事、自利利他，共有六百多人次參加。

◆ 榮譽董事會於北投農禪寺舉辦北二區關懷聯誼會，護法總會副都監常遠法師、常運法師、榮董會會長黃楚琪到場關懷，有近四百人參加。

◆ 美國紐約東初禪寺舉辦中元報恩地藏法會，由常諦法師主法，有近一百二十人參加。

◆ 27 至 28 日，加拿大溫哥華道場舉辦親子禪修體驗營，由監院常悟法師帶領，在輕鬆、活潑、有趣的活動中，體驗生活禪法，共有五十多位親子參加。

◆ 8 月 27 日、10 月 15 日，馬來西亞道場分別於怡保共修處、彭亨州勞勿佛教會舉辦「心靈講座暨《和心在一起》佛曲創作 CD 分享會」，推廣心靈環保的樂音。

08.28

◆ 傳燈院於北投雲來寺舉辦 Fun 鬆一日禪，由常禮法師帶領，共有八十多人參加。

◆ 馬來西亞道場於怡保共修處舉辦中元報恩地藏法會，由監院常藻法師帶領，共有四十多人參加。

◆ 馬來西亞道場於當地士毛月（Semenyih）雙溪德卡拉瀑布（Sungai Tekala Waterfall）舉辦戶外禪，共有四十人參加。

◆ 北美護法會新澤西州分會舉辦半日禪，由悅眾帶領，共有十多人參加。

◆ 新加坡護法會舉辦禪一，有近三十人參加。

08.29

◆ 29 至 30 日，僧大於法鼓山園區祈願觀音殿舉辦「剃度大悲懺法會」，以法會共修，祝福新戒沙彌、沙彌尼。

08.31

◆ 法鼓山於園區舉辦剃度典禮，由方丈和尚果東法師擔任戒和尚，副住持果暉法師擔任教授阿闍黎，為七位求度者圓頂、授沙彌（尼）戒，並有十一位僧大新生求受行同沙彌（尼）戒，共有四百多人觀禮祝福。

◆ 人基會「2016 光明遠大心靈講座」，31 日由僧團女眾副都監果高法師主講「我，找到我了嗎？」，提醒大眾時時檢視省思自己的內心，念念善念，即見菩提，有近一百人參加。

◆ 8 月 31 日至 9 月 2 日，加拿大溫哥華道場舉辦法青禪三，由演戒法師帶領，共有三十多位青年學員參加。

◆ 馬來西亞道場常施法師受邀至馬來西亞大學佛學會指導禪修課程，共有三十多位大學生參加。

9月 SEPTEMBER

09.01

◆ 《人生》雜誌第 397 期出刊，本期專題「香花供養・心地莊嚴」。

◆ 《法鼓》雜誌第 321 期出刊。

◆ 法鼓文化出版新書：《佛教入門》（學佛入門系列，聖嚴法師著）；《學佛群疑》（學佛入門系列，聖嚴法師著）；《禪的體驗・禪的開示》（禪修指引系列，聖嚴法師著）；《心的經典（大字版）》（家中寶系列，聖嚴法師著）；《禪堂 50 問》（學佛入門 Q&A 系列，法鼓文化編輯部編著）；《禪是一朵花 —— 兒童佛曲集》CD（法鼓山歌曲系列，法鼓文化製作）；英文書《〈增壹阿含〉研究》（*Ekottarika-agama Studies*）（法鼓文理學院論叢，無著比丘 Bhikkhu Anālayo 著）。

◆ 1 至 30 日，弘化院於法鼓山園區展開「禪修月」，透過靜坐、法鼓八式動禪、慢步經行、放鬆體驗、觀身受法、鈔經等行禪體驗活動，引領民眾放鬆身心，有近八千人次參加。

◆ 法鼓山網路電視台每月「主題影片」單元，9 月播出「快樂禪 —— 如何快樂幸福？」，精選聖嚴師父相關的開示影片，引領大眾重溫師父的智慧開示。

◆ 法行會於臺北國賓飯店舉辦第一八三次例會，由僧團副住持果品法師主講「在災難中看見希望 —— 四川賑災經驗分享」，有近一百五十人參加。

◆ 1 至 5 日，美國紐約東初禪寺於北美護法會新澤西州分會啟建梁皇寶懺法會，由住持
果醒法師主法，有近一百人參加。

09.02

◆ 方丈和尚果東法師受邀出席於中國大陸福州舉辦的「二十一世紀海絲佛教・福建論
壇」，除於開幕式致詞，也於論壇專題發表「一缽千家飯 —— 讓佛法普及社會大眾」，
分享聖嚴師父倡導的「心五四」。

◆ 2 至 4 日，傳燈院於三義 DIY 心靈環保教育中心舉辦全臺禪坐會組長成長營，由監院
常願法師帶領，共有五十多人參加。

◆ 2 至 4 日，法鼓文理學院、中華佛教青年會於文理學院校區舉辦「2016 全國大專佛教青
年領袖培訓營」，共有八十多位青年學子與義工參與，透過培訓課程，共同建立人生願
景，期許以行動力，為社會公益、佛教未來發展盡一分心力，散播光明良善的心願。

◆ 2 至 4 日，護法總會於三峽天南寺舉辦悅眾禪修營，由果峙法師帶領，共有八十四位
北四轄區悅眾參加。

◆ 2 至 4 日，美國紐約象岡道場舉辦禪三，邀請聖嚴師父西方弟子李世娟、大衛・史列
梅克（David Slaymaker）帶領，有近二十人參加。

09.03

◆ 法鼓山於北投農禪寺舉辦「社會菁英禪修營第八十八次共修會」，由常乘法師帶領，
有近七十人參加。

◆ 臺中寶雲寺舉辦社會菁英禪坐共修會，僧團副住持果品法師、文化中心副都監果賢法
師等到場關懷，共有五十多位學員參加。

◆ 臺東信行寺舉辦中秋晚會，內容包括祈福法會、藝文表演等，由監院常全法師帶領，
共有一百多人參加。

◆ 人基會心劇團於齋明別苑演出《轉動幸福 —— 媽媽萬歲 II 旅程》，共有一百二十位大
小朋友觀賞，一同開啟愛、希望與勇氣的奇幻旅程。

◆ 僧團副住持果元法師亞、美兩洲弘法，3 至 4 日於墨西哥首都墨西哥市帶領禪二，共
有十九位學員參加。

◆ 9 月 3 日至 12 月 17 日，加拿大溫哥華道場隔週週六舉辦《金剛經》共修課程。9 月 3
日首次課程，由信眾教育院監院常用法師帶領，共有一百多人參加。

◆ 香港道場於九龍會址舉辦專題講座，由弘化發展專案召集人果慨法師主講「從觀音道
場走入聖嚴法師的內心世界」，有近兩百九十人參加。

◆ 香港道場於港島會址舉辦佛教藝術講座，邀請香港大學佛學中心講師崔中慧主講「佛
教藝術的起源與內涵」，有近一百人參加。

09.04

◆ 臺北中山精舍舉辦 Fun 鬆一日禪，由悅眾帶領，有近六十人參加。

◆ 桃園齋明別苑「心光講堂」系列講座，4 日邀請馬來西亞音樂工作者黃慧音主講「我

的淨世願」，分享佛曲創作的生命歷程，有近兩百人參加。

◆ 高雄紫雲寺舉辦「萬行菩薩成長營」，由悅眾謝云洋講授法鼓山的義工精神與理念，共有一百六十人參加。

◆ 北美護法會伊利諾州芝加哥分會舉辦半日禪，由悅眾帶領，有近二十人參加。

◆ 4 至 18 日，加拿大溫哥華道場舉辦初級禪訓班，由常旻法師帶領，有近三十人參加。

09.05

◆ 9 月 5 日至 2017 年 1 月 16 日，臺北安和分院每週一舉辦佛學課程，邀請心理諮商專家鄭石岩主講《大般若經》，有近三百人參加。

09.06

◆ 《人生》雜誌於北投雲來寺舉辦「大悲心水陸法會十週年 —— 漢傳懺法的文化推廣與數位發展」座談會，由水陸法會儀軌修訂小組總監惠敏法師、水陸法會總策畫人果概法師、顧問段鍾沂與施炳煌，探討法會對於教界與社會的影響，期許能夠持續回應當代需求，發揮平等教化、普度眾生的功能。

◆ 9 月 6 日至 2017 年 1 月 17 日，臺北安和分院每週二舉辦佛學課程，由僧團副住持果燦法師主講《法華經》，有近兩百五十人參加。

◆ 9 月 6 日至 2017 年 1 月 17 日，臺北中山精舍每週二舉辦佛學講座，邀請華梵大學東方人文思想研究所所長胡健財主講《楞嚴經》，有近六十人參加。

09.07

◆ 9 月 7 日至 2017 年 1 月 18 日，臺北安和分院每週三舉辦佛學課程，由法鼓文理學院助理教授辜琮瑜導讀聖嚴師父著作《動靜皆自在》，有近一百二十人參加。

◆ 9 月 7 日至 10 月 5 日，信眾教育院每週三晚上於北投農禪寺舉辦「法鼓講堂」佛學課程，由僧大講師大常法師主講「話說淨土」，課程同時在「法鼓山心靈環保學習網」進行線上直播，提供全球學員上網聽講，並參與課程討論。

◆ 法鼓文理學院舉辦專題講座，由人基會主任張麗君主講「校園香草教育與經驗分享」，共有六十多人參加。

◆ 7 至 11 日，美國紐約東初禪寺舉辦止觀禪五，由住持果醒法師帶領，為方便禪眾作息，禪期分三日及五日，共有三十多人參加全程。

09.08

◆ 9 月 8 日至 2017 年 1 月 19 日，臺北中山精舍每週四舉辦佛學講座，邀請鹿野苑藝文學會副會長周照煖主講「快樂從心起」，有近七十人參加。

◆ 8 至 11 日，傳燈院於三峽天南寺舉辦第三屆「社工禪修營」，結合初級禪訓班、禪一等課程，由監院常願法師帶領，並邀請實踐大學社會工作學系副教授楊蓓分享安定身心的方法，有近四十位專業社工人員參加。

09.09

◆ 9 月 9 日至 11 月 18 日，臺北中山精舍週五舉辦佛學課程，由果舫法師主講《阿彌陀經》，有近一百一十人參加。

◆ 9 月 9 日至 2017 年 1 月 20 日，臺北中山精舍每週五舉辦佛教藝術講座，邀請鹿野苑藝文學會講師鄭念雪、王育坤主講「亞洲佛教藝術」，介紹秦漢文物與印度石窟，有近七十人參加。

◆ 9 月 9 日至 2017 年 1 月 13 日，臺南分院每週五舉辦佛學課程，邀請成功大學經濟學系副教授許永河主講《金剛經》，有近一百六十人參加。

◆ 9 至 10 日，中華佛學研究所於法鼓山園區舉辦「2016 年漢傳佛教青年學者論壇」第二階段論文成果發表，共發表二十一篇論文，由各領域專家、學者主持及講評，展開跨學科、跨世代的經驗傳承與交流。

09.10

◆ 北投農禪寺舉辦佛一暨八關戒齋，由監院果毅法師帶領，有近五百五十人參加。

◆ 10 至 17 日，禪堂舉辦默照禪七，由常乘法師帶領，共有一百三十多人參加。

◆ 美國紐約象岡道場舉辦禪一，由常護法師帶領，有近二十人參加。

◆ 10 至 16 日，美國加州洛杉磯道場舉辦初階禪七，由監院果見法師帶領，有近五十人參加。

◆ 僧團副住持果元法師亞、美兩洲弘法，10 至 16 日於美國加州洛杉磯道場帶領禪七，共有四十位學員參加。

◆ 北美護法會華盛頓州西雅圖分會舉辦佛學講座，由加拿大溫哥華道場常玄法師主講「四聖諦」，共有四十多人參加。

09.11

◆ 法鼓山於臺東信行寺舉行祈福皈依大典，由方丈和尚果東法師授三皈五戒，共有一百五十多位民眾皈依三寶，開啟修學佛法的新生命；下午於臺東縣政府藝文中心舉辦心靈環保座談會，主題是「看見人間寶藏」，邀請導演吳念真、臺灣好基金會執行長李應平，與方丈和尚果東法師、聖基會執行長楊蓓，從佛法、文化、鄉土、心理等層面，分享人間寶藏，包括縣長黃健庭、市長張國洲，以及前立法院副院長饒穎奇等，有近一千人參加。

◆ 北投農禪寺舉辦中秋活動「農禪水月過中秋」，內容包括燃燈供佛法會、藝文表演等，共有一千多人參加。

◆ 臺北安和分院舉辦禪一，由監院果旭法師帶領，共有一百一十多人參加。

◆ 桃園齋明別苑舉辦中秋活動「禪悅禪月中秋樂」，內容包括禪修體驗、藝文表演等，共有兩百五十多人參加。

◆ 臺中寶雲寺於三義 DIY 心靈環保教育中心舉辦禪一，由果雲法師帶領，共有一百三十多人參加。

◆ 高雄紫雲寺於茂濃國小舉辦「心靈環保體驗營」，由教聯會師資與法青帶領，內容包

括立禪、托水缽等動禪，體驗「身在哪裡，心在哪裡」的安定與放鬆，全校三十位學童參加。

◆ 傳燈院於北投雲來寺舉辦禪一，由常捷法師帶領，共有九十多人參加。

◆ 美國紐約東初禪寺舉辦週日講座，聖嚴師父西方弟子李世娟主講「四弘誓願在生活中的實踐 II」，有近五十人參加。

◆ 11 至 17 日，馬來西亞道場於當地八打靈再也萬達鎮佛學會（Bandar Utama Buddhist Society）舉辦初階禪七，由監院常藻法師帶領，果明法師擔任小參，有近六十位青年學員參加。

◆ 北美護法會新澤西州分會舉辦半日禪，由悅眾帶領，共有十多人參加。

09.12

◆ 9 月 12 日至 11 月 19 日，人基會心劇團於臺東縣、雲林縣展開「2016 轉動幸福計畫《媽媽萬歲 II 旅程》」演出，共有九場校園巡演及兩場戶外公演，除了表演、體驗課程及放鬆練習，同時為學子辦理「生根活動」，透過互動遊戲，引導學習認識情緒，改善人際與家庭關係；並邀請老師與家長舉辦「幸福茶會」，提供意見交流與分享。9 月 12 日於臺東縣池上鄉萬安國小進行首場演出。

◆ 行政中心人力資源處於北投雲來寺舉辦職能訓練課程，邀請鎧瑞國際股份有限公司策略管理顧問莊振家主講「工作分派與授權管理運用實務」，有近五十人參加。

09.14

◆ 三峽天南寺舉辦中秋活動「中秋賞心禪月」，內容包括茶禪一味、鈔經淨心、拈花供佛、樂音饗宴等，由監院常哲法師帶領，有近三百人參加。

◆ 網路媒體鳳凰網北美佛教交流團一行，參訪美國紐約東初禪寺，由監院常華法師代表接待，進行交流。

◆ 14 至 16 日，美國新澤西州舉辦專題講座，邀請聖嚴師父法子繼程法師主講「默照禪」，有近六十人參加。

09.15

◆ 15 至 16 日，臺北安和分院舉辦中秋活動「《法華經》共修」，由常法法師帶領，共有七百多人次參加。

09.16

◆ 16 至 18 日，三峽天南寺舉辦念佛禪二，由監院常哲法師帶領，有近一百三十人參加。

◆ 16 至 24 日，美國紐約象岡道場舉辦禪十，邀請聖嚴師父法子繼程法師帶領，有近五十人參加。

◆ 北美護法會伊利諾州芝加哥分會舉辦專題講座，邀請美國佛羅里達州立大學宗教學系副教授俞永峯主講「禪的起源」，共有五十多人參加。

09.17

◆ 9 月 17 日至 10 月 16 日，法鼓山陸續於全臺各分支道場及護法會辦事處舉辦十九場「2016 第二十三屆佛化聯合祝壽」活動，內容包括法師關懷、祈福法會、感恩奉茶等，有近三千位長者接受祝福。

◆ 臺中寶雲寺舉辦「讀書會共學培訓」課程，邀請資深讀書會帶領人方隆彰帶領，內容包括如何讀懂一篇文章、帶領人心法、有效提問四層次等，監院果理法師到場關懷，共有一百三十多位學員參加。

◆ 臺南雲集寺舉辦 Fun 鬆一日禪，由監院常嘉法師帶領，有近四十人參加。

◆ 17 至 24 日，禪堂於臺東信行寺舉辦初階禪七，由常正法師、常興法師等帶領，共有七十多人參加。

◆ 17 至 18 日，北美護法會伊利諾州芝加哥分會舉辦禪二，邀請美國佛羅里達州立大學宗教學系副教授俞永峯帶領，有近四十人參加。

09.18

◆ 9 月 18 日至 10 月 30 日，臺北安和分院週日舉辦「富足人生」系列講座，共六場。18 日進行首場，邀請表演工作者柯有倫主講「富足人生的密碼」，分享個人的幸福密碼，鼓勵大眾善用四它，活在當下，共有一百二十多人參加。

◆ 臺北安和分院舉辦專題講座，由常延法師主講《金剛經》，有近四百六十人參加。

◆ 桃園齋明寺舉辦禪一，由常生法師帶領，共有七十五人參加。

◆ 桃園齋明別苑舉辦念佛禪一，由副寺常雲法師帶領，有近一百人參加。

◆ 18 至 26 日，加拿大溫哥華道場監院常悟法師、常寂法師，前往英國弘法，內容包括弘講《金剛經》、帶領初級禪訓班和禪三等。

◆ 香港道場於九龍會址舉辦禪一，共有六十多人參加。

09.19

◆ 人基會心劇團「2016 轉動幸福計畫《媽媽萬歲 II 旅程》」校園巡演，19 至 21 日於臺東縣池上鄉大坡國小進行，透過表演、體驗課程及生根活動，引導學習認識情緒，改善人際與家庭關係，並邀請老師與家長舉辦「幸福茶會」，提供意見交流與分享。

◆ 加拿大溫哥華道場監院常悟法師、常寂法師英國弘法，19 日常悟法師應邀至英國佛教會（Buddhist Society）演講「《金剛經》」，介紹《金剛經》各種英譯版本、於漢傳佛教發展中的重要性，引發熱烈回響和討論。

09.20

◆ 加拿大溫哥華道場監院常悟法師、常寂法師英國弘法，20 至 21 日於倫敦聯絡處舉辦初級禪訓班，由常寂法師帶領，參加的十三位學員是每週禪坐共修的成員。

09.21

◆ 法鼓學校校友會於法鼓文理學院舉辦「2016 法鼓學校校友會校友論文發表論壇」,共
發表五篇論文,與五十多位在校生、校友分享研究成果。

09.22

◆ 加拿大溫哥華道場監院常悟法師、常寂法師英國弘法,22 至 25 日於柏克鄧修道院
(Buckden Towers)舉辦禪三,共有二十三位禪眾參加。

09.23

◆ 23 至 25 日,三峽天南寺舉辦精進禪二,由演道法師帶領,有近一百三十人參加。
◆ 23 至 25 日,傳燈院於三義 DIY 心靈環保教育中心舉辦初級禪訓班輔導學長培訓課
程,由監院常願法師帶領,共有六十多人參加。
◆ 人基會「心藍海策略 —— 企業社會責任」系列課程,22 日邀請博士博數位人力資源訓
練講師黃莉惠、悅眾張允雄主講「重視公司治理、打造高績效團隊」,共有四十八人
參加。

09.24

◆ 9 月 24 日至 11 月 13 日,臺南分院週六或日舉辦佛學講座,由弘化發展專案召集人果
慨法師主講「《法華經》與改變的力量」,共七堂,臺南雲集寺、護法會嘉義辦事處
及虎尾共修處,透過視訊同步上課,有近六百人參加。
◆ 高雄紫雲寺「法鼓青年開講」系列講座,24 日邀請輔仁大學師資培育中心主任黃騰主
講「打造青年寶可夢」,勉勵青年以「人」為出發點,連結自己、社會與自然,開創
視野與多元活力,共有六十多人參加。
◆ 24 至 25 日,法鼓文理學院助理教授鄧偉仁應邀出席於中國大陸雲南大理舉行的「第
六屆崇聖論壇」,發表「佛教中國化」論文,探討佛教中國化的意涵,並回應學界對
其偏狹的評析。
◆ 人基會於臺北市中油大樓國光廳舉辦「2016 國際關懷生命獎頒獎典禮」,邀請前副總
統蕭萬長、國泰慈善基金會董事長錢復與方丈和尚果東法師擔任頒獎人,本屆得獎者
為「團體大願獎」臺北市脊髓損傷社會福利基金會、「個人慈悲獎」闕戴淑媺、「個
人智慧獎」莊馥華。
◆ 人基會於臺北市中油大樓國光廳舉辦「2016 國際關懷生命論壇」,邀請臺北市長柯文
哲、國家災害防救科技中心主任陳宏宇、紀錄片導演齊柏林與方丈和尚果東法師,以
「心淨國土淨 —— 從心探討國土安全」為題,分別從影像、科技、行政、心靈等角度,
分享環境保育,共有八百多人參加。
◆ 法青會於北投農禪寺舉辦戶外禪,由常導法師帶領,共有八十多人參加。
◆ 美國紐約東初禪寺舉辦英文禪一,由常齋法師帶領,共有十多人參加。
◆ 香港道場於港島會址舉辦半日禪,由悅眾帶領,共有二十三人參加。

◆ 北美護法會加州舊金山分會舉辦專題講座，由常惺法師主講「念佛法門」，有近一百人參加。

09.25

◆ 9月25日至2017年3月30日，僧團法師分四梯次展開佛陀聖跡巡禮，參訪佛陀出生、成道、說法、入滅的藍毗尼園、菩提伽耶、鹿野苑、拘尸那羅等處聖地，全程並聆聽聖嚴師父於1989年印度朝聖之旅的開示，共有一百三十四位僧眾參加。

◆ 臺北安和分院「富足人生」系列講座，25日邀請臺北榮民總醫院高齡醫學中心主任陳亮恭主講「健康逆齡的真科學」，講述活躍人生的要件：不被照顧、不失智，勉勵長者藉由運動、飲食，做好慢性病的管理及擁有健康的心態，來強化內在力量，共有一百三十多人參加。

◆ 臺中寶雲寺舉辦「普化教育關懷員」充電課程，由常林法師、屏東屏北社區大學講師郭惠芯帶領，監院果理法師到場關懷，共有九十位中部地區快樂學佛人、長青班、福田班、佛學班、禪學班等課程的關懷員參加。

◆ 法鼓山社大應新北市政府文化局之邀，於石門嵩山社區參加「2016北海岸藝術季」演出活動，由二胡班學員演奏〈淡水暮色〉等樂曲。

◆ 9月25日、10月5日，美國麻薩諸塞州波士頓普賢講堂舉辦初級禪訓密集班，由紐約東初禪寺果啟法師帶領，共有二十多位親子學員參加。

◆ 9月25日及10月16日，馬來西亞道場舉辦心靈環保工作坊，主題是「別讓『以為』蒙蔽了心」，由監院常藻法師帶領，有近七十人參加。

◆ 北美護法會加州舊金山分會舉辦念佛禪一，由常惺法師帶領，有近五十人參加。

◆ 北美護法會安省多倫多分會首次參與加拿大「文字上街頭」（Word on the Street）年度書籍雜誌展，除了展售書籍，並介紹聖嚴師父生平事蹟和法鼓山的結緣書與大眾結緣，期能接引更多人認識法鼓山。

◆ 新加坡護法會舉辦佛一，有近三十人參加。

09.28

◆ 慈基會於中國大陸四川省安縣秀水第一中心小學舉辦兒童生活教育寫畫創作活動，以「認識自己」、「關心他人」、「同學相處」、「生活禮儀」、「環境保護」為主題，共有該校三百二十位學童參加。

◆ 人基會心劇團「2016轉動幸福計畫《媽媽萬歲Ⅱ旅程》」校園巡演，28至30日於臺東縣海瑞鄉錦屏國小進行，透過表演、體驗課程及生根活動，引導學習認識情緒，改善人際與家庭關係，並邀請老師與家長舉辦「幸福茶會」，提供意見交流與分享。

09.30

◆ 9月30日至10月2日，傳燈院於三峽天南寺舉辦「醫護舒活二日營」，內容結合初級禪訓班、禪一等課程，由監院常願法師帶領，有近八十位醫護人員參加。

◆ 9月30日至10月3日，馬來西亞道場於丹戎馬林（Tanjong Malim）斯普寧斯度假村

（Refreshing Spring Resort）舉辦心靈環保禪修營，由監院常藻法師帶領，每晚並邀請聖嚴師父法子繼程法師進行禪修開示，有近六十位管理階層和專業人士參加。

10月 OCTOBER

10.01

◆《人生》雜誌第 398 期出刊，本期專題「百味茶一味禪」。

◆《法鼓》雜誌第 322 期出刊。

◆ 法鼓文化出版新書：《智慧 100》（清心百語系列，聖嚴法師著）；《禪觀生死》（智慧人系列，繼程法師著）；《禪本自在 ── 達摩禪法二入四行指要》（大自在系列，果谷著、張芝瑋）；2017 法鼓山桌曆《象岡好時》。

◆《金山有情》季刊第 58 期出刊。

◆《法鼓文理學院校刊》第 9 期出刊。

◆《護法季刊》復刊第 8 期出刊。

◆ 法鼓山於園區舉辦祈福皈依大典，由方丈和尚果東法師授三皈五戒，共有六百九十六人成為三寶弟子，開啟修學佛法的新生命。

◆ 北投農禪寺於軍艦岩舉辦戶外禪，由常照法師帶領，有近兩百人參加。

◆ 臺南分院舉辦禪一，由常越法師帶領，有近九十人參加。

◆ 高雄紫雲寺舉辦專題講座，由常延法師主講「佛教的生死關懷」，期勉大眾以禪法安住身、口、意，勤修戒、定、慧，親近善知識，備齊道糧，就能自在無礙，有近三百八十人參加。

◆ 國際禪坐會於北投雲來寺舉辦英文禪一，由常禮法師帶領，共有二十多人參加。

◆ 法鼓山網路電視台每月「主題影片」單元，10 月播出「佛學與學佛 ── 開啟智慧之鑰」，精選聖嚴師父相關的開示影片，引領大眾重溫師父的智慧開示。

◆ 1 至 2 日，榮譽董事會首度於法鼓文理學院舉辦禪悅營，方丈和尚果東法師到場關懷，一百零七位榮董透過豐富的課程，深入了解聖嚴師父建設人間淨土的理念，堅定修行與奉獻的願心。

◆ 10 月 1 日至 11 月 19 日，法青會週六舉辦「佛教徒的生死觀工作坊」，共七堂，由弘化發展專案召集人果慨法師主持，內容包括講授《金剛經》、《阿彌陀經》、《地藏經》、《心經》與《法華經》等經典的生命實相，並帶領體驗「光影之中觀生死」，學習在人生過程體悟生命的真實況味，有近七十位青年參加。

10.02

◆ 臺北安和分院「富足人生」系列講座，2 日邀請《點燈》製作人張光斗主講「迎著光照見勇氣」，勉勵眾人把握每個因緣，歡喜當個點燈人，給人光明與希望，有近一百二十人參加。

◆ 臺北中山精舍舉辦 Fun 鬆一日禪，由悅眾帶領，共有五十多人參加。

◆ 南投德華寺舉辦禪一，由副寺果弘法師帶領，共有二十多人參加。

◆ 護法總會於臺中寶雲寺舉辦2016新進勸募會員授證典禮，方丈和尚果東法師、護法總會副都監常遠法師、信眾服務處監院常應法師、寶雲寺監院果理法師、護法總會總會長張昌邦等出席關懷，共有一百六十三位新進勸募會員加入鼓手的行列。

◆ 法行會中區分會於臺中寶雲寺舉行「第七屆會員大會暨新任會長交接典禮」，方丈和尚果東法師、護法總會副都監常遠法師等出席關懷，新任會長卓伯源從卸任會長蔡瑞榮手中接下印信，象徵邁向「護法揚善，共修力行」的新氣象。

◆ 2至23日，美國紐約東初禪寺舉辦週日講座，由常諦法師主講「淨土法門的修行」，有近七十人參加。

◆ 香港道場於九龍會址舉辦佛一，共有一百九十多人參加。

◆ 北美護法會伊利諾州芝加哥分會舉辦半日禪，由悅眾帶領，共有十多人參加。

◆ 北投農禪寺舉辦禪修公園落成灑淨啟用典禮，由常持法師主法，共有三百多人參加。

10.03

◆ 人基會心劇團「2016轉動幸福計畫《媽媽萬歲 II 旅程》」校園巡演，3至5日於臺東縣卑南鄉大南國小進行，透過表演、體驗課程及生根活動，引導學習認識情緒，改善人際與家庭關係，並邀請老師與家長舉辦「幸福茶會」，提供意見交流與分享。

10.05

◆ 南投德華寺於頭社水庫舉辦戶外禪，由副寺果弘法師帶領，共有三十多人參加。

10.06

◆ 6至9日，法鼓山於園區舉辦第十五屆自我超越禪修營，由僧團副住持果品法師帶領，共有一百三十二位學員參加。

◆ 人基會心劇團「2016轉動幸福計畫《媽媽萬歲 II 旅程》」校園巡演，6至7日於臺東縣池上鄉福原國小進行，透過表演、體驗課程及生根活動，引導學習認識情緒，改善人際與家庭關係，並邀請老師與家長舉辦「幸福茶會」，提供意見交流與分享。

◆ 法行會於臺北國賓飯店舉辦第一八四次例會，由常延法師主講「今生與來生之間 ── 揭開佛教中陰身世之謎」，共有兩百六十多人參加。

10.07

◆ 7至10日，北投農禪寺舉辦禪三，由監院果毅法師帶領，有近一百六十人參加。

◆ 7至10日，桃園齋明寺舉辦佛三暨八關戒齋，由監院果舟法師帶領，有近兩百一十人參加。

◆ 7至10日，青年院於三峽天南寺首度舉辦社青禪修營，由常義法師帶領，以禪修練習放鬆身心、清楚覺察，學習對治妄念，為心靈富足的人生儲值，共有一百零五位青年學員參加。

◆ 7至10日，香港道場第六屆香港福田班一行一百五十人來臺灣參學，行程安排參訪法鼓山園區、北投農禪寺、中華佛教文化館、三峽天南寺及德貴學苑，進一步了解法鼓山的理念及聖嚴師父的願心。

◆ 北美護法會安省多倫多分會於多倫多大學（University of Toronto）西德尼·史密斯講堂（Sidney Smith Lecture Hall）舉辦禪修講座，邀請聖嚴師父西方法子吉伯·古帝亞茲主講「從古代禪師淺介禪佛教」，有近七十人參加。

10.08

◆ 北美護法會加州舊金山分會舉辦禪修講座，由美國紐約東初禪寺監院常華法師主講「話頭禪」，有近一百人參加。

◆ 北美護法會華盛頓州西雅圖分會舉辦佛學講座，由加拿大溫哥華道場監院常悟法師主講「八正道、六度、四攝」，有近五十人參加。

◆ 北美護法會安省多倫多分會舉辦禪一，邀請聖嚴師父西方法子吉伯·古帝亞茲帶領，有近四十人參加。

10.09

◆ 臺北安和分院「富足人生」系列講座，9日邀請輪椅天使余秀芷主講「生命的高度由態度決定」，分享生命歷程，有近一百人參加。

◆ 蘭陽精舍舉辦禪一，由常峪法師帶領，有近五十人參加。

◆ 桃園齋明別苑「心光講堂」系列講座，9日邀請表演工作者張世主講「樂佛提案」，分享在角色中體會生命，在禪修中懺悔業習，有近一百四十人參加。

◆ 高雄紫雲寺舉辦佛法講座，邀請法鼓文理學院助理教授辜琮瑜主講「生命之旅的意義與價值」，共有兩百七十多人參加。

◆ 美國紐約東初禪寺舉辦週日講座，邀請聖嚴師父西方弟子林晉誠主講「正念科學」，有近五十人參加。

◆ 北美護法會新澤西州分會舉辦半日禪，由悅眾帶領，共有十多人參加。

◆ 北美護法會加州舊金山分會舉辦話頭禪一，由美國紐約東初禪寺監院常華法師帶領，共有五十多人參加。

◆ 美國麻薩諸塞州普賢講堂舉辦佛一，由副寺果啟法師帶領，共有二十多人參加。

◆ 北美護法會安省多倫多分會舉辦佛學講座，邀請聖嚴師父西方法子吉伯·古帝亞茲主講「聖嚴法師的親身教誨——引領入禪」，有近四十人參加。

10.12

◆ 10月12日至11月16日，信眾教育院每週三晚上於北投農禪寺舉辦「法鼓講堂」佛學課程，由弘化發展專案召集人果慨法師主講「佛教徒的生死觀」，課程同時在「法鼓山心靈環保學習網」進行線上直播，提供全球學員上網聽講，並參與課程討論。

◆ 新加坡護法會舉辦專題講座，由常乘法師主講「什麼是念佛禪」，有近七十人參加。

10.13

◆ 法鼓文理學院獲新北市政府「105 年度新北市環境影響評估優良開發案評選計畫」表揚優良環評開發案肯定，榮獲「營運階段」銀級獎，13 日由校長惠敏法師代表，於新北市政府接受環境保護局長劉和然頒獎。

◆ 新加坡護法會舉辦專題講座，由常興法師主講「對禪法的誤、霧與悟」，共有八十多人參加。

10.14

◆ 四級颶風馬修（Matthew）於 3 日重創中南美洲國家海地西南部，慈基會 14 日以經費援助的方式，透過長期投入海地人道救援的跨國醫療組織兒童之家（Nuestros Pequeños Hermanos, NPH），協助受災居民重建生活。

◆ 14 至 19 日，美國紐約象岡道場舉辦禪五，邀請聖嚴師父西方法子賽門・查爾德帶領，有近三十人參加。

◆ 香港道場與《人生》雜誌於九龍會址共同舉辦「游藝戲禪」座談會，邀請聖嚴師父法子繼程法師、舞蹈家梅卓燕與設計師黃炳培，分享以禪心優游於藝術領域的心得，座談會由香港皇冠出版社總經理麥成輝主持，有近六百人參加。

10.15

◆ 10 月 15 日至 11 月 25 日，弘化院於園區舉辦「水陸季」特展，結合園區各殿堂參學導覽行程，巡禮並介紹水陸法會十一個壇場，了解各壇的殊勝功德與修行方法。

◆ 15 至 16 日，臺北安和分院於三峽天南寺舉辦「禪悅生活營」，由常法法師擔任總護，有近一百人參加。

◆ 15 至 22 日，禪堂舉辦話頭禪七，由監院常源法師帶領，共有七十多人參加。

◆ 法鼓山社大於新北市石門區石門國小舉辦「自然環保友善農耕市集」，推廣友善環境的自然農耕，邀請北海岸金山、三芝、石門、萬里地區的農友共同參與，並安排農友茶敘座談，互相交流分享。

◆ 人基會心劇團「2016 轉動幸福計畫《媽媽萬歲 II 旅程》」戶外公演，15 日於臺東縣池上鄉大坡池風景區演出，結合當地自然景致、視野開闊的圓形劇場，近四百名觀眾在看戲過程中，體驗和表演者零距離的互動。

◆ 榮譽董事會於北投農禪寺舉辦北三區關懷聯誼會，常運法師、榮董會會長黃楚琪到場關懷，共有兩百多人參加。

◆ 教聯會於新北市三貂嶺步道舉辦心靈環保一日營，由常獻法師帶領戶外禪，共有六十多人參加。

◆ 15 至 16 日，美國紐約東初禪寺監院常華法師受邀參加加拿大多倫多大學伊曼紐學院（Emmanuel College）舉辦的首屆「應用佛學發展計畫論壇」（Conference on Applied Buddhism: Past and Present），並於「僧伽邁向全球化」論壇中，分享法鼓山大學院、大普化、大關懷及國際弘化四大面向的發展現況。

◆ 15 至 22 日，加拿大溫哥華道場舉辦默照禪七，邀請聖嚴師父西方法子查可・安德列

塞維克帶領，有近四十人參加。

◆ 15 至 16 日，香港道場於九龍會址舉辦禪二，由演戒法師帶領，有近七十人參加。

◆ 15 至 22 日，新加坡護法會於光明山普覺禪寺舉行初階禪七，由常乘法師、常興法師帶領，有近五十人參加。

10.16

◆ 基隆精舍舉辦禪一，由副寺果樞法師帶領，共有六十多人參加。

◆ 10 月 16 日至 11 月 20 日，慈基會於全臺各地舉辦「第二十九期百年樹人獎助學金」頒發活動，共計四十四場，有近一千五百位學子受獎。

◆ 法青會於德貴學苑舉辦禪一，由常導法師帶領，共有六十多人參加。

◆ 16 至 30 日，方丈和尚果東法師前往美國弘法關懷，進行對談、佛法弘講，凝聚信眾護法願心。16 日參與美國加州洛杉磯道場於當地太平洋棕櫚度假中心（Pacific Palms Resort）舉辦的「活出生命的力量 —— 成功三部曲」跨界對談，與滾石文化董事長段鍾沂、洛城廣播人謝德莎分享生命的成功密碼，有近五百人參加。

◆ 北美護法會新澤西州分會舉辦半日禪，由悅眾帶領，共有十多人參加。

◆ 北美護法會伊利諾州芝加哥分會舉辦默照禪一，由美國紐約東初禪寺常齋法師帶領，有近三十人參加。

10.17

◆ 17 至 19 日，傳燈院於法鼓山園區舉辦精進禪二，由演正法師等帶領，共有六十八人參加。

10.18

◆ 法鼓山持續關懷中國大陸四川震災災後重建工作，18 至 20 日分別於綿陽中學、南山中學、民興中學、秀水第一中心小學舉辦獎助學金頒發，總計一百六十四位學子獲獎。

◆ 法鼓文理學院舉辦專題講座，由禪修中心副都監果醒法師主講「禪與無我，從東方到西方」，共有九十多人參加。

10.19

◆ 人基會心劇團「2016 轉動幸福計畫《媽媽萬歲 II 旅程》」校園巡演，19 至 21 日於雲林縣崙背鄉崙背國小進行，透過表演、體驗課程及生根活動，引導學習認識情緒，改善人際與家庭關係，並邀請老師與家長舉辦「幸福茶會」，提供意見交流與分享。

10.20

◆ 20 至 23 日，臺東信行寺舉辦中級禪悅四日營，由監院常全法師帶領，共有四十多人參加。

10.22

◆ 方丈和尚果東法師美國弘法關懷行，22 日於北美護法會加州舊金山分會關懷萬行菩薩，有近一百八十人參加。

◆ 紀念東初老人一一〇歲冥誕暨圓寂四十週年，僧團於北投農禪寺舉辦慈悲三昧水懺法會，由監院果毅法師帶領，共有一千五百多位信眾虔敬禮懺，緬懷與感恩師公。

◆ 22 至 23 日，桃園齋明寺舉辦秋季報恩法會，有近兩千兩百人次參加。

◆ 22 至 23 日，臺中寶雲寺於寶雲別苑舉辦首屆「寶雲少年生活體驗營」，由監院果理法師及教聯會師資帶領，透過生活實作，體驗「做中學，學中做」，學習團隊人我關係的互動，共有三十多位國小六年級至國中三年級的青少年參加。

◆ 高雄紫雲寺「法鼓青年開講」系列講座，22 日邀請玉山國家公園首位女性巡山員江秀真，以「雲端上的行腳 —— 超越巔峰的生命體悟」為題，分享如何從完攀世界七頂峰的創舉中，體會難行能行、難為能為、難忍能忍的生命價值，共有兩百多人參加。

◆ 22 至 29 日，禪堂於三峽天南寺舉辦初階禪七，由演定法師帶領，共有一百三十多人參加。

◆ 22 至 23 日，法鼓文理學院校長惠敏法師、圖書資訊館館長洪振洲受邀前往中國大陸浙江大學，參加該校佛教資源研究中心、美國哈佛燕京學社（Harvard-Yenching Institute）共同舉辦的「佛教研究新趨勢國際學術研討會」，以「新世代佛學數位研究資源發展趨勢 —— 整合協作與量化分析」為題，分享中華電子佛典協會（Chinese Buddhist Electronic Text Association, CBETA）佛教文獻數位化研究成果，並探討新世代佛學數位研究資源的發展趨勢。

◆ 美國紐約象岡道場舉辦禪一，由常護法師帶領，有近二十人參加。

◆ 馬來西亞道場舉辦「希望之谷關懷行」，二十四位義工前往位於雪蘭莪州的雙溪毛糯療養院（Sungai Buloh Leprosarium）協助該院清理環境。

◆ 方丈和尚果東法師美國弘法關懷行，22 日於北美護法會加州舊金山分會出席義工聯誼會，勉勵義工安心奉獻，成就自己和大眾修行，有近一百八十人參加。

10.23

◆ 臺北安和分院「富足人生」系列講座，23 日邀請資深外交官呂慶龍主講「溝通世代，另類行銷」，分享文化外交經驗，有近一百人參加。

◆ 法鼓山社大於法鼓山園區舉辦「悅眾成長營」，內容包括走路禪、吃飯禪、微笑禪、出坡禪等生活禪法，從而深化心靈環保的理念，有近一百七十人參加。

◆ 法青會於桃園齋明寺舉辦戶外禪，由常導法師帶領，共有四十多人參加。

◆ 教聯會於德貴學苑舉辦《大智慧過生活》教案分享和交流，共有十八位老師參加。

◆ 加拿大溫哥華道場舉辦專題講座，邀請聖嚴師父西方法子查可·安德列塞維克主講「歐洲佛教發展的歷史與現況」，介紹佛教在歐洲的歷史發展、現況，並探討面對的挑戰與未來開展的方向，共有七十多人參加。

◆ 北美護法會新澤西州分會舉辦半日禪，由悅眾帶領，共有十多人參加。

◆ 方丈和尚果東法師美國弘法關懷行，23 日於北美護法會加州舊金山分會出席榮譽董事感恩聯誼會，感恩榮董護持推動法鼓山理念。

◆ 新加坡護法會於當地佛教總會舉辦大悲懺法會，由常乘法師、常興法師帶領，共有一百多人參加。

◆ 新加坡護法會舉辦禪一，有近三十人參加。

10.26

◆ 臺北安和分院舉辦專題講座，由常延法師主講「從《金剛經》談生命的超越與轉化」，期勉大眾學習在現觀當下這一刻，體悟所有相皆是虛妄，心不住於過去、未來、現在，身心自然而然與般若智慧相應，生命便得以轉化、超越，共有五百多人參加。

◆ 法鼓文理學院舉辦專題講座，邀請中國大陸上海大學歷史系助理教授成慶主講「20世紀以降中國大陸漢傳佛教的歷史脈絡與現狀」，共有五十多人參加。

◆ 人基會「2016光明遠大心靈講座」，26日邀請音樂創作人康吉良主講「我的學佛與佛曲創作之路」，分享佛曲創作的心路歷程，共有八十多人參加。

10.27

◆ 27至30日，法鼓山於園區舉辦社會菁英禪修營禪三，由禪堂監院常源法師帶領，有近一百人參加。

◆ 北投農禪寺舉辦禪一，由信眾教育院監院常用法師帶領，共有一百八十多人參加。

10.28

◆ 28至30日，臺南雲集寺舉辦精進禪二，由果耀法師帶領，有近四十人參加。

◆ 28至30日，傳燈院於三義DIY心靈環保教育中心舉辦精進禪二，由演道法師、演誠法師帶領，有近九十人參加。

10.29

◆ 29至30日，青年院於臺中寶雲別苑舉辦「法青悅眾成長營」，以「傳承與悲願」為主軸，透過課程，認識聖嚴師父發願行願、奉獻利他的人生歷程，有近九十位來自全臺各地及香港的青年學員參加。

◆ 29至30日，普化中心於北投雲來寺舉辦心靈環保讀書會帶領人基礎培訓課程，由副都監果毅法師、信眾教育院監院常用法師、資深讀書會帶領人方隆彰老師帶領，內容包括聖嚴師父的思想與寫作、心靈環保讀書會的理念、讀書會心法、有效提問等，共有一百三十七位學員參加。

◆ 榮譽董事會於蘭陽精舍舉辦北六區關懷聯誼會，常獻法師、榮董會會長黃楚琪到場關懷，共有一百二十多人參加。

◆ 美國紐約東初禪寺舉辦英文禪一，邀請聖嚴師父西方弟子李祺・阿謝爾帶領，共有十多人參加。

◆ 美國加州洛杉磯道場舉辦英文禪一，由監院果見法師帶領，共有四十多人參加。

◆ 29至30日，馬來西亞道場首次舉辦中級1禪訓密集班，由傳燈院監院常願法師帶領，

法師以生活譬喻引導建立對禪修正知見與體驗，有近八十人參加。

◆ 方丈和尚果東法師美國弘法關懷行，29日於北美護法會新澤西州分會舉辦專題講座，主講「活出生命的價值」，共有一百多人參加。

10.30

◆ 臺北安和分院「富足人生」系列講座，30日由文化中心副都監果賢法師主講「輕鬆學FUN鬆——鍊心之旅」，共有兩百二十多人參加。

◆ 高雄紫雲寺舉辦慈悲三昧水懺法會，有近六百人參加。

◆ 臺東信行寺舉辦專題講座，邀請永安診所院長林永福主講「有關中老年腰痠背痛及關節疼痛」，共有六十多人參加。

◆ 方丈和尚果東法師美國弘法關懷行，30日出席於紐約法拉盛牡丹亭（Mudan Banquet Hall）舉行的「願願相續，建設人間淨土」心靈饗宴，共有三百多位東、西方信眾參加，祈願東初禪寺擴建工程順利。

◆ 美國麻薩諸塞州普賢講堂舉辦舒活禪一，由副寺果啟法師帶領，共有二十多人參加。

10.31

◆ 人基會心劇團「2016轉動幸福計畫《媽媽萬歲II旅程》」校園巡演，10月31日至11月2日於雲林縣崙背鄉大有國小進行，中和國小共同觀賞，透過表演、體驗課程及生根活動，引導學習認識情緒，改善人際與家庭關係，並邀請老師與家長舉辦「幸福茶會」，提供意見交流與分享。

11月 NOVEMBER

11.01

◆ 《人生》雜誌第399期出刊，本期專題「大隱於市的獨行僧——紀念東初老和尚圓寂四十週年」。

◆ 《法鼓》雜誌第323期出刊。

◆ 法鼓文化出版新書：《真正的快樂（大字版）》（家中寶系列，聖嚴法師著）；《禪味關東——古寺散步》（琉璃文學系列，秦就著）；《《大乘玄論》點校》（中華佛學研究所漢傳佛教典籍叢刊，吉藏大師著、陳平坤點校）。

◆ 1至3日，傳燈院應住商不動產之邀，於三峽天南寺舉辦企業禪修課程，由監院常願法師帶領禪三，有近六十位該公司員工參加。

◆ 法鼓山網路電視台每月「主題影片」單元，11月播出「利人利己——如何接引他人學佛」，精選聖嚴師父相關的開示影片，引領大眾重溫師父的智慧開示。

◆ 1至3日，禪堂舉辦助理監香培訓課程，由演道法師帶領，共有三十一人參加。

11.03

◆ 人基會心劇團「2016 轉動幸福計畫《媽媽萬歲 II 旅程》」校園巡演，3 至 4 日於雲林縣崙背鄉東興國小進行，透過表演、體驗課程及生根活動，引導學習認識情緒，改善人際與家庭關係，並邀請老師與家長舉辦「幸福茶會」，提供意見交流與分享。

◆ 法行會於臺北國賓飯店舉辦第一八五次例會，由常延法師主講「佛教的終極關懷 —— 藉圓滿終點迎向美好起點」，有近兩百三十人參加。

11.05

◆ 普化中心於北投農禪寺舉辦「法鼓長青班北區大會師」，副都監果毅法師、信眾教育院監院常用法師到場關懷，並邀請桃園陽明高中校長游文聰，分享「永續經營的生命觀」，有近一千四百位長者參加。

◆ 北投農禪寺舉辦戶外禪，由常博法師帶領，有近兩百一十人參加。

◆ 臺北安和分院舉辦禪一，由監院果旭法師帶領，共有一百五十多人參加。

◆ 臺南雲集寺舉辦 Fun 鬆一日禪，由常因法師帶領，有近四十人參加。

◆ 高雄紫雲寺於屏東瑪家鄉涼山瀑布舉辦義工戶外禪，由常定法師帶領，共有七十多人參加。

◆ 5 至 12 日，禪堂於臺東信行寺舉辦初階禪七，由常慧法師帶領，共有七十多人參加。

◆ 5 至 6 日，青年院於高雄甲仙地區舉辦社區關懷活動，內容包括彩繪社區、清掃整理環境、晚會等，並與當地青年交流互動，由監院常炬法師、高雄紫雲寺監院常參法師帶領，共有四十多位臺北、桃園、高雄法青及義工參加。

◆ 美國紐約象岡道場舉辦禪一，由常護法師帶領，有近二十人參加。

◆ 香港道場於香港大學舉辦「一人曰神」茶禪活動，由僧團副住持果元法師帶領，內容包括法師說法與禪修引導、梵音偈誦、巡茶、靜心等，有近一百七十人參加。

◆ 美國麻薩諸塞州普賢講堂舉辦佛二暨八關戒齋，由紐約東初禪寺果啟法師帶領，共有二十多人參加。

11.06

◆ 方丈和尚果東法師應邀出席由中華人間佛教聯合總會於高雄佛光山舉辦的「第一屆人間佛教發展研討會」，並於開幕典禮上致詞；僧大副院長常順法師則於「人才培養論壇」中，分享法鼓山僧伽養成教育的特色。

◆ 臺北中山精舍舉辦 Fun 鬆一日禪，由悅眾帶領，共有四十多人參加。

◆ 蘭陽精舍舉辦佛一，由果明法師帶領，有近一百三十人參加。

◆ 桃園齋明別苑舉辦禪一，由副寺常雲法師帶領，共有八十多人參加。

◆ 高雄紫雲寺舉辦念佛禪一，由監院常參法師帶領，共有兩百多人參加。

◆ 傳燈院於三峽天南寺舉辦助理監香培訓課程，由監院常願法師帶領，共有三十多位禪眾參加。

◆ 法鼓山社大開辦「自然環保戶外教室」課程，於 6 日、13 日起分別展開「香草種植喫茶趣」、「咖啡種植與烘焙」課程，帶領學員以友善農法耕種香草植物與咖啡樹，實

踐自然環保。

◆ 護法會桃園辦事處舉辦勸募會員聯誼活動,七十多位護法信眾前往大園區「懷德風箏綠地育幼院」,展開關懷學習之旅。

◆ 美國紐約東初禪寺舉辦週日講座,聖嚴師父西方弟子李世娟主講「禪修的功德迴向」,共有五十多人參加。

◆ 香港道場於九龍會址舉辦佛學講座,由美國紐約東初禪寺住持果元法師主講「達摩祖師《略辨大乘入道》」,有近兩百八十人參加。

◆ 北美護法會新澤西州分會舉辦半日禪,由悅眾帶領,共有十多人參加。

◆ 北美護法會伊利諾州芝加哥分會舉辦半日禪,由悅眾帶領,有近二十人參加。

◆ 北美護法會加州舊金山分會舉辦禪一,由悅眾帶領,共有十多人參加。

◆ 澳洲墨爾本分會舉辦禪一,由常生法師帶領,共有二十多人參加。

11.07

◆ 人基會心劇團「2016 轉動幸福計畫《媽媽萬歲 II 旅程》」校園巡演,7 至 9 日於雲林縣崙背鄉陽明國小進行,透過表演、體驗課程及生根活動,引導學習認識情緒,改善人際與家庭關係,並邀請老師與家長舉辦「幸福茶會」,提供意見交流與分享。

◆ 7 至 28 日,北美護法會加州舊金山分會每週一舉辦法器培訓課程,由悅眾帶領,有近三十人參加。

11.09

◆ 11 月 9 日至 2017 年 2 月 24 日,北美護法會安省多倫多分會每週三至五舉辦跨年祈福《地藏經》共修,由美國紐約東初禪寺常齋法師帶領,圓滿四十九部《地藏經》共修,每日有近三十人參加。

11.11

◆ 11 至 13 日,三峽天南寺舉辦精進禪二,由果峙法師帶領,共有一百二十人參加。

◆ 11 至 13 日,傳燈院於三義 DIY 心靈環保教育中心舉辦動禪學長成長營,由監院常願法師帶領,共有四十多位悅眾參加。

◆ 11 至 13 日,美國紐約象岡道場舉辦禪三,邀請聖嚴師父西方弟子李世娟帶領,有近二十人參加。

11.12

◆ 北投農禪寺舉辦念佛禪一,由監院果毅法師帶領,有近兩百三十人參加。

◆ 臺中寶雲寺於暨南國際大學舉辦戶外禪,由果雲法師帶領,共有一百多人參加。

◆ 高雄紫雲寺「法鼓青年開講」系列講座,12 日邀請全球綠能科技先驅董事長張聖時主講「創業中的顛倒夢想」,期許青年能從回到內心,不追逐外境,找到屬於自己深信不疑的「究竟目標」,有近一百人參加。

◆ 12 至 13 日，法鼓文理學院校長惠敏法師、助理教授溫宗堃，以及馬來西亞道場監院常藻法師受邀參與馬來西亞佛教青年總會於吉隆坡蕉賴孝恩館舉辦的「2016年佛教當代關懷研討會」，擔任主講人，有近三百人參加。

◆ 12 至 13 日，北美護法會華盛頓州西雅圖分會舉辦成立十五週年慶祝活動，內容包括念佛禪一、佛法講座，以及聯誼等，由美國紐約東初禪寺常諦法師帶領。12 日進行念佛禪一，共有三十多人參加。

◆ 北美護法會安省多倫多分會舉辦禪一，由悅眾帶領，有近二十人參加。

11.13

◆ 13 日及 20 日，弘化院於法鼓山園區舉辦「2016 水陸法會送聖培訓與演練」課程，由弘化發展專案召集人果慨法師講授大悲心水陸法會的宗旨、改革與特色，並安排義工分享送聖經驗與心法，包括一百零八位首次參加的社會青年，共有四百多人參加。

◆ 桃園齋明別苑「心光講堂」系列講座，13 日邀請電影工作者曾偉禎主講「電影與佛法」，分享從佛法觀照的電影人生，有近兩百人參加。

◆ 臺中寶雲寺於寶雲別苑舉辦悅眾禪一，由監院果理法師帶領，共有一百多位中部地區悅眾參加。

◆ 北美護法會新澤西州分會舉辦半日禪，由悅眾帶領，共有十多人參加。

◆ 北美護法會加州舊金山分會舉辦大悲心水陸法會說明會暨義工培訓課程，由悅眾帶領，共有五十多人參加。

◆ 北美護法會華盛頓州西雅圖分會成立十五週年慶祝活動，13 日舉辦佛法講座，由美國紐約東初禪寺常諦法師主講「《法華經》尋寶去 —— 分享石窟中的《法華經》經變圖」，有近五十人參加。

11.14

◆ 馬來西亞道場監院常藻法師應檳城菩提心園之邀，以「禪修的妙用 —— 從個人到社會」為題進行演說，介紹禪修於人際互動中的運用，說明以誠懇心和直心，不但減少人我之間的煩惱，社會也會更和諧，有近五十人參加。

11.15

◆ 馬來西亞道場監院常藻法師應當地理科大學佛學會之邀，以「聽見自己，世界才會聽見你」為題進行演說，提醒學生須從觀照自己的煩惱中來認識自我，才能做自己生命的主人，有近五十人參加。

11.18

◆ 方丈和尚果東法師應邀出席中國大陸中國佛教協會、中華宗教文化交流協會共同於陝西省西安市舉辦的「漢傳佛教祖庭文化國際學術研討會」，並以「漢傳佛教祖庭與國際交流」為題發表演講。

◆ 人基會「心藍海策略 ── 企業社會責任」系列課程，18 日邀請前年代電視台執行董事鍾明秋、東吳大學會計學系教授陳元保主講「心社會責任 ── 從自利到雙贏共好」，有近五十人參加。

◆ 18 至 22 日，香港道場於當地基督教女青年會梁紹榮度假村舉辦禪五，由常展法師、常禪法師等帶領，為方便禪眾作息，禪期分兩梯次的禪二及一日的 Fun 鬆一日禪，共有二十八位禪眾圓滿禪五。

11.19

◆ 人基會心劇團「2016 轉動幸福計畫《媽媽萬歲 II 旅程》」戶外公演，19 日於雲林縣斗六市環保運動公園演出，近五百名觀眾在看戲過程中，體驗和表演者零距離的互動。

11.20

◆ 法青會於德貴學苑舉辦禪一，由常義法師帶領，共有六十多人參加。

11.21

◆ 21 至 27 日，美國紐約東初禪寺舉辦都市話頭禪七，由監院常華法師帶領，有近一百五十人次參加。

11.23

◆ 方丈和尚果東法師、法鼓山人基會祕書長李伸一，以及「2016 國際關懷生命獎」得主暨家屬，於總統府拜見蔡英文總統，總統肯定法鼓山長期推動「心靈環保」的努力，以及每位獲獎者的貢獻。

◆ 法鼓文理學院舉辦專題講座，邀請美國邁阿密大學（Miami University）宗教學系助理教授傑斯汀‧芮哲（Justin Ritzinger）主講「當代中國建立彌勒信仰為第五大名山的較競」（Marketing Maitreya: Rival Attempts to Build a Fifth Great Buddhist Mountain in Contemporary China），共有五十多人參加。

11.25

◆ 法鼓文理學院社區再造碩士學位學程於法鼓山園區舉辦「愛與希望 ── 社區活力再造論壇」，進行兩場講座與六場交流分享，包括方丈和尚果東法師、新北市市長朱立倫、法鼓山社大校長曾濟群、護法總會總會長張昌邦等，有近五百位鄰里長、社區工作者參加。

◆ 法鼓文理學院舉辦專題講座，邀請美國華盛頓州舍衛精舍（Sravasti Abbey）院長圖丹‧卻准（Venerable Thubten Chodron）主講「西方比丘尼僧團之現況與展望」（The Bhikkhuni Sangha in the West and Its Prospects in the Future），分享從出家到建僧的歷程，共有二十多人參加。

11.26

◆ 11月26日至12月3日，法鼓山於園區啟建「2016大悲心水陸法會」，共有十二個壇場，每日均有三、四千人現場參與；藉由線上直播，全球各分支道場、護法會分會、辦事處，共三十二處據點亦同步精進共修，雲端祈福牌位累計超過一百五十多萬筆。
◆ 26至27日，北美護法會安省多倫多分會舉辦佛學研習營，由美國紐約東初禪寺常廣法師帶領「淨土法門」，有近五十人參加。
◆ 新加坡護法會舉辦半日禪，由悅眾帶領，共有五十多人參加。

11.27

◆ 加拿大溫哥華道場舉辦禪一，由監院常悟法師帶領，有近五十人參加。
◆ 北美護法會新澤西州分會舉辦半日禪，由悅眾帶領，共有十多人參加。
◆ 美國麻薩諸塞州普賢講堂舉辦禪一，由副寺果啟法師帶領，共有二十多人參加。
◆ 新加坡護法會舉辦佛一，有近三十人參加。

11.30

◆ 人基會「2016光明遠大心靈講座」，30日邀請耳鼻喉科醫師李易倉主講「太極——生活動禪」，有近一百一十人參加。

12月 DECEMBER

12.01

◆ 《人生》雜誌第400期出刊，本期專題「世界佛教村，你在哪裡？」。
◆ 《法鼓》雜誌第324期出刊。
◆ 法鼓文化出版新書：《禪門》（禪修指引系列，聖嚴法師著）；《素食50問》（學佛入門Q&A系列，法鼓文化編輯部編著）；《佛教史叢談散集》（智慧人系列，淨海法師著）；《正念減壓教學者手冊——給臨床工作者與教育家的實務指引》（*Teaching Mindfulness: A Practical Guide for Clinicians and Educators*）（法鼓文理學院譯叢，唐‧麥科恩等著，溫宗堃等譯）。
◆ 教育部於臺北市張榮發基金會國際會議廳表揚105年度推展社會教育有功的團體及傑出人士，法鼓山文教基金會、法鼓山人基會董事鍾明秋，各獲團體、個人獎肯定，文基會由文化中心副都監果賢法師代表出席領獎。
◆ 法鼓山網路電視台每月「主題影片」單元，12月播出「自在的告別——如何面對人生終點？」，精選聖嚴師父相關的開示影片，引領大眾重溫師父的智慧開示。

12.03

◆ 北美護法會新澤西州分會舉辦佛學講座,由美國紐約象岡道場常護法師主講「慈心觀」,共有四十多人參加。

◆ 3 至 4 日,北美護法會安省多倫多分會首度舉辦佛二暨八關戒齋,由美國麻薩諸塞州波士頓普賢講堂副寺果啟法師帶領,共有五十多人參加。

12.04

◆ 高雄紫雲寺舉辦專題講座,由法鼓文理學院助理教授廖本聖主講「如何拓展閱藏的視野?」,講授以菩提道次第架構拓展閱讀經藏的新視野,有近一百人參加。

◆ 美國紐約東初禪寺舉辦週日講座,聖嚴師父西方弟子李世娟主講「禪修與明智的選擇」,共有四十多人參加。

◆ 北美護法會新澤西州分會舉辦半日禪,由美國紐約象岡道場常護法師帶領,共有二十多人參加。

12.09

◆ 9 至 11 日,傳燈院於三峽天南寺為臺灣大學管理學院碩士在職專班學員舉辦初級禪訓班二日營,由禪堂監院常源法師帶領,共有四十五位學員參加。

◆ 美國加州舊金山道場舉辦專題講座,邀請美國佛羅里達州立大學宗教學系副教授俞永峯主講「禪的起源」,有近五十人參加。

12.10

◆ 法鼓山於園區舉辦「社會菁英禪修營第八十九次共修會」,由常興法師帶領,共有七十多人參加。

◆ 北投農禪寺舉辦禪一,由常格法師帶領,共有一百二十多人參加。

◆ 12 月 10 日至 2017 年 1 月 22 日,慈基會於全臺各地分院及護法會辦事處,舉辦「105年度歲末關懷」系列活動,內容包括祈福法會、點燈儀式、致贈慰問金及關懷物資等,共關懷逾近三千戶家庭。首場於 12 月 10 日於北投農禪寺展開,果仁法師開示供燈的意義,有近三百七十戶關懷家庭參加。

◆ 10 至 19 日,法鼓文理學院承辦的「佛教與東亞文化密集研修班」於園區展開,共有一百二十多位來自美國、加拿大、義大利、以色列、斯里蘭卡及兩岸三地等十四國的青年佛教學者與研究生參加。

◆ 僧大舉辦專題講座,邀請日本石刻經專家、聖嚴師父好友桐谷征一主講「感懷摯友——聖嚴法師以及我的個人研究」,有近八十人參加。

◆ 10 至 24 日,聖基會舉辦「第五屆兒童生活教育寫畫創作」頒獎典禮,共四場。首場於高雄紫雲寺進行,由紫雲寺監院常參法師、聖基會董事劉錦樹、高雄市正興國中校長楊文慶等頒獎,共有兩百多位獲獎學童及家長參加。

◆ 法行會於臺北國賓飯店舉辦十七週年慶,方丈和尚果東法師、僧團副住持果品法師、

◆ 禪修中心副都監果醒法師等到場關懷，共有三百八十多人參加。

◆ 榮譽董事會於臺中寶雲寺舉辦中區榮譽董事聘書頒發暨聯誼會，方丈和尚果東法師、護法總會副都監常遠法師、寶雲寺監院果理法師、榮董會會長黃楚琪、執行長陳宜志等出席關懷，共有兩百二十人參加。

◆ 美國紐約象岡道場舉辦禪一，由常護法師帶領，有近二十人參加。

◆ 10 至 11 日，香港道場於港島會址舉辦禪二，由演戒法師帶領，有近七十人參加。

◆ 10 至 11 日，美國加州舊金山道場舉辦話頭禪二，邀請美國佛羅里達州立大學宗教學系副教授俞永峯帶領，有近五十人參加。

12.11

◆ 中區社會菁英禪坐共修會首度於臺中寶雲別苑舉辦禪一，由寶雲寺監院果理法師帶領，共有二十六人參加。

◆ 桃園齋明別苑「心光講堂」系列講座，11 日邀請園藝治療師黃盛璘，分享與植物的對話，並從中尋找檢視自我生命困境的方法，有近兩百五十人參加。

◆ 慈基會 105 年度歲末關懷系列活動，11 日於北投中華佛教文化館展開，由監院果諦法師帶領祈福法會，有近八百五十戶關懷家庭參加。

◆ 香港道場於九龍會址舉辦半日禪，有近二十人參加。

12.12

◆ 12 至 13 日，北美護法會伊利諾州芝加哥分會舉辦話頭禪二，由美國紐約東初禪寺常齋法師帶領，有近三十人參加。

12.16

◆ 方丈和尚果東法師應交通部觀光局之邀，於該局在新北市三芝遊客中心舉辦的「高階主管共識營」中，為來自海內外近四十位一級主管，分享「抱願不抱怨」的人生觀。

12.17

◆ 17 至 24 日，禪堂於三峽天南寺舉辦初階禪七，由男眾副都監常遠法師帶領，有近一百三十人參加。

◆ 17 至 18 日，臺中寶雲寺於三義 DIY 心靈環保教育中心舉辦精進禪二，由果雲法師帶領，有近一百二十人參加。

◆ 高雄紫雲寺舉辦「萬行菩薩成長進階營」，由悅眾謝云洋帶領，分享消融自我的溝通方法，有近一百四十位義工參加。

◆ 高雄紫雲寺「法鼓青年開講」系列講座，17 日邀請青年旅行作家劉崇鳳，以「高山島嶼的孩子 ── 我書寫，為了知道我是誰」為題，分享從書寫山林大海、走路旅行到歸鄉深耕的生命歷程，有近九十人參加。

◆ 17 至 24 日，禪堂舉辦默照禪七，由常啟法師帶領，有近一百五十人參加。

◆ 國際禪坐會於北投雲來寺舉辦英文戶外禪，由常禮法師帶領，共有十多人參加。

◆ 慈基會 105 年度歲末關懷系列活動，17 日於法鼓山園區展開，由百丈院監院常貴法師帶領祈福法會，包括新北市社會局副局長呂春萍，有近兩百三十戶關懷家庭參加。

◆ 聖基會「105 年兒童生活教育寫畫創作活動」頒獎典禮，17 日於臺中寶雲寺進行，由監院果理法師、聖基會董事許仁壽、副主任楊展楣等頒獎，共有兩百多位獲獎學童及家長參加。

◆ 榮譽董事會於北投農禪寺舉辦第二屆全球悅眾聯席會議，方丈和尚果東法師出席關懷，共有九十七位來自全臺、美國、加拿大等地悅眾參加。

◆ 美國加州舊金山道場舉辦禪修講座，由果乘法師主講「默照禪」，有近一百人參加。

12.18

◆ 法鼓山於臺北安和分院舉辦「第二十二屆佛化聯合婚禮」婚前講習培訓課程，由心六倫宣講團講師丁淑惠、許新凰分享掌握幸福的學習之道，並由關懷院常持法師帶領體驗動禪、放鬆身心，提點締建和樂家庭的禪味妙方，有近百位新人參加。

◆ 臺北中山精舍舉辦 Fun 鬆一日禪，由悅眾帶領，共有五十多人參加。

◆ 桃園齋明別苑舉辦念佛禪一，由副寺常雲法師帶領，有近九十人參加。

◆ 高雄紫雲寺舉辦佛一暨八關戒齋，由監院常參法師帶領，有近兩百八十人參加。

◆ 臺東信行寺舉辦專題講座，由常慧法師主講「人人是貴人 —— 以四感面對人生」，共有五十多人參加。

◆ 傳燈院於北投雲來寺舉辦禪一，由常禮法師帶領，共有八十多人參加。

◆ 國際禪坐會於北投雲來寺舉辦英文禪一，由常禮法師帶領，共有二十多人參加。

◆ 18 至 20 日，聖基會於臺中寶雲寺舉辦「第二屆近現代漢傳佛教論壇」，有近二十位來自臺灣、中國大陸、香港、法國、美國等地的學者，探討漢傳佛教現代化的問題與危機，以及未來的契機和方向。

◆ 聖基會「105 年兒童生活教育寫畫創作活動」頒獎典禮，18 日於北投農禪寺進行，內容包括獲獎作品展覽欣賞、兒童戲劇演出等，共有三百多位來自大臺北地區、桃園、新竹和宜蘭地區得獎學童及家長參加。

◆ 北美護法會新澤西州分會舉辦半日禪，由悅眾帶領，共有十多人參加。

◆ 美國加州舊金山道場舉辦默照禪一，由果乘法師帶領，有近五十人參加。

◆ 美國麻薩諸塞州普賢講堂舉辦佛一，由副寺果啟法師帶領，共有二十多人參加。

12.20

◆ 法鼓山持續關懷 2015 年尼泊爾震災，援建前譯紀念學校（Ngagyur Memorial School）增建衛浴餐廚暨改善衛生設施、活動中心，於 12 月 20 日舉行捐贈儀式，由慈基會副祕書長常綽法師代表捐贈，校長堪布札西徹令仁波切致詞感謝臺灣民眾與法鼓山援助增建學校設施的善行。

12.21

◆ 法鼓文理學院舉辦專題講座，邀請美國學者史蒂芬‧威爾考克斯（Stephen Wilcox）

主講「創建一個西方本土佛教之儀軌 —— 障礙與機緣」（Creating a Native Western Buddhist Liturgy: Obstacles and Opportunities），共有五十多人參加。

12.22

◆ 弘化發展專案召集人果慨法師、常智法師受邀前往韓國，參加於首爾曹溪寺韓國佛教歷史文化紀念館舉辦的「第九屆佛教儀禮文化國際論壇」，分享大悲心水陸法會的傳承與創新。

◆ 法鼓文理學院舉辦專題講座，邀請鄔‧索巴那法師（Bhikkhu U Sobhana）主講「巴利經典裡的禪修 —— 文本與實踐」（Meditation in Pāḷi Sutras: Textual and Practical Dimensions），有近五十人參加。

12.23

◆ 法鼓文理學院於國際會議廳舉辦「生命教育共修法會」，緬懷11月27日往生的前副校長杜正民，共有五百多位來自各地的佛教學者、僧俗四眾與文理學院師生，在校長惠敏法師帶領下，誦念《心經》、《無常經》，共結法緣。

◆ 法鼓文理學院舉辦專題講座，邀請美國羅格斯大學（Rutgers University）助理教授吳景欣主講「日本佛教美術 —— 從早期佛像至禪畫」，共有六十多人參加。

12.24

◆ 高雄紫雲寺舉辦專題講座，邀請慈濟醫院一般醫學主治醫師許瑞云主講「轉念，和自己和解」，分享轉念的真義，勉勵大眾以心能量創造幸福家庭關係，共有九百多人參加。

◆ 慈基會105年度歲末關懷系列活動，24日於桃園齋明寺展開，祕書長果器法師、副會長柯瑤碧等到場關懷，有近六百戶關懷家庭參加。

◆ 聖基會「105年兒童生活教育寫畫創作活動」頒獎典禮，24日於臺東信行寺進行，由信行寺監院常全法師、常增法師、聖基會主任呂理勝等擔任頒獎人，有近兩百位花蓮、臺東地區得獎學童及家長參加。

◆ 12月24日至2017年1月1日，馬來西亞法青會青年成員一行三十餘人於法鼓山展開參學之旅，巡禮園區、北投農禪寺、德貴學苑、三峽天南寺，以及臺東信行寺，體驗觀音道場的禪悅境教。

12.25

◆ 25至31日，北投農禪寺舉辦彌陀佛七，共有三千八百多人次參加。

◆ 基隆精舍舉辦佛一，由副寺果樞法師帶領，共有八十多人參加。

◆ 法鼓山社大及護法會新莊辦事處於新莊校區，聯合舉辦「福慧傳家迎新年」敦親睦鄰活動，內容包括心靈加油站、綠化生活站、戲棚下／蔬食茶點、放鬆茶禪／微笑咖啡禪、自然環保友善農法市集等各種體驗活動，感謝社區居民長期關懷與支持，有近五百位民眾參加。

◆ 榮譽董事會於高雄紫雲寺舉辦南區榮譽董事聘書頒發暨聯誼會，方丈和尚果東法師、榮董會會長黃楚琪、執行長陳宜志等出席關懷，共有三百二十多人參加。

◆ 25 至 26 日，北美護法會新澤西州分會舉辦禪二，由美國紐約東初禪寺常齋法師帶領，有近四十人參加。

◆ 25 至 26 日，新加坡護法會舉辦兒童心靈環保體驗營，由悅眾帶領，營隊以四種環保為主軸，引導學童培養良善的生活習慣、愛護自然環境，成長心靈，共有三十位學童參加。

◆ 新加坡護法會舉辦禪一，有近三十人參加。

12.26

◆ 26 日至 2017 年 1 月 1 日，美國紐約東初禪寺舉辦都市念佛禪七，由常諦法師帶領，共有兩百四十多人次參加。

◆ 12 月 26 日至 2017 年 1 月 2 日，美國紐約象岡道場舉辦默照禪七，由住持果元法師帶領，有近五十人參加。

12.28

◆ 法鼓文理學院舉辦專題講座，邀請開印法師主講「佛教的止觀與專題」，共有六十多人參加。

◆ 人基會「2016 光明遠大心靈講座」，28 日由親子登山社團召集人黃福森主講「擁抱自然」，有近一百人參加。

12.30

◆ 12 月 30 日至 2017 年 1 月 1 日，三峽天南寺舉辦精進禪二，由常乘法師帶領，有近一百二十人參加。

◆ 30 至 31 日，臺中寶雲寺舉辦佛二，由監院果理法師帶領，有近三百二十人參加。

◆ 12 月 30 日至 2017 年 1 月 1 日，傳燈院於高雄紫雲寺舉辦「醫護舒活二日營」，內容結合初級禪訓班、禪一等課程，由監院常願法師帶領，有近六十位醫護人員參加。

◆ 12 月 30 日至 2017 年 1 月 1 日，加拿大溫哥華道場舉辦禪三，由監院常悟法師等帶領，有近三十人參加。

12.31

◆ 北投農禪寺舉辦「2017 跨年迎新在農禪」活動，以念佛、拜佛、誦持《金剛經》迎接新的一年，共有一千九百多人參加。

◆ 馬來西亞道場舉辦跨年大悲懺法會，由監院常藻法師帶領，共有一百八十多人參加。

【附録】

法鼓山2016年主要法會統計

◎ 國內（分院、精舍）

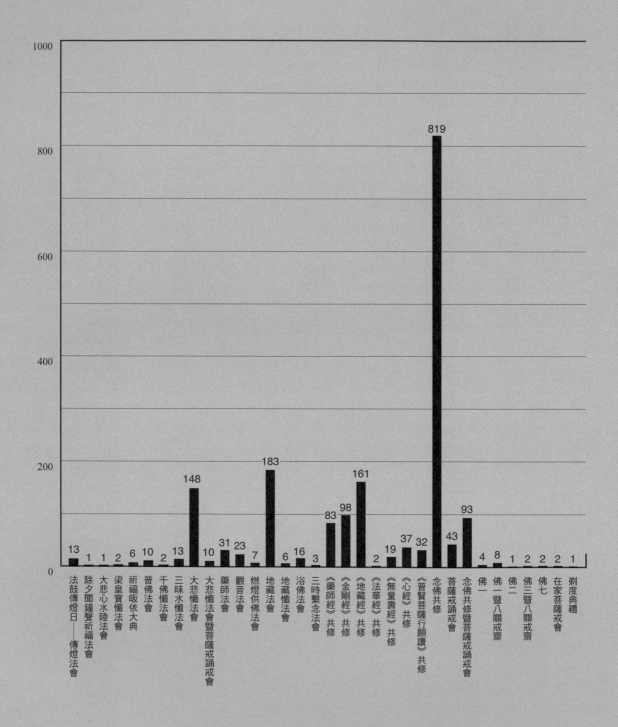

法會名稱	數量
法鼓傳燈日──傳燈法會	13
除夕聞鐘聲祈福法會	1
大悲心水陸法會	1
梁皇寶懺法會	2
祈福皈依大典	6
普佛法會	10
千佛懺法會	2
三昧水懺法會	13
大悲懺法會	148
大悲懺法會暨菩薩戒誦戒會	10
藥師法會	31
觀音法會	23
燃燈供佛法會	7
地藏法會	183
地藏懺法會	6
浴佛法會	16
三時繫念法會	3
《藥師經》共修	83
《金剛經》共修	98
《地藏經》共修	161
《法華經》共修	2
《無量壽經》共修	19
《心經》共修	37
《普賢菩薩行願讚》共修	32
念佛共修	819
菩薩戒誦戒會	43
念佛共修暨菩薩戒誦戒會	93
佛一	4
佛一暨八關戒齋	8
佛二	1
佛三暨八關戒齋	2
佛七	2
在家菩薩戒會	2
剃度典禮	1

◎ 海外（道場、分會）

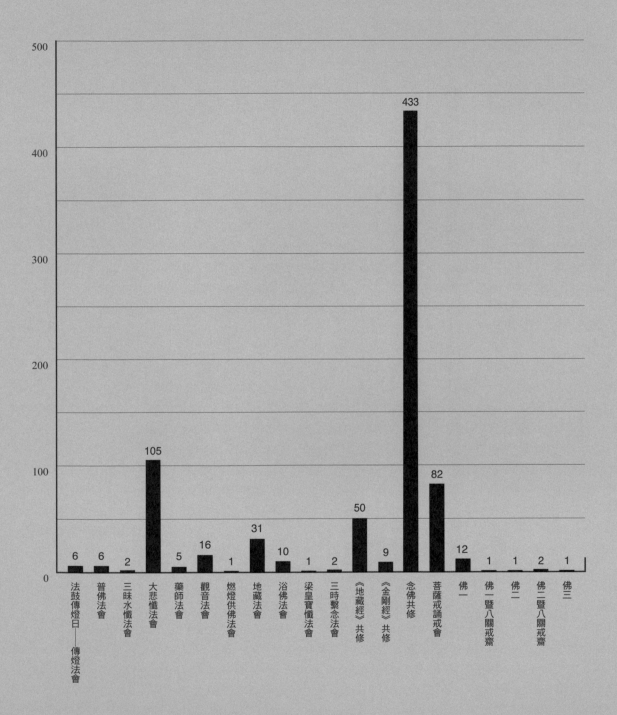

法鼓山2016年主要禪修活動統計

◎ 國內（分院、精舍）

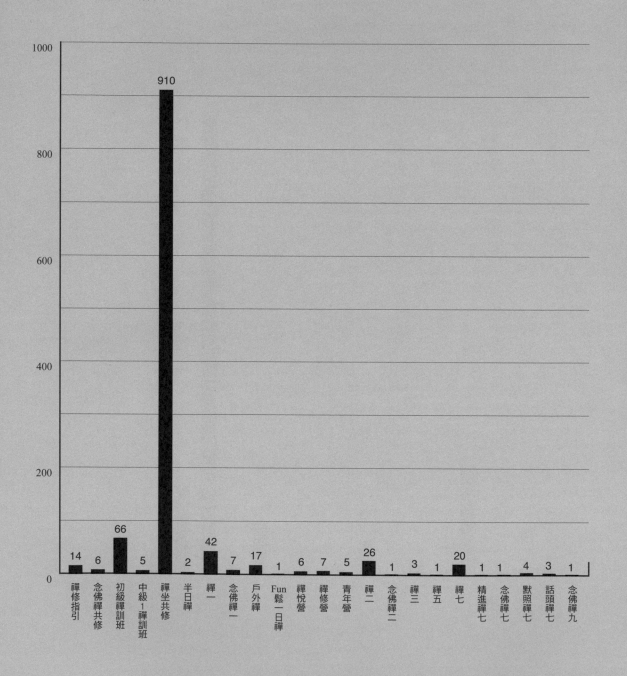

◎ 海外（道場、分會）

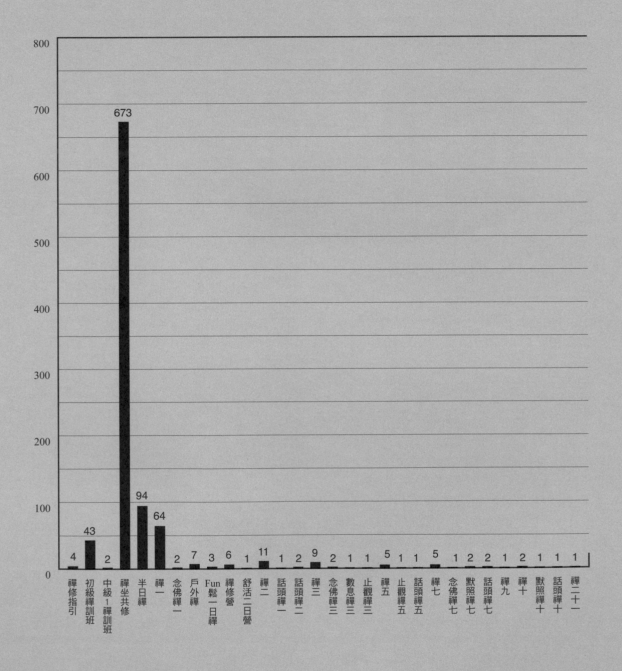

法鼓山2016年主要佛學推廣課程統計

◎ 信眾教育院

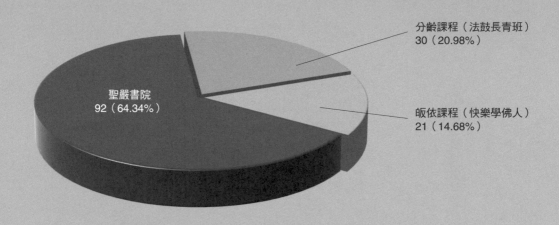

分齡課程（法鼓長青班）
30（20.98%）

聖嚴書院
92（64.34%）

皈依課程（快樂學佛人）
21（14.68%）

◎ 聖嚴書院

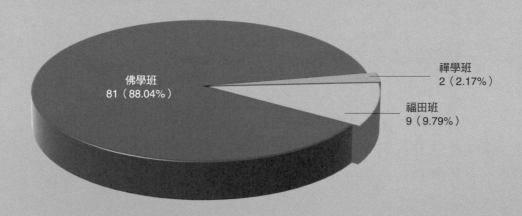

禪學班
2（2.17%）

佛學班
81（88.04%）

福田班
9（9.79%）

◎ 聖嚴書院佛學班／禪學班

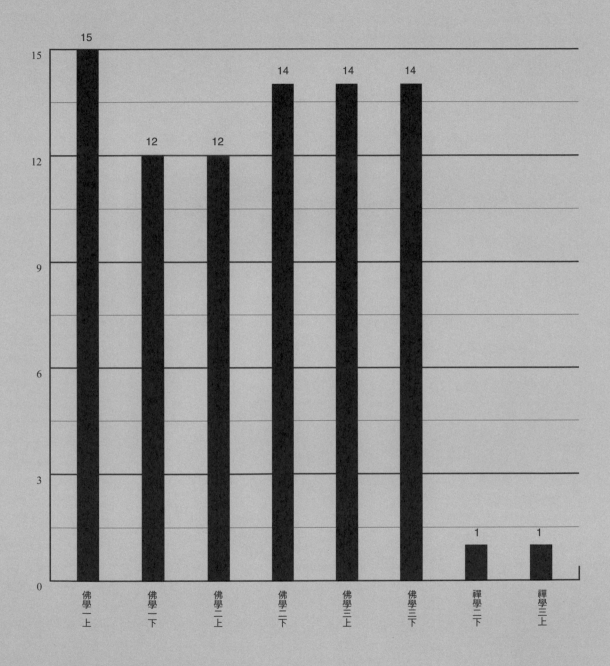

法鼓山2016年心靈環保讀書會推廣統計

◎ 全球

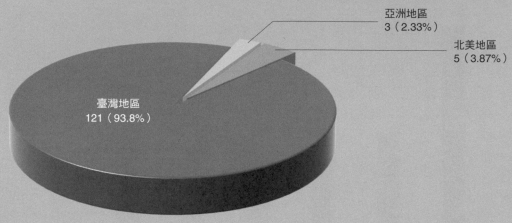

◎ 臺灣

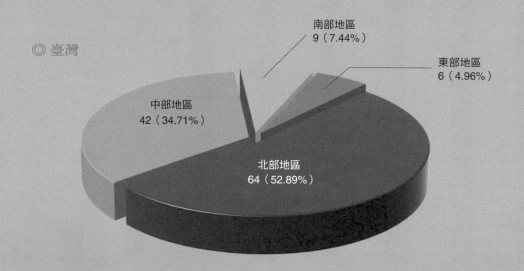

法鼓山2016年主要出版品一覽

◎ 法鼓文化

出版月份	書名
1月	《心‧光明遠大——念念清淨，遍照光明；步步踏實，前程遠大》（人間淨土系列，聖嚴法師著，法鼓文化編輯部選編）
	《禪與悟》（禪修指引系列，聖嚴法師著）
	《聖嚴研究（第七輯）》（聖嚴思想論叢系列，聖嚴教育基金會學術研究部主編）
2月	《聖嚴法師年譜》（林其賢編著）
	《參訪寺院50問》（學佛入門Q&A系列，法鼓文化編輯部編著）
	《法華經成立的新解釋——從佛傳解讀法華經》（法華經成立の新解：佛伝として法華經を讀み解く）（法鼓文理學院譯叢系列，平岡聰著，釋惠敏譯）
	《法鼓山之美4——步道之美‧義工之美》（影音系列，法鼓文化製作）
3月	《學佛群疑（大字版）》（家中寶系列，聖嚴法師著）
	《一行禪師說佛陀故事（I、II、III）》（大智慧系列，一行禪師著，何蕙儀譯）
	《興盛開展的佛教——中國II隋唐》（*The Efflorescence and Evolution of Chinese Buddhism: China II, Sui and Tang Dynasties*）（新亞洲佛教史系列，沖本克己編，釋果鏡譯）
4月	《禪門修證指要》（禪修指引系列，聖嚴法師著）
	《金山有鑛》（寰遊自傳系列，聖嚴法師著）
	《老實是禪》（智慧人系列，繼程法師著）
	《梵網經菩薩道》（智慧人系列，靈源老和尚著）
	《心海潮音》CD（法鼓山歌曲系列，李俊賢製作）
5月	《佛教中陰身思想之源流與發展》（智慧海系列，釋常延著）
	《明代觀音信仰之研究》（漢傳佛教論叢系列，徐一智著）
	英文書《動靜皆自在》（*Liberated in Stillness and Motion*）（法鼓全集英譯禪修系列，聖嚴法師著）
6月	《佛教入門（大字版）》（家中寶系列，聖嚴法師著）
	《念佛50問》（學佛入門Q&A系列，法鼓文化編輯部編著）
	《聖嚴研究（第八輯）》（聖嚴思想論叢系列，聖嚴教育基金會學術研究部主編）
	《「佛教禪修傳統——比較與對話」2014國際研討會論文集》（法鼓文理學院論叢系列，法鼓文理學院主編）
7月	《動靜皆自在》（禪修指引系列，聖嚴法師著）
	《天地西藏——孤寂阿里》（人生DIY系列，邱常梵著）
	《東方初白——東初老人傳》（琉璃文學系列，鄭栗兒著）
	《佛教的東傳與中國化——中國I南北朝》（*The Propagation of Buddhism to East Asia and Its Reception: China I, Northern and Southern Dynasties*）（新亞洲佛教史系列，沖本克己編，辛如意譯）
8月	《本來面目——〈觀心銘〉講記》（大智慧系列，聖嚴法師著）
	《聖嚴說禪》（清心百語系列，聖嚴法師著）
	《熟年真好》（般若方程式系列，楊蓓著）
	《和心在一起》CD（法鼓山歌曲系列，法鼓文化製作）

出版月份	書名
9月	《佛教入門》（學佛入門系列，聖嚴法師著）
	《學佛群疑》（學佛入門系列，聖嚴法師著）
	《禪的體驗・禪的開示》（禪修指引系列，聖嚴法師著）
	《心的經典（大字版）》（家中寶系列，聖嚴法師著）
	《禪堂50問》（學佛入門Q&A系列，法鼓文化編輯部編著）
	《禪是一朵花──兒童佛曲集》CD（法鼓山歌曲系列，法鼓文化製作）
	英文書《〈增壹阿含〉研究》（*Ekottarika-agama Studies*）（法鼓文理學院論叢，無著比丘Bhikkhu Anālayo著）
10月	《智慧100》（清心百語系列，聖嚴法師著）
	《禪觀生死》（智慧人系列，繼程法師著）
	《禪本自在──達摩禪法二入四行指要》（大自在系列，果谷著、張芝璋譯）
	2017法鼓山桌曆《象岡好時》
11月	《真正的快樂（大字版）》（家中寶系列，聖嚴法師著）
	《禪味關東──古寺散步》（琉璃文學系列，秦就著）
	《《大乘玄論》點校》（中華佛學研究所漢傳佛教典籍叢刊，吉藏大師著、陳平坤點校）
12月	《禪門》（禪修指引系列，聖嚴法師著）
	《素食50問》（學佛入門Q&A系列，法鼓文化編輯部編著）
	《佛教史叢談散集》（智慧人系列，淨海法師著）
	《正念減壓教學者手冊──給臨床工作者與教育家的實務指引》（*Teaching Mindfulness: A Practical Guide for Clinicians and Educators*）（法鼓文理學院譯叢，唐・麥科恩Donald McCown等著，溫宗堃等譯）

◎ 聖嚴教育基金會（結緣書籍）

出版月份	書名
2月	《親子溝通轉轉念》
4月	《今生與師父有約（八）》（高鐵版）
6月	《樂齡2──老得有智慧》
10月	《有禮真好》
11月	《今生與師父有約（九）》
	2017聖基會掛曆
12月	《叮嚀──聖嚴師父談世間事》
	《今生與師父有約（十）》

法鼓山2016年參與暨舉辦之主要國際會議概況

時間	會議名稱	主辦單位	國家	地點	主要參加代表
1月22至24日	「漢譯佛經梵漢對比分析語料庫」的使用及修訂學術工作坊	香港教育學院	中國大陸	香港	惠敏法師 鄧偉仁老師
5月30日	社會價值與社會企業影響力國際論壇	法鼓文理學院	臺灣	臺北	惠敏法師 果光法師
7月1至3日	第六屆聖嚴思想國際學術研討會	聖嚴教育基金會	臺灣	臺北	惠敏法師 果暉法師 果光法師
8月26至29日	當喜馬拉雅山與阿爾卑斯山相遇——佛教藝術暨佛教在歐洲的傳播國際高峰論壇	中國大陸天柱慈善基金會 中國大陸歐盟歐中友好協會 英屬哥倫比亞大學佛學論壇	西班牙	馬德里	鄧偉仁老師
9月9至10日	2016年漢傳佛教青年學者論壇	中華佛學研究所	臺灣	臺北	果鏡法師
9月24日	第六屆崇聖論壇	中國大陸崇聖寺	中國大陸	雲南省大理市	鄧偉仁老師
10月15至16日	應用佛學發展計畫論壇	加拿大多倫多大學伊曼紐學院	加拿大	多倫多	常華法師
10月22至23日	佛教研究新趨勢國際學術研討會	美國哈佛燕京學社 中國大陸浙江大學佛教資源研究中心	中國大陸	浙江省杭州市	惠敏法師 洪振洲老師
11月12至13日	佛教當代關懷研討會	馬來西亞佛教青年總會	馬來西亞	吉隆坡	惠敏法師 常藻法師
11月18日	漢傳佛教祖庭文化國際學術研討會	中國大陸中國佛教協會 中華宗教文化交流協會	中國大陸	陝西省西安市	方丈和尚果東法師
12月18至20日	第二屆近現代漢傳佛教論壇	聖嚴教育基金會	臺灣	臺中	惠敏法師 鄧偉仁老師

2014-2016年聖嚴師父暨法鼓山相關學術研究論文一覽

◎期刊論文（與聖嚴師父相關）

論文題目	作者	論文發表處	發表年
釋聖嚴體育觀點之探討	紀俊吉	人文社會科學研究 9:1	2015
釋聖嚴環境思想與其教育意涵芻議	紀俊吉	北商學報 25/26	2014

◎專書（與聖嚴師父相關）

書名	作者	出版社	出版年	備註
《聖嚴研究第七輯》	聖嚴教育基金會學術研究部編	法鼓文化	2016	收錄2014年「第五屆聖嚴思想國際學術研討會暨法鼓山信眾論壇」部分發表論文
《聖嚴研究第八輯》	聖嚴教育基金會學術研究部編	法鼓文化	2016	收錄2014年「第五屆聖嚴思想國際學術研討會暨法鼓山信眾論壇」部分發表論文

◎專書論文（與聖嚴師父相關）

論文題目	作者	論文發表處	發表年	備註
語境傳承——聖嚴法師的文字化禪修	李玉珍	《聖嚴研究第七輯》	2014	2016法鼓文化出版
論四念處與聖嚴法師的默照禪	涂艷秋	《聖嚴研究第七輯》	2014	2016法鼓文化出版
探索聖嚴法師傳法予居士的「演派名號」——從臨濟宗鼓山派的法脈傳承談起	釋果興 林其賢	《聖嚴研究第七輯》	2014	2016法鼓文化出版
數數念佛禪法之研究——以聖嚴法師的教學為主	釋果鏡	《聖嚴研究第七輯》	2014	2016法鼓文化出版
聖嚴法師的淨土念佛法門	黃國清	《聖嚴研究第八輯》	2014	2016法鼓文化出版
傳統與創新——聖嚴法師以天台思想建構「漢傳禪佛教」的特色與意涵	鄧偉仁	《聖嚴研究第八輯》	2014	2016法鼓文化出版
聖嚴法師與印順導師之思想比較——以人間淨土和人間佛教為例	越建東	《聖嚴研究第八輯》	2014	2016法鼓文化出版
從「從戎不投筆」到「超越高峰」——聖嚴法師的宗教書寫與「寰遊自傳」的文體意識	吳光正	《聖嚴研究第八輯》	2014	2016法鼓文化出版
Against Monisms with Dualistic Consequences: The Importance of Shengyan's Critique of the Character and Teachings of Jesus	Brook A. Ziporyn（任博克）	《聖嚴研究第七輯》	2014	2016法鼓文化出版
Edifying Words: Analyzing the Rhetoric of "Education" in Sheng Yen's Thought	Seth Clippard（谷永誠）	《聖嚴研究第七輯》	2014	2016法鼓文化出版

◎專書論文（與法鼓山及其理念相關）

論文題目	作者	論文發表處	發表年	備註
「心靈環保」組織——二十一世紀之「修行型組織」	釋果光	《聖嚴研究第七輯》	2014	2016法鼓文化出版
漢傳禪佛教之起源與開展——中華禪法鼓宗默照禪修行體系之建構	釋果暉	《聖嚴研究第八輯》	2014	2016法鼓文化出版

◎博碩士論文（與聖嚴師父相關）

論文題目	作者	論文發表處	發表年
聖嚴法師教育思想之研究	王子兆	臺東大學教育研究所碩士論文	2015
聖嚴法師五停心觀的理念與實踐	孫鳳秋	華梵大學哲學研究所碩士論文	2015
聖嚴法師默照禪和天台止觀之融匯	釋見玄	法鼓佛教學院佛教學系碩士論文	2015
聖嚴法師傳法種類與模式分析——以其傳法精神之開展為中心	吳佩璇	法鼓佛教學院佛教學系碩士論文	2015

◎會議論文（與聖嚴師父相關）

論文題目	作者	論文發表處	發表年	地點
禪宗經典之翻譯／返譯——聖嚴法師英文著作中譯之我見我聞	單德興	第三屆全國宗教經典翻譯研討會	2016/5/14	中國大陸
聖嚴法師的觀音思想與法門研究	黃國清	第六屆聖嚴思想國際學術研討會	2016/7/1	臺灣
聖嚴法師的觀音感應書寫與觀音法門教學	王晴薇	第六屆聖嚴思想國際學術研討會	2016/7/1	臺灣
法師禪學詮釋中的倫理向度	嚴瑋泓	第六屆聖嚴思想國際學術研討會	2016/7/1	臺灣
禪法的安心學理	陳平坤	第六屆聖嚴思想國際學術研討會	2016/7/1	臺灣
法師的淨土思想——綜合傳統與現代的教門	周文廣	第六屆聖嚴思想國際學術研討會	2016/7/1	臺灣
佛教僧侶年譜的編寫研究——以聖嚴法師為例	林其賢	第六屆聖嚴思想國際學術研討會	2016/7/1	臺灣
戒定慧三學研析聖嚴法師《遊心禪悅》書法風格與意涵	陳靜琪	第六屆聖嚴思想國際學術研討會	2016/7/1	臺灣
漢傳佛教的《維摩經》疏傳統與聖嚴法師的維摩經思想	龔雋	第六屆聖嚴思想國際學術研討會	2016/7/2	臺灣
聖嚴法師結合漸禪法門與頓禪法門之教法和宗風意義	越建東	第六屆聖嚴思想國際學術研討會	2016/7/2	臺灣
佛教信仰方式及其現代性建構——以聖嚴法師佛教建設的相關理念為中心	李向平	第六屆聖嚴思想國際學術研討會	2016/7/2	臺灣
漢傳禪宗「無情說法」之真意及其現代應用——以聖嚴法師為例	釋果鏡	第六屆聖嚴思想國際學術研討會	2016/7/2	臺灣
試論聖嚴法師對「空性」與「佛性」之詮解與貫通	林建德	第六屆聖嚴思想國際學術研討會	2016/7/2	臺灣
聖嚴法師與「宗教學」——探討而判斷中國佛教之「世界宗教觀」	Stefania Travagnin（史蒂芬妮·特拉法寧）	第六屆聖嚴思想國際學術研討會	2016/7/2	臺灣
開山宗長與「寰遊自傳」的角色意識	吳光正	第六屆聖嚴思想國際學術研討會	2016/7/2	臺灣
聖嚴法師旅行書寫中的病與佛法	王美秀	第六屆聖嚴思想國際學術研討會	2016/7/2	臺灣
人間性與世俗性——聖嚴法師的日本佛教研究	朱坤容	第六屆聖嚴思想國際學術研討會	2016/7/2	臺灣

論文題目	作者	論文發表處	發表年	地點
聖嚴法師倡導的念佛方法及對「念佛禪」的詮釋	陳劍鍠	第六屆聖嚴思想國際學術研討會	2016/7/2	臺灣
聖嚴法師於「漢傳佛教」中之傳統與創新——由《大乘止觀法門之研究》談起	胡順萍	第六屆聖嚴思想國際學術研討會	2016/7/2	臺灣
蘇北僧人在江南——民國時期的僧人流動及其影響兼以聖嚴法師為例	邵佳德	第六屆聖嚴思想國際學術研討會	2016/7/2	臺灣
生態佛學視域下聖嚴法師心靈環保思想研究	陳紅兵	第六屆聖嚴思想國際學術研討會	2016/7/2	臺灣
禪宗與基督教之間的深度學習——弗朗西斯‧克魯尼比較神學下融通聖嚴法師與約翰‧基南的《心經》評論	趙冬	第六屆聖嚴思想國際學術研討會	2016/7/3	臺灣
聖嚴法師與南通狼山廣教禪寺——兼論聖嚴法師早期佛教思想的形成	葉憲允	第六屆聖嚴思想國際學術研討會	2016/7/3	臺灣
試論聖嚴法師戒學思想的早年人生因緣	李萬進	第六屆聖嚴思想國際學術研討會	2016/7/3	臺灣
聖嚴思想與漢傳佛教傳統之融合	王宣曆	第六屆聖嚴思想國際學術研討會	2016/7/3	臺灣
聖嚴法師提倡「漢傳禪佛教」之考察——從中國禪法源流、天台宗與禪宗交涉的歷史脈絡述之	釋宏育	第六屆聖嚴思想國際學術研討會	2016/7/3	臺灣
翻轉妙蓮華——聖嚴法師《絕妙說法：法華經講要》在現代性語境裡的傳統與創新	蔡淑慧	第六屆聖嚴思想國際學術研討會	2016/7/3	臺灣
漢傳佛教歷史寫作與敘事文本之探討——以聖嚴法師《摩根灣牧牛》為例	林孟蓉	第六屆聖嚴思想國際學術研討會	2016/7/3	臺灣

◎會議論文（與法鼓山及其理念相關）

論文題目	作者	論文發表處	發表年	地點
現代性與禪的心靈實踐——中華禪法鼓宗的入世社會建構意涵	劉怡寧	第六屆聖嚴思想國際學術研討會	2016/7/1	臺灣
法鼓山禪悅境教的教育功能及其理想之實現	胡健財	第六屆聖嚴思想國際學術研討會	2016/7/1	臺灣
禪佛教的實用活用——禪修進校園	釋演德	第六屆聖嚴思想國際學術研討會	2016/7/1	臺灣
跨地同坐一門禪修——法鼓山的國際法脈觀	李玉珍	第六屆聖嚴思想國際學術研討會	2016/7/2	臺灣
佛教全球化下的禪修培育模式轉型——以法鼓山道場為例	釋常諗	第六屆聖嚴思想國際學術研討會	2016/7/2	臺灣
「四種環保」理念與當代人間淨土的建立	崔紅芬	第六屆聖嚴思想國際學術研討會	2016/7/3	臺灣
「四要」消費者的需求函數	謝俊魁	第六屆聖嚴思想國際學術研討會	2016/7/3	臺灣
漢傳禪佛教之起源與開展——中華禪法鼓宗話頭禪修行體系之建構	釋果暉	第六屆聖嚴思想國際學術研討會	2016/7/3	臺灣

法鼓山全球聯絡網

【全球各地主要分支道場】

【國內地區】

■北部

法鼓山世界佛教教育園區
電話：02-2498-7171
傳真：02-2498-9029
20842新北市金山區法鼓路555號

農禪寺
電話：02-2893-3161
傳真：02-2895-8969
11268臺北市北投區大業路65巷89號
11268臺北市北投區大度路112號

中華佛教文化館
電話：02-2891-2550；02-2892-6111
傳真：02-2893-0043
11246臺北市北投區光明路276號

雲來寺（行政中心、普化中心、文化中心）
電話：02-2893-9966（行政中心、普化中心）
電話：02-2893-4646（文化中心）
傳真：02-2893-9911
11244臺北市北投區公館路186號

法鼓德貴學苑
電話：02-8978-2081（青年發展院）
電話：02-2381-2345（法鼓山人文社會基金會）
電話：02-8978-2110（法鼓文理學院推廣教育中心）
10044臺北市中正區延平南路77號

安和分院（大安、信義、南港辦事處）
電話：02-2778-5007~9
傳真：02-2778-0807
10688臺北市大安區安和路一段29號10樓

天南寺
電話：02-8676-2556
傳真：02-8676-1060
23743新北市三峽區介壽路二段138巷168號

齋明寺
電話：03-380-1426；03-390-8575
傳真：03-389-4262
33561桃園市大溪區齋明街153號

齋明別苑
電話：03-315-1581
傳真：03-315-0645
33050桃園市桃園區大業路一段361號

中山精舍（中山辦事處）
電話：02-2591-1008
傳真：02-2591-1078
10452臺北市中山區民權東路一段67號9樓

基隆精舍（基隆辦事處）
電話：02-2426-1677
傳真：02-2425-3854
20045基隆市仁愛區仁五路8號3樓

蘭陽精舍
電話：039-571-160
26563宜蘭縣羅東鎮北投街368號

大同辦事處
電話：02-2599-2571
10367臺北市大同區酒泉街34-1號

松山辦事處
電話：0918-607-195
10572臺北市松山區民生東路五段28號7樓

中正萬華辦事處
電話：02-2305-2283
10878臺北市萬華區萬大路239號4樓

石牌辦事處
電話：02-2832-3746
11158臺北市士林區福華路147巷28號1樓

士林辦事處
電話：02-2881-7898
11162臺北市士林區中正路335巷6弄5號B1

社子辦事處
電話：02-2816-9619
11165臺北市士林區延平北路五段29號1、2樓

北投辦事處
電話：02-2892-7138
傳真：02-2388-6572
11241臺北市北投區溫泉路68-8號1樓

內湖辦事處
電話：02-2793-8809
11490臺北市內湖區民權東路六段123巷20弄3號1樓

文山辦事處
電話：02-2236-4380
傳真：02-8935-1858
11641臺北市文山區和興路52巷9之3號1樓

金山萬里辦事處
電話：02-2408-1844
傳真：02-2408-2554
20841新北市金山區仁愛路61號

海山辦事處
電話：02-8951-3341
傳真：02-8951-3341
22067新北市板橋區三民路一段126號13樓

新店辦事處
電話：02-8911-3242
23149新北市新店區中華路9號3樓
之1

中永和辦事處
電話：02-2231-2654
傳真：02-2925-8599
23455新北市永和區中正路417號
10樓

三重蘆洲辦事處
電話：02-2986-0168
24161新北市三重區重新路四段53
號5樓之1

新莊辦事處
電話：02-2994-6176
傳真：02-2994-4102
24241新北市新莊區新莊路114號

林口辦事處
電話：02-2603-0390
　　　02-2601-8643
傳真：02-2602-1289
24446新北市林口區中山路91號
3樓

淡水辦事處
電話：02-2629-2458
25153新北市淡水區新民街120巷
3號1樓

三芝石門辦事處
電話：0978-207-781
25241新北市三芝區公正街三段
10號

新竹辦事處
電話：03-525-8246
傳真：03-523-4561
30046新竹市北區中山路443號

中壢辦事處
電話：03-281-3127；03-281-3128
傳真：03-281-3739
32448桃園市平鎮區環南路184號
3樓之1

桃園辦事處
電話：03-302-4761；03-302-7741
傳真：03-301-9866
33046桃園市桃園區大興西路二段
105號12樓

苗栗辦事處
電話：037-362-881
傳真：037-362-131
36046苗栗縣苗栗市大埔街42號

三義DIY心靈環保教育中心
電話：04-2223-1055；037-870-995
傳真：037-872-222
36745苗栗縣三義鄉廣盛村八股路
21號

■中部
寶雲寺（臺中辦事處）
電話：04-2255-0665
傳真：04-2255-0763
40756臺中市西屯區市政路37號

寶雲別苑
電話：04-2465-6899
40764臺中市西屯區西屯路三段西平南巷
6-6號

德華寺
電話：049-242-3025
傳真：049-242-3032
54547南投縣埔里鎮清新里延年巷33號

豐原辦事處
電話：04-2524-5569
傳真：04-2515-3448
42048臺中市豐原區北陽路8號4樓

中部海線辦事處
電話：04-2622-9797
傳真：04-2686-6622
43655臺中市清水區鎮南街53號2樓

彰化辦事處
電話：04-711-6052
傳真：04-711-5313
50049彰化縣彰化市中山路二段2號10樓

員林辦事處
電話：04-837-2601
傳真：04-838-2533
51042彰化縣員林市靜修東路33號8樓

南投辦事處
電話：049-231-5956
傳真：049-239-1414
54044南投縣南投市中興新村中學西路106號

■南部

臺南分院（臺南辦事處）
電話：06-220-6329；06-220-6339
傳真：06-226-4289
70444臺南市北區西門路三段159號14樓

雲集寺
電話：06-721-1295；06-721-1298
傳真：06-723-6208
72242臺南市佳里區六安街218號

紫雲寺（高雄北區／南區辦事處）
電話：07-732-1380
傳真：07-731-3402
83341高雄市鳥松區忠孝路52號

三民精舍
電話：07-225-6692
80760高雄市三民區建國一路433號2樓

嘉義辦事處
電話：05-276-0071；05-276-4403
傳真：05-276-0084
60072嘉義市東區林森東路343號3樓

屏東辦事處
電話：08-738-0001
傳真：08-738-0003
90055屏東縣屏東市建豐路2巷70號1樓

潮州辦事處
電話：08-789-8596
傳真：08-780-8729
92045屏東縣潮州鎮和平路26號1樓

■東部

信行寺（臺東辦事處）
電話：089-225-199、089-223-151
傳真：089-239-477
95059臺東縣臺東市更生北路132巷36號
或38號

宜蘭辦事處
電話：039-332-125
傳真：039-332-479
26052宜蘭縣宜蘭市泰山路112巷8弄
18號

羅東辦事處
電話：039-571-160
傳真：039-561-262
26550宜蘭縣羅東鎮公正路246號1樓

花蓮辦事處
電話：03-834-2758
傳真：03-835-6610
97047花蓮縣花蓮市光復街87號7樓

【海外地區】

■美洲America

美國紐約東初禪寺
（紐約州紐約分會）
Chan Meditation Center
（New York Chapter, NY）
TEL：1-718-592-6593
FAX：1-718-592-0717
E-MAIL：ddmbaus@yahoo.com
WEBSITE：http://www.chancenter.org
ADDRESS：90-56 Corona Ave.,
Elmhurst, NY 11373, U.S.A.

美國紐約象岡道場
Dharma Drum Retreat Center
TEL：1-845-744-8114
FAX：1-845-744-8483
E-MAIL：ddrc@dharmadrumretreat.org
WEBSITE：
http://www.dharmadrumretreat.org
ADDRESS：184 Quannacut Rd.,
Pine Bush, NY 12566, U.S.A.

美國加州洛杉磯道場
（加州洛杉磯分會）
Dharma Drum Mountain Los Angeles Center
（Los Angeles Chapter, CA）
TEL：1- 626-350-4388
E-MAIL：ddmbala@gmail.com
WEBSITE：http://www.ddmbala.org
ADDRESS：4530 N. Peck Rd, El Monte,
CA 91732, U.S.A.

美國加州舊金山道場
（加州舊金山分會）
Dharma Drum Mountain San Francisco Bay Area
Center（San Francisco Bay Area Chapter, CA）
TEL：1-408-900-7125
E-MAIL：info@ddmbasf.org
WEBSITE：http://www.ddmbasf.org
ADDRESS：255 H. Street, Fremont, CA 94536,
U.S.A.

加拿大溫哥華道場
（加拿大溫哥華分會）
Dharma Drum Mountain Vancouver Center
（Vancouver Chapter, Canada）
TEL：1-604-277-1357
FAX：1-604-277-1352
E-MAIL：info@ddmba.ca
WEBSITE：http://www.ddmba.ca
ADDRESS：8240 No.5 Rd. Richmond,
B.C. Canada, V6Y 2V4

北美護法會
Dharma Drum Mountain Buddhist
Association（D.D.M.B.A.）
TEL：1-718-592-6593
ADDRESS：90-56 Corona Ave., Elmhurst,
NY 11373, U.S.A.

◎東北部轄區North East Region
麻薩諸塞州波士頓普賢講堂
Dharma Drum Mountain Massachusetts
Buddhist Association
TEL：1-781- 863-1936
WEBSITE：http://www.ddmmba.org
ADDRESS：319 Lowell Street, Lexington,
MA 02420, U.S.A.

新澤西州分會
New Jersey Chapter
TEL：1-732-249-1898
E-MAIL：enews@ddmbanj.org
WEBSITE：http:// www.ddmbanj.org
ADDRESS：56 Vineyard Road,
Edison NJ 08817, U.S.A.

安省多倫多分會
Antario Chapter, Canada
TEL：1-416-855-0531
E-MAIL：ddmba.toronto@gmail.com
WEBSITE：http:// www.ddmbaontario.org
ADDRESS：1025 McNicoll Avenue,
Toronto, Canada, M1W 3W6

康州南部聯絡處
Fairfield County Branch, CT
TEL：1-203-912-0734
E-MAIL：contekalice@aol.com

康州哈特福聯絡處
Hartford Branch, CT
TEL：1-860-805-3588
E-MAIL：cmchartfordct@gmail.com

佛蒙特州伯靈頓聯絡處
Burlington Branch, VT
TEL：1-802-658-3413
FAX：1-802-658-3413
E-MAIL：juichulee@yahoo.com
WEBSITE：http://www.ddmbavt.org

麻州波士頓聯絡處
Boston Branch, MA
TEL：1-347-922-6186
E-MAIL：ddm.boston@gmail.com

賓州州大大學城聯絡處
State College Branch, PA
TEL：1-814-867-9253
E-MAIL：ddmbapa@gmail.com
WEBSITE：http://www.ddmbapa.org

◎東南部轄區South East Region
佛州塔城分會
Tallahassee Branch, FL
TEL：1- 850-274-3996
E-MAIL：
tallahassee.buddhistcommunity@gmail.com
WEBSITE：
http://www.tallahasseechan.com
ADDRESS：647 McDonnell Drive,
Tallahassee FL 32310, U.S.A.

首都華盛頓聯絡處
Washington Branch, DC
TEL：1-240-424-5486
E-MALL：chan@ddmbadc.org

佛州奧蘭多聯絡處
Orlando Branch, FL
TEL：1-407-671-6250
E-MAIL：chihho2004@yahoo.com
WEBSITE：http://orlando.ddmusa.org

喬治亞州亞特蘭大聯絡處
Atlanta Branch, GA
TEL：1- 678-809-5392
E-MAIL：Schen@eleganthf.net

◎中西部轄區Mid-West Region
伊利諾州芝加哥分會
Chicago Chapter, IL
TEL：1-847- 255-5483
E-MAIL：ddmbachicago@gmail.com
WEBSITE：http://www.ddmbachicago.org
ADDRESS：1234 North River Rd. Mount
Prospect, IL 60056, U.S.A.

密西根州蘭辛聯絡處
Lansing Branch, MI
TEL：1-517-332-0003
FAX：1-517- 614-4363
E-MAIL：lkong2006@gmail.com
WEBSITE：http://michigan.ddmusa.org

密蘇里州聖路易聯絡處
St. Louise Branch, MO
TEL：1-636- 825-3889
E-MAIL：acren@aol.com

◎西北部轄區West North Region
華盛頓州西雅圖分會
Seattle Chapter, WA
TEL：1-425-957-4597
E-MAIL：mhwang@gmail.com
WEBSITE：http://seattle.ddmusa.org
ADDRESS：14130 NE 21st St.,

Bellevue, WA 98007, U.S.A.
加州省會聯絡處
Sacramento Branch, CA
TEL：1-916-681-2416
E-MAIL：ddmbasacra@yahoo.com
WEBSITE：http://sacramento.ddmusa.org

加州橙縣聯絡處
Orange County Branch, CA
E-MAIL：ddmba.oc@gmail.com

◎西南部轄區West South Region
德州達拉斯聯絡處
Dallas Branch, TX
TEL：1-682-552-0519
E-MAIL：ddmba_patty@yahoo.com
WEBSITE：http://dallas.ddmusa.org

■歐洲Europe
盧森堡聯絡處
Luxembourg Liaison Office
TEL：352-400-080
FAX：352-290-311
E-MAIL：ddm@chan.lu
ADDRESS：15, Rue Jean Schaack L-2563,
Luxembourg

英國倫敦聯絡處
London Branch
E-MAIL：liew853@btinternet.com
WEBSITE：
http://www.chanmeditationlondon.org
ADDRESS：28 the Avenue, London NW6
7YD, U.K.

■亞洲Asia
馬來西亞道場（馬來西亞護法會）
Dharma Drum Mountain Malaysia Center
（Malaysia Branch）
TEL：60-3-7960-0841
FAX：60-3-7960-0842
E-MAIL：admin@ddm.org.my
WEBSITE：http://www.ddm.org.my
ADDRESS：Block B-3-16, 8 Ave., Pusat
Perdagangan SEK.8, Jalan Sg. Jernih, 46050
Petaling Jaya, Selangor, Malaysia

香港道場—九龍會址
Hong Kong Branch
TEL：852-2865-3110
FAX：852-2591-4810
E-MAIL：info@ddmhk.org.hk
WEBSITE：http://www.ddmhk.org.hk
ADDRESS：Room 203 2/F., Block B,
Alexandra Industrial Building 23-27 Wing
Hong Street, Lai Chi Kok, Kowloon,
Hong Kong（香港九龍荔枝角永康街
23-27號安泰工業大廈B座2樓203室）

香港道場—港島會址
TEL：852-3955-0077
FAX：852-3590-3640
ADDRESS：2/F., Andes Plaza, No. 323
Queen's Road West, Sai Ying Pun,
Hong Kong（香港西營盤皇后大道西
323號安達中心二樓）

新加坡護法會
Singapore Branch
TEL：65-6735-5900
FAX：65-6224-2655
E-MAIL：ddrumsingapore@gmail.com
WEBSITE：http://www.ddsingapore.org
ADDRESS：116 Lavender Street, #03-05,
Pek Chuan Building Singapore 338730

泰國護法會
Thailand Branch
TEL：66-2-713-7815；66-2-713-7816
FAX：66-2-713-7638
E-MAIL：ddmbkk2005@gmail.com
WEBSITE：http://www.ddmth.com
ADDRESS：1471. Soi 31/1 Pattnakarn
Rd., 10250 Bangkok, Thailand

■大洋洲Oceania
雪梨分會
Sydney Chapter
TEL：61-4-1318-5603
FAX：61-2-9283-3168
E-MAIL：ddmsydney@yahoo.com.au
WEBSITE：http://www.ddm.org.au

墨爾本分會
Melbourne Chapter
TEL：61-3-8822-3187
E-MAIL：info@ddmmelbourne.org.au
WEBSITE：
http://www.ddmmelbourne.org.au
ADDRESS：1/38 McDowall Street
Mitcham VIC 3132, Australia

【教育事業群】

法鼓山僧伽大學
電話：02-2498-7171
傳真：02-2408-2492
網址：http://www.ddsu.org
20842新北市金山區法鼓路555號

法鼓文理學院
電話：02-2498-0707轉2364～2365
傳真：02-2408-2472
網址：http://www.dila.edu.tw
20842新北市金山區法鼓路700號

法鼓文理學院・推廣教育中心
電話：02-8978-2110轉8011
傳真：02-2311-1126
網址：http://dilatw.blogspot.tw
10044臺北市中正區延平南路77號9樓

中華佛學研究所
電話：02-2498-7171轉2362
傳真：02-2408-2492
網址：http://www.chibs.edu.tw
20842新北市金山區法鼓路555號

法鼓山社會大學服務中心
（金山法鼓山社會大學）
電話：02-2408-2593～4
傳真：02-2408-2554
網址：http://www.ddcep.org.tw
20841新北市金山區仁愛路61號

新莊法鼓山社會大學
電話：02-2994-3755
　　　02-2408-2593～4
傳真：02-2994-4102
網址：http://www.ddcep.org.tw
24241新北市新莊區新莊路114號

北投法鼓山社會大學
電話：02-2893-9966轉6135、6141
傳真：02-2891-8081
網址：http://www.ddcep.org.tw
11244臺北市北投區公館路186號

【關懷事業群】

法鼓山社會福利慈善事業基金會
電話：02-2893-9966
傳真：02-2893-9911
網址：http://charity.ddm.org.tw
11244臺北市北投區公館路186號

法鼓山人文社會基金會
電話：02-2381-2345
傳真：02-2311-6350
網址：http://www.ddhisf.org
10044臺北市中正區延平南路77號

聖嚴教育基金會
電話：02-2397-9300
傳真：02-2393-5610
網址：http://www.shengyen.org.tw
10056臺北市中正區仁愛路二段48之6
號2樓

國家圖書館出版品預行編目資料

法鼓山年鑑. 2016／法鼓山年鑑編輯組編輯企畫. --
初版. -- 臺北市：法鼓山文教基金會，2017.09
　　　面；　公分

　　ISBN 978-986-87502-8-9　　（精裝）

1.法鼓山　2.佛教團體　3.年鑑

220.58　　　　　　　　　　　　　　106008960

2016 法鼓山年鑑

創　辦　人　聖嚴法師
出　版　者　財團法人法鼓山文教基金會
地　　　址　臺北市北投區公館路186號
電　　　話　02-2893-9966
傳　　　真　02-2896-0731
編 輯 企 畫　法鼓山年鑑編輯組
召　集　人　釋果賢
主　　　編　陳重光
編　　　輯　李怡慧、游淑惠、林慧真
專 文 撰 述　釋演化、胡麗桂、陳玟娟
文稿資料提供　法鼓山文化中心雜誌部、叢書部、史料部，
　　　　　　　法鼓山各會團、海內外各分院及聯絡處等單位
攝　　　影　法鼓山攝影義工
美 編 完 稿　邱淑芳
網　　　址　http://www.ddm.org.tw/event/2008/ddm_history/
　　　　　　index.htm
初　　　版　2017年9月
發 心 助 印 價　800元
劃 撥 帳 號　16246478
劃 撥 戶 名　財團法人法鼓山文教基金會